집수리 셀프 교과서

THE QUICK & EASY DIY MANUAL by Matt Weber
Copyright ⓒ 2015 Weldon Owen Inc.
All rights reserved.
Korean translation rights ⓒ 2018 BONUS Publishing Co.
Korean translation rights are arranged with Bonnier Brands LLC, DBA Weldon Owen through AMO Agency korea.

이 책의 한국어판 저작권은 AMO 에이전시를 통한 저작권자와의 독점 계약으로 보누스출판사에 있습니다.
저작권법에 의해 보호를 받는 저작물이므로 무단전재와 무단복제를 금합니다.

일러두기

1. 본문 내용 중 일부는 한국의 실정에 맞게 수정했습니다. 예를 들어 가정용 전압의 수치는 모두 220V로 수정했으며, 한국 건축법에서 규정하는 대수선의 범위와 정의를 인용했습니다.
2. 한국에서 통용되는 공구 이름과 건축 용어를 쓰고자 노력했지만, 외래어 표기법에 우선 순위를 두었습니다. 이 원칙에 따라 본문에서는 '테프론' 대신 '테플론'이란 명칭을 씁니다.
3. 국내외에서 쓰이는 용어나 명칭이라면 영어 철자를 병기했습니다. 이를 이용하면 웬만한 도구나 용품은 국내 포털 사이트에서도 쉽게 검색하고, 구매할 수 있습니다.

집수리 셀프 교과서

수리공도 탐내는 320가지 아이디어와 작업 기술

맷 웨버 지음 | 김은지 옮김

보누스

차례

내 손으로 집수리를! 11
수리 작업 전에 숙지해야 할 점 12

공구와 기술

001 공구 상자 준비하기 18
002 레이아웃과 치수 측정 20
003 드라이버로 고정하기 20
004 사포질하기 20
005 투자해도 좋은 공구들 21
006 전기 드릴의 종류 22
007 깔끔하게 구멍 뚫기 22
008 올바른 드릴 비트 선택하기 23
009 올바른 톱 고르기 24
010 손으로 직접 자르기 25
011 톱질 용어 25
012 나선형 톱 고르기 26
013 하나면 다 되는 멀티툴 27
014 라우터 사용하기 27
015 좋은 압축기 선택하기 28
016 공기 압축기 활용하기 28
017 큰 공구 빌려 쓰기 28
018 만일을 위한 발전기 29
019 용도에 맞는 접착제 고르기 30
020 클램프의 종류 31
021 단번에 접착하기 31
022 접착테이프 고르기 32
023 창문용 단열재 32
024 호일 테이프 사용하기 33
025 테플론 테이프 감기 33
026 페인트 테이프 붙이기 33
027 수평 맞추기 34
028 최첨단 레이저 수평기 35
029 만능 도구 스피드 스퀘어 35
030 페인트 공구 알아보기 36
031 페인트칠하기 37
032 페인트 붓 청소하기 37
033 작업대 정리하기 38
034 수납공간 확보하기 38
035 똑똑한 수납 요령 39
036 녹슨 부품 관리하기 40
037 공구 재활용하기 40
038 윤활유의 종류 41
039 월동 준비하기 41
040 발전기 점검하기 41
041 로프 사다리 제대로 세우기 42
042 적절한 사다리 선택하기 43
043 사다리와 친해지기 44
044 사다리 안전장치 44
045 사다리 오르기 45
046 안전 장비 착용하기 46
047 밀대를 이용해 자르기 47
048 귀마개 사용하기 47
049 전원 차단하기 48
050 안전한 화학물질 보관법 48
051 납 농도 검사하기 49
052 석면 제거하기 49
053 라돈 가스 검사하기 49
054 전선 작업하기 50

055 전선 연결하기 50
056 와이어 너트 사용하기 50
057 전력 시스템 이해하기 51
058 파이프 소재 알아보기 52
059 새로운 파이프 소재 52
060 배관 공사의 기초 53
061 배관 공사는 전문가에게 53
062 코킹건 고르기 54
063 알맞은 코크 선택 54
064 전문가처럼 코크 사용하기 55
065 작업 환경 만들기 56
066 유해 폐기물 버리기 57
067 화학 클리너 57
068 공사 잔해 버리기 57

간단한 집수리

069 주택 검사 실시하기 62
070 배수 시스템 점검 62
071 주택 외부 살펴보기 62
072 지붕 검사 63
073 주택 내부 살펴보기 64
074 파이프와 덕트 점검하기 64
075 지반 점검하기 65

에너지 절약
076 단열 처리 점검하기 66
077 단열재 알아보기 67
078 집 안팎의 틈새 찾기 68
079 틈새 메우기 68

080 깔끔하게 코크 바르기 69
081 문틈 메꾸기 70
082 쇠톱 사용하기 71
083 난방 시스템 관리 72
084 에너지 절약하기 73
085 온도 조절기 활용하기 73
086 필터 교체하기 73
087 겨울 준비하기 74
088 알뜰하게 따뜻한 겨울 보내기 75
089 데크 청소하기 75
090 데크판 뒤집기 75

배관 작업
091 막힌 곳 뚫기 76
092 화학 세관제 선택하기 76
093 싱크대 뚫기 77
094 관통기 사용하기 77
095 주 배수관 청소하기 77
096 변기 알아보기 78
097 물이 새는 변기 수리하기 79
098 변기 물이 잘 내려가지 않을 때 79
099 구리관 납땜하기 80
100 납땜 작업 계획하기 80
101 안전하게 납땜하기 81
102 수조 문제 해결하기 82
103 황동 밸브 손보기 82
104 PVC 파이프 연결하기 83
105 물이 샐 때의 해결책 84
106 꽁꽁 언 파이프 녹이기 84
107 푸시핏 커넥터 연결하기 85
108 셀프 퓨징 테이프 사용하기 85

전기 공사

109 화장실 조명 설치하기　86
110 주방 조명 설치하기　87
111 기초 배선 지식　88
112 알맞은 전구 사용하기　88
113 조명 설비 교체하기　89
114 누전 예방하기　90
115 최신 기술 활용하기　90
116 GFCI 점검하기　91
117 콘센트 알아보기　92
118 콘센트 점검하기　92
119 콘센트 교체하기　93
120 단극 차단기 교체하기　94
121 회로 차단기 부품 고르기　95
122 고장 난 차단기 시험하기　95
123 온도 조절기 설치하기　96
124 온도 조절기 업그레이드하기　97
125 경관 조명 설계하기　98

집 주변

126 곰팡이 알아보기　100
127 곰팡이 청소하기　100
128 곰팡이 피해 복구하기　101
129 침수 막기　102
130 바깥 물 차단하기　102
131 내부 습기 점검하기　103
132 철물로 멋내기　104
133 경첩 달기　104
134 레지스터 페인트칠하기　105
135 캐비닛 손잡이 달기　105
136 맞춤 선반 제작하기　106
137 벽에 선반 설치하기　107
138 인더스트리얼 느낌 내기　107
139 오래된 벽지 제거하기　108
140 마멸 작업하기　108
141 벽지 제거제 사용하기　109
142 스팀 제거기 활용하기　109
143 소리 나는 바닥 수리하기　110
144 바닥 버팀목 수선하기　110
145 카펫 기포 없애기　111
146 나사 구멍 수선하기　112
147 인터넷에서 부품 구하기　112
148 목재용 필러 사용하기　113
149 흠집 감추기　113
150 스팀으로 복구하기　113

집 외부 수리

151 지붕 관리하기　114
152 집 안팎 점검 사항　114
153 고압 세척기 사용하기　115
154 사이딩 청소하기　115
155 나무 청소하기　115
156 썩은 나무 퍼티로 때우기　116
157 망가진 목재 잘라내기　117
158 에폭시로 수리하기　117
159 콘크리트 구멍 때우기　118
160 균열 수리용 제품　119
161 콘크리트 관리하기　119
162 콘크리트 리폼 작업　119
163 실외용 목재 사용하기　120
164 적절한 목재 고르기　120
165 구조물과 목재 크기　121
166 이국적인 목재　121
167 데크 점검하기　122
168 데크 관리하기　123

주말 집수리 계획

페인트와 트림
- **169** 분무기 사용하기 128
- **170** 페인트 선택 가이드 129
- **171** 광택 제품 선택하기 129
- **172** 벽에 난 구멍 메우기 130
- **173** 석고판 교체하기 130
- **174** 회반죽 수리하기 130
- **175** 석고판 수선법 131
- **176** 벽 수리 패치 사용하기 131
- **177** 프라이머 칠하기 132
- **178** 페인트 솔질 노하우 132
- **179** 하이 롤러 사용하기 133
- **180** 페인트 테이프 활용법 133
- **181** 실외 페인트 작업을 하기 전에 134
- **182** 사이딩 단장하기 134
- **183** 콘크리트 바닥 칠하기 135
- **184** 금속에 페인트를 칠할 때 주의점 135
- **185** 나무에 페인트칠하기 135
- **186** 벽에 질감 더하기 136
- **187** 포피니시 기법 활용하기 137
- **188** 트림 작업 기초 138
- **189** 몰딩 작업 마무리하기 138
- **190** 직각 이음 139
- **191** 트림 작업 요령 140
- **192** 천장 메달리온 141
- **193** 크라운 몰딩 설치하기 142
- **194** 바깥쪽 모서리 몰딩 작업 143
- **195** 몰딩 끼워 잇기 143
- **196** 트림 작업에 유용한 도구들 144
- **197** 복잡한 디자인의 몰딩 144
- **198** 연귀 이음 건너뛰기 145
- **199** 징두리판벽 설치하기 146
- **200** 조립형 징두리판벽 146
- **201** 징두리판벽 흉내 내기 147

창문과 문
- **202** 벽 구조 이해하기 148
- **203** 개구부의 크기 148
- **204** 헤더 이해하기 149
- **205** 창틀받침 149
- **206** 트리머 스터드 149
- **207** 창문 스타일 고르기 150
- **208** 창문 격자로 모양내기 151
- **209** 에너지 절약형 창문 151
- **210** 창문 자재 고르기 151
- **211** 창문 크기 측정하기 152
- **212** 벽돌집의 금속 창문 교체하기 153
- **213** 창문 교체는 설명서대로 153
- **214** 창문에 트림 작업하기 154
- **215** 세로 기둥 연장하기 154
- **216** 에이프런 설치하기 154
- **217** 케이싱 작업하기 155
- **218** 밑틀 위에 창문 올리기 155
- **219** 현관문의 구조 156
- **220** 앵커 활용하기 156
- **221** 실내 문의 종류 157
- **222** 새로운 문 설치하기 157
- **223** 알맞은 문 고르기 157
- **224** 스톱 몰딩 158
- **225** 새로운 창문 끼워 넣기 158
- **226** 창문의 수직과 수평 159

227 벽돌집의 창문 설치   159
228 조립식 문 설치하기   160
229 쇄기 활용하기   161
230 이중문 설치하기   161
231 문손잡이 달기   162
232 문에 트림 설치하기   164

수도꼭지
233 수도꼭지 교체하기   166
234 샤워 수도꼭지 고치기   168
235 밸브 세트 구입하기   169

부엌과 화장실
236 변기 설치하기   170
237 합판 활용하기   172
238 합판 설치 장소 정리하기   172
239 합판 절단하기   172
240 합판 접착하기   173
241 커다란 조리대에 합판 붙이기   174
242 조리대 덧칠하기   174
243 조리대 가장자리 교체하기   175
244 부엌 찬장 손질하기   176
245 찬장 분리하기   176
246 페인트칠 벗겨내기   176
247 페인트로 찬장 칠하기   177
248 찬장 조립하기   177

집 외부 관리
249 목재 관리하기   178
250 새 목재에 약품 바르기   178
251 비바람에 노출된 목재 보수하기   178
252 목재에 착색제 바르기   179
253 목재용 광택제 사용하기   179
254 오래된 착색제 제거하기   179
255 홈통과 수직 낙수 홈통 설치하기   180
256 홈통의 경사 표시하기   180
257 홈통 부품 절단하기   180
258 홈통 미리 조립하기   181
259 홈통 달기   181
260 수직 낙수 홈통 달기   182
261 홈통 잠금장치   183
262 콘크리트 슬래브   184
263 줄눈 만들기   185
264 콘크리트 굳히기   185

대규모 집수리 작업

타일
265 타일 활용하기   190
266 타일 공사 계획하기   190
267 타일 공사 사전작업   190
268 타일 레이아웃   191
269 타일 깔기   191
270 실런트 작업   192
271 일자로 타일 절단하기   192
272 니퍼로 타일의 모양 만들기   192
273 웨트 톱 사용하기   193
274 타일과 유리에 구멍 내기   193
275 모자이크 타일 깔기   194

바닥재
276 바닥재 공사   196
277 바닥 공사 준비하기   197

278 바닥에 차단막 설치하기　197
279 뜬 바닥 설치하기　198
280 뜬 바닥 설치에 주의할 점　198
281 바닥재 깔기　198
282 나무 바닥 고정하기　200
283 마루 작업 전 준비　200
284 마룻널 깔기　200
285 탄성이 있는 바닥재　202
286 비닐 바닥재 준비　202
287 비닐 바닥재 설치하기　202
288 스틱 타일 붙이기　203

데크

289 데크 만들기　204
290 데크 설계　204
291 데크 가로장 설치하기　204
292 데크 레이아웃　205
293 디딤돌 공사하기　206
294 데크 바닥의 뼈대 설치하기　206
295 데크용 자재　207
296 난간 설치하기　208
297 계단 시스템　208
298 다양한 난간 시스템 소재　209
299 간단하게 계단 조립하기　209

울타리

300 울타리 만들기　210
301 울타리 레이아웃　210
302 울타리 기둥 구멍 파기　210
303 울타리 기둥 세우기　212
304 가로대 설치하기　213
305 울타리 판자 설치하기　214
306 울타리 마무리 손질하기　214

307 울타리 문 설치하기　215

붙박이 선반

308 붙박이 선반 설계하기　216
309 벽 허물기　216
310 선반틀 만들기　217
311 선반 직접 만들기　218
312 선반 설치하기　218
313 선반 트림 작업하기　219

카펫

314 카펫 시공하기　220
315 카펫 이어 붙이기　221
316 카펫 늘이기　222
317 카펫 가장자리 정리하기　222
318 모듈식 타일　223

나무 마루 수리하기

319 원목 마루 복원하기　224
320 망가진 바닥 수리하기　224
321 샌더로 바닥 마감하기　225

감사의 말　226
찾아보기　228
사진 및 일러스트 출처　238

내 손으로 집수리를!

결국엔 수리공을 부를 수밖에 없을지라도 절대 포기하지 않는 집요한 성격의 사람을 종종 볼 수 있다. 바로 내가 그렇다. 내 손으로 직접 할 수 있는 작업을 다른 사람에게 돈을 주고 맡기기 전에 모든 방법을 동원해 집을 고치거나 수리하려고 하는 편이다.

그렇다면 내가 오만한 사람일까? 어쩌면 그럴지도 모른다. 황소고집이라고 할 수 있을까? 물론이다. 구두쇠라서 그런 것일까? 개인적으로는 '검소하다'고 해주면 좋겠다. 하지만 이는 나에게만 있는 유별난 성격이 결코 아니다.

〈This Old House〉와 같이 오래전부터 방영되어온 TV 프로그램과 HGTV와 DIY 네트워크 등 전문적인 케이블 채널이 증명하듯, DIY 리모델링은 한때 유행하기도 했지만 손으로 작업하기를 좋아하는 애호가들이 수년간 유지해온 라이프 스타일이다. 부동산 개발업자들이 앞다투어 고층 건물을 세우기 훨씬 이전부터 미국 땅으로 처음 건너온 정착민들은 자신의 손으로 집을 짓고 살았다. 스스로 무언가를 만드는 일에 매력을 느끼는 것은 어쩌면 당연한 일일지도 모른다.

DIY 작업에 입문하려면 먼저, 스스로 무언가를 만들어보겠다는 마음가짐과 결과물을 완성하기 위해 약간의 땀을 흘리는 것을 개의치 않는 태도를 갖추어야 한다. 무엇보다 새로운 것을 배우려는 열정이 가장 중요하다.

나는 2003년 리모델링 전문 잡지 〈Extreme How-To〉의 편집자로 취직했다. 내게는 대학 졸업장 이외에도 철골 제작 공장과 알루미늄 창고, 부두, 목공소 등 다양한 곳에서 일한 경험이 있었다. 정말 셀 수 없이 많은 일들을 했는데, 한때는 칼을 판매하는 일도 했다.(굉장히 하기 싫은 일이었다.) 잡지사에 취직할 당시에 난 집안 리모델링에 대해 아는 바가 많지 않았지만, 젊었고 열정이 넘쳤으며 무엇이든 배우려는 의지가 강했다. 새로운 것을 시도하는 데도 두려움이 없었다. 어떤 장애물을 만나더라도 차근차근 일을 배우면서 해결할 수 있으리라 믿었다.

그 후로 집수리와 리모델링에 관해 하나씩 배우고 익히는 데만 몇 년이 걸렸다. 그렇게 얻은 지식을 바탕으로 이 책이 탄생했다. 내가 직접 시도해본 믿을 수 있는 진짜 기술 수백 개와 성공을 보장하는 요령을 담은 이 책은 집 안팎에서 할 수 있는 가장 일반적인 DIY 리모델링 작업을 다룬다. 오랫동안 〈Extreme How-To〉의 목표는 DIY 애호가와 독자들에게 전문가 수준의 작업을 이해하기 쉽게 소개하고, DIY 작업을 더 잘할 수 있는 노하우를 전수하는 것이었다. 새로운 것을 배우려는 열정과 궂은일을 피하지 않는 태도만 있다면, 이 책이 독자 여러분이 집수리와 인테리어 작업을 포기하지 않고 완성할 수 있게 도와줄 것이다.

수리 작업 전에 숙지해야 할 점

DIY 작업에 처음 도전하는 사람이라면 마음의 준비를 단단히 하는 것이 좋다. 즐겁고 만족스러운 여정이 될 테지만, 간단한 수리 작업에서 시작해 한층 더 야심 찬 작업에 도전할수록 작업량 역시 어마어마하게 늘어난다. 즐겨보는 인테리어 프로그램에서 잠깐 봤던 장면만 떠올린다면 오산이다. 어떤 작업이든 생각지도 못했던 난관들이 도사리고 있기 마련이다. 하지만 시행착오를 겪으면서 얻은 교훈이 큰 도움이 된다는 점을 기억하자.

작업 중 실수를 줄이는 가장 좋은 방법은 작업을 시작하기 전에 가능한 한 많은 정보를 모으는 것이다. 넓고 넓은 인터넷 공간에서 DIY 리모델링에 도움이 되는 정보들을 쉽게 얻을 수 있다. 유튜브에서 실용적인 팁이 담긴 동영상을 찾아보는 것도 좋다. 굉장히 상세한 설명이 담긴 동영상도 쉽게 찾을 수 있다. 데크 시공이나 창고 건축과 같이 규모가 큰 작업의 경우, 다양한 디자인과 건축 기술이 자세하게 나와 있는 전문 서적을 구입하는 것이 유용하다. 직접 공사 현장에 나가 인부들이 일하는 모습을 관찰하는 것도 지식을 쌓는 데 도움이 된다. 예를 들어 인부들이 지붕을 떼어내고 지붕널을 교체하는 모습을 지켜보면 혼자서 감당할 수 있는 작업량을 가늠할 수 있다. 이를 바탕으로 한 사람이 동시에 여러 가지 작업을 하는 것은 불가능하므로, 지붕 공사는 전문가들에게 맡기는 것이 낫다는 판단을 쉽게 내릴 수 있다.

리모델링 허가받기

작업에 따라 지방자치단체의 건축 부서로부터 허가를 받아야 하는 경우도 있다. 지방자치단체는 건물 입주자와 주변 환경, 일반 대중의 안전을 최소한으로 보장하기 위해 건축 법규를 지정하며, 그에 대한 규정을 시행하는 역할을 한다. 한국에서는 건축물을 신축하거나 증개축할 때, 또는 대수선을 하는 경우 건축 허가를 받아야 한다.

대수선은 관공서의 허락을 받아야 하는 공사 중 가장 규모가 작다. 즉, 공사 규모가 대수선 이상이라면 반드시 허가를 받아야 한다. 대수선이 어떤 것인지는 건축법으로 규정하고 있다. 다음에 해당한다면 대수선이다.

- 내력벽을 증설하거나 해체하는 것 또는 그 벽 면적을 $30m^2$ 이상 수선하거나 변경하는 것
- 기둥을 증설하거나 해체하는 것 또는 세 개 이상 수선 또는 변경하는 것
- 보를 증설하거나 해체하는 것 또는 세 개 이상 수선이나 변경하는 것
- 지붕틀을 증설하거나 해체하는 것 또는 세 개 이상 수선 또는 변경하는 것
- 방화벽 또는 방화구획을 위한 바닥이나 벽을 증설하거나 해체, 수선, 변경하는 것
- 주계단·피난계단, 특별피난계단을 증설하거나 해체, 수선, 변경하는 것

- 미관지구에서 건축물의 외부형태(담장을 포함)를 변경하는 것
- 다가구주택의 가구 간 경계벽이나 다세대주택의 세대 간 경계벽을 증설, 해체, 수선, 변경하는 것
- 건축물의 외벽에 사용하는 마감 재료를 증설, 해체하거나 벽 면적 $30m^2$ 이상 수선, 변경하는 것

이와 같은 작업을 하기 위해 허가를 신청하면 담당 공무원은 단계별 작업 현황을 점검해 현재의 건축 법규에 부합하는지 확인한다.

반면 집 안팎의 모양새를 바꾸는 작업은 허가를 받지 않아도 된다. 예를 들어 부엌 찬장과 조리대를 교체할 때는 별도의 허가가 필요 없다. 바닥재나 천장 커버 교체 작업, 페인트, 벽지, 타일, 카펫 작업 등은 허가를 받지 않고 진행할 수 있다. 하지만 별도의 허가가 필요하지 않은 작업이라도 구조물이나 배선, 수도 시설과 관련된 공사를 할 때는 면허가 있는 전문가가 있어야 한다. 잘 모르겠다면 지방자치단체의 관련 부서에 문의하는 것이 바람직하다.

공구와 기술

TOOLS AND SKILLS

올바른 공구 선택하기

―

고난과 역경을 이겨내야만 교훈을 얻을 수 있는 경우가 종종 있다. 내 경험을 예로 들자면 드릴로 손바닥에 구멍을 낼 뻔한 적이 있다. 하마터면 감전을 당할 위기를 겨우 넘기기도 했다. 집수리와 리모델링 공사에 사용하는 공구들은 작업을 더욱 수월하게 해주지만, 이러한 공구를 다루는 일은 굉장히 위험하다. 특히 올바른 사용법을 모른다면 더욱 그렇다.

항상 작업에 적합한 공구를 원래의 목적대로 올바르게 사용하는 것이 매우 중요하다. 공구를 만드는 제조사가 공구와 함께 사용 설명서를 제공하는 데는 다 이유가 있다. 사용 설명서야말로 공구를 다루는 방법을 익힐 수 있는 가장 안전하고 쉬운 방법이기 때문이다.

내 첫 번째 공구 상자는 아버지로부터 선물받은 것이었다. 처음에는 기본 공구인 망치와 드라이버, 플라이어와 렌치가 상자에 들어 있었지만 시간이 지나면서 내용물이 한두 개씩 늘어났다. 지금은 뒤뜰 차고에 내가 사용하는 공구들을 보관하고 있다. 나처럼 공구를 두기 위해 넉넉한 공간을 마련할 필요가 없는 사람도 많겠지만, 집수리와 리모델링 공사를 한두 번 하다 보면 자연스럽게 소장하는 공구의 개수가 늘어난다. 기초 공구들부터 마련한 다음, 필요에 따라 공구를 더하는 것이 좋다. 그러다 보면 어느새 공구 수집이 취미로 자리 잡아 지금 당장은 필요 없지만 나중을 위해 공구를 마련하는 자신을 발견하게 될 것이다.

이번 장에서는 공구 상자에서 가장 흔히 볼 수 있는 공구들을 알아본다. 또한 상대적으로 잘 알려지지 않았지만 다음에 진행할 작업을 더욱 수월하게 해줄 숨은 보석 같은 공구들을 소개한다. 도구들을 사용하는 기본 요령과 사용 설명서에는 나와 있지 않은 전문가의 날카로운 통찰력을 만날 수 있으며, 적합한 접착제를 어떻게 선택하고 언제 사용해야 하는지, 꺾쇠를 언제 어떻게 올바르게 사용해야 하는지 등을 익힐 수 있다. 안전한 작업 환경을 마련하는 방법과 리모델링을 진행하는 동안 집 안을 깔끔하게 정리하는 요령도 익힐 수 있을 것이다. 이제 멋지고 유용한 공구들을 알아보고, 이를 최대한 활용하는 방법을 배워보자.

001 공구 상자 준비하기

간단한 수리에서부터 대대적인 인테리어 공사에 이르기까지 DIY 작업을 할 때는 올바른 공구를 사용하는 것이 매우 중요하다. DIY 입문자라면 어떠한 작업도 거뜬히 해낼 수 있는 가장 기본적이고 유용한 공구들로 구성된 공구 상자를 준비하는 것이 좋다. 그 외 공구들은 필요에 따라 추가로 사면 된다. DIY 실력과 경험을 쌓으며 더욱 전문적이고 다양한 공구 상자를 꾸려보자. 망치나 직각자와 같이 크고 모양이 일정하지 않은 도구들을 모두 보관할 수 있도록 공간이 넉넉하되, 가볍고 크기가 적당해 쉽게 들어서 옮길 수 있는 공구 상자가 좋다.

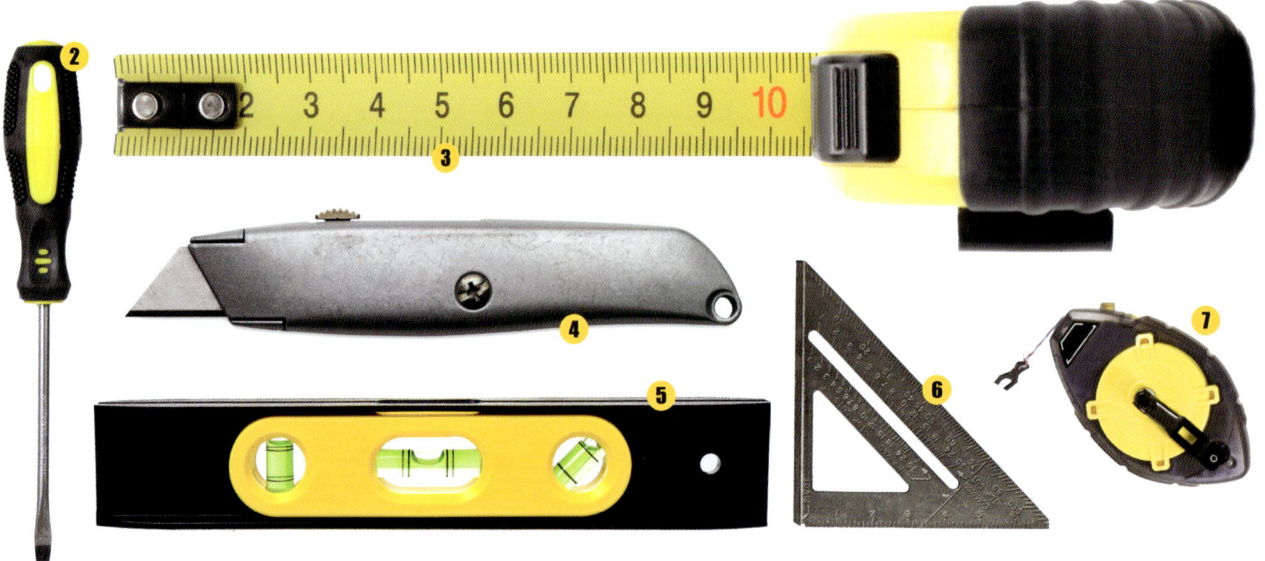

① **망치** 액자를 거는 작업에서부터 새로운 벽을 세우는 공사에 이르기까지 다양한 작업에 활용할 수 있다. 용도에 맞는 망치는 가정에 꼭 필요한 도구다. 정교한 목공 또는 뼈대 작업을 위한 전문가용 망치도 있지만, 대가리 부분이 매끈하고 노루발못뽑이가 달려 있으며 손잡이는 나무나 고무 재질로 만들어진 중간 무게(약 450~560g)의 기본 망치면 충분하다.

② **드라이버** 무언가를 조립하거나 해체할 때 올바른 드라이버를 사용해야 작업이 한층 더 수월해진다. 목공예에서부터 자동차 조립에 이르기까지 나사를 사용하지 않는 작업이 거의 없을 정도로 나사는 필수 준비물이다. 나사의 종류에 따라 필요한 드라이버가 다르므로 다양한 형태의 드라이버를 준비하는 것이 좋다. 기본 나사로는 대가리가 납작한 플랫헤드, 필립스, 대가리에 네모난 홈이 파인 스퀘어-드라이브, 톡스(Torx), 포지드라이브(Pozidriv) 등이 있다.

③ **줄자** 줄자는 다양한 도구를 더욱 유용하게 쓸 수 있도록 도와준다. 크기에 상관없이 길이가 약 7~9m 정도면 적당하다.

④ **커터 칼** 면도날같이 날카로운 커터 칼은 상자를 열거나 지붕널을 자를 때, 단열재를 다듬을 때 등 다양한 상황에서 유용하게 쓰인다. 손잡이 부분에 여분의 칼날을 보관할 수 있는 형태의 커터 칼이 특히 편리하다.

⑤ **기포 수평기** 기포를 보고 수평을 맞출 수 있는 편리한 도구로 액자와 선반, 울타리 기둥 등을 일자로 설치할 때 사용한다. 수평기의 길이가 길수록 더욱 정확한 측정이 가능하지만, 공구 상자 안에 쉽게 보관할 수 있는 기포 수평기로도 작업에 필요한 경사를 잴 수 있다.

⑥ **스피드 스퀘어** 길이를 재거나 일직선을 그릴 때, 또는 각도를 표시할 때 유용하게 쓰이는 도구다. 일명 삼각자라고 부른다. 원형 톱을 대고 자르는 가이드로도 활용할 수 있다.

⑦ **초크라인** 길이를 재서 표시할 때 사용하는 도구로, 석축이나 석고보드와 같은 건식벽이나 지붕, 마루 등 커다란 건축 자재를 사용하는 공사 현장에서 매우 유용하게 쓰인다.

⑧ **안전 고글** 단언컨대 공구 상자에 반드시 갖추어야 할 가장 중요한 물품이다. 안전 고글은 자재를 자르거나 시범을 보이는 과정에서 조각 따위가 눈으로 튀는 위험을 방지한다. 또한 페인트를 칠할 때 고글을 쓰면 페인트가 얼굴이나 눈으로 튀는 것을 막을 수 있다.

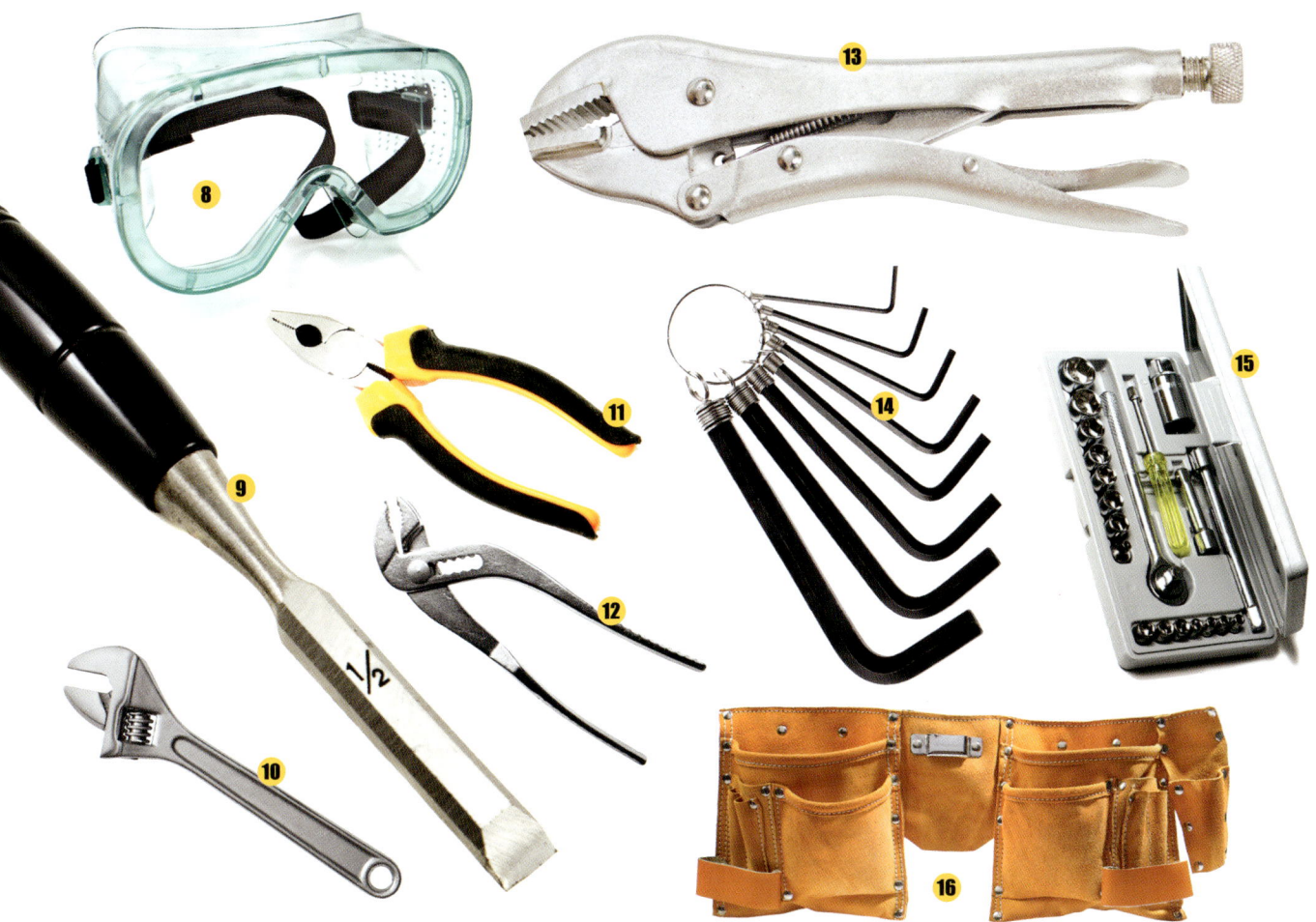

9 목공용 끌 약 1.27cm짜리 목공용 끌은 원래 용도인 나무를 깎아서 모양을 잡을 때 외에도 다양한 상황에서 유용하게 쓸 수 있다. 끌을 만드는 회사한테는 미안한 말이지만, 끌은 미니 쇠지레에서부터 페인트 긁개로까지 필요에 따라 얼마든지 응용할 수 있는 다용도 도구다. 끌을 2개 준비해 하나는 목공용으로, 나머지 하나는 일반용으로 사용하면 더욱 편리하다.

10 렌치 턱의 간격을 조절할 수 있는 형태가 있고 고정된 박스엔드 디자인의 렌치도 있다. 렌치의 손잡이를 단단히 잡고 돌리면 볼트와 너트 같은 고정용 철물을 조이거나 느슨하게 할 수 있다.

11 플라이어 다양한 크기와 형태의 플라이어가 있다. 손가락으로 잡을 수 없는 것들을 단단하게 고정할 때 쓴다.

12 리브 조인트 플라이어 턱의 간격을 조절할 수 있어 크고 작은 물건을 단단하게 잡을 때 유용하다. 주로 크기가 너무 커 일반적인 렌치로는 잡을 수 없는 배수 시설을 고정할 때 쓰인다. 손잡이 부분이 길어 지렛대의 역할도 한다.

13 로킹 플라이어 바이스 그립(Vise-Grip)이라는 제품명으로도 잘 알려진 로킹 플라이어는 다른 형태의 플라이어와 마찬가지로 턱의 간격을 조절할 수 있을 뿐만 아니라 그 상태로 단단히 고정할 수 있다. 그래서 양손으로 다른 작업을 할 수 있어 매우 편리하다.

14 육각 렌치 가전기기와 기계, 동력 설비는 주로 대가리에 육각형 모양의 구멍이 나 있는 나사를 사용한다. 이러한 나사를 조이거나 풀려면 작은 L자 모양의 육각 렌치가 필요하다.

15 소켓 렌치 세트 렌치 손잡이에 크기가 다른 여러 소켓을 바꿔 끼워서 쓸 수 있는 도구로, 익스텐더와 어댑터도 함께 들어 있다. 소켓의 금속 슬리브(sleeve) 안에 육각형 모양의 너트 또는 볼트 대가리가 들어간다. 래칫 작용을 하는 렌치가 너트 또는 볼트를 한쪽으로만 회전시키면, 나머지 고정용 철물도 저절로 따라서 회전하므로 빠르게 나사를 조이거나 풀 수 있다.

16 공구 벨트 줄자와 연필, 고정용 철물, 그 외 다른 작은 공구들을 공구 벨트에 넣어두면 매번 공구 상자가 있는 곳까지 가서 필요한 부품을 찾은 후 다시 돌아오는 수고를 하지 않아도 된다.

002 레이아웃과 치수 측정

"두 번 재고 한 번에 자르라." 이런 말을 들어본 적이 있을 것이다. 이를 실현하는 데 도움을 주는 공구들을 알아보자.

프레이밍 스퀘어(직각자) 금속으로 된 L자 모양의 프레이밍 스퀘어는 칼날(blade)이라고 부르는 긴 부분(약 60cm)과 혓바닥(텅, tongue)이라고 부르는 짧은 부분(약 40cm)으로 이루어져 있다. 직각을 이루는 부분은 뒤꿈치(힐, heel)라고 부르는데, 모서리 안팎의 각이 정확한지 가늠할 때 유용하게 쓰인다. 대부분의 프레이밍 스퀘어에는 참조표가 들어 있어 지붕 물매를 결정하거나 서까래의 높이를 계산하는 데 도움이 된다. 이 밖에도 일반적인 용도로 널리 쓰인다.

티 스퀘어(T자) 넓은 면적이나 석고판, 시트 자재 등의 치수를 측정하고 정확한 직선을 그리기 위해 사용한다. 또한 가장자리에 고정해 사용하면 직선으로 자를 수 있다.

콤비네이션 스퀘어 금속 자 부분인 칼날에 완전히 분리할 수 있는 스톡(stock)을 끼운 모양으로, 엄지나사로 스톡을 고정할 수 있다. 콤보 스퀘어라고도 부르는데, 모서리 안팎이 90도 또는 45도를 이루는지 확인할 때 사용한다. 또한 가장자리와 평행을 이루는 선을 표시할 때 활용하거나 칼날 부분으로 구멍이나 장붓구멍의 깊이를 가늠할 수 있다. 스톡에는 수평과 수직을 확인할 수 있는 기포 수평기가 달려 있다.

수평기 60cm짜리와 120cm짜리 수평기를 준비하면 물건이 완벽한 수평을 이루는지 확인할 때 유용하게 쓰인다. 유리 안의 기포가 표시된 부분의 중간에 다다르면 수평기가 수평 또는 수직을 이룬 것이다. 수평기가 길수록 더욱 정확하게 측정할 수 있다. 하지만 대부분의 경우 120cm짜리 수평기는 너무 길어 오히려 간단한 작업에 방해가 되므로, 60cm짜리 수평기로도 충분하다.

003 드라이버로 고정하기

복잡하고 어려운 작업일수록 다양한 형태의 드라이버가 유용하게 쓰인다.

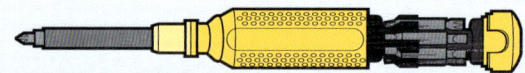

다목적 드라이버 이 드라이버만 있으면 여러 공구를 가지고 다닐 필요가 없어 편리하다. 대개 손잡이 부분 안에 들어 있는 여러 개의 비트(bit)를 목적에 따라 육각형 모양의 날 부분에 끼워 사용한다. 여러 모델을 비교해 자기에게 꼭 필요한 비트가 들어 있는 제품을 고르는 것이 바람직하다.

미니 드라이버 안경테나 핸드폰, 컴퓨터, 개인용 전자 장비에는 작은 나사가 사용되므로, 작은 크기의 드라이버가 필요하다. 플

004 사포질하기

페인트칠을 벗겨내거나 새로 만든 가구에 색을 입혀 마무리하려면 표면을 사포로 문질러 매끈하게 만드는 과정을 반드시 거쳐야 한다. 사포의 연마 입자는 그 정도에 따라 등급이 매겨지는데, 이를 가리켜 '그릿'(grit. 입도 또는 방)이라고 한다. 그릿은 연마 입자의 부드러운 정도를 나타낸다. 공구 상자 안에 세 종류의 사포를 준비하는 것이 좋다. 먼저 표면의 가장 울퉁불퉁한 부분을 매끄럽게 다듬을 수 있는 사포가 필요하다. 80그릿의 사포가 가장 적합하다. 하지만 거친 사포는 나무에 가는 흠집을 내므로, 더 부드러운 120그릿 정도의 사포를 이용해 커다란 흠집을 더욱 작게 만들어야 한다. 마지막으로 220그릿의 사포를 이용하면 대부분의 나무 표면을 매끄럽게 다듬을 수 있다. 나뭇결이 촘촘한 나무라면 320그릿 정도의 아주

랫헤드, 필립스, 톡스, 포지드라이브 등 다양한 형태의 미니 드라이버가 나와 있다.

래칫 드라이버 소켓 렌치와 마찬가지로 빠른 회전 동작을 이용해 나사를 반대 방향으로 돌려 쉽게 고정할 수 있다. 드라이버를 놓았다가 다시 잡을 필요가 없어 시간과 노력을 절약할 수 있다.

무선 드라이버 재충전할 수 있는 배터리를 넣어 사용하는 드라이버로 다양한 크기와 스타일의 비트를 끼워 쓴다. 많은 개수의 나사로 작업할 때 특히 이 공구의 효율성을 체감할 수 있다. 필요할 때 바로 사용할 수 있도록 항상 충전해두는 것이 좋다.

부드러운 사포로 문질러야 흠집을 모두 제거하고, 마무리 작업에 착수할 수 있는 매끄러운 표면을 만들 수 있다.

전기 사포로도 필요한 작업을 할 수 있다. 크기가 작아 한 손에 들어오는 전기 사포는 색을 입히거나 코팅을 하는 마무리 작업을 하기 전에 나무 표면을 다듬을 때 유용하다. 벨트식 사포 연삭기는 맹렬한 속도로 나무의 오래된 표면을 제거한다. 중간 정도의 세기로 작업을 하려면 진동식 디스크 사포기가 적합하다.

005 투자해도 좋은 공구들

비싼 공구를 사놓고도 거의 사용하지 않는 경우를 종종 볼 수 있다. 따라서 공구를 구입할 때는 신중하게 생각해야 한다. 하지만 다음과 같은 공구들은 유용하게 쓰이므로 어느 정도 투자해도 좋다.

기둥 탐지기 무거운 물건을 벽에 걸 때는 벽을 지탱하고 있는 단단한 기둥에 못을 박아야 한다. 이를 위해 벽 안에 숨어 있는 기둥을 찾아야 하는데, 기둥 탐지기를 벽 위로 훑듯이 움직이면 내장된 센서를 이용해 기둥의 위치를 파악할 수 있다.

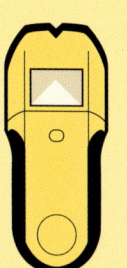

작업용 조명 다리가 3개 달린 손전등 또는 LED 램프는 특정 작업을 할 때 유용하게 쓸 수 있어 DIY 애호가에게 꼭 필요한 공구다. 와트 수가 낮은 저열 조명은 전원이 차단되었을 때 싱크대 아래나 옷장 안 같은 곳에서도 활용할 수 있다.

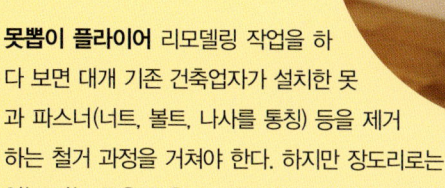

못뽑이 플라이어 리모델링 작업을 하다 보면 대개 기존 건축업자가 설치한 못과 파스너(너트, 볼트, 나사를 통칭) 등을 제거하는 철거 과정을 거쳐야 한다. 하지만 장도리로는 대가리가 없는 가는 못을 뽑을 수 없다. 뿐만 아니라 일반적인 플라이어는 힘이 약해 못을 뽑을 수 있는 지렛대 역할을 충실히 해내지 못한다. 낡고 성가신 못을 효과적으로 제거하려면 전문적인 플라이어가 필요하다. 이 플라이어의 헤드는 비스듬해서 못을 꽉 잡아 느슨하게 만들어준다.

레이저 거리 측정기 제조사에 따라 거리 미터기, 거리계 또는 레이저 줄자 등으로 부른다. 아주 정확한 측정을 할 때 유용하다. 레이저를 조준한 후 버튼을 누르면 장치가 알아서 거리를 측정해 스크린에 표시한다. 정밀 레이저광을 이용해 목표 물체와 측정 장치 사이의 거리를 오차 없이 잰다.

006 전기 드릴의 종류

시중에 다양한 형태의 전기 드릴이 나와 있어 필요에 따라 선택할 수 있다. 유선 드릴의 경우 아주 커다란 드릴도 거뜬하게 사용할 수 있다. 배터리로 움직이는 무선 드릴은 콘센트에 구애받지 않고 자유롭게 쓸 수 있어 편리하지만, 배터리를 충전하는 시간이 필요하며 드릴의 크기에 따라 배터리의 크기와 무게가 짐이 될 수 있다. 여러 가지 자재에 효과적으로 구멍을 내는 목적으로 만들어진 드릴은 그 힘과 크기가 매우 다양하다. 하지만 대부분의 DIY 애호가가 드릴과 드라이버를 함께 쓸 수 있는 무선 모델을 선호한다. 이 외에도 다음과 같이 다양한 드릴이 나와 있어 자신에게 맞는 것을 고를 수 있다.

1 드릴/드라이버 드릴과 드라이버가 달린 혼합형으로 필요에 따라 속도를 조절해 다용도 드릴 또는 전동 드라이버로 사용할 수 있다. 드라이버로 활용 시 속도와 회전력을 손쉽게 줄일 수 있어 편리하다.

2 임팩트 드라이버 파스닝(결합) 작업을 위한 공구로, 내부에 모루가 있어 기존의 드릴/드라이버보다 회전력이 우수하다. 공구의 회전력이 파스너를 고정하기 위한 힘보다 부족할 경우, 구동 기어가 모루에 부딪혀 비트를 움직인다.

3 해머 드릴 콘크리트 또는 벽돌에 물건을 걸려면 대개 구멍을 먼저 낸 다음 일종의 지지대를 설치한 후에 볼트와 나사로 물건을 제자리에 고정한다. 해머 드릴은 드릴에 달린 벽돌용 비트로 단단한 자재에 예비 구멍을 쉽게 낼 수 있다. 분당 20,000에서 50,000번 이상 타격(직선) 운동을 하며, 해머 드릴 기능이 탑재된 18V 드릴/드라이버가 가장 무난하다.

007 깔끔하게 구멍 뚫기

다음 두 가지 방법을 응용해 거스러미 없이 나무판에 구멍을 뚫을 수 있다.

첫 번째 방법 나무판 뒤에 판자를 덧대 고정한다. 포스트너(Forstner) 또는 브래드 포인트(brad point)와 같이 품질이 좋은 비트를 고른다. 한 장처럼 포갠 두 장의 나무판을 비트로 뚫으면 깔끔하게 구멍을 낼 수 있다.

두 번째 방법 정교한 구멍을 낼 필요가 없는 작업이라면 스페이드(spade) 비트를 이용해 구멍을 뚫는다. 먼저 스페이드 비트의 뾰족한 부분이 나무판의 뒷면을 뚫을 때까지 작업한다. 뒷면이 뚫리면 작업을 멈추고 나무판을 뒤집는다. 나무판 뒷면에 난 구멍을 기준점으로 삼아 스페이드 비트로 마저 구멍을 뚫는다.

008 올바른 드릴 비트 선택하기

드릴 비트는 없어서는 안 되는 공구다. 나날이 발전하는 현대 기술 덕분에 다양한 형태와 기능의 드릴 비트가 나와 있다. 트위스트 형태의 드릴 비트가 가장 많이 생산되는데, 다용도로 쓸 수 있어 유용하다. 하지만 DIY 리모델링 작업에는 셀 수 없이 많은 종류의 자재가 활용되므로, 필요에 따라 올바른 드릴 비트를 사용하면 드릴을 더욱 효과적으로 사용할 수 있다.

형태 트위스트
설명 꼭짓점의 각도는 90도에서 150도 사이인데, 118도가 가장 흔하다.
용도 끝이 뾰족한 비트는 부드러운 자재를 강력하게 자르는 용도로, 좀 더 뭉툭한 비트는 강철과 같이 단단한 자재에 구멍을 뚫는 용도로 쓰인다. 이때 예비 구멍을 먼저 내야 한다.

형태 브래드 포인트
설명 끝부분이 박차처럼 뾰족하다.
용도 뾰족한 끝이 자재의 표면을 뚫고 지나가 비트를 제자리에 고정시키면 날카로운 모서리가 나무 또는 플라스틱에 깔끔한 원 모양의 구멍을 낸다.

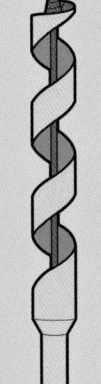

형태 스페이드
설명 노처럼 평평한 모양으로 뾰족하게 솟은 칼날이 드릴의 궤적을 조절한다.
용도 골조나 배수 또는 전기 공사와 같이 정교함이 요구되지 않는 일차 작업에 커다란 구멍을 뚫는 용도로 사용한다. 자르는 힘이 좋고 움직이는 속도가 빨라 구멍이 깔끔하게 뚫린다.

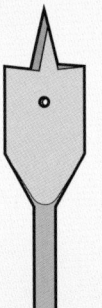

형태 포스트너
설명 박차처럼 뾰족한 가운데 부분이 가이드 역할을 하고, 원반 모양의 칼날이 구멍 가장자리와 밑부분의 나무 섬유를 깎아 지름이 일정한 구멍을 부드럽게 뚫는다.
용도 포스트너 비트는 나무에 정교한 구멍을 뚫는 용도로 쓰인다. 나무토막의 가장자리에 구멍을 내 통로를 만들거나 겹치는 구멍을 만들 때 유용하다.

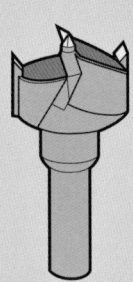

형태 홀소
설명 컵 모양의 비트 주변으로 똑같은 모양의 이빨 여러 개가 달려 있다.
용도 배수 공사 또는 손잡이 설치 등의 작업을 위해 나무에 커다란 원 모양의 구멍을 뚫을 때 사용한다.

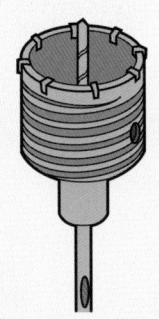

형태 카운터싱크
설명 조절 가능한 트위스트 비트를 고정 나사로 카운터싱크 몸통에 끼워 넣는다.
용도 나무에 나사 구멍을 만드는 동시에 오목한 나사 머리가 들어가도록 구멍 위쪽을 넓히는 역할을 한다.

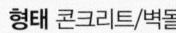

형태 콘크리트/벽돌
설명 탄화텅스텐으로 만든 끝부분이 끌과 비슷해 돌이나 벽돌, 콘크리트 등을 부술 수 있으며 세로 홈이 깨진 자재를 뒤로 보낸다.
용도 기존에 있던 콘크리트나 벽돌 등에 배선이나 배수 공사를 할 때 아주 효과적이며 콘크리트에 파스너를 고정하기 전 예비 구멍을 뚫을 때도 유용하다.

형태 유리와 타일용
설명 초경 팁의 끝부분이 창끝처럼 뾰족한 것도 있고, 홀소 비트와 비슷한 형태의 원통에 다이아몬드 입자 칼날이 달린 것도 있다.
용도 세라믹 타일이나 대리석, 도자기, 거울, 유리 등에 파스너 구멍을 정교하게 뚫을 때 사용한다. 화장실 타일 또는 벽면 거울에 구멍을 낼 때 적합하다. (구멍을 뚫을 때 발생한 열은 물을 뿌려서 식힌다.)

009 올바른 톱 고르기

금속과 벽돌에서부터 플라스틱과 나무에 이르기까지 자재에 상관없이 어느 정도 규모가 있는 리모델링 작업을 진행할 때 톱은 빠지지 않는 필수 공구다. 시중에 다양한 제품이 나와 있어 일반적인 톱뿐만 아니라 특정 용도에 맞춘 모델을 선택할 수 있다. 기본 작업을 계획할 때 다음과 같은 기초 지식을 알아두면 좋다.

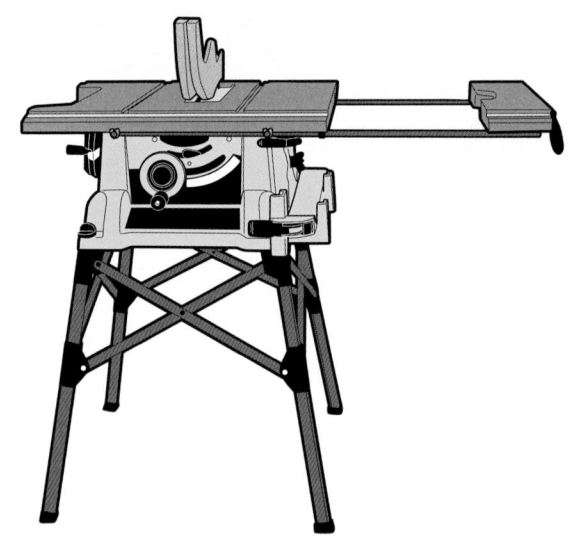

테이블 톱 짧은 판자를 가로로 자를 수 있다. 하지만 주로 긴 판자를 가늘게 자르는 용도로 이 공구를 사용한다. 테이블 위로 튀어나온 원형 톱날 사이로 자재를 밀어 넣어 자른다. 사용자가 측면 안내대를 따라 자재를 직접 움직일 수 있어 더욱 정확하게 판자를 자를 수 있다.

휴대용 원형 톱 이토록 저렴하고 보관하기 쉬우며 다양한 방법으로 자재를 자를 수 있는 강력한 톱은 찾아보기 힘들다. 립 컷(rip cut), 크로스 컷(cross cut) 등이 가능한 원형 톱은 모든 작업을 한층 더 수월하게 만들어준다. 게다가 일부만 절단하거나 경사진 모서리와 다양한 각도를 만드는 데도 도움이 된다.

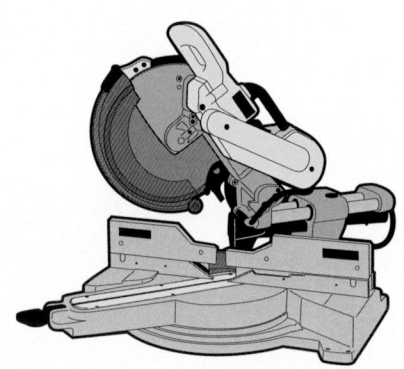

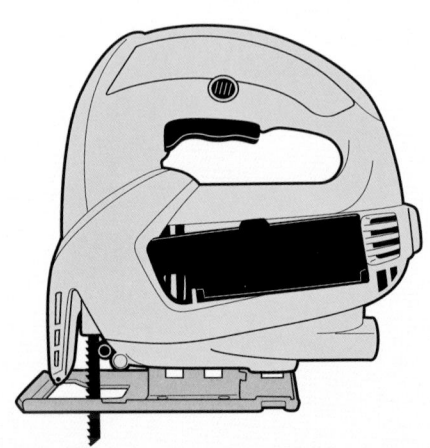

마이터 톱 데크 설치에서부터 정교함이 요구되는 목공예 작업에 이르기까지 다양한 작업에서 마이터 톱(miter saw)을 사용한다. 대개 원형 톱날로 목재를 크로스 컷한다. 컴파운드 마이터 톱이라면 날을 기울여 비스듬하게 자르는 것도 가능하다.

실톱 세이버 톱(saber saw)이라고도 부르는 실톱(jigsaw)은 폭이 좁은 자재를 절단할 때 특히 유용하다. 저마다 정교하고 복잡한 모양으로 자른 '직소퍼즐'의 조각을 떠올리면 실톱의 뛰어난 기동성을 쉽게 가늠할 수 있다. 폭이 좁은 톱날이 달려 있어 커다란 톱날로는 만들기 어려운 곡선과 작은 구멍 등을 오밀조밀하게 자를 수 있다.

왕복 톱 실톱과 디자인은 비슷하지만 크기가 더 크고 과격하다. 일직선 모양의 톱날이 달린 왕복 톱은 자재를 부분적으로 오려내거나 잘라낼 때, 나무틀을 분해할 때, 나뭇가지를 정리할 때, 면적이 좁아 까다로운 절삭 작업을 할 때 등 다용도로 활용한다.

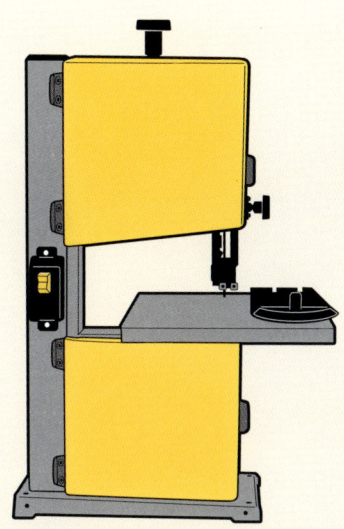

띠톱 주로 곡선으로 자를 때 사용한다. 바퀴 한 쌍에 뾰족한 금속 이빨이 달린 띠가 걸려 있는 형태다. 이 띠가 바퀴를 따라 돌면서 자재를 자른다. 금속 테이블은 자재의 올바른 면이 잘리도록 안내하는 역할을 한다. 두꺼운 목재를 얇은 판으로 자르는 데 효과적인 띠톱은 금속과 다른 자재를 자를 때도 유용하다. 휴대용 띠톱 역시 구할 수 있다.

010 손으로 직접 자르기

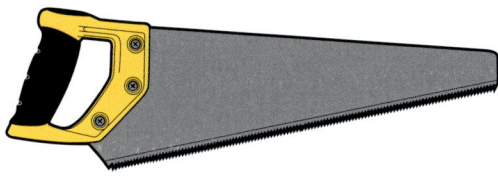

손톱 기본 손톱은 크고 투박한 절삭 작업을 할 때 유용하다. 또한 전기 없이도 사용할 수 있어 편리하다. 마이터 박스와 함께 쓰면 더욱 정교하게 자재를 자를 수 있다. 손톱으로 비스듬한 모양을 자르는 것도 가능하다.

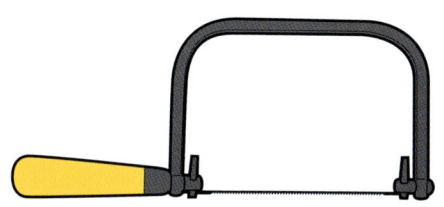

D자형 실톱 잘 구부러지는 얇은 톱날이 달린 손톱의 일종으로, 아주 작고 정교하게 자를 수 있어 크라운 몰딩과 같이 트림(trim)을 연결하는 목공 작업에 유용하게 쓰인다.

011 톱질 용어

절삭 작업의 목적에 따라 다른 형태의 톱을 사용해야 하므로, 관련 용어를 익혀두는 것이 좋다.

립 컷 판자를 길이가 같은 여러 개의 조각으로 쪼개듯이 자르는 것을 립 컷이라 한다. 나뭇결과 평행하게 자르는 것이 일반적이다.

크로스 컷 판자를 길이가 짧고 너비가 같은 여러 개의 조각으로 자르는 것을 크로스 컷이라 한다. 나뭇결의 수직 방향으로 자른다.

마이터 두 부재를 직각으로 연결할 때(연귀 이음) 서로 잘 맞물리도록 45도 각도로 비스듬하게 자르는 것을 가리킨다. 연귀와 동의어로 쓰일 때도 있다.

베벨 직각 이외의 각도로 톱날을 기울여 절삭하는 것을 베벨(bevel)이라 부른다.

012 나선형 톱 고르기

나선형 톱처럼 건식벽 설치에서부터 목공 작업, 바닥 공사, 환기 장치 시공에 이르기까지 다양한 용도로 사용할 수 있는 공구는 많지 않다.

공사용 전문 장비인 로토집(RotoZip)은 원래 석고판을 손쉽게 오려내기 위한 목적으로 만들어진 나선형 톱이다.(❶) 드릴 비트와 비슷한 원통 모양의 비트가 달려 있으며 측면 절삭이 가능하다. 올바른 비트와 함께 사용하면 두께가 약 2.54cm인 거의 모든 건축 자재를 자를 수 있다. 또한 로토집에 원형 톱을 달아 사용할 수도 있다.(❷)

드레멜(Dremel)과 같이 크기가 작은 회전식 공구 역시 비슷한 기능을 한다. 게다가 속도를 조절할 수 있고 작업하는 나무판이 독특한 모양이거나 좁은 구석에서 작업할 때 사포로도 활용할 수 있다. 사포용 드럼을 끼운 드레멜은 주로 창문틀이나 문틀과 같이 정교한 기술이 필요한 곳에 많이 쓰인다.

다양한 작업에 두루두루 쓸 수 있는 로토집과 DIY 작업에 알맞은 드레멜 모두 유무선 모델 중에서 고를 수 있으며, 대개 여러 개의 부속품이 함께 들어 있다. 일반적으로 나선형 톱을 사용할 때는 깊이 게이지를 절삭 단면과 같은 높이에 놓은 후 톱의 머리 부분에 있는 슬리브를 조절해 비트를 높이거나 낮춘다. 알맞은 비트를 사용하면 나무와 금속, 타일, 시멘트판 등 다양한 자재를 효과적으로 자를 수 있다.

그라우트(욕실·부엌 등의 타일 사이에 바르는 회반죽)를 제거할 때는 경사진 깊이 게이지를 선택해 타일의 표면을 따라 미끄러지듯 나선형 톱을 움직인다. 그라우트 제거용 절삭 비트와 함께 사용하는 것이 효과적이다.(❸)

013 하나면 다 되는 멀티툴

진동 멀티툴이 공구 상자에 빠져서는 안 될 필수 아이템으로 자리 잡고 있다. 톱날을 바꿔 끼우면 나무에 눈금을 새기거나 금속을 자르고 그라우트를 제거하는 등 다용도로 쓸 수 있기 때문이다. 뿐만 아니라 진동 멀티툴로 사포질을 하거나 전기 배전반을 만들 수도 있다. 멀티툴은 고속 진동을 이용해 자재의 표면을 긁거나 매끄럽게 만들며 다른 자재와 이음매가 잘 맞도록 알맞게 절삭하는 기능도 있다. 용도에 따라 여러 형태의 칼날을 쓸 수 있어 선택의 폭이 넓다. 따라서 정교한 작업에서부터 거친 일까지 거뜬히 소화할 수 있다.

014 라우터 사용하기

자재에 구멍 또는 홈을 파는 기계인 라우터는 넓은 밑판과 밑판보다 돌출된 비트로 이루어져 있다. 라우터의 종류에 따라 자재의 가장자리를 비트로 잘라내거나 비트를 표면에 집어넣어 사용한다. 직선과 곡선을 자유자재로 만들 수 있다.

고정형 라우터 밑판이 모터에 고정된 형태로, 판자의 가장자리를 절삭하기에 안성맞춤이다. 크기가 작은 트림 라우터는 밑판이 고정되어 있으므로 무게가 가벼워 더욱 손쉽게 사용할 수 있다.

플런지 라우터 모터와 커터 헤드가 밑판과 연결된 가이드 바를 따라 움직인다. 라우터 비트를 자재를 향해 아래로 내려 나무의 한가운데부터 깎을 수 있다. 하지만 대개 고정형 라우터보다 가격이 비싸고 무겁다.

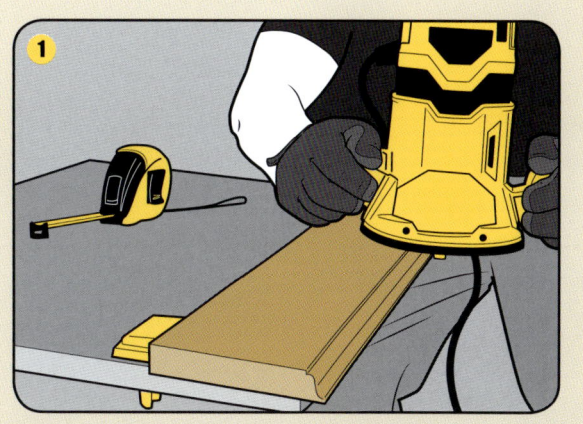

015 좋은 압축기 선택하기

DIY 애호가와 전문가들은 중간 크기의 휴대용 공기 압축기를 가장 선호하는데, 힘이 강력하고 공사 현장으로 가져가기 쉽기 때문이다. 공기 압축기를 고를 때는 다음 사항을 고려하는 것이 좋다.

출력 공기 압축기는 크기와 상관없이 출력값이 가장 중요하다. 이 값은 분당 표준 입방 피트(SCFM, Standard Cubic Feet per Minute)로 나타낸다. 작업에 필요한 압축기의 크기를 파악하려면 먼저 어떤 공구들을 사용할 계획인지 살펴본다. 공구들의 SCFM 중 가장 높은 수치에 맞춰 압축기를 선택하면 된다. 필요한 수치보다 1.5배 높은 출력값을 내는 압축기를 고르는 것이 가장 이상적이다. 예를 들어 SCFM이 5.0인 임팩트 렌치를 사용하려면, 적어도 7.5 SCFM을 출력하는 압축기를 준비한다. 여러 공구를 동시에 사용하는 경우, 한꺼번에 사용할 공구들의 SCFM을 모두 더한 후 1.5를 곱한 값을 기준으로 압축기를 고른다.

탱크 크기 공압 샌더기와 같이 많은 양의 공기를 지속적으로 필요로 하는 공구를 사용할 예정이라면, 큰 탱크를 골라야 한다. 반면 공구를 간간이 사용한다면 탱크 크기가 작아도 상관없다. 이와 같은 경우 펌프와 모터(압축기에서 가장 비싼 부분)가 작은 압축기와 큰 탱크를 준비하면 돈을 절약할 수 있다. 필요한 SCFM값을 능가하는 펌프와 넉넉한 크기의 탱크를 준비해 작업 중간에 압축기가 열을 식힐 시간을 확보하는 것이 중요하다. 타정기처럼 짧고 빠르게 뿜어져 나오는 공기를 사용하는 공구는 탱크 안 공기가 훨씬 느리게 줄어들므로, 부피가 약 8~22L 정도인 탱크면 충분하다.

016 공기 압축기 활용하기

공기 압축기를 잘 활용하면 DIY 리모델링 작업의 완성도를 한층 더 끌어올릴 수 있다. 적절하게 공기 압축기를 사용하면 타정기에서부터 모래분사기에 이르기까지 다양한 공구를 쓸 수 있다. 크기가 작은 공기 주입기로는 농구공이나 구멍 난 타이어를 부풀릴 수 있다. 크기가 큰 압축기는 공사 현장에서 주로 쓰이는데, 목공소나 자동차 정비소에서 사용하는 전문가 수준의 고정형 모델도 나와 있다.

하지만 공기 압축기는 힘만 제공할 뿐이다. 공기 압축기에 연결해 사용하는 압축 공기 공구의 성능에 따라 작업의 성패가 결정된다. 압축 공기 공구는 압축기 호스에 연결해 사용하는데, 모터가 달려 있지 않아서 전기 공구보다 크기가 작고 가벼우며 다루기 쉽다. 또한 부품이 적어 고장이 적다.

공기 압축기는 또한 다양한 용도로 활용할 수 있다. 한 압축기에 래칫 렌치에서부터 페인트 분무기, 앵글

017 큰 공구 빌려 쓰기

네일러, 피니시 네일러, 임팩트 렌치까지 여러 가지 공구를 연결해 사용한다.

플레이트 콤팩터(plate compactor)와 같이 무겁고 몸집이 큰 공구는 비쌀 뿐만 아니라 보관과 유지 및 수리가 쉽지 않다. 따라서 일정 기간 동안 공구를 빌려서 사용하는 것도 고려해볼 만하다. 경제적인 가격에 잘 관리된 좋은 품질의 공구를 사용할 수 있다. 일부 지역의 공공 도서관이나 주민센터에서는 주민들이 적은 돈 또는 공짜로 공구를 빌릴 수 있다.

주로 빌려서 사용하는 공구로는 원격으로 전력을 공급하는 발전기, 건물의 지반과 테라스 등을 다지기 위한 플레이트 콤팩터, 콘크리트를 철거할 때 쓰는 잭 해머, 섬유질 단열재 시공에 필요한 블로어 등이 있다. 어두운 곳에서 작업한다면 조명 기구를 빌리는 것도 좋은 방법이다. 작업 환경이 너무 추울 때는 등유 난방기를 빌린다. 지역의 공구 공급업체를 방문해 임차할 수 있는 기기들이 있는지 알아보자.

018 만일을 위한 발전기

정전을 대비해 발전기를 준비하는 것도 좋다. 커다란 기기 또는 여러 가지 공구를 한꺼번에 사용하려면 전력 생산량이 충분한 모델을 골라야 한다. 하지만 고성능 발전기는 가격이 비싸고 자리도 많이 차지한다는 점을 주의한다.

필요한 전력량을 계산하려면 먼저 모든 전기 장치들의 목록을 작성한다. 그런 다음 각 장치마다 필요한 전력량을 파악해야 하는데, 이때 공구를 처음 작동할 때 필요한 전력량과 계속해서 작동할 때 필요한 전력량 중 큰 값을 적는다.(전동 장치의 첫 구동에 필요한 전력량만 나와 있다면, 최소한 3을 곱한 값을 계속해서 기기가 작동할 때 필요한 전력량으로 계산한다.)

기기의 명판에 전력량이 적혀 있지 않는 경우, 명판에 적힌 전압과 암페어를 곱해 전력량을 구할 수 있다. 예컨대 $120\,volts \times 5\,amps = 600\,watts$로 계산할 수 있다.

목록에 적은 전기 장치들의 전력량을 모두 합한 값보다 연속 출력값이 높은 발전기를 선택하면 된다. 발전기의 전력을 분배해 공급하면 더 많은 기기를 작동할 수 있다. 예를 들어 일정 시간 동안 번갈아 가며 냉장고와 에어컨에 전력을 공급할 수 있다.

019 용도에 맞는 접착제 고르기

철물점 선반은 그야말로 셀 수 없이 다양한 종류의 접착제로 가득하다. 각기 다른 모양과 색깔의 용기에 들어 있는 제품들 중 나에게 꼭 필요한 접착제를 고르는 것은 여간 어려운 일이 아니다. 아래 표를 참고하면 더욱 수월하게 작업에 적합한 제품을 고를 수 있다. 리모델링 작업에 접착제를 사용할 때는 응고 시간(접착제가 일차적으로 접착하는 데 걸리는 시간), 건조 시간(접착제가 굳는 데 걸리는 시간), 경화 시간(완전히 접착하는 데 걸리는 시간)을 알아두는 것이 좋다. 작업물이 지저분하고 성가신 실패작이 되지 않도록 완전히 굳는 데 필요한 시간보다 더 오랫동안 고정시켜야 한다는 점도 잊지 말자.

종류	용도	응고 시간	건조 시간	경화 시간
목공풀	이름에서 알 수 있듯이 나무를 붙일 때 사용한다.	20~30분	1시간	24시간
강력 순간접착제	크레이지글루(Kraze Glue)라는 제품명으로 판매되는 시아노아크릴레이트는 금속과 유리, 세라믹, 플라스틱, 고무 등을 접착하는 데 효과적이다.	5~15분	1시간	24시간
실리콘 접착제	배수 공사나 유리 수리 등에 흔히 사용하며 금속과 유리, 고무, 나무, 세라믹을 붙일 수 있다. 접착 부분이 유연하고 방수도 된다.	5분	1시간	24시간
에폭시	접착제 역할을 하는 수지와 촉진제/경화제로 이루어져 있다. 매우 튼튼하고 물에도 강하다. 금속과 세라믹, 플라스틱 등 표면이 딱딱한 소재에 적합하다.	5분~2시간	12시간	24~48시간
핫 글루	막대 형태로 뜨겁게 데운 글루건과 함께 사용해야 한다. 빨리 응고되고 접착력도 알맞다. 무게가 가벼운 자재를 사용하거나 일시적으로 접착이 필요할 때 적합하다.	15~30초	5~10분	24시간
스프레이 접착제	접착 부분에 접착제를 아주 작은 방울 형태로 얇고 균일하게 분사해 사용한다. 종이와 천, 작거나 얇은 플라스틱 조각, 나무, 금속과 같이 가벼운 자재에 적합하다.	점착성이 낮은 접착제는 응고하는 데 수 분이 걸린다. 점착성이 높은 접착제는 바로 응고한다.	30분	24시간
확장형 접착제	고릴라글루(Gorilla Glue)라는 제품명으로 잘 알려져 있다. 폴리우레탄계 접착제로 거품이 생기는 성질이 있어 자재의 갈라진 틈을 메울 수 있다. 경화하고 나면 접착력이 매우 강하며, 나무와 금속, 세라믹, 유리, 플라스틱, 돌과 같이 단단한 자재에 적합하다.	종류에 따라 다르다.	1~2시간 또는 순간 접착제의 경우 30분	24시간
건축용 접착제	산업용 접착제로 합판이나 시멘트판, 방부 처리된 목재 등 여러 건축용 자재에 사용하는 파스너와 함께 코킹 튜브 형태로 판매된다. 폴리우레탄계 접착제는 플라스틱과 비닐, 세라믹, 거울, 화강암, 대리석을 접착하는 용도로 쓰인다.	15분~1시간	24시간	제품에 따라 24시간~7일

020 클램프의 종류

다음과 같은 클램프를 준비하면 전문가 수준의 작업도 거뜬히 해낼 수 있다.

C클램프 가장 기본적이고 다재다능한 녀석으로 접착하려는 물건을 고정할 때 쓸 수 있다. 주로 강철이나 주철로 만들며, 나사산이 있는 커다란 나사를 돌려 조인다.

파이프 클램프 직접 자른 파이프에 장비를 고정할 수 있다. 지름이 약 1.27cm 또는 약 2cm인 파이프를 필요에 따라 길게 혹은 짧게 잘라 사용한다.

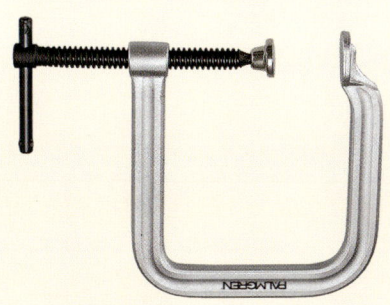

벤치 클램프 일반적인 클램프를 반으로 자른 듯한 모양이다. 작업대에 고정해 사용한다. 위턱을 활용해 작업물을 탁자 위에 단단하게 누를 수 있다.

스트랩 클램프 유연한 띠를 이용해 네모와 원, 또는 불규칙한 모양의 작업물을 효과적으로 고정한다.

스프링 클램프 커다란 빨래집게와 비슷한 모양이다. 간단한 수리를 하거나 페인트칠 또는 접착 작업을 할 때 자재를 고정하는 역할을 한다.

앵글 클램프 두 부재를 직각으로 이어 붙일 때 작업물을 고정한다.

바 클램프 조절 가능한 아래턱을 움직여 자재를 꽉 조인 후 나사산이 있는 나사로 클램프를 고정한다. 고정력이 매우 뛰어나다. 크기가 다른 바 클램프를 여러 개 준비하면 유용하다.

벤치 바이스 주로 금속을 다룰 때 사용한다. 철로 만든 무거운 벤치 바이스는 대개 작업대에 고정한 상태로 쓴다. 이때 작업물을 단단히 잡는 역할을 한다.

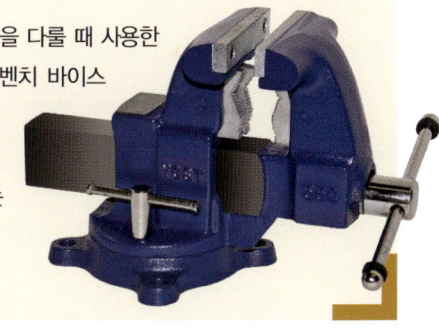

021 단번에 접착하기

나무를 접착제로 붙일 때는 표면이 부드럽고 깨끗한지 확인한다. 접착제가 든 통을 거꾸로 뒤집어 도포해도 상관없다. 단, 나무 표면에 접착제가 균일하게 발리도록 주의하자. 좁은 연결 부위에는 얇게 자른 나뭇조각을 노처럼 활용해 풀을 얇게 펴 바르는 것도 좋은 방법이다. 베니어판과 같이 도포 면적이 넓은 경우에는 롤러를 사용하면 매끈하고 꼼꼼하게 접착제를 바를 수 있다.

022 접착테이프 고르기

간단한 수리 작업에서 테이프는 그야말로 만능 아이템이다. 특정 용도로 나온 테이프도 있어 집 안팎에서 필요할 때 유용하게 쓸 수 있다. DIY 리모델링을 할 때 가장 흔히 사용하는 테이프의 종류는 다음과 같다.

종류	용도	알아두면 좋은 점
덕트 테이프	일반적인 용도로 두루두루 사용할 수 있다. 물건을 임시로 고치거나 잠시 동안 고정할 때, 또는 긴급한 수리가 필요할 때 유용하다. 전선을 한데 묶거나 바닥 밑 깔개를 이어 붙일 수도 있고 구멍 난 청소기 호스를 메꾸는 데도 효과적이다.	새로 출시된 테이프는 기존 테이프보다 접착력이 두 배로 강하다. 배관에는 사용하면 안 된다.
호일 테이프	집 안의 환기용 통풍구를 고칠 때 가장 적합한 선택이다.	품질이 좋은 접착용 호일 테이프는 온도 변화에 강하며 덕트 테이프보다 더 단단하게 고정할 수 있다.
페인트 테이프	페인트를 칠할 때 사용하는 테이프로, 페인트를 칠하고 싶지 않은 부분을 테이프로 가리면 경계선을 깔끔하게 마무리할 수 있을 뿐만 아니라 페인트칠을 하지 않는 부분을 보호할 수 있다.	새로 나온 테이프 중에는 흡수용 합성제 처리를 한 것도 있는데, 라텍스 페인트와 반응하면 바로 젤 형태로 변해 페인트 자국이 남지 않는다.
전기용 테이프	전기선을 한데 묶거나 이을 때 사용한다.	주로 비닐 소재로 만들며 쉽게 늘어나고 얇아 절연 기능을 오랫동안 유지할 수 있다.
셀프 퓨징 테이프	실리콘고무 소재로 만든 끈적거리지 않는 테이프로, 길게 늘여 호스와 케이블, 파이프 등을 감싸면 저절로 녹아 아주 매끄럽게 달라붙는다. 물과 전기를 차단한다.	다양한 용도로 쓸 수 있어 매우 유용한 수리용 테이프로 레스큐 테이프 또는 마이티 픽싯 테이프라는 제품명으로도 잘 알려져 있다.
테플론 테이프	폴리테트라플루오로에틸렌 소재의 얇은 막으로 관용 나사를 고정할 때 사용한다.	나사가 더욱 깊게 자리 잡을 수 있도록 연결 부위를 부드럽게 하는 역할을 하며 작은 구멍을 막아 접착력을 높인다.
건식 벽체 테이프	새로 만든 벽이나 천장에 페인트 밑 작업과 칠을 하기 전 건식 벽체의 이음매 부분을 메꾸기 위해 조인트 컴파운드와 함께 사용한다.	종이와 섬유 유리 형태로도 구입할 수 있다.

023 창문용 단열재

철물점과 건축 자재점에서 파는 창문용 단열재 세트에는 양면 접착테이프와 커다란 플라스틱 필름이 들어 있다. 창문의 사면에 테이프를 붙인 후 필름을 테이프에 고정해 창문을 완전히 가리면 사방이 막힌 공간(이 안에 공기가 있다.)이 만들어진다. 필름의 남는 부분을 자른 후 헤어드라이어로 필름에 열을 가한다. 필름이 쪼그라들면서 주름 없이 창문에 밀착된다.

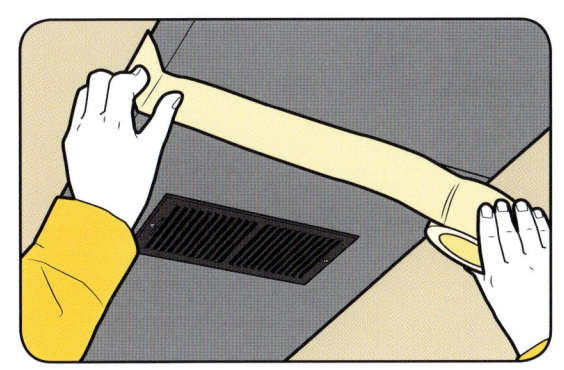

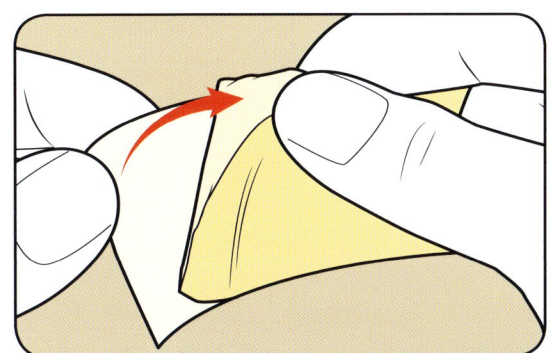

024 호일 테이프 사용하기

테이프를 통풍구의 이음매 부분에 대고 잡아당겨 필요한 길이만큼 자른다. 호일 테이프 뒷면에 덧대어져 있는 종이를 뗀 후 테이프를 붙인다. 먼저 종이를 약 5cm 정도 벗겨낸 후 한 손으로 접착면의 끝을 이음매에 대고 다른 손으로 종이를 잡는다. 천천히 종이를 벗기면서 이음매 부분에 테이프를 붙인다. 호일 테이프는 끈적임이 심하다. 접착면이 접히면 찢어지기 쉬우므로 조심하자. 신용카드와 같이 가장자리가 직선인 물건으로 테이프를 눌러 균일하게 접착한다.

025 테플론 테이프 감기

나사산이 있는 연결 수도관(가스 배관은 제외)이 고무로 밀봉되어 있지 않다면 테플론(나사실) 테이프를 감을 수 있다. 파이프의 수나사를 천으로 깨끗이 닦은 후 테이프의 끝부분을 두 번째 나사에 고정한다. 한 손으로 테이프를 잡고 나사가 돌아가는 방향(주로 시계방향)으로 3~6번 감는다. 반대 방향으로 테이프를 감으면 나사가 맞물려 돌아가면서 테이프가 벗겨질 수 있으니 조심하자.

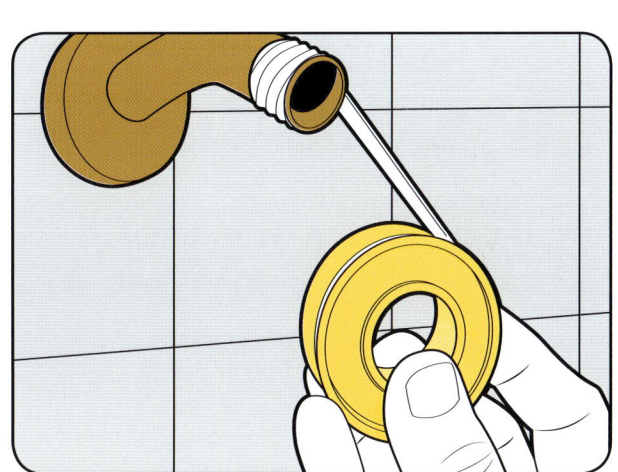

026 페인트 테이프 붙이기

페인트 롤러와 붓으로 페인트칠을 하다 보면 벽에 불규칙한 자국이 남기 쉽다. 페인트를 칠할 때 벽면에 페인트 테이프를 붙이면 페인트가 테이프 위로 흘러내려 벽에 보기 싫은 자국이 남는 것을 예방할 수 있다. 벽에 테이프를 잘 밀착해 고정하려면 작은 고무 롤러로 테이프를 꾹꾹 눌러주면 된다.

027 수평 맞추기

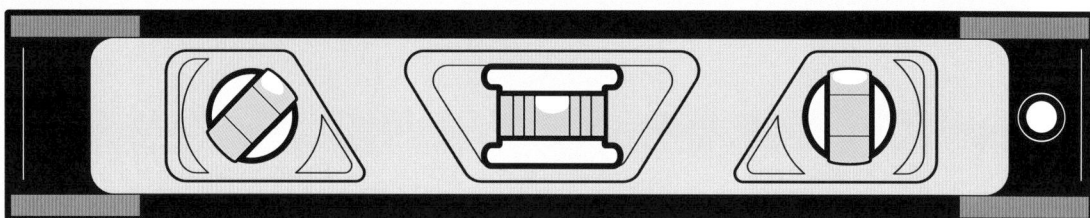

DIY 작업을 해본 경험이 있는 사람이라면 누구나 한 번쯤은 목수용 수평기 또는 기포 수평기를 사용한 경험이 있을 것이다. 이처럼 기본적인 공구로도 작업을 완성할 수 있지만, 다양한 기능을 갖춘 수평기로 더욱 수월하게 작업할 수 있다. 다음과 같은 수평기를 고려해보자.

1 180cm 수평기 180cm 수평기는 120cm짜리보다 더욱 정교하게 수평을 맞출 수 있다. 따라서 경첩이 정확하게 수평을 이루어야 하는 문 설치 작업 등에 적합하다.

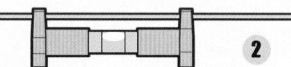

2 스트링 수평기 수평기의 길이가 길수록 더욱 정확한 측정이 가능하다. 철물점에서 원하는 길이의 수평기를 찾지 못했다면, 스트링 수평기가 해결책이 될 수 있다. 두 점을 기준으로 끈을 팽팽하게 잡아당긴 다음 스트링 수평기(기포통이 있는 짧은 카트리지)를 건다. 기포가 수평을 이룰 때까지 끝을 조절한다.

3 자석 수평기 파이프 또는 다른 금속 자재에 연결해 다림을 보는 공구로, 작업 시 두 손이 자유로워 편리하다.

4 포스트 수평기 두 겹으로 접을 수 있는 수평기로 기포통이 여러 개 달려 있다. 울타리나 기둥을 감싸 사용하며 여러 방향의 수평을 한 번에 확인할 수 있다.

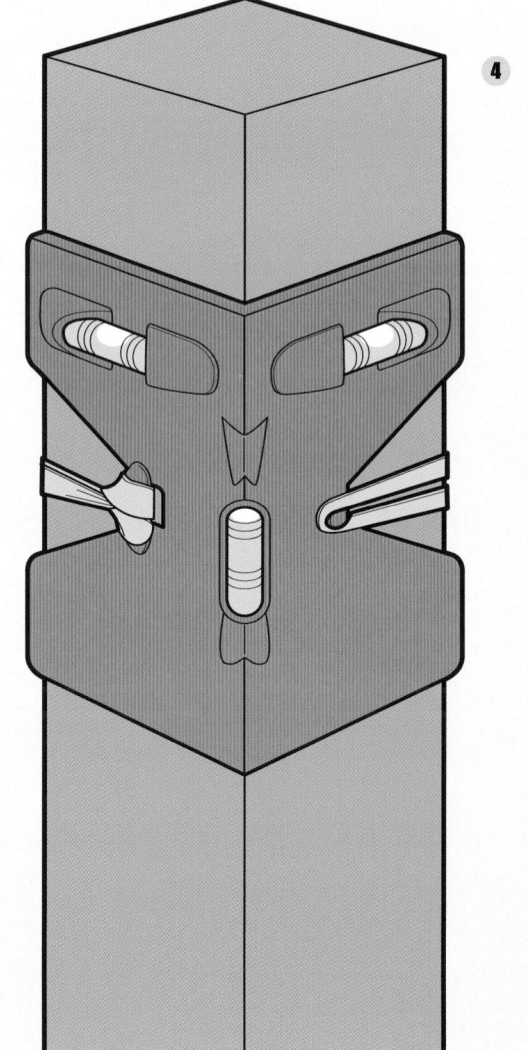

028 최첨단 레이저 수평기

집 안 곳곳을 손수 고치는 것을 좋아하는 열정 넘치는 DIY 애호가라면 레이저 레이아웃 공구에 투자하는 것도 좋은 생각이다. 벽과 천장에 완벽한 수평과 수직을 이루는 레이저를(가이드라인 역할을 한다.) 쏘아 작업할 수 있어 편리하다. 아무 데나 설치할 수 있고 쉽게 높낮이를 조절할 수 있도록 카메라 삼각대에 올려 사용할 수 있는 모델을 추천한다.

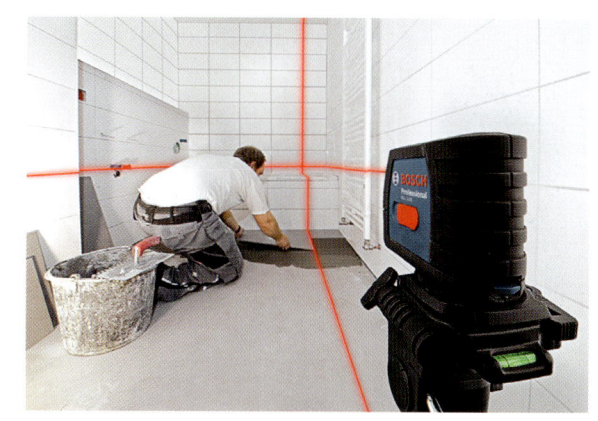

029 만능 도구 스피드 스퀘어

레이아웃 작업에 사용하는 스피드 스퀘어는 5가지 기능을 거뜬히 해내는 만능 도구다. 간단하면서도 다양하게 활용할 수 있어 편리하다. 90도로 꺾인 모양 덕분에 간단한 크로스 컷 작업을 할 때 쓸 수 있다.

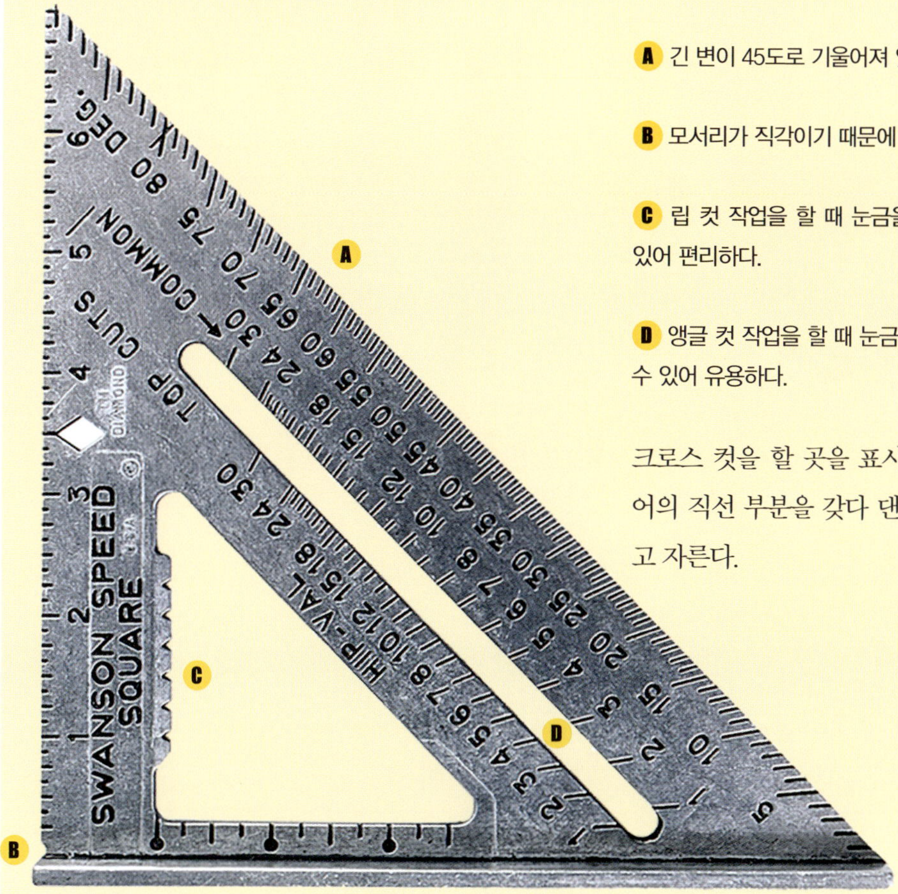

A 긴 변이 45도로 기울어져 있어 연귀 작업에 사용할 수 있다.

B 모서리가 직각이기 때문에 여러 작업에 유용하다.

C 립 컷 작업을 할 때 눈금을 이용해 목공용 연필로 표시할 수 있어 편리하다.

D 앵글 컷 작업을 할 때 눈금을 보고 정확한 각도를 읽고 표시할 수 있어 유용하다.

크로스 컷을 할 곳을 표시하고, 그 지점에 스피드 스퀘어의 직선 부분을 갖다 댄다. 톱 밑판을 직선 부분에 대고 자른다.

030 페인트 공구 알아보기

가장 인기 있는 DIY 작업으로 집 안을 페인트로 칠하는 일을 꼽을 수 있다. 벽에 새로운 색을 입히는 것만으로도 방 분위기와 실내 인테리어를 완전히 바꿀 수 있다. 기본적인 페인트 공구 세트를 갖추려면 다음과 같은 준비물이 필요하다.

1 페인트 테이프 페인트를 칠하고 싶지 않은 부분을 가릴 때 사용한다.

2 페인트 붓 트림 작업이나 세밀한 칠을 할 때, 또는 협소한 공간에서 페인트칠을 할 때 유용하다.

3 페인트 롤러 면적이 넓고 평평한 곳에 빠르고 효과적으로 페인트를 칠할 수 있다.

4 페인트 트레이 페인트 작업을 할 때 적정량의 페인트 또는 프라이머(페인트칠을 하기 전 표면을 매끄럽게 만들거나 접착력을 높여주는 제품)를 담을 수 있다.

5 깔개천 페인트 작업을 할 때 바닥이나 가구에 페인트가 묻는 사고를 방지한다.

6 사포와 연마재 페인트 작업을 하기 좋도록 표면을 부드럽고 매끄럽게 다듬을 때 사용한다.

7 페인트 긁개 오래된 페인트를 벗겨내고 새로운 칠을 할 수 있도록 표면을 다듬을 때 사용한다.

031 페인트칠하기

정교한 작업이나 트림 작업을 할 때는 페인트 붓을 사용하고, 넓은 부분을 칠할 때는 페인트 롤러를 사용한다. 다음을 참고하자.

붓 라텍스 페인트를 칠할 때는 인조털이 달린 붓을 준비한다. 반면 유성 페인트나 니스의 경우 품질이 좋은 천연 모가 달린 붓이 좋다. 천연 모의 질이 좋을수록 페인트가 부드럽고 매끄럽게 발린다. 아주 저렴한 붓으로 페인트칠을 하다 보면 털이 빠져 벽에 붙기 쉬우므로 어느 정도 투자를 하는 것이 현명하다. 붓의 손잡이 부분은 다양한 종류의 나무나 플라스틱으로 만드는데, 모양과 크기가 다양하다. 손에 잡고 작업에 필요한 동작을 취했을 때 편한 것으로 고르면 된다. 크기가 작은 트림용 붓은 좁은 공간에서 사용하기 안성맞춤이다. 끝이 뽀족한 붓도 있어 홈이나 모서리를 칠할 때 유용하다. 큰 붓은 정교함이 떨어지지만 더 빨리 페인트를 칠할 수 있다. 리모델링과 유지 보수 작업을 하려면 다양한 종류의 붓을 준비해두는 것이 좋다.

롤러 여러모로 쓰임새가 좋은 도구로 크기가 작은 8cm 또는 10cm짜리는 작고 협소한 곳에서 작업할 때 유용하고, 기본 크기인 약 30cm짜리는 벽을 칠할 때 편리하다. 페인트 롤러는 케이지(손잡이와 연결되어 움직이면 돌아가는 골격 프레임)와 커버(페인트를 묻혀 벽에 바르는 천으로 된 원통)로 구성된다. 냅(nap. 커버의 털)은 천연 모 또는 인조털로 만드는데, 다양한 길이에 따라 다른 효과를 줄 수 있다. 일반적으로 약 0.95cm 또는 약 1.27cm짜리 냅이라면 두루두루 활용하기 좋다.

냅	용도
약 0.64cm	새로 설치한 벽이나 천장, 문, 트림의 매끄러운 표면
약 0.95cm	살짝 자국이 남아 있는 부드러운 벽
약 1.27cm	질감이 있는 석고벽이나 콘크리트 벽을 포함해 표면이 어느 정도 거친 벽과 그 외 대부분의 벽
약 1.9cm	질감을 살린 벽이나 콘크리트, 벽돌과 같이 거칠고 울퉁불퉁한 표면

032 페인트 붓 청소하기

페인트가 묻은 붓이 딱딱하게 굳지 않도록 작업 후에는 바로 청소하는 것이 바람직하다. 롤러 케이지와 페인트 트레이는 페인트의 종류에 따라 깨끗한 물이나 미네랄 스피릿(광유)으로 씻는다. 일회용 롤러 커버는 사용한 후에 바로 버린다. 붓은 청소하기가 까다로운데, 수성 라텍스 페인트를 사용했을 경우 2시간에 한 번씩 붓을 씻는 것이 바람직하다. 페인트 붓을 씻는 방법은 다음과 같다.

1단계 페인트 긁개의 가장자리로 털에 남아 있는 페인트를 제거한 후 물로 털 부분을 씻는다.
2단계 미지근한 물 4L와 섬유 유연제 반 컵을 양동이에 붓고 섞는다.
3단계 섬유 유연제를 푼 물에 붓을 넣고 15초 동안 흔든다.
4단계 붓을 꺼내 여러 번 흔들어 물기를 제거한 다음 수건에 닦아 말린다.

유성 페인트를 사용했다면, 좀 더 전문적인 청소 용품이 필요하다. 라텍스 페인트를 사용했을 때와 마찬가지로 긁개로 붓에 남아 있는 페인트를 제거한 다음, 미네랄 스피릿에 10초 정도 붓을 담가 붓에 남아 있는 고착제를 녹인다. 붓을 흔들어 물기를 제거한 후 변성 알코올에 10~20초 정도 씻어 기름을 제거한다. 마지막으로 섬유 유연제 용액에 담근 후 10초 정도 흔들어 헹구면 털 부분을 부드럽게 유지할 수 있다.

033 작업대 정리하기

대개 모든 작업은 작업대에서 이루어진다. 일반적으로 작업대의 높이는 사용자의 허리선보다 몇 센티미터 아래에 있어야 좋다. 작업대 표면은 깨끗하고 평평해야 하며, 작업대 크기는 필요에 따라 달라질 수 있다. 작업대를 만들거나 사기 전에 먼저 마이터 톱 또는 테이블 톱을 놓고 쓰기에 적절한 크기인지 확인한다. 많은 사람이 큰 작업물을 손쉽게 다루기 위해 작업대에 접었다 펼 수 있는 연장 패널을 설치한다. 필요하지 않을 때는 연장 패널을 푼 뒤 접어서 보관할 수 있어 편리하다. 또한 작업대에 잠금장치가 있는 바퀴를 달면 원하는 장소로 이동한 다음 고정할 수 있다. 편안한 스툴(등받이와 팔걸이가 없는 의자)을 더하면 완벽한 작업 공간이 완성된다.

034 수납공간 확보하기

차고 전체나 남는 방을 작업실로 사용할 수 없는 사람이라면 어떻게 수납공간을 확보할 수 있을까? 벽에 선반이나 수납함을 달아 내부 공간을 십분 활용하는 것도 방법이다. 하지만 결국 작업 공간으로 쓸 수 있는 집 안 공간은 정해져 있다. 이럴 때는 쉽게 지나칠 수 있는 작은 공간을 수납 장소로 바꿔보자. 계단 밑 공간을 벽장으로 개조하거나 데크 아래에 합판으로 만든 통을 설치할 수 있다. 정원에 공구들을 넣을 수 있는 창고를 만들거나 다락방에 이중 바닥을 설치해 들보 위에 수납공간을 마련하는 것도 좋은 해결책이다. 조금만 창의적으로 생각하면 기존의 작업 공간을 벗어나 새로운 수납공간을 금방 찾을 수 있을 것이다.

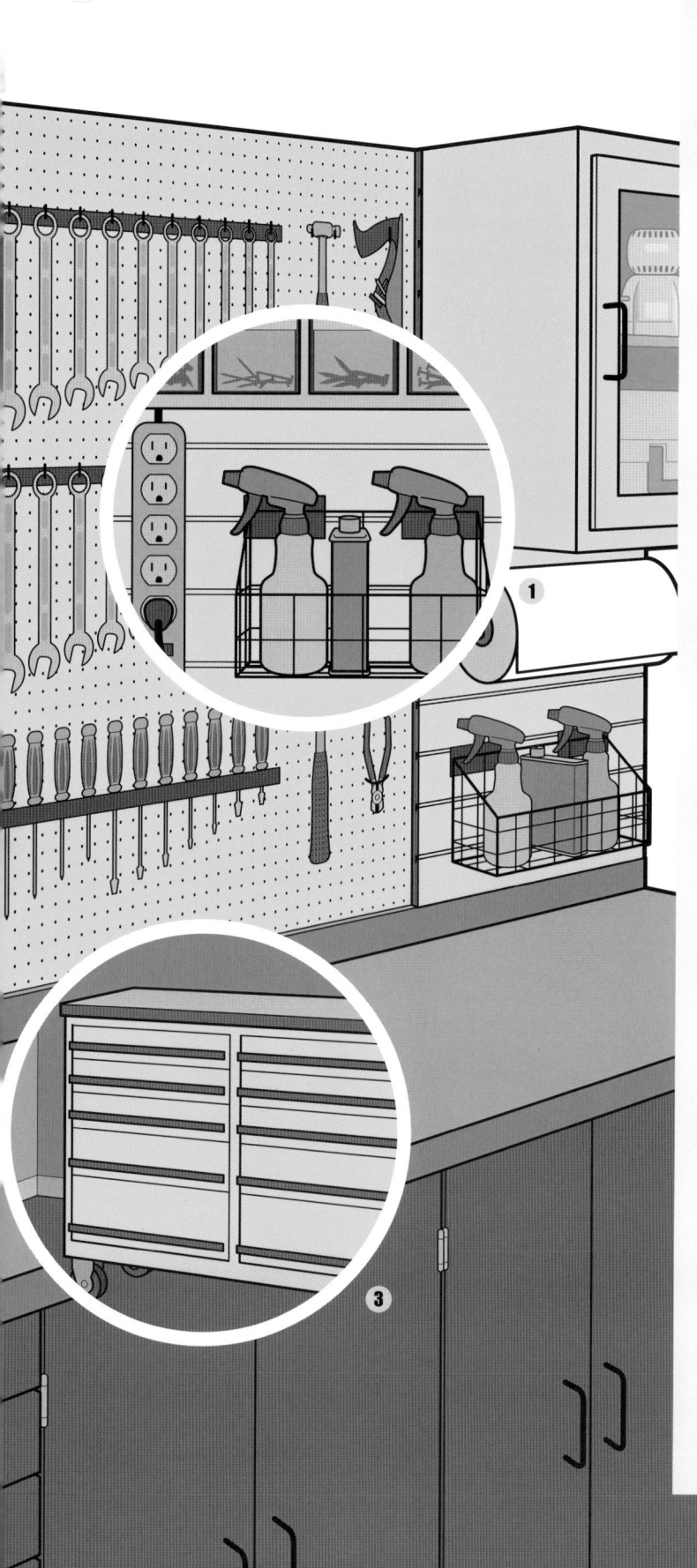

035 똑똑한 수납 요령

선반을 활용하면 더 많은 수납공간을 확보할 수 있다. 시중에서 파는 브래킷을 골조 스터드에 고정해 벽에 다는 선반을 손쉽게 설치해보자. 단순한 디자인의 다리와 2×4짜리 가로대, 2×6 또는 2×8짜리 선반만 있으면 2층 선반을 만들 수 있다.(2×4는 목재의 크기를 나타낸다. 2는 목재의 세로, 즉 두께를 나타내고 4는 목재의 가로, 즉 폭을 나타낸다. 단위는 모두 인치다.) 나사나 못으로 선반을 연결한 후 사선 버팀대를 사용해 정사각형 모양을 유지한다. 2×2 사다리용 브래킷으로 만든 3층 합판 선반을 활용하는 작업실도 종종 있다. 선반의 디자인은 제각각이지만, 저렴한 재료로 간단하게 만들어 사용하는 것이 일반적이다.

1 수납 벽 시스템 평소에 쓰지 않는 빈 벽을 공구와 재료를 보관할 수 있는 수납공간으로 활용할 수 있어 인기가 많다. 수납 벽 시스템은 대부분 길게 자른 나무판을 벽에 가로로 길게 고정한 후 고리와 선반, 끈 등을 걸어 물건을 수납하는 형태다.

2 페그보드 나무판을 벽에 걸어 물건을 수납할 수 있다. 렌치나 드라이버와 같이 작은 공구를 수납하는 공간으로 오랫동안 사랑받고 있다. 페그보드에 난 구멍에 다양한 고리와 홀더를 걸어서 사용할 수 있어 활용도가 매우 높을 뿐만 아니라, 자주 사용하는 공구를 가까운 곳에 효율적으로 보관할 수 있다.

3 공구 수납장 크기가 큰 수납장은 많은 공구들을 종류와 용도별로 정리할 수 있으므로 DIY 애호가라면 고려해볼 만하다. 수납장에 따라 서랍의 개수가 다양하다. 대부분의 서랍장에 바퀴가 달려 있어 작업 공간에서 쉽게 움직일 수 있다.

036 녹슨 부품 관리하기

녹이 스는 것을 예방하려면 금속 공구를 반드시 습기가 없는 곳에 보관해야 한다. 또한 작업 도중 공구가 젖었다면 사용 후에 꼼꼼하게 말리는 것이 좋다. 이물질이 쌓이면 공구가 움직이지 않고 제 기능을 발휘하지 못한다. 주기적으로 공구를 닦아 기름과 때를 제거한다. 종종 건축용 공구에 윤활유를 살짝 발라 부식을 막는 것도 중요하다. 윤활유는 액체와 스프레이 형태가 있는데, 색깔이 없는 기름 코팅이 뾰족한 부분의 마찰을 완화한다. 뿐만 아니라 얇고 촉촉한 막이 잦은 사용으로 공구가 마모되는 것을 방지한다.

녹이 슨 부품 되살리기 먼저 뜨거운 물과 세제로 공구를 깨끗이 닦는다. 살짝 녹이 슬었다면 쇠 수세미 또는 입자가 가는 사포로 원을 그리며 문질러 녹을 제거한다. 부식이 심한 경우에는 와이어 브러시를 써야 한다. 물로 헹군 공구를 잘 말린 후 충분한 양의 WD-40을 뿌려 문지르면 남아 있는 녹을 제거할 수 있다. 녹슨 부분이 모두 없어질 때까지 반복한다. 보호용 윤활제를 바른 후 보관한다.

강력한 녹 제거제 작은 부품이 들어가는 공구나 기계는 액상 녹 제거제를 사용하면 문지르지 않고도 오래된 녹을 제거할 수 있다. 일부 녹 제거제에는 몸에 좋지 않은 화학물질이 들어가 있는 반면, 이베포 러스트(Evapo-Rust)는 친환경 수성 제품이라 안심하고 사용할 수 있다. 13L짜리 큰 양동이와 공구를 담글 수 있는 바구니도 들어 있어 작은 부품을 잃어버릴 염려도 없다.

천연 재료로 녹 없애기 소금과 레몬즙을 용기에 넣어 섞은 혼합액을 쇠 수세미에 적셔 녹슨 부분에 바른다. 소금은 연마재 역할을 하고 레몬즙에 들어 있는 산은 녹과 반응해 녹슨 표면을 녹인다. 공구의 표면에 혼합액을 바르고 한동안 기다린 후 문지르면 녹을 제거할 수 있다. 녹을 없앤 후에는 공구를 씻고 천으로 닦는다.

037 공구 재활용하기

재활용할 수 있는 공구의 종류와 재활용 방법은 도시마다 다르다.(미국의 경우) 관련 기관에 문의해 올바른 방법으로 공구를 재활용하고 있는지 확인해 보자. 위험한 물질을 재활용해주는 서비스가 점점 자리 잡고 있다는 점은 매우 반가운데, 최소한 엔진 오일과 전자 기기, 배터리와 같이 사람들이 흔히 쓰는 물건의 재활용 서비스는 체계적으로 이루어지고 있다.

실제로 미국에서는 자동차와 잔디 깎는 기계에 들어가는 배터리를 포함한 모든 납축전지의 96%가 재활용된다. 납축전지를 판매하는 가게 대부분이 법에 따라 다 쓴 배터리를 회수한다. 대개 다 쓴 배터리를 반납하면 새 배터리를 할인된 가격에 살 수 있어 이익이다. 배터리를 재활용하는 것은 환경을 위한 올바른 결정이다.

038 윤활유의 종류

윤활유는 다양한 용도로 사용한다. 빡빡한 부분을 느슨하게 풀거나 녹과 같은 손상을 막기도 하고, 공구가 한층 더 부드럽게 작동되도록 도와준다. 흔히 사용되는 윤활유는 다음과 같다.

다용도 스프레이 인기 있는 일반용 제품으로 금속에 녹이 슬거나 부식되는 것을 방지한다. 또한 꽉 낀 부분 사이로 쉽게 스며들고 수분을 효과적으로 제거하며, 거의 모든 공구에 윤활유로 사용할 수 있다.

침투유 마모된 볼트와 나사, 경첩, 클램프나 꽁꽁 언 축과 도르래를 빠른 속도로 느슨하게 풀 수 있다.

실리콘 스프레이 얼룩이 남지 않는 투명막이 매우 미끄러운 보호막 역할을 해서 녹과 부식을 방지한다. 고무 개스킷을 보호하고 낮은 온도에서 끈적거림을 막는다.

화이트 리튬 그리스 얼거나 녹지 않아 계절이나 온도에 상관없이 사용할 수 있다. 이음매와 경첩, 연결 부위에 뿌리면 강력한 기름막이 오랫동안 공구를 보호한다.

윤활유 습기로부터 공구를 보호하고 삐걱대는 소리가 나지 않도록 한다. 자물쇠나 경첩, 미닫이문 호차(戶車)의 끈적이는 부분을 완화하는 기능도 있다. 점화 플러그, 코일, 전선, 수공구/전기 공구, 야외에서 사용하는 전력 기구에 녹이 슬거나 부식되는 것을 방지한다.

건조 윤활제 오랫동안 지속되는 윤활막이 마찰을 줄이고 습기와 마모로부터 공구를 보호한다. 자국을 남기지 않으며 옆으로 밀어서 사용하는 부분이나 창문틀, 로프 사다리, 제어용 케이블, 송풍기 등 다양한 공구를 부드럽게 만들고 소리가 나지 않도록 도와준다.

체인 윤활제 차고 문 개폐기, 체인 구동식 기계, 조절판, 브레이크와 같이 빠르게 움직이는 체인이나 쇠줄 등에 바르면 부품의 움직임을 부드럽게 하고 마모를 방지한다.

039 월동 준비하기

가을이 오면 정원용 공구들을 수리하고 방한 준비를 하는 것이 좋다. 그래야 따뜻한 계절이 돌아오면 공구들을 문제없이 사용할 수 있기 때문이다.

잔디 깎는 기계 관리하기 소형엔진 또는 잔디 깎는 기계 때문에 골머리를 앓고 있다면, 가을이 시작되었을 때 바로 수리점에 맡기는 것이 좋다. 봄에는 공구 수리를 의뢰하는 사람이 많아 자칫 오래 기다려야 하기 때문이다. 잔디 깎는 기계의 칼날을 교체하거나 날카롭게 갈고, 오일과 필터를 교체하는 것이 좋다. 잔디 깎는 기계나 고압 세척기, 발전기, 그 외 비슷한 기계 안에 들어 있던 가스를 빼고 엔진에 연료 안정제를 넣는다. 필요한 부품을 구하기 쉬운 비수기에 간단한 수리를 하는 것이 현명하다.

미리 준비하기 제초기의 낡은 부품을 교체해 봄맞이 준비를 미리 하는 것이 좋다. 날씨가 추워지면 분사식 제설기가 제대로 작동하는지 점검해보자.

수공구도 꼼꼼하게 갈퀴와 괭이, 삽, 가위와 같은 정원용 도구들을 깨끗하게 정리하고 날카롭게 간다. 나무 손잡이 부분에는 아마씨유를 얇게 펴 바르자.

040 발전기 점검하기

평소에 발전기가 잘 작동하는지 점검하지 않으면 추운 겨울 갑작스러운 정전에 큰 낭패를 볼 수 있다. 발전기는 4주에 한 번씩 시험 작동을 해보는 것이 좋다. 엔진의 시동을 건 후 램프나 선풍기처럼 적은 전력이 필요한 기구를 연결해 10~15분 동안 놔둔다. 한 달에 한 번씩 발전기를 작동하면 그 사이 쌓인 습기를 제거해 부식을 예방할 수 있다.

041 로프 사다리 제대로 세우기

로프 사다리(줄 사다리가 아님)를 올바로 세우는 가장 쉬운 방법은 두 사람이 작업하는 것이다. 한 사람이 가장 아래에 있는 발판에 발을 올려 사다리의 밑부분을 땅에 고정하면, 다른 사람이 사다리의 반대편을 잡고 집 쪽으로 걸어가 첫 번째 사람의 도움을 받아 필요한 높이만큼 사다리를 세운다.

1단계 혼자서 사다리를 세워야 할 때는 먼저 사다리를 최대한 접는다. 그 후 사다리 발을 벽에 기댄 후 발판을 하나씩 잡으며 벽을 향해 천천히 걸어간다. 사다리가 수직으로 서면 벽이나 지붕에 사다리를 기댄다. 그런 다음 사다리 밑부분을 살짝 밖으로 잡아당겨 사다리가 혼자 서 있도록 한다.

2단계 로프 사다리에는 끈과 도르래가 달려 있어 사다리를 길게 늘일 수 있다. 끈을 사용하려면 맨 아래에 있는 발판에 발을 올리고, 한 손으로 조심스럽게 사다리를 기울인 다음 다른 손으로 끈을 잡아당겨 사다리를 필요한 만큼 늘인다. 근처에 송전선이나 사람이 있을 수 있으므로 반드시 주의해야 한다.

3단계 로프 사다리는 대략 75도 각도로 세우는 것이 바람직하다. 또는 사다리 길이 약 1.2m마다 사다리 밑부분이 벽으로부터 약 0.3m 떨어져야 한다.

4단계 사다리를 올바른 위치에 세운 후에는 발 부분을 고정한다. 사다리 발이 올바르게 젖혀져 있는지와 사다리가 놓인 땅이 평평한지를 확인한다. 나무 데크 위에서 사다리를 사용하는 경우, 사다리 발 뒤쪽에 판자를 못 박으면 사다리가 미끄러지는 것을 예방할 수 있다. 고르지 못한 땅 위에 사다리를 세울 때는 높게 들리는 한쪽 사다리 발의 밑에 작은 구멍을 파서 균형을 맞춘다.

5단계 잠금장치가 잘 잠겼는지 확인하고 모든 접점이 사다리를 잘 지지하는지 점검한다. 조금이라도 불안정해 보이면 가장 낮은 발판에 밧줄을 묶어 단단한 곳에 고정한다. 또는 밧줄이나 철사를 처맛널에 박은 고리 모양의 나사 2개에 연결해 사다리 윗부분이 움직이지 않도록 하는 것도 좋다.

042 적절한 사다리 선택하기

물리적인 공간을 비롯한 작업 환경은 사다리를 고를 때 고려해야 할 가장 중요한 요소다. 특정 작업을 효율적으로 수행할 수 있도록 만들어진 사다리가 많아 작업의 성격에 따라 사다리를 고를 수 있다. 로프 사다리(❶)는 높은 집의 지붕에 올라갈 때 필요하다. 반면 크기가 작은 A형 사다리(❷)와 접이식 발판 사다리(❸)는 크라운 몰딩 설치와 같은 내부 작업에 적합하다. 다용도 사다리는 각기 다른 사다리의 기능이 복합되어 있어 활용도가 높다. A형 사다리 모양으로(❹) 변형할 수도 있고 로프 사다리처럼 길이를 조절할 수도 있는 다용도 사다리는(❺) 발판 사다리, 로프 사다리, 90도 사다리(벽에 가까이 다가갈 때 사용한다.) 대용으로 활용할 수 있다. A형 사다리는 양쪽 길이를 각각 조절할 수 있어 울퉁불퉁한 땅이나 계단 위에서도 작업이 가능하다. 게다가 사다리 하나만 있어도 여러 쓸모가 있어서 수납공간을 절약할 수 있다.

043 사다리와 친해지기

사다리는 꼭 필요한 도구다. 하지만 크고 무거워 보관이 어렵다는 단점이 있다. 사다리를 고를 때는 다음을 고려한다.

소재 사다리는 나무와 섬유 유리, 금속(알루미늄)의 세 가지 기본 소재 중 하나로 만든다. 주로 전기 작업을 한다면 금속 사다리는 피한다. 알루미늄은 전기를 전도하는 성질이 있기 때문이다. 하지만 작업장에서 전기를 사용하지 않는다면 무게가 가벼운 알루미늄 소재의 사다리가 유용하다.

높이 사용자가 가장 높은 발판 위에 올라서서 작업하지 않도록 충분히 높은 사다리를 골라야 한다. 그렇다고 무조건 높은 일자형 사다리를 고르는 것은 바람직하지 않다. 천장이 낮아 사다리를 올바른 각도(대략 75도)로 세울 수 없을지도 모른다. 마찬가지로 상부 지지점보다 약 90cm 이상 늘어나는 로프 사다리 역시 불필요하게 높은 사다리라고 할 수 있다. 상부 지지점보다 높게 올라간 사다리 부분이 지렛대처럼 작용해 사다리 밑부분이 움직이거나 미끄러질 수 있다. 안전 규범에 따라 사다리에는 최고 높이가 표시되어 있다.

크기 알맞은 사다리를 고를 때는 사용자의 몸집과 작업의 성격을 파악해야 한다. 사다리가 견딜 수 있는 최고 중량을 확인하자. 즉, 사다리는 사다리를 타고 올라갈 사람의 몸무게뿐만 아니라 작업에 사용할 공구와 자재, 그 외 사다리에 올릴 물건들의 무게까지 모두 합친 중량을 견딜 수 있어야 한다. 사다리 위에 올라갈 전체 무게가 최고 중량보다 높으면 사다리가 무너질 수 있다.

최고 중량	사다리 용도
타입 3 : 200파운드(약 90kg)	저렴하고 가볍게 사용할 수 있다.
타입 2 : 225파운드(약 102kg)	사다리를 많이 사용하지 않는 사람을 위한 기본 사다리다.
타입 1 : 250파운드(약 113kg)	일반적인 용도에 쓰이며 튼튼하고 무난하다.
타입 1A : 300파운드(약 136kg)	적극적인 DIY 애호가를 위한 사다리로 매우 견고하다.
타입 1AA : 375파운드(약 170kg)	전문가를 위한 사다리로 한층 더 강하다.

044 사다리 안전장치

로프 사다리 위에서 작업할 때 사다리 상단을 더욱 안정적으로 고정할 수 있는 안전장치를 사용하는 것도 좋은 방법이다. 일반적으로 안전장치의 신축 버팀대에는 고무 패드가 덧대어져 있어 사다리 상단이 옆으로 밀리는 것을 방지한다. 이러한 부수적인 장비들은 사다리에 실리는 무게를 분산해 금속 측대와 같은 자재가 망가지는 것을 예방한다. 사다리 안전장치는 또한 폭이 넓어 창문 위에 걸칠 수 있다. 사다리와 건물 외벽 사이에 공간을 둘 수 있어 홈통이나 돌출부에 더욱 쉽게 접근할 수 있다.

045 사다리 오르기

암벽 등반과 마찬가지로 사다리에 오를 때는 항상 총 3개의 접점을 유지해야 미끄러지거나 떨어질 위험을 줄일 수 있다. 사다리 위로 올라가거나 내려올 때는 반드시 사다리를 바라본 상태에서 양손과 한 발 또는 양발과 한 손을 사다리 발판에 올리고 움직여야 한다. 사다리 맨 위에서 작업할 때는 벨트 버클 한가운데가 사다리의 양 측면 사이에(또는 발판의 너비 안에) 오도록 해야 한쪽으로 치우치지 않는다. 예인 로프나 공구 벨트를 활용해 양손이 자유로운 상태에서 사다리를 오르내리는 것이 현명하다. 또는 사다리에 올라 조수에게 필요한 공구를 건네받는 것이 바람직하다. 미끄럼 방지 기능이 있는 신발을 착용한다. 밑창이 튼튼한 굽이 있는 신발이 발의 피로를 줄이는 데 도움을 준다.

046 안전 장비 착용하기

집수리 작업에는 늘 위험이 도사리고 있다. 따라서 올바른 안전 장비를 착용해 혹시 모를 사고에 대비하는 것이 좋다.

1 보안경 철거나 톱질, 드릴 작업 등을 할 때 파편이 튀어 눈으로 들어가지 않도록 눈을 보호하는 역할을 한다. 스타일이 좋은 안경에서부터 눈 주변을 완벽하게 차단하는 고글에 이르기까지 스타일과 색깔이 다양하다.

2 작업용 장갑 물집과 상처, 마찰로부터 손을 보호한다. 여러 스타일의 장갑이 나와 있는데, 손바닥과 손가락 부분에 패드가 덧대어져 있어 충격을 완화하고 공구의 진동을 흡수하는 제품도 있다.

3 고무장갑 페인트나 화학물질을 다룰 때 고무장갑을 끼면 화상과 피부 자극을 피할 수 있다. 뿐만 아니라 씻어내기 어려운 끈적임을 걱정하지 않아도 된다. 특히 지저분한 배수 공사를 할 때 매우 유용하다. 손가락이 자유롭게 움직일 수 있는 얇은 니트릴 장갑은 페인트와 착색 작업에 적합하다. 반면 팔목 부분이 길고 두꺼운 고무장갑은 팔 주변이 쉽게 더러워지는 배수 공사에 아주 적합하다.

4 무릎 보호대 경험이 부족한 DIY 초보자가 종종 간과하는 안전 장비다. 무릎 부분이 해지는 것을 예방할 뿐만 아니라 마루 또는 굽도리 공사와 같이 무릎을 구부린 채 작업해야 할 때 무릎 통증을 줄이는 데도 효과적이다.

5 방독면 목공 작업을 할 때 먼지 마스크를 착용해 톱밥이 코로 들어가지 않도록 한다. 몸에 안 좋은 화학물질을 다루거나 시멘트판을 자를 때는 필터 기능이 있는 방독면을 쓰는 것이 좋다.

6 작업용 부츠 건축 공사를 할 때는 발 부상을 조심한다. 발목이 삐지 않도록 주의하고, 신발 밑창에 구멍이 생기지 않도록 조심한다. 마지막으로 발 위로 물건이 떨어지지 않도록 주의를 기울인다. 좋은 품

047 밀대를 이용해 자르기

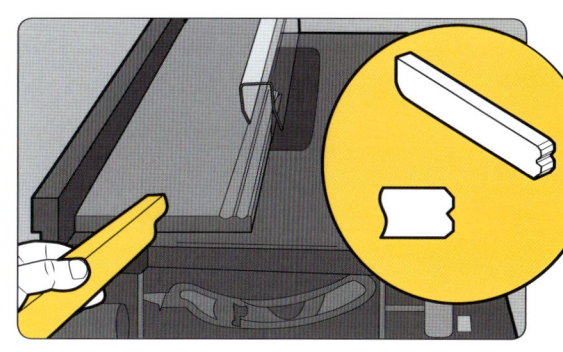

테이블 톱 위에서 판자를 립 컷하거나 라우터 테이블 위에서 판자에 홈을 낼 때는 작업물을 측면 안내대에 대고 톱날이나 비트 쪽으로 실수 없이 제대로 밀어 넣어야 한다. '밀대'를 이용해 작업물을 톱날을 지나 끝까지 밀어 넣으면 완전히 자르거나 홈을 낼 수 있다. 밀대는 한쪽 끝이 비스듬하고, 다른 쪽 끝이 톱니 모양이며 길이가 약 38cm인 나무 막대다. 작업물이 톱날을 통과해 작업대 끝까지 다다를 수 있도록 슬쩍 미는 역할을 한다. 간단한 도구이지만 절단 작업 도중 톱날에 손이 가까이 가지 않도록 도와준다. 또한 작업대 위에 남아 있는 나뭇조각들을 치울 때도 유용하다.

질의 작업용 부츠는 발목 관절을 지지해 부상을 예방한다. 밑창이 두껍고 딱딱하면 못이나 날카로운 물체로부터 발바닥을 보호한다. 발가락 부분을 보호하는 제품은 판자나 콘크리트 벽돌이 넘어져 발이 다치는 것을 예방한다.

7 안전모 공사장 인부들만 안전모를 쓰는 것은 아니다. 지붕을 고치거나 죽은 나뭇가지를 제거할 때 또는 머리 위로 물건이 떨어질 위험이 있을 때는 안전모를 착용해야 한다.

8 안전대 추락 방지용 안전 장비가 목숨을 살리기도 한다. 조끼처럼 생긴 안전대는 지붕의 안전한 부분과 끈으로 연결해 사용한다. 지붕이나 높은 곳에서 작업할 때 반드시 착용한다. 선택의 폭이 넓으므로 자신의 작업 습관과 몸집을 고려해 알맞은 것을 고른다.

048 귀마개 사용하기

전문 목수에게 왜 귀마개를 써야 하는지 물어본다면, 아마도 "방금 뭐라고 했어요?"라고 되물을 것이다. 공사 현장에서는 큰 소음이 발생하므로, 청력 손실의 위험이 있다. 따라서 귀마개를 착용해 공기 압축기, 임팩트 드라이버, 원형 톱 등과 같은 전동 공구의 소음으로부터 귀를 보호해야 한다.

049 전원 차단하기

대부분의 전기 작업은 집 안에서도 안전하게 수행할 수 있다. 하지만 작업을 시작하기 전에 전력 공급을 차단하는 것이 중요하다. 회로 차단기의 스위치를 내리거나 퓨즈를 풀어 전기 회로를 차단한다. 각 전기 회로마다 표시가 되어 있어 한눈에 구별할 수 있지만, 전압계로 전기 회로를 점검해 전기가 제대로 차단되었는지 확인하는 습관을 기르는 것이 좋다. 전류가 흐르지 않을 때 전압계는 0을 가리킨다. 콘센트에 여러 개의 회로가 연결되어 있을지도 모르므로 작업이 필요한 전선 외에 다른 전선들도 확인한다.

전원을 차단하고 전기 작업을 하는 동안 다른 사람이 회로 차단기의 스위치를 올리지 않도록 메모를 남겨두는 것도 잊지 말자. 전기를 다룰 때는 절연 기능이 있는 고무 손잡이가 달린 도구를 사용하고 금속을 만지지 않는다. 마찬가지로 전기가 통하지 않도록 고무 밑창이 달린 신발을 신는 것이 좋다. 물기가 있는 곳에서는 절대 전기 작업을 해서는 안 된다. 무엇보다 확실한 지식 없이 전선 공사나 설치 작업을 하지 않는 것이 중요하다. 두꺼비집을 완전히 차단해야 하는 야외 인입선(전선) 수리는 전력 공급 회사에 맡기는 것이 현명하다.

050 안전한 화학물질 보관법

DIY 리모델링 작업을 진행할 때는 항상 안전에 유의한다. 위험한 화학물질을 안전하지 않은 장소에 보관하면 가족의 건강과 주변 환경에 큰 피해를 입힐 수 있다는 점을 명심하자.

올바른 용기 사용하기 모든 화학물질은 원래 담겨 있던 용기에 보관한다. 이 용기에는 사용법과 주요 성분, 사고로 중독되었을 때의 대처법 등이 알아보기 쉽게 표기되어 있다. 어린이가 쉽게 열 수 없도록 안전 포장이 된 제품을 선택하는 것이 좋고, 보관할 때는 반드시 뚜껑이 잘 닫혔는지 확인한다.

화기 엄금 가연성 액체는 외부에 보관한다. 또한 난로와 자동차, 야외 그릴, 잔디 깎는 기계 등 불이 붙을 수 있는 장치로부터 멀리 떨어진 곳에 두는 것이 좋다.

살충제 처리하기 한 번에 많은 양의 살충제를 구입해 쌓아두는 것은 바람직하지 않다. 필요한 양만 사는 것이 좋다. 살충제 용기에 적혀 있는 보관법을 따르고, 어린이와 애완동물이 쉽게 접근할 수 없는 곳에 보관한다. 가능하다면 캐비닛에 넣어 잠근 후 환기가 잘되는 공간에 보관하는 것이 좋다. 음식이나 동물 사료, 의약용품과 가까운 곳에 두면 안 된다. 화학물질이 쓰러지거나 새어 나와 우물, 배수 시설, 지하수 또는 지표수로 흘러 들어갈 가능성이 있는 곳과 홍수의 위험이 있는 곳은 피한다.

051 납 농도 검사하기

미국의 경우 1978년 이후 지어진 집에 납이 함유된 페인트를 칠했을 가능성이 있다. 오래된 납 페인트에서 나온 가루나 먼지는 집에서 생활하는 사람들의 건강에 심각한 문제를 일으킬 수 있다. 미국에서는 페인트 전문점이나 철물점에서 납 농도 검사 스틱을 쉽게 구할 수 있는데, 스틱을 이용하면 페인트에 납이 함유되어 있는지 확인할 수 있다. 페인트를 검사할 때는 제조사가 제공하는 설명서를 따라야 하며 페인트에 납이 함유되어 있을 경우 검사 스틱의 끝이 빨간색으로 변한다.

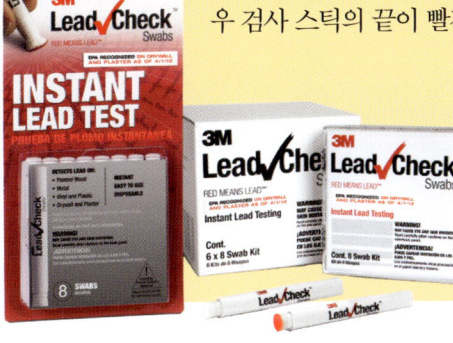

052 석면 제거하기

비닐이나 리놀륨 바닥재와 질감을 살린 천장 스프레이 등 오래전에 만들어진 건축 자재에 석면이 들어 있는 경우가 있다. 석면의 길고 가는 섬유질이 호흡기를 통해 몸 안으로 들어오면 폐에 심각한 손상을 입힐 수 있으며 나아가 암까지 유발하므로 조심해야 한다. 석면에 직접적으로 노출되지 않으면 위험하지 않다. 대개 다른 자재로 석면이 들어 있는 바닥재를 덮어 문제를 해결할 수 있다.

절대로 혼자서 석면을 제거하지 말자. 일반적인 방독면으로는 역부족이고, 부스러진 석면 가루와 섬유질이 공기를 타고 집 안 전체에 퍼질 수 있다. 지역 담당 부서에 문의하거나 전문적으로 석면을 제거하는 업체에 의뢰한다.

053 라돈 가스 검사하기

1950년대에 제작한 SF 영화에서나 들을 법한 이름이지만, 라돈 가스는 심각하게 받아들여야 하는 위험 물질이다. 우라늄이 붕괴하면서 흙에서 발생하는 천연 방사능 가스로, 건물 지반의 갈라진 틈이나 구멍을 통해 땅 위로 올라온다. 암을 유발하는 것으로 알려졌으며 미국에서만 1년에 20,000여 명의 사람이 이로 인해 사망한다고 한다.

그나마 다행인 것은 저렴한 비용으로 간단하게 라돈 가스를 검사할 수 있다는 점이다. 높은 수치의 라돈 가스가 검출되어도 간단한 방법으로 위험을 제거할 수 있다. 새로 지은 집은 비교적 라돈 가스로부터 안전하지만, 만일을 대비해 라돈 가스 검사를 실시하는 것이 좋다.

라돈 가스는 눈으로 확인할 수 없다. 또한 냄새를 맡거나 맛을 보는 것도 불가능하다. 하지만 인터넷이나 건축 자재점에서 구할 수 있는 가정용 검사기로 가스가 새는지 확인할 수 있다. 설명서를 잘 따라서 검사를 실시하고 검사 결과가 의문스럽다면 일주일 후 다시 검사한다.

집 안에서 라돈 가스가 검출되더라도 당황할 필요는 없다. 환기로 라돈 피해를 쉽게 예방할 수 있기 때문이다. 특히 밤 동안 라돈 농도가 올라가므로 취침 전과 후에 30분 이상 충분히 환기하는 게 좋다.

054 전선 작업하기

일반적으로 가정에서 쓰는 전원은 절연선 안에 총 3개의 전선이 들어 있는 형태다. 전류가 흐르는 검은색 전선은 '열선'이라고도 부른다. 흰색 전선은 '중성선', 구리선은 '접지선'이다. 전선을 연결할 때는 각 전선이 올바른 짝을 만나야 하므로, 검은색은 검은색과, 흰색은 흰색과, 구리는 구리와 연결되었는지 확인한다. 그렇지 않으면 전기 회로가 제대로 작동하지 않는다.

올바른 크기 사용하기 전선 규격, 즉 전선의 크기는 다양하다. 한국에서 사용하는 전선 규격에는 mm와 mm^2라는 두 단위를 쓰며, 전선이 굵을수록 허용 전류가 크고 과열도 되지 않는다. 미국에서는 게이지(gauge)라는 단위를 쓰는데, 특이하게도 게이지 숫자가 작을수록 전선이 크다. 즉, 12게이지 전선이 16게이지 전선보다 크다.

알맞은 회로 차단기 사용하기 전선과 회로 차단기는 서로 힘을 합쳐 작동하도록 설계되어 있다. 따라서 전선과 회로 차단기의 크기가 일치해야 한다. 예를 들어 $14mm^2$ 전선(3심)은 최대 62암페어까지 견딜 수 있으므로 허용 전류의 세기가 62암페어 이하인 회로 차단기를 사용한다.

안전에 유의하기 작업에 앞서 적합한 크기의 전선과 회로 차단기를 정확히 알고 있어야 안전하게 작업할 수 있다. 잘못된 크기의 전선과 회로 차단기를 사용할 경우 불이 나거나 전기 회로가 고장 날 수 있다. 전선은 작은데 회로 차단기의 암페어 수치가 높으면, 전선이 과열되어 차단기가 작동하기도 전에 불이 날 수 있다. 반면 전선이 너무 크면 차단기가 끊임없이 전류를 차단해 전선이 제 역할을 할 수 없다.

055 전선 연결하기

조명 스위치나 콘센트를 교체하는 작업은 간단하고 쉬우면서도 DIY 실력을 쌓을 수 있는 훌륭한 기회다. 건축 법규에 따라 특정 회로당 설치할 수 있는 콘센트와 스위치의 개수, 위치가 정해져 있다. 따라서 전기 공사를 시작하기 전에 먼저 건축 법규를 위반하는 부분이 없는지 확인한다.

스위치와 콘센트는 양면에 전선을 연결할 수 있는 나사가 있다는 점에서 비슷하다. 초록색 나사에는 접지선을, 은색/스테인리스 나사에는 흰색 중성선을, 황동색 나사에는 검은색 열선을 연결한다. 와이어의 끝을 구부려 콘센트나 스위치 양면에 있는 나사에 딱 맞게 고리 모양으로 만들어 안으로 집어넣으면 나사를 조였을 때 단단하게 고정할 수 있다.

056 와이어 너트 사용하기

조명 전선 작업을 할 때는 와이어 너트를 이용해 고정되어 있는 부품의 전선과 전류를 공급하는 전선을 연결한다. 전선과 마찬가지로 와이어 너트의 크기는 매우 다양한데, 각기 다른 크기의 전선을 효과적으로 수용해야 하기 때문이다. 와이어 너트를 끼우려면 전선의 끝부분에 있는 피복을 뜯어내고 손가락으로 잡은 다음, 플라이어로 와이어 너트를 시계 방향으로 돌린다.

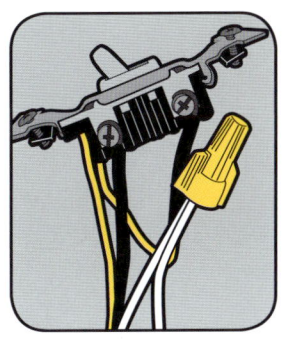 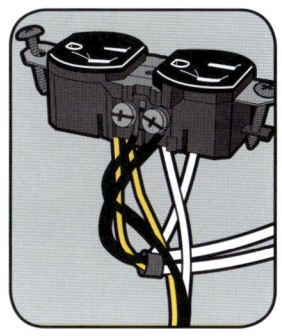

조명 스위치 스위치를 연결하려면 전선 2개의 끝을 스위치 박스와 이은 후 끝부분을 벗겨낸다. 그런 다음 와이어 너트로 흰색 전선을 연결한다. 접지선은 스위치 밑부분에 있는 초록색 나사 주변을 감아 고정한다. 검은색 전선은 스위치의 양면에 하나씩 연결하면 되는데, 오른쪽에 있는 황동색 나사에 감아 고정한다.

플러그 콘센트와 플러그는 모두 한 줄로 연결한다. 흰색 전선을 은색/스테인리스 금속 나사와 연결하고 검은색 전선을 황동색 나사와 연결한다. 접지선은 밑부분에 있는 초록색 나사와 연결한다.

057 전력 시스템 이해하기

DIY 애호가라면 반드시 집 안 곳곳에 연결되어 있는 전선과 전력 시스템을 이해하고 있어야 한다. 전류는 전기 회사에서 공급하는 역률계를 거친 다음, 대부분의 경우 회로 차단기를 통해 집 안의 두꺼비집까지 들어온다. 흘러들어온 전기는 먼저 시스템이 과부화되거나 합선되는 것을 막는 역할을 하는 회로 차단기를 통과한다. 그다음 집 안 곳곳에 있는 회로로 퍼져 나간다. 집 안의 전력 시스템은 기본적으로 220V용 회선을 사용한다. 전기 작업을 시작하기 전에 항상 전력을 차단하는 습관을 길러야 한다. 전압계를 사용해 회로에 전력이 끊겼는지 확인한다.

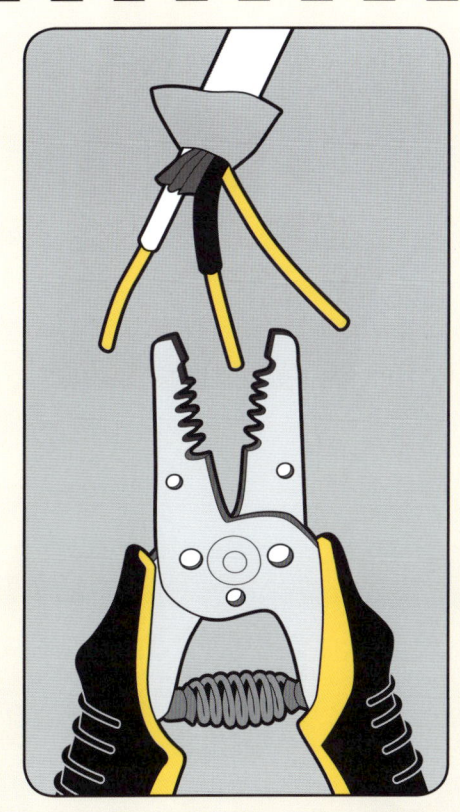 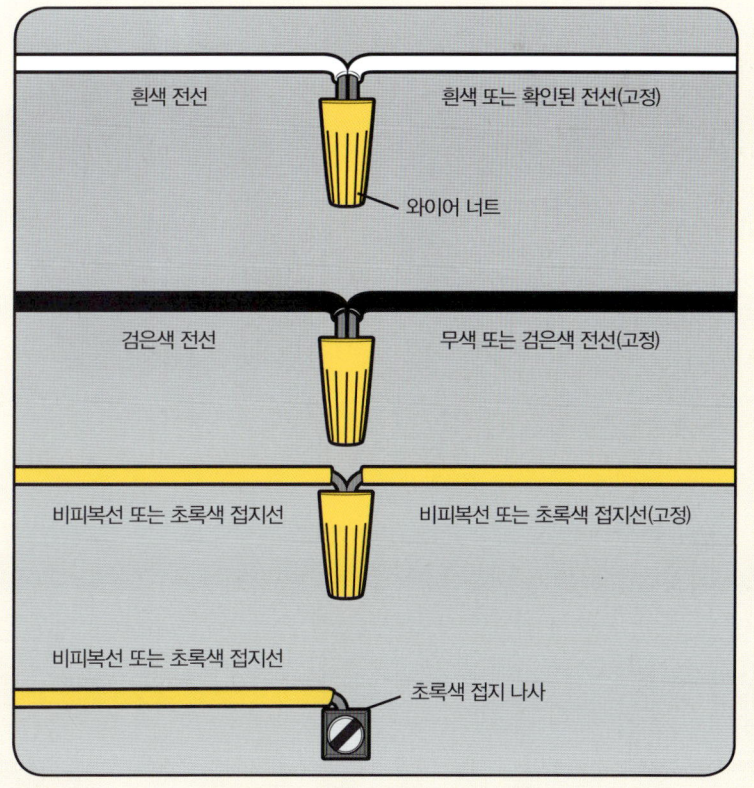

058 파이프 소재 알아보기

집 안까지 물을 나르는 역할을 하는 파이프는 종류가 매우 다양하며 용도에 따라 소재도 차이가 난다. 주로 사용되는 소재는 다음과 같다.

1 PVC 가장 흔히 사용되는 플라스틱 파이프 소재로, 폴리염화비닐이라고도 부른다. 주철과 아연 도금 강관을 대체하기 위해 개발되었다. 저렴하고 설치가 쉬운 데다 절대 썩지 않는다는 장점이 있다. 가압과 무압 방식 둘 다 가능해 배수 통기 설비와 하수관 배선, 급수 장치, 관개와 도관 작업 등 활용도가 높다.

2 CPVC PVC의 사촌 정도로 생각하면 된다. 그만큼 PVC와 비슷하지만 염소 함유량이 많아 온도 변화에 강하다. 그래서 뜨거운 물을 사용하는 배관에는 PVC가 아닌 CPVC(염소화 PVC)를 사용한다.

3 ABS 배수 통기 시설을 위해 개발된 딱딱한 플라스틱 파이프로, 일반적으로 검은색 또는 짙은 회색이다. 저렴하고 자르기 쉽지만 시간이 지나면 금이 쉽게 가는 편이다.

4 구리 딱딱한 형태와 부드러운 튜브 형태로 나뉜다. 지난 몇십 년 동안 미국 가정에 가장 많이 쓰인 파이프 소재다. 내구성이 뛰어나고 세균 감염과 부식에 강하며 자외선의 영향을 받지 않아 야외용으로 적합하다. 뿐만 아니라 재활용도 가능하다.

059 새로운 파이프 소재

실내용 파이프로 가교 폴리에틸렌(PEX라고도 부른다.) 소재가 주목받고 있다. 극한 기온이나 외부 자극, 산이나 알칼리와 같은 화학적 손상에도 강하다. 유연성이 뛰어나며 영하에서부터 섭씨 93도까지 거뜬히 견딜 수 있다. 식수용으로도 적합하다. 구멍을 내기가 편해서 딱딱한 구리 파이프처럼 뒤에 나무를 덧댈 필요가 없다. 모서리에 연결할 때도 별도의 부품을 사용하지 않고, 그저 파이프를 구부리면 된다. PEX 공급선은 접합 부분이 적어 공사 시간이 단축되고 물이 샐 가능성도 줄어든다. 구리보다 저렴하다. 또한 간단한 커플러로 PEX를 연결할 수 있다.

060 배관 공사의 기초

DIY 애호가라면 가정용 배관 시스템을 이해하자.

기초 지식 물은 공급 주관을 거쳐(충분한 압력을 받아) 집 안으로 들어온다. 그런 다음 설치된 파이프를 통해 집 안 곳곳으로 간다. 사용한 물은 중력의 힘을 빌려 배수 시스템을 통과한 후, 오수 정화조 또는 하수로로 흘러간다. 물이 어디를 거쳐서 집 안으로 들어오는지와 주요 차단 밸브는 어디에 있는지 등을 파악해두면 편리하다.

공급관 깨끗한 물은 수도 계량기를 거쳐 집 안으로 들어온 후 여러 갈래로 나누어진 공급관을 타고 배관 설비로 곧장 흘러가거나 온수기 안으로 들어간다.

설비 배관 시스템과 연결되어 있는 배관 설비(세면대, 욕조, 샤워기, 세탁기 등등)를 통해 물을 공급하고 사용한 물을 배출한다. 물은 먼저 벽에서 돌출된 차단 밸브(뜨거운 물을 사용하는 경우 총 2개의 밸브)를 거친 후 배관 설비에 도착한다. 배관 설비를 수리하거나 교체할 때는 차단 밸브를 잠가 물의 흐름을 막는다. 설비에 달린 별도의 밸브를 열면 물을 사용할 수 있다.

배수관 다 쓴 물은 P트랩 또는 S트랩을 지나 배관 설비 밖으로 빠져나간다. 트랩 부분의 파이프는 물을 보관하기 쉽도록 구부러져 있는데, 하수 가스가 올라오는 것을 막는 역할도 한다.

이와 같은 배수 파이프는 하수관으로 연결되는 주요 수직 파이프인 배수 통기(DWV) 시스템으로 이어진다. 배수 통기 파이프를 통해 하수 가스를 밖으로 배출할 수 있는데, 주로 지붕을 뚫어 파이프를 설치한다. 물이 자유롭게 흐를 수 있도록 시스템 내부 압력을 안정적으로 유지하는 데 도움이 된다. 물과 하수는 중력에 의해 배수관 아래로 흘러가므로, 공사 시 반드시 파이프를 아래로 기울여 설치한다.

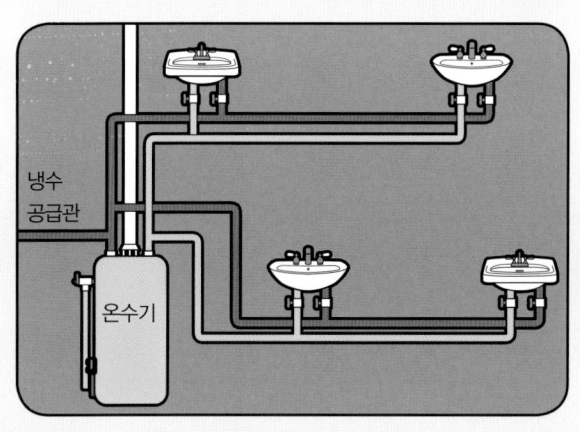
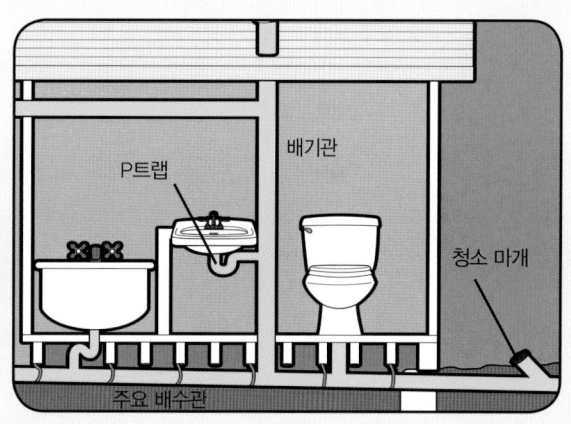

061 배관 공사는 전문가에게

배관 작업을 완벽하게 이해하지 못한 상태에서 무작정 도전하는 것은 바람직하지 않다. 공사가 잘못되어 집 안이 물에 잠기면 어마어마한 수리비를 감당해야 한다. 어차피 문제가 발생하면 배관공을 불러야 할 테니, 처음부터 전문 배관공에게 일을 맡기는 편이 현명하다.

직접 공사를 진행하는 경우라면 먼저 수리법과 설치 방법을 꼼꼼하게 조사하고 어떤 재료와 장비가 필요한지 파악한다. 주의 사항을 충분히 숙지한 후 작업을 시작하며, 조금이라도 자신이 없을 때는 전문가에게 도움을 요청하자.

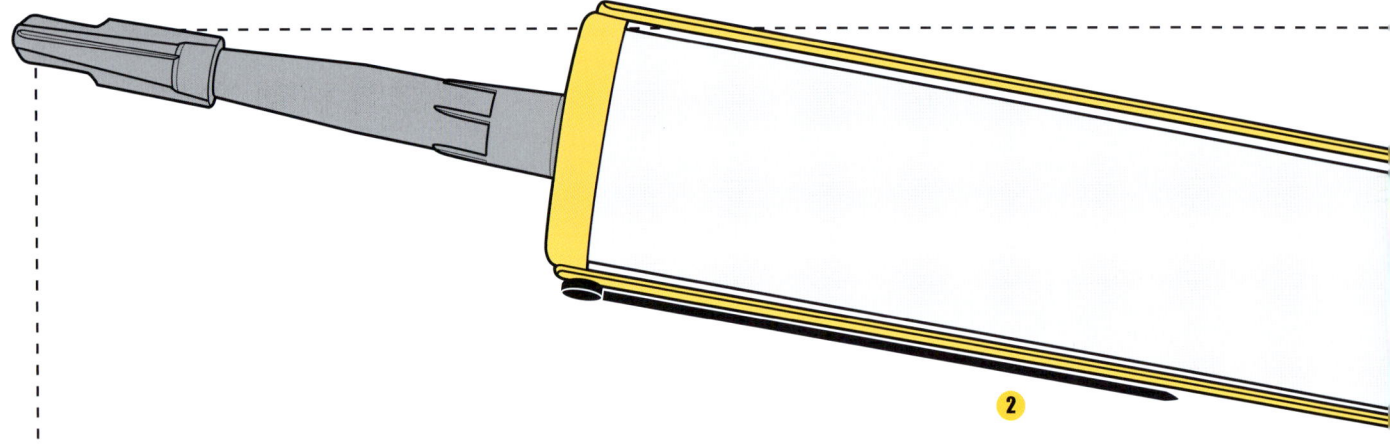

062 코킹건 고르기

코킹건(caulking gun,실리콘 총)은 비교적 저렴하므로, 조금 더 투자해 추가 기능이 있는 모델을 구입하는 것도 좋다.

1 스파우트 커터 코크 튜브는 먼저 주둥이 부분을 잘라내고 사용한다. 매번 가위를 가지고 다니는 것도 성가시므로, 손잡이 부분에 스파우트 커터(spout cutter)가 달린 코킹건을 골라보자.

2 밀봉 펀치 코킹건 아래에서 젖혀서 펼 수 있는 작은 쇠막대기가 밀봉 펀치(seal punch)다. 코크 튜브 안쪽에 있는 밀봉에 구멍을 낸다. 이게 있으면 철사 옷걸이로 코크 튜브에 구멍을 내느라 고생하지 않아도 된다.

3 플런저형 코킹건 일반적으로 코킹건의 구동 장치는 2개로 나뉜다. 첫 번째는 톱니바퀴 모양의 막대로, 방아쇠를 잡아당기면 톱니바퀴가 앞으로 움직인다. 반면 부드러운 막대를 사용하는 플런저형(plunger type) 코킹건은 스프링이 달린 누름대에 의해 움직인다. 톱니바퀴보다 누르는 힘이 두 배 강하며, 그만큼 손이 느끼는 피로가 덜하다. 대개 부드러운 막대를 사용하는 제품이 더 비싸지만, 오래 쓰다 보면 망가지거나 손잡이를 잡아당겼을 때 미끄러지기도 한다.

063 알맞은 코크 선택

신축성이 있어 잘 구부러지는 제품에서부터 방수가 되거나 곰팡이에 강한 제품, 페인트를 칠할 수 있는 제품에 이르기까지 다양한 종류의 코크가 시중에서 판매되고 있다. 제품 포장을 잘 읽어본 후 작업에 알맞은 코크를 고르면 된다.

종류	장점
실리콘 실런트	방수, 부엌과 화장실 시공에 적합함. 곰팡이에 강한 첨가물을 넣은 제품도 있음. 접착 부분이 더러워지면 쉽게 제거하거나 교체할 수 있음.
아크릴 코크	경제적임. 페인트를 칠할 수 있음. 시공이 쉽고 청소하기도 수월함.
하이브리드 코크/실런트	실리콘과 아크릴의 특징을 결합한 제품. 실내와 실외 공사를 포함해 다양하게 응용 가능.
내화 코크	불에 잘 타지 않음.

064 전문가처럼 코크 사용하기

코크는 문틀이나 몰딩, 외부 사이딩 등 메꿔야 할 틈이 있는 곳이라면 어디든 사용할 수 있다. 다음과 같은 작업을 할 때 주로 활용한다.

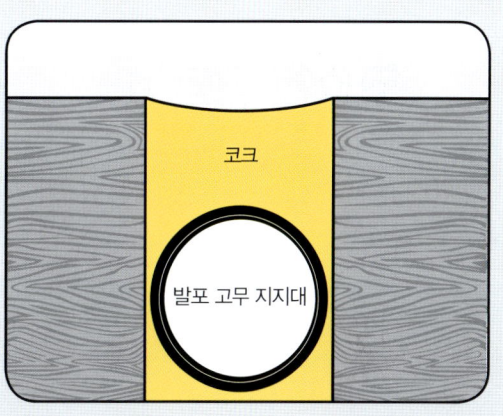

커다란 조인트를 메꿀 때 너비가 약 0.63cm보다 넓은 조인트를 메꿀 때는 발포 고무 지지대를 충전제로 사용하는 것도 좋은 방법이다. 저렴한 가격으로 공간을 메꿀 수 있을 뿐만 아니라 지지대 위로 코크를 바르면 조인트 양옆으로 넓게 접착되어 '모래시계' 모양이 만들어진다. 이렇게 바른 코크선(코크를 선 모양으로 바른 것)은 조인트가 움직여도 비교적 오랫동안 떨어지지 않는다.

욕조 고정하기 욕조에 코크를 바르려면 먼저 욕조 가득 물을 받는다. 무거워진 욕조가 바닥을 향해 내려앉으면 접착력이 커진다. 유연하고 방수 기능이 있는 코크를 욕조의 가장자리를 따라 바른다. 수평과 수직으로 만나는 모든 면에 꼼꼼히 바르는 것이 중요하다. 코크선이 마르고 나면 욕조에 담았던 물을 뺀다.

오래된 실런트 제거하기 오래되어 더러워진 실리콘 흔적을 제거해 교체하려면 만능 칼로 코크선의 양쪽 끝을 자른 후 손으로 잡아당긴다. 운이 좋으면 코크선이 한 줄로 깔끔하게 떨어진다. 남아 있는 실런트는 페인트 긁개를 완만한 각도로 잡고 살살 긁어서 제거한다. 마무리로 표면을 미네랄 스피릿과 연마 패드로 닦아 잔여물을 없앤다. 깨끗해진 표면이 마르고 나면 실런트를 새로 바른다.

단점	참고할 점
더럽고 끈적임. 대부분의 제품이 페인트 덧칠이 불가능함.	포장을 잘 읽어 페인트 덧칠이 가능한지와 어떤 첨가물이 들어 있는지 확인해야 한다.
방수가 안 됨. 신축성이 없음. 시간이 지나면 틈이 갈라질 수 있음.	내부 공사에만 적합하다.
가격이 비쌈.	전문가용 제품으로 가격이 비싸지만 효과가 매우 뛰어나다.
가격이 비쌈.	전기선이나 설비 주변에 추가적인 안전 조치를 취할 때 사용한다.

065 작업 환경 만들기

수리 작업을 하다 보면 주변이 쉽게 더러워지고 지저분해지기 마련이다. 특히 철거 일은 더욱 그렇다. 꼼꼼하게 살펴보지 않으면 집 안 곳곳에 먼지와 파편이 몰래 숨어 있는 경우가 많다. 깨끗한 작업 환경은 공사 중에도 집 안을 말끔히 유지하는 데 도움이 될 뿐만 아니라 혹시 모를 사고를 예방하는 역할도 한다.

작업을 진행하면서 여러 가지 조치를 하면 작업이 끝난 후 청소 시간을 단축할 수 있다.

1 크고 튼튼한 종이로 카펫과 나무 바닥을 덮어 보호한다. 테이프로 종이를 이어 붙여 굽도리널에 고정한다.

2 캔버스 소재의 깔개천은 욕조나 계단같이 모양이 일정하지 않은 장소를 보호하는 덮개로 재활용할 수 있어 유용하다.

3 작업 현장과 연결되어 있는 문에 비닐을 달아 먼지가 다른 방으로 흘러 들어가지 못하도록 통로를 차단한다.

4 창문을 열고 선풍기 바람이 바깥으로 향하도록 네모난 모양의 선풍기를 설치한다. 철거 작업이 모두 끝나고 나면 바닥에 있는 잔여물을 선풍기 쪽으로 쓸어, 잔여물이 선풍기 바람을 타고 바깥으로 나가도록 한다. 야외 작업의 경우 방수포로 주변 바닥을 덮는다.

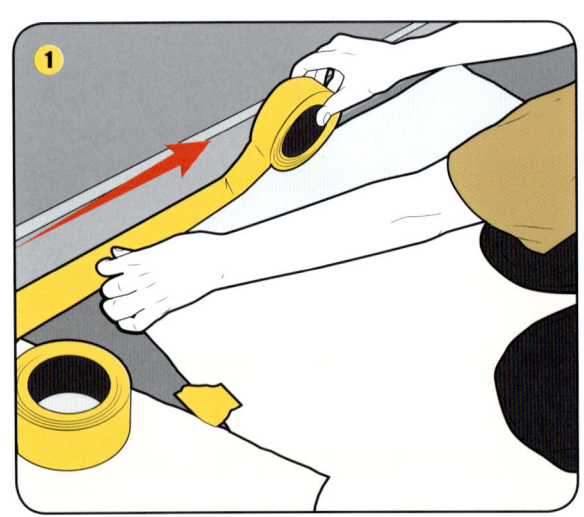
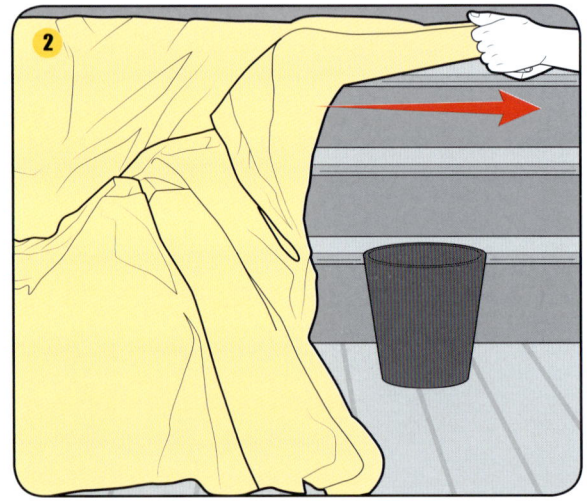

066 유해 폐기물 버리기

리모델링 작업을 끝마치면 유해 폐기물이 생기기도 한다. 집 주변에 유해 폐기물을 함부로 놔둘 경우, 아이들이나 반려동물이 심각한 피해를 입을 수 있다. 그러니 반드시 지정된 처리 업체를 이용하기 바란다. 폐기물 배출용 마대를 구입해 버리면 되는데, 폐기물 처리 업체에 연락하면 하루 안에 폐기물을 수거해 간다.

067 화학 클리너

누수 청소부터 벽을 다시 칠하는 작업에 이르기까지 화학 클리너는 일부 리모델링 작업에 있어 해결사 역할을 한다. 하지만 이러한 제품을 사용할 때는 항상 눈 보호 기구와 튼튼한 고무장갑을 착용한다. 제조사의 지시를 따르는 것도 중요하다. 위험한 물질은 안전한 곳에 보관하고, 다 쓴 후에는 제대로 버리는 것도 잊지 말자.

트리소듐포스페이트 알칼리성 클리너로 기름을 효과적으로 녹인다. 빨래부터 콘크리트 진입로 청소까지 거의 모든 것을 청소할 수 있다.

미네랄 스피릿 석유를 원료로 한 용액으로 유성 페인트를 녹일 수 있도록 배합되었다.

염산 염화수소산이라고 부르며, 강력한 부식 작용을 일으킨다. 벽돌을 청소할 때 주로 사용한다.

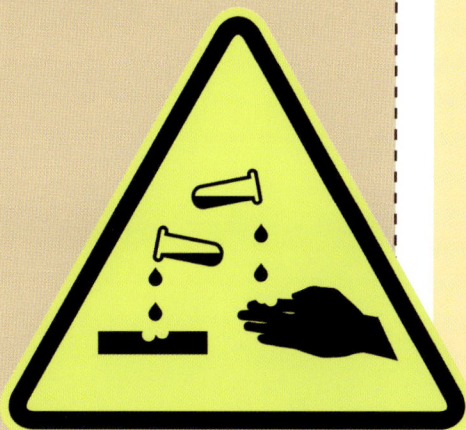

068 공사 잔해 버리기

공사 중에 나온 각종 잔해는 손수레에 담아 집 바깥으로 옮긴다. 집 안에서는 비닐봉지에 담아 정리한다. 한곳에 모은 잔해는 최종적으로 마대에 버린다. 못이 박혀 있거나 가장자리가 들쭉날쭉한 잔해도 찢어질 수 있는 비닐보다는 마대에 담아 버리는 것이 수월하다. 이때 마대는 따로 구입한 폐기물 배출용 마대를 말한다. 유해 폐기물을 처리할 때와 마찬가지로 지정 처리 업체에 연락해 마대를 수거해 가도록 한다.

대규모 리모델링 공사의 경우 건설업자와 계약해 진행하는 것이 일반적인데, 건설업자가 공사 현장의 청소를 책임진다. 책임감이 있는 건설업자라면 지붕이나 사이딩 철거 작업 등 못과 파스너가 많이 필요한 공사 현장에서 못이 신발이나 타이어에 박히지 않도록 주변 바닥을 자석이 달린 빗자루로 쓸어 잔해를 모두 제거한다.

간단한 집수리

QUICK FIXES

집수리 전문가 되기

—

집 안에서 일어난 문제 때문에 가족들이 발을 동동거리며 난감해할 때 소매를 걷고 나서서 해결한다면 당신은 영웅으로 거듭날 수 있다. 속수무책인 누수를 해결하거나 꽉 막힌 변기를 뚫는 등 힘과 지혜가 필요한 DIY 작업을 거뜬히 해내 가족의 칭찬을 한 몸에 받아 보자.

이번 장에서는 가정 주택의 구조와 구성 요소를 살펴보고, 간단한 수리법도 알아본다.

절연 처리에서부터 전선 배치, 외부 침수에서 생활환경을 보호하는 습기 차단재에 이르기까지 자신이 살고 있는 집이 어떻게 돌아가고 있는지 전체적인 시스템을 이해하는 것은 매우 중요하다. 주택 구조에 대한 기본 지식이 있어야 문제점을 빨리 파악하고, 그에 따른 수리 작업을 할 수 있다. 뿐만 아니라 리모델링이 필요한 부분을 쉽게 찾는 데도 도움이 된다.

기본적인 배관 공사 기술과 전선 작업 요령을 익히게 될 것이다. 또한 구리관을 납땜하고 PVC 배관을 연결하는 방법도 배울 수 있다. 조명 설비를 교체하고 콘센트에 전선을 연결하는 기술도 알아본다. 유지 보수 또한 중요한데, 나중에 큰돈을 들여 대규모 공사를 진행하는 것보다 그때그때 조금씩 손을 보는 편이 훨씬 낫기 때문이다. 전문가들처럼 주택 검사를 실시하는 방법도 배우게 될 것이다. 부식된 창문을 수리하거나 삐걱거리는 마룻바닥을 고치는 작업에서부터 곰팡이를 예방하는 공사에 이르기까지 집 안 곳곳을 최대한 골치 썩지 않고 쉽게 수리하는 방법을 익혀보자. 필요할 때면 언제든지 효과만점의 해결책을 얻을 수 있도록 이 책을 안전하고 습기 없는 곳에 보관할 것을 당부한다.

069 주택 검사 실시하기

전문가로부터 주택 검사를 받는 이유는 지반과 구조물, 기계 시스템에 이상이 없는지 살펴보고 망가지거나 오래된 부분, 날씨나 부식, 마모로 인한 피해가 없는지 확인하기 위함이다. 일 년에 한 번씩 자체적으로 주택 검사를 실시하면 나중에 더 큰 문제로 불거질 수 있는 부분을 파악해 수리를 진행할 수 있다. 주택 검사를 실시할 때는 크게 세 가지 요소를 중점적으로 고려해야 하는데, 바로 물, 안전, 공조 설비(난방, 환기, 공기 조절)다. 예를 들어 주택 지반을 검사할 때 물이 집 밖으로 흘러나가는지를 잘 살펴봐야 한다. 또한 인도에 금이 가 있어 넘어질 위험이 없는지도 잘 확인한다.

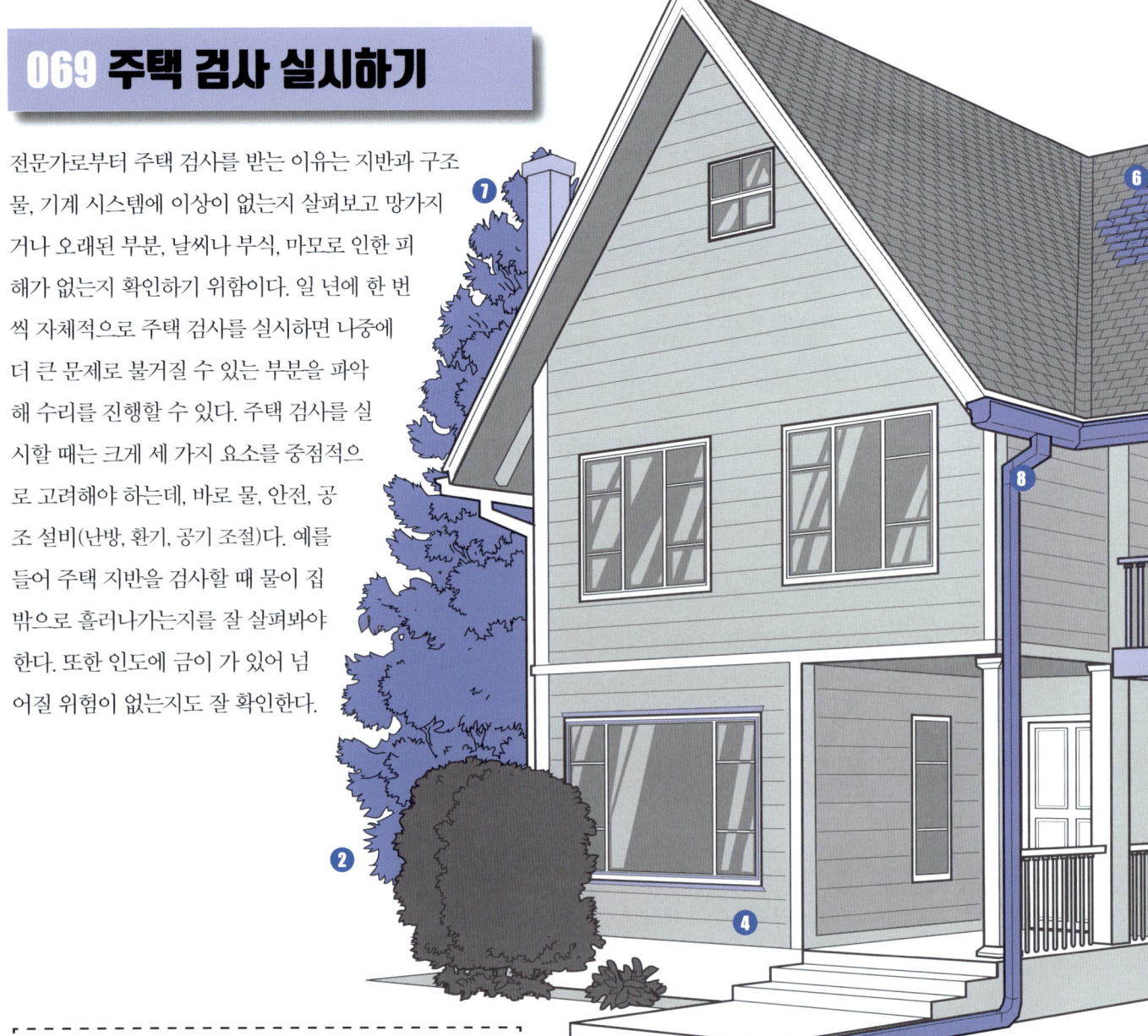

070 배수 시스템 점검

❶ 물은 항상 주택 지반에서부터 약 3m 떨어진 곳으로 우회해야 하므로, 지붕 홈통 시스템의 수직 낙수 홈통 연장선이나 홈통받이, 수직 낙수 홈통 배수관 등을 활용한다. 물이 빠지는 경사는 집에서부터 시작해 점점 낮아져야 하며, 약 1.8m마다 약 15cm씩 낮아지는 각도가 바람직하다. 배수 시설이 제대로 설치되지 않으면 외벽에 수압이 발생해 지하 벽이 휘어지거나 물이 스며들 수 있다. 이는 더 나아가 주택 지반을 약하게 한다.

071 주택 외부 살펴보기

주택 외부 곳곳에는 앞으로 큰 문제로 불거질 수 있는 위험들이 도사리고 있다. 주택 외부를 점검할 때는 다음을 주의하며 살펴본다.

❷ **식물의 침입** 식물이 너무 자라서 큰 그늘을 만들면 집 외벽에 곰팡이가 피거나 부실될 수 있으므로 꼼꼼히 살펴봐야 한다. 또한 집과 닿아 있는 나무와 관목이 너무 크게 자라면 해충이

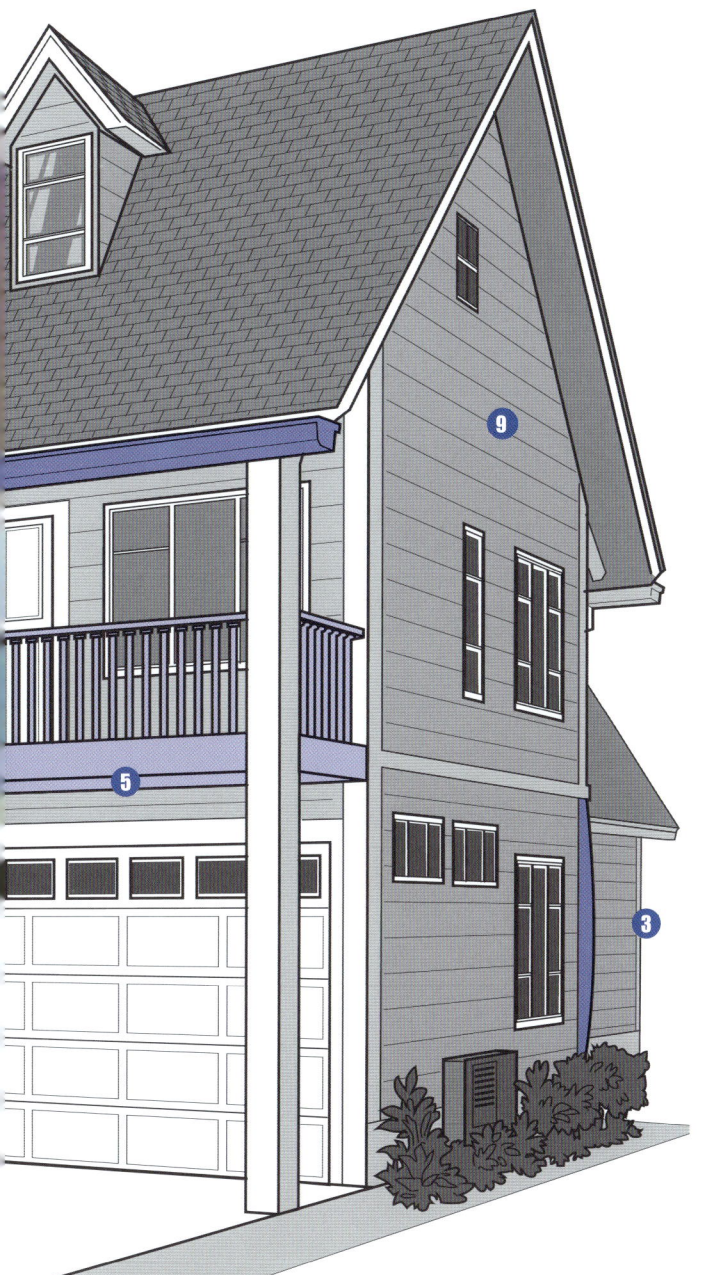

072 지붕 검사

지붕 또한 잊지 말고 꼼꼼하게 살펴본다.

6 외관 사다리와 망원경을 이용해 지붕 외부에 문제가 없는지 확인한다. 망가지거나 없어진 지붕널 또는 작은 알갱이 등으로 가득 찬 홈통은 바로 교체한다. 지붕 방수판이 낡거나 없어지지 않았는지 점검한다. 루프 덱(roof deck)이 구불구불하게 휘거나 팽창되었다면 구조에 문제가 있을 수 있다.

7 굴뚝 굴뚝에 금이 갔는지 확인하려면 연기가 새어 나오는지 살펴보면 된다. 망가지거나 변색된 빗물 방지용 레인 캡(rain cap), 크레오소트 가루로 뒤덮인 지붕과 바닥, 망가진 지붕 자재는 모두 굴뚝 안에 크레오소트가 쌓여 있다는 신호일 수 있다.

8 홈통 홈통과 수직 낙수 홈통에 금이 가거나 물이 새는 곳이 없는지 잘 살펴본다. 나뭇잎이나 쓰레기는 제거하고, 홈통 커버를 활용해 홈통이 막히는 것을 방지한다.

9 외벽 외부 사이딩에 구조상 문제가 없는지 확인한다. 연결 부위가 단단한지, 물이 스며들어 썩은 곳은 없는지 잘 살펴보자. 벽돌과 베니어판의 물 빼는 구멍은 항상 열려 있어야 한다. 벽토를 바른 부분의 경우, 아래에 있는 합판이 팽창해 금이 간 곳은 없는지 살펴봐야 한다. 틈새를 제때 메꾸지 않으면 습기가 스며들 수 있다. 수분계로 외벽을 점검해 외벽 안의 보이지 않는 부분까지 놓치지 않고 살펴본다.

옮을 수 있으므로 알맞은 크기로 다듬어야 한다.

3 외벽 문제 외벽이 툭 튀어나와 있거나 휘어져 있다면 기둥에 문제가 발생할 수 있다. 벽 사이로 습기가 스며들어 기둥까지 닿으면 기둥이 휘어질 가능성이 높다.

4 틈새 송곳이나 꼬챙이 등으로 케이싱(casing. 창문에 덧댄 트림)이나 문과 창문의 가장자리를 찔러보자. 페인트가 벗겨지거나 나무가 부드럽고 스펀지처럼 젖어 있는 곳은 없는지 확인한다. 비막이 널판이 창문 위와 주변에 설치되어 있어 물이 제대로 집 밖으로 흘러나가는지도 살펴본다. 문턱은 마모되거나 썩은 부분이 없는지 확인한다. 나무로 만든 트림 부분은 집 안 어느 곳에 있든 썩을 수 있다. 또한 뒤틀리거나 쪼개진 곳이 없는지, 페인트가 벗겨지지는 않는지, 코크가 떨어진 곳은 없는지 살펴본다. 제 기능을 다한 코크는 잘라내고 새로운 실외용 실런트로 교체한다.

5 데크 손상 데크와 현관 베란다, 발코니를 빠짐없이 확인해 구조상 문제가 없는지 점검한다. 집과 연결되어 있는 데크가 잘못 설치되면 썩기 쉽다. 물에 취약한 가로대가 잘 연결되어 있는지 살펴본다. 망가진 가로대는 데크가 무너지는 사고의 주된 원인이다.

073 주택 내부 살펴보기

주택 외부를 살펴본 후에는 다음 사항을 점검한다.

❶ **물로 인한 피해** 모든 벽면과 문, 창문에 물로 인해 피해가 없는지 살펴본다. 지하와 벽난로, 다락도 점검하자. 문이 꽉 끼어서 움직이지 않는다면 수압으로 인해 지반에 변형이 생겼을 수도 있다. 벽이나 천장은 물에 노출되면 축 처지거나 가라앉기도 한다. 벽토를 바른 벽의 경우 물에 노출되면 구조에 문제가 생긴다. 벽에 붙어 있는 나무 장식 판자가 뒤틀리거나 썩었다면 벽 뒤쪽으로 습기가 찼을 수 있다. 화장실에서 생긴 습기가 환풍구를 타고 다락까지 올라올 수 있으므로 다락에는 적절한 환풍 장치를 설치한다. 지붕에 틈새가 있는 경우에도 다락에 습기가 찰 수 있다. 습기의 원인을 찾아 바로 수리하는 것이 매우 중요하다. 화장실의 경우, 환풍기 아래에 있는 천장 주변에 습기가 없는지 확인한다. 수분계로 타일 뒷면의 습기를 점검하는 것도 잊지 말자.

❷ **구조 문제** 툭 튀어나온 못은 벽 프레임에 문제가 생겼음을 알리는 신호일 수도 있다. 지하실 바닥 프레임에 문제가 없는지 확인한다. 뒤틀려 망가지거나 썩은 조인트는 바닥을 약하게 한다. 주택 무게를 지탱하는 큰 보가 밑으로 처지면 바닥이 함께 처질 수 있다. 천장에 못이 튀어나오거나 금 간 곳이 없는지, 처진 부분은 없는지 살펴 기본 구조에 문제가 없는지 점검한다. 천장 조인트 때문에 천장이 아래로 처질 경우, 맞닿아 있는 벽과 천장에도 영향을 끼친다.

❸ **안전한 전기 시스템** 모든 연기 탐지기가 잘 작동하는지 점검한다. 3봉 회로 분석기를 이용해 콘센트가 적절한 볼트 범위 안에서 제대로 작동하는지도 살펴본다. 전선에 문제가 생기면 충돌, 불꽃, 화재, 장비 고장 또는 성능 하락 등이 나타날 수 있다. 전기 부하에 비해 전선을 너무 적게 연결하거나 회로가 지나치게 길 때 또는 기온이 높은데 저항이 강한 전도체 등을 사용할 때면 전압이 낮아지는 현상이 발생할 수 있다.

074 파이프와 덕트 점검하기

❹ 방마다 설치된 배수관을 점검해 물이 새거나 부식된 곳은 없는지 그리고 단열 처리가 적절한지 확인한다. 지은 지 오래된 집의 경우 납으로 된 파이프를 사용하기도 하는데, 이는 건강에 매우 좋지 않다. 자석을 활용해 금속 파이프를 점검해보자. 자

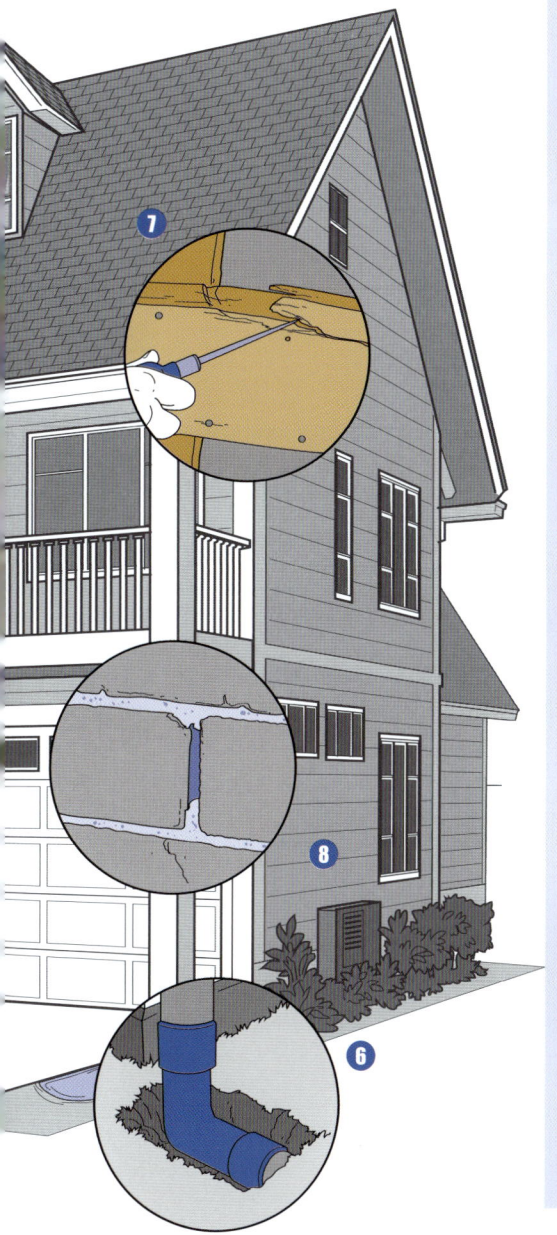

075 지반 점검하기

지하실의 벽에 물기 또는 갈라진 틈이 있는지 점검한다. 벽 사이로 물기가 스며들었다면 집 바깥에서 제대로 배수되지 않을 가능성도 있다. 주택 지반과 옹벽을 수평기로 점검해보자. 외부 압력에 기울어지거나 구부러진다면 붕괴 위험이 있으므로 구조 기술자와 상의하는 것이 좋다.

5 갈라진 금 주택 지반에 생긴 머리카락만 한 금은 지속적으로 관찰이 필요하다. V자 모양의 금이나 벽을 따라 위아래로 쭉 뻗은 금은 대개 자리를 잡으면서 균형을 잃은 기초 지반을 원인으로 꼽을 수 있다. 이러한 금은 시간이 지나면 더욱 악화된다. 금이 가거나 위로 튀어 올라온 바닥판은 높은 지하수면 때문일 수도 있다. 기초 지반에 배수 타일을 깔아 문제를 해결할 수 있다.

6 배수 시설 배출 펌프가 있는 주택이라면 배수 시설이 문제를 일으킬 수 있다. 외부 지반의 주변을 살펴 지면에 자국이 있거나 침식이 일어난 나지가 없는지 확인한다. 이러한 현상은 많은 양의 물이 흘러나가기 때문이다. 배수 공사로 문제를 해결한다.

7 썩은 목재 드라이버나 송곳으로 목재의 썩은 부분을 확인한다. 곰팡이로 목재가 썩게 되면 그 피해는 흰개미만큼 심각할 수 있다. 지면 가까이에 있는 프레임 부재들은 흰개미의 습격을 받을 수 있으므로 흙바닥에 진흙 구멍이 있는지 살펴본다. 주변에 흰개미 날개가 쌓여 있는지 둘러보는 것도 좋은 방법이다.

8 외벽 외부 사이딩에 구조 문제가 없는지 살펴본다. 연결된 부분은 단단한지, 부식이나 습기의 흔적은 없는지도 확인한다. 벽과 벽돌 단판에 물 빼는 구멍이 있는지 살펴보자. 벽토의 경우 아래에 있는 합판이 팽창하면서 금이 갈라지지 않았는지 확인한다. 크기와 상관없이 벽토에 난 금을 통해 습기가 침투할 수 있다. 수분계를 활용해 벽면 뒤에 습기가 차는지 꼼꼼하게 살핀다.

석이 달라붙으면 파이프가 아연 도금된 강철로 만든 것이고, 달라붙지 않으면 납 파이프일 가능성이 크다. 주택의 수압이 적절한지 알아보려면 모든 수도꼭지를 한꺼번에 틀어본다.

모든 수도꼭지에서 일정량의 물이 나오면 수압이 적절하다고 볼 수 있다. 그렇지 않을 경우 파이프 지름이 너무 작은 건 아닌지 의심해본다. 전문 감독관은 대개 배터리를 넣어 사용하는 가연성 가스 탐지기로 배수관이나 전자 제품에 가스가 새는 곳이 없는지 확인한다. 공조 설비 시스템의 경우 안전이나 수질이 아닌 성능을 기준으로 점검한다.

오래된 시스템이라면 보일러를 열어 불꽃과 나머지 부품을 점검한다. 하지만 새로 나온 보일러는 이러한 방법으로 점검할 수 없다. 공조 설비 시스템은 전기나 가스, 또는 기름을 원료로 사용하며 강제 공기 시스템이나 보일러, 스팀 또는 복사 시스템 등으로 사용된다. 집에서 사용하는 시스템과 기술 원리에 대해 잘 모른다면, 일 년에 한 번씩 전문 기술자에게 공조 설비의 점검을 의뢰하는 것이 바람직하다.

076 단열 처리 점검하기

올바른 단열 처리는 겨울에 집을 따뜻하게 유지하고 여름에 시원하게 해준다. 에너지를 절약해 전기세를 아낄 수 있으며 한층 더 아늑한 집을 만들어준다. 난방이 되는 공간과 되지 않는 공간을 나누는 외벽이라면 모두 단열 처리를 해야 효과적으로 온기를 내부에 가둘 수 있다. 용도에 따라 단열재가 다양하게 나와 있어 편리하다. 에너지를 가장 효율적으로 사용하려면 여러 가지 다양한 단열재를 복합적으로 활용해 기초 벽과 외벽, 바닥 아래의 좁은 공간, 바닥, 지하 벽, 공조 덕트 등에 단열 기능을 더하는 단열 시스템을 구축하는 것이 좋다. 이 외에 다음 기초 지식을 알아두면 편리하다.

알맞은 거리 유지 전기 설비 주변에 단열 처리를 할 때는 적어도 8cm 정도의 거리를 유지한다. 필요할 경우 천장 조인트 사이에 나무판을 대 단열재가 전기 설비에 닿지 않도록 한다.

R값 파악하기 미국에서는 단열 처리의 정도를 R값을 기준으로 결정한다. R값은 열 저항 값으로 단열재를 통과하는 열기를 얼마큼 효과적으로 차단하는지를 나타내는 수치다. R값이 높을수록 단열 기능이 우수하다. 한국에서는 대개 R값의 역수인 열관류율을 사용한다. 열관류율은 고체벽의 한쪽 유체에서 다른 쪽 유체로 전해지는 열량을 말한다. 즉, 열관류율의 값이 작을수록 단열 성능이 좋다는 의미다. 한국패시브건축협회에서 열관류율 계산 프로그램을 제공한다.(http://www.phiko.kr/u_calc/phiko_u_calc.php) 단열재의 포장에는 열전도율 또는 R값이 표기되어 있으므로 이 수치와 프로그램을 이용하면 쉽게 열관류율을 알 수 있다.

계산하기 특정 R값에 도달하기 위한 단열재의 양은 어떤 종류의 단열재를 사용하느냐에 따라 달라진다. 예를 들어 목재의 R값(두께 1인치로 상정)은 1.25이고, 유리섬유의 R값은 3.12다. 각종 단열재의 포장에는 R값(또는 열전도율)이 나와 있어 필요한 수치를 계산할 수 있다. 각 단열재의 R값을 모두 더해 권장 수치(특정 건물에 요구되는 R값)를 맞추는 단열 처리를 하면 된다.

주택 외벽은 처음 공사를 할 때부터 습기를 차단하는 동시에 단열 처리도 동시에 진행해야 한다. 나머지 공간은 나중에 필요에 따라 단열재를 더해 R값을 높일 수 있다.

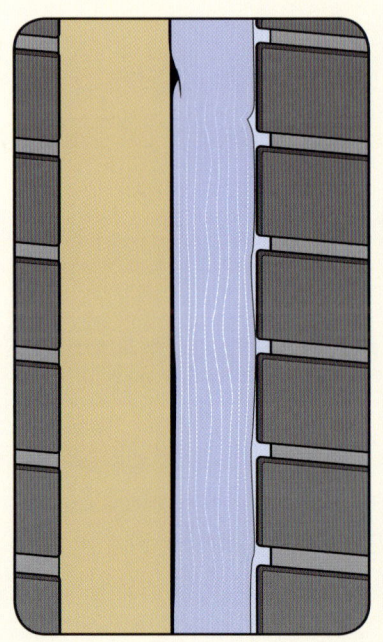

077 단열재 알아보기

시중에는 다양한 단열재가 나와 있어 적절한 제품으로 건물 전체를 감싸 단열 처리를 할 수 있다. 가장 흔히 사용되는 단열재로는 유리섬유, 블로우인(blow-in), 스프레이 발포 고무, 경질 발포 고무 등이 있다. 각 단열재의 특징은 다음과 같다.

종류	일반적인 용도	꼭 알아야 할 점	전문가의 팁
유리섬유	벽이나 다락, 좁은 공간에서 흔히 사용한다.	• 가장 흔히 사용된다. • 저렴하고 시공이 쉽다. • 롤 형태(필요한 만큼 잘라서 쓸 수 있다.) 또는 배트(batt) 형태(약 2.4m~2.7m짜리로 벽을 덮을 수 있도록 미리 재단해 사용한다.)로 구입할 수 있다.	기존의 단열재 위에 추가로 유리섬유 단열재를 시공할 때는 롤이나 배트 형태를 사용해야 한다. 장선(마루나 천장을 받치는 나무)의 구멍을 막은 후에 단열재를 추가적으로 덮어야 나무 사이로 열이 손실되는 것을 줄일 수 있다.
블로우인	비좁은 다락의 천장 장선 사이와 같이 막힌 벽이나 협소한 공간을 많은 양의 단열재로 시공할 때 적합하다.	• 손이 닿기 힘든 공간까지 균일하게 단열재를 설치할 수 있다. • 주말밖에 시간이 없는 사람도 손쉽게 시공할 수 있다.	막힌 벽을 채우려면 벽판의 천장과 가까운 부분에 작업용 구멍을 낸 다음 단열재를 넣어 기둥 사이 빈 곳을 채운다. 다 채운 후에는 트림 몰딩을 이용해 구멍을 채우거나 감춘다.
스프레이 발포 고무	손쉽게 단열재를 채울 수 있어 새로 짓는 공사 현장에서 인기가 많다.	• 발포 고무가 번져 아주 작은 기포 수백만 개로 이루어진 발포 고무 담요를 만든다. 건물의 빈 곳이나 갈라진 틈과 금을 메꿀 때 사용한다. • 표면이 빨리 마르고 잔여물도 쉽게 다듬을 수 있어 건식 벽체 작업에 알맞다.	대부분의 스프레이 발포 고무제는 전문 업체에서 설치를 담당하는데, 트럭에 각종 장비를 싣고 와 집 전체를 단단히 밀봉한다. 하지만 일부 업체에서는 DIY 애호가가 손수 작업을 할 수 있는 제품을 판매하기도 한다. 방 추가 공사나 리모델링 작업, 또는 다락이나 지하의 일부 공간만 손을 볼 때는 전문가용으로 개발되었지만 손쉽게 사용할 수 있는 일회용 자급 폴리우레탄 키트를 활용해보자.
경질 발포 고무	배트 형태의 유리섬유나 블로우인으로 시공하기에는 공간이 좁은 장소 또는 지하를 새롭게 보수할 때 사용할 수 있다.	폴리우레탄 시트로 건축 자재점에서 구입할 수 있다. 일반적으로 두께는 약 1.27cm에서 2.54cm 사이이다.	직선자와 만능 칼로 쉽게 자를 수 있는 소재로 배트 형태의 유리섬유와 시공 방법이 비슷하다.
반사형 단열재	태양 광선의 열기가 다락 안으로 들어오는 것을 막는다. 태양 에너지를 96%까지 반사할 수 있으며 냉방 장치 사용을 줄일 수 있다.	날씨가 추울 때는 반사 에너지가 지붕으로부터 빠져나가는 것을 막아 열 손실을 줄여준다. 덕분에 난로를 세게 틀지 않아도 된다.	스테이플러로 고정해 사용하는 시트 형태 또는 서까래 사이에 채워서 사용하는 판 형태 등 다양한 반사형 단열재 제품이 시중에 나와 있다.

078 집 안팎의 틈새 찾기

건식 벽체, 목공, 바닥 시공, 공조 설비 등 작업의 성격과 상관없이 틈새를 통해 새어 나가는 공기가 있다면 그만큼 손해를 보는 것이나 마찬가지다. 날씨가 추워지면 따뜻한 공기는 집의 가장 윗부분인 다락 근처로 모인다. 생활 공간의 온기마저도 모두 다락으로 빠져나가는 셈이다. 뿐만 아니라 이러한 공기 흐름은 외부의 찬 공기를 갈라진 틈이나 문, 창문, 지하실을 통해 안으로 끌어들인다. 다시 말해 조그마한 틈새가 집 안의 에너지와 당신의 지갑을 빨아들이는 악순환을 만든다. 따라서 갈라진 틈이나 금이 간 곳이 없는지 꼼꼼하게 살펴봐야 한다. 이러한 틈이 단열재 아래에 숨어 있으면 더욱 찾기가 힘들다. 주로 틈새가 발견되는 곳으로는 다락 출입구, 배관 환풍구, 배선 구멍, 매립형 조명 설비, 이러한 설비들이 있는 처마 밑 등이 있다.

양초 활용하기 공기가 흐르는 틈새를 찾는 매우 간단한 방법은 바로 불을 붙인 양초를 활용하는 것이다. 바람이 많이 부는 추운 날, 문과 창문을 모두 닫고 보일러를 끈 후 틈새 사이로 공기가 원활하게 흐르도록 환풍기를 빠짐없이 켠다. 불을 붙인 양초를 문과 창문 가장자리 주변으로 움직인다. 촛불이 흔들리거나 연기가 피어나는 곳이 있다면 틈새를 의심해본다.

온도 차 확인하기 방마다 온도가 1~2도 이상 차이가 난다면, 제대로 밀폐 시공이 안 되었을 수도 있다. 틈 마개 또는 코크 작업을 한 후 다시 한번 온도를 측정한다. 여전히 온도 차가 크다면, 공조 설비의 공기 흐름에 문제가 있는 것일 수도 있다.

약점 파악하기 집 안의 특정 공간이 틈새에 더 취약한 경우도 있다. 보일러 연관 또는 덕트함(덕트가 보이지 않도록 넣어서 보관하는 상자)에 틈새가 없는지 확인한다. 그런 다음 통풍구, 굽도리널, 바닥에서 벽으로 이어지는 연결 부위 등 집 안 곳곳에 갈라진 틈이나 벌어진 부분이 없는지 점검한다. 집 바깥에서는 지반과 붙어 있는 사이딩 가장자리의 맨 아랫부분과 차고의 천장과 벽 이음매, 모든 전기·가스·에어컨 설비의 연결 부위를 잘 살펴보자. 또한 지하실의 가장자리 장선과 창문, 문을 빠짐없이 확인한다.

검사하기 적외선 온도계에 투자해 검사를 하는 것도 좋은 방법이다. 적게는 1만 원 정도로도 문이나 창문, 단열재, 덕트, 그 외 집 안 곳곳의 에너지 손실을 감지할 수 있는 레이저 장치를 구입할 수 있다.

전문가의 팁

코크 바르기 스프레이형 제품은 코크가 작업 장소 주변에 들러붙는 것을 방지하므로 연결 부분의 모양을 훨씬 더 수월하게 잡을 수 있다. 마찬가지로 페인트 테이프로 연결 부위를 감으면 코크가 아직 손에 익지 않은 상태에서 시공할 때 작업 장소 주변이 지저분해지지 않아서 좋다.

079 틈새 메우기

틈 마개를 활용해 움직이는 자재 사이의 틈새를 메울 수 있다. 움직이지 않는 자재는 코크를 활용하면 된다. 코크와 실리콘, 수용성 실런트, 롤 형태의 발포 고무 등 다양한 제품이 시중에 나와 있다. 스프레이처럼 뿌려서 사용하는 발포 고무 제품도 인기가 많다. 작업에 알맞은 제품을 사용하는 것이 중요한데, 접착제가 원치 않는 부분까지 넓게 도포되면 작업을 망칠 수도 있다. 문과 창문 주변에는 '뒤틀림 방지'용 제품이 적합하다.

080 깔끔하게 코크 바르기

코크를 바르는 작업은 피할 수 없는 과제다. 단열 처리는 물론이고 전문가 느낌을 내기 위해 트림의 조인트를 채우는 마무리 작업에 이르기까지 다양하게 코크를 활용할 수 있지만, 실력이 부족하면 매우 지저분한 작업이 될 수 있다. 코크를 깔끔하게 바르려면 곧은 자세로 흐트러짐 없이 작업한다.

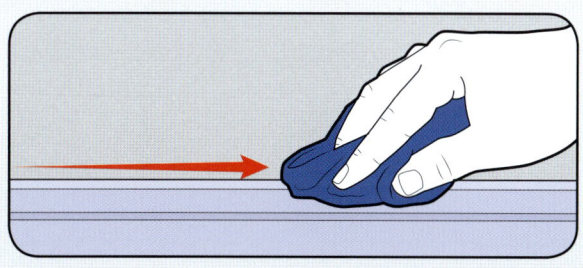

1단계 코크를 바르기 전에 작업할 부분을 깨끗이 닦는다. 접착력을 높일 수 있을 뿐만 아니라 잔여물을 제거해 한층 더 수월하게 코크를 바를 수 있으며, 먼지가 코크 사이에 껴 보기 흉해지는 것을 막을 수 있다.

2단계 튜브의 끝부분을 90도 직각으로 자른다. 최대한 끝부분을 잘라 구멍을 작게 내는 것이 중요하다. 구멍이 너무 크면 코크를 효과적으로 제어하기 어렵다. 딱딱한 철사나 가는 막대로 구멍 안을 찔러 구멍으로 코크가 나오게 한다.

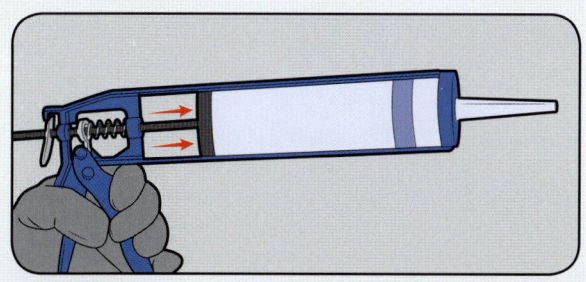

3단계 코킹건에 튜브를 끼운 후 손잡이를 여러 번 잡아당겨 안에 들어 있는 코크가 분사구 끝 쪽으로 밀려오도록 한다. 코크를 바르지 않을 때는 플런저에 힘을 주지 않아야 코킹건 끝에서 코크가 흘러나오는 것을 막을 수 있다.

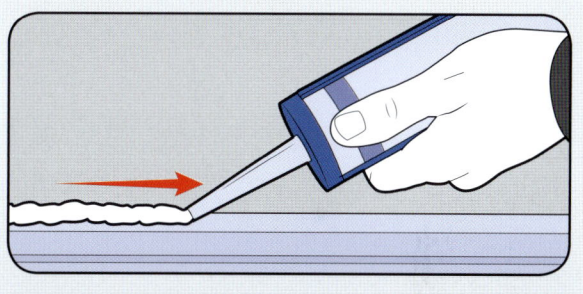

4단계 먼저 수평으로 코크를 바른다. 분사구 끝부분을 양쪽 면에 똑같이 대고 작업해야. 작업 부분의 양쪽에 코크를 완전히 그리고 고르게 바를 수 있다. 한 손으로 코크가 나오도록 손잡이를 누르는 동시에 다른 손으로 코킹건을 잡고 작업할 부분을 따라 일직선으로 움직인다.

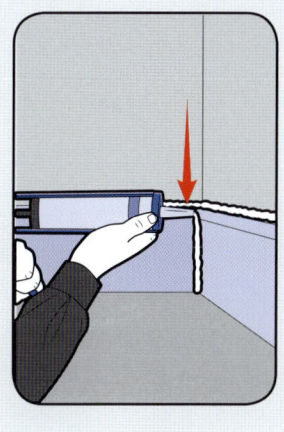 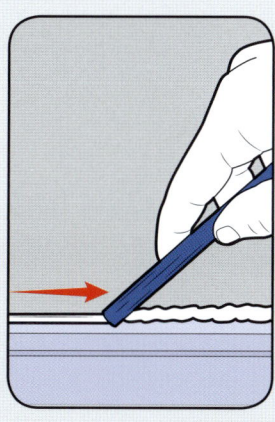

5단계 수직으로 코크를 바를 때 코킹건을 90도로 유지해야 코크가 고르게 발리고 눈으로 확인하기 쉽다. 틈새 없이 코크를 바르기 위해 최대한 일정하고 균일하게 움직인다. 수평으로 코크를 바른 부분에서 위 또는 아래로 몇 센티미터 간격을 두고 작업해야 나중에 코크선을 연결하기 수월하다.

6단계 이제 수평하게 바른 코크선과 수직으로 바른 코크선을 연결한다. 작은 크기의 땜나무 또는 실리콘 헤라를 적신 다음 그 끝부분으로 코크선 위를 밀듯이 당겨 남은 코크를 제거하고 오목한 모양을 만든다. 청소를 위해 종이 수건을 충분히 준비하는 것이 좋다.

081 문틈 메꾸기

에너지 효율성이 뛰어난 공조 설비 시스템이라고 해도 문틈 사이로 따뜻하거나 차가운 공기가 빠져나간다면 결국 많은 돈을 버리는 셈이다. 시간이 지나고 집이 자리를 잡으면서 종종 문틀이 움직여 가장자리에 틈이 생기는 경우가 많다. 닫힌 문과 문설주 사이로 빛이 스며들어온다면 당장 손을 보는 것이 좋다. 외부와 연결된 문이나 냉난방 설비가 되어 있지 않은 곳과 연결된 문의 틈새가 벌어졌다면, 창문이 깨진 것이나 다름없다. 이럴 때는 간단한 틈 마개 시공으로 문제를 해결할 수 있다.

1단계 문턱과 인방(문 위를 가로지르는 나무) 사이의 거리를 잰다.

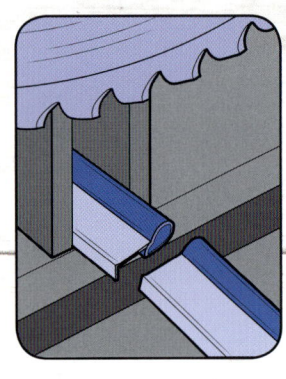

2단계 쇠톱으로 틈 마개를 알맞은 크기로 자른다.

필요한 준비물
- 틈 마개 세트
- 드릴 또는 드라이버
- 줄자
- 쇠톱

철물점에서는 다양한 종류의 틈 마개를 판매한다. 그 중에서도 벌브(bulb)라고 부르는 단단한 알루미늄 바와 부드러운 고무 개스킷으로 구성된 틈 마개가 문 시공에 가장 적합하다. 벌브는 닫힌 문을 꽉 눌러 공기나 수분이 지나다니는 것을 차단한다. 대개 벌브 세 개가 한 세트인데, 하나는 위쪽에 설치하고 나머지 2개는 양옆에 설치한다.(나사도 함께 들어 있다.) 대부분 표준 문 높이에 맞춘 크기이지만, 필요에 따라 세 개 모두 알맞은 크기로 잘라서 사용할 수 있다.

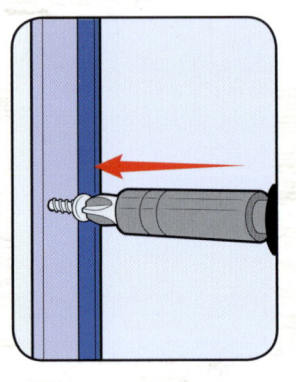

5단계 문을 닫은 후 개스킷이 꽉 눌리도록 틈 마개를 설치한다.

6단계 문 위쪽에 틈 마개를 설치하기 위해 측대 사이의 거리를 잰다.

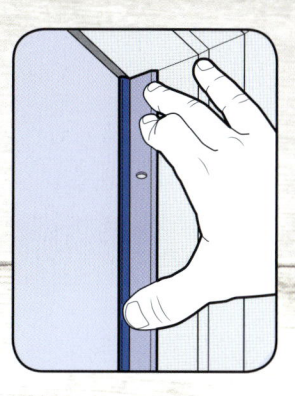 

3단계 문을 닫은 후 틈 마개를 문에 대고 세게 누른다.

4단계 구멍에 나사를 끼우되, 느슨하게 고정한다.(금속 문틀에 고정할 경우 미리 구멍을 만든다.) 반대편 문틀에도 똑같이 반복한다.

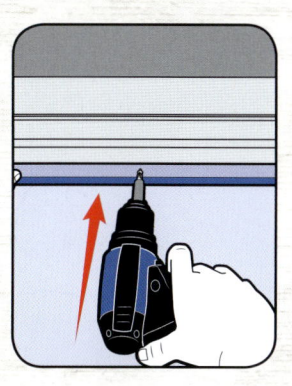 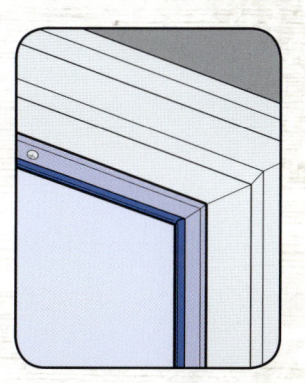

7단계 위쪽 틈 마개를 알맞은 크기로 자른 후 꽉 누른 상태에서 제자리에 단단히 고정한다.

8단계 여러 번 문을 닫아 작업이 잘되었는지 확인하고 필요한 부분을 바로잡는다. 틈새가 완전히 메워질 때까지 다시 나사를 조인다.

082 쇠톱 사용하기

쇠톱은 골조형 톱으로 금속을 자를 때 사용한다. 가늘고 유연한 톱날은 교체 가능하며, 얇고 단단한 이빨이 달려 있다. 많은 사람들이 쇠톱을 가지고 있지만 정작 사용하기는 꺼리는데, 금속을 자르는 작업이 어렵기 때문이다. 쇠톱을 잘 사용하려면 다음 팁을 활용해보자.

톱날은 날카롭게 쇠톱의 톱날은 비교적 저렴하다. 따라서 무딘 쇠톱은 변명할 여지가 없다. 이빨 모양이 다른 톱날을 적어도 2개 정도 준비하면 필요에 따라 톱날을 바꿔 끼워 사용할 수 있다.

단단하게 고정하기 흔들리는 톱날은 작업에 방해만 된다. 나사로 톱날을 최대한 단단하게 고정하지 않으면 쇠톱을 사용하는 도중에 톱날이 휘거나 구부러져 작업의 효율성을 떨어뜨릴 수 있다.(게다가 팔의 근육통도 더욱 심해질 것이다.) 톱날이 완전히 단단해질 때까지 나사를 조였더라도 조금 더 조여보자.

이빨 살펴보기 톱날의 TPI(Teeth Per Inch, 인치당 이빨 수)는 14에서 32 사이다. 거친 톱날은 황동이나 알루미늄과 같이 부드러운 금속을 자를 때 적합하고, 가는 톱날은 얇고 딱딱한 자재에 적당하다. 정확한 작업을 위해 알맞은 톱날을 사용한다.

밀 때 힘주기 톱날의 이빨이 항상 앞으로 향해야 쇠톱을 앞으로 밀 때 금속을 자를 수 있다. 쇠톱을 몸쪽으로 당길 때는 힘을 주지 않아야 한다는 점을 잊지 말자.

부드럽게 톱질하기 톱질할 때마다 톱날을 길게 밀었다가 당겨야 한다. 힘을 주어 밀되 톱날이 구부러지거나 쇠톱의 성능보다 더 빨리 움직이지 않도록 주의한다. 톱날이 부드럽고 일정하게 움직이는 것이 중요하다. 쇠톱 이빨에 WD-40을 살짝 바르면 마찰을 줄이고 금속 조각이 이빨 사이에 끼는 것을 막을 수 있다.

083 난방 시스템 관리

집 안 공간을 나누어 난방을 하면 전체 난방 시스템을 효율적으로 사용할 수 있다. 일반적으로 우리는 집 안 공간의 20%에서 80%에 해당하는 곳에서 시간을 보낸다. 따라서 현재 사용하고 있는 방만 따뜻하게 또는 시원하게 냉난방하는 것이 현명하다.

기존의 강제 난방 시스템을 활용하는 방법은 사용하지 않는 공간의 환풍구를 조절하는 것이다. 하지만 환풍구를 완전히 닫는 것은 바람직하지 않다. 환풍구가 막히면 공조기를 통과하는 공기 흐름이 줄어들어 압력 불균형이 생길 수 있으며, 나아가 연결된 배관에 무리를 줄 수 있다. 따라서 환풍구를 75% 정도만 닫아야 효율적이다.(온도 조절 장치와 가장 가까이에 있는 배관은 항상 열어둔다.)

실내 난방기 저렴하고 간단하게 중앙난방 시스템을 보조할 수 있는 방법은 바로 전원을 이용한 난방기를 사용하는 것이다. 강제 송풍을 이용하는 세라믹 실내 난방기가 가장 흔히 사용된다. 다양한 디자인이 나와 있으며 크기도 작고 안전해 $14m^2$까지의 공간을 난방하는 데 적합하다.

난방 구역 관리 시스템 제어판에 연결된 여러 개의 온도 조절기를 사용하는 방식이다. 제어판은 공조 덕트 설비의 각기 다른 통풍 조절판을 작동하는 역할을 한다. 난방 구역을 조절하는 또 다른 방법으로 복사 바닥 난방(온돌의 일종)이 있다.

강제 공기 시스템 문을 닫아 여러 공간을 분리할 수 있는 집에 가장 적합하다. 사용하지 않는 공간의 난방을 완전히 끄는 것은 바람직하지 않다. 차가운 내벽 표면에 물방울이 생겨 곰팡이가 필 수 있기 때문이다. 또한 겨울에는 모든 방의 최저 온도를 섭씨 10도로 유지해야 파이프가 어는 것을 방지할 수 있다.

084 에너지 절약하기

미국에서 냉난방 비용은 주택의 평균 전기세 중 약 45%를 차지한다. 전기세 1,000원 중 450원이 냉난방 비용인 셈이다. 전기세를 아끼려면 에너지를 절약해야 한다.

한 가지 좋은 방법은 에너지 효율성이 좋은 현대식 창문을 설치하는 것이다. 스페이서(spacer) 시스템과 불활성 기체, 특수 제작 유리(코팅되지 않은 단일 창보다 에너지 사용을 34% 줄일 수 있다.) 등을 사용해 에너지를 효과적으로 절약할 수 있다.

이중 창 사이의 공간을 공기보다 6배 무겁고 냄새와 색깔이 없는 무독성 가스인 아르곤으로 채우는 것도 가능하다. 이러한 디자인은 공기가 유입되는 것을 막고 몸에 해로운 자외선이 집 안으로 들어오는 것을 방지하는 장벽 역할을 한다. 또한 방사율이 낮은 로이(Low-E) 유리는 투명 금속 산화물로 코팅되어 있어 열을 차단한다.

알루미늄 소재의 덧창 역시 에너지 절약에 효과적이다. 기존의 창문 위에 설치해 외풍과 열 손실을 막는다. 일부 덧창은 로이 유리를 사용하기도 한다.

085 온도 조절기 활용하기

프로그램이 가능한 온도 조절기는 주거인의 생활방식에 맞춰 하루에도 여러 번 자동으로 집 안 온도 설정을 조절한다. 냉난방비와 전기세를 아낄 수 있을 뿐만 아니라 냉난방 조절이 가능한 시간을 마음대로 설정할 수 있어 편리하다. 겨울에 퇴근하는 동안 난방이 켜지도록 설정하면 집에 도착하자마자 훈훈한 온기를 느낄 수 있다. 반면 여름에는 집이 비어 있는 동안에는 집이 시원해지지 않도록 에어컨 강도를 낮출 수 있다.

전문가의 팁

보송보송하게 실내 가습기는 건조한 공기에 축축함을 주지만, 습도가 너무 높으면 곰팡이나 세균이 번식하기 쉽다. 실내 습도는 30~50%를 유지하는 것이 적절하다.

086 필터 교체하기

공기 먼지를 걸러내는 역할을 하는 필터는 주기적으로 교체한다. 대부분의 시스템은 일회용 필터를 사용한다. 일부 보일러는 전기 필터를 사용하기도 하는데, 이 단단한 금속 필터는 몇 달 간격으로 깨끗이 청소해야 한다. 어떤 필터든 꽉 막히면 공기 흐름에 방해가 된다. 이때 집 안 온도를 설정한 수치까지 끌어올리려면 냉난방 시스템이 더욱 세게 돌아갈 수밖에 없다.

087 겨울 준비하기

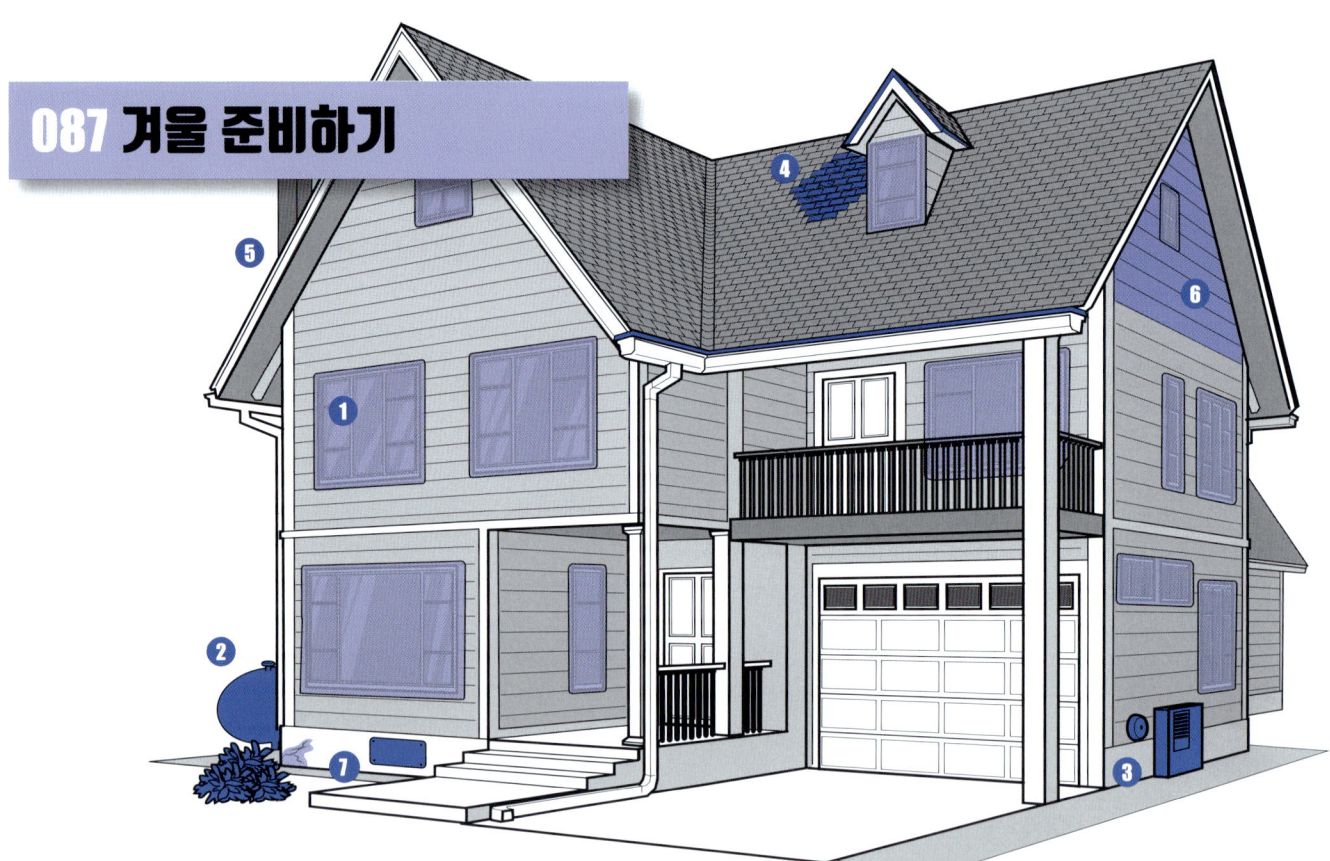

온도가 뚝 떨어지고 날씨가 추워지면 겨울을 준비해야 한다. 좋든 싫든 겨울이 오고 있기 때문이다. 틈새를 막고 충분한 단열재를 설치하는 방법은 에너지 절약에 가장 효과적이다. 하지만 이것만으로는 부족하다. 일 년에 한 번 다음 장소들을 잊지 말고 살펴봐야 한다.

❶ 창문 코팅 처리가 돼서 방사율이 낮은 유리 이중창을 설치하는 것이 가장 이상적이다. 열 수축형 플라스틱 단열재로 창문에 단열 처리를 하는 것도 좋은 방법이다. 틀이 나무로 된 창문의 경우 바깥 부분을 두꺼운 비닐로 덮으면 차가운 공기의 유입을 차단할 수 있다. 창문 바깥쪽으로 커버의 가장자리를 약 10cm씩 남긴 후 스테이플러로 고정한다. 가장자리에 나무 띠장을 설치한 후 바깥쪽 창문틀에 고정한다. 그런 다음 남은 비닐 부분을 잘라낸다.

❷ 공조 설비 공조 설비 전문가에게 보일러가 잘 작동하고 있는지 전체 점검을 의뢰한다. 오래된 판금 덕트 설비 방식으로 만들어진 보일러의 경우, 강제 환기가 가능하며 단열 처리가 된 덕트를 사용한 보일러로 교체하는 방법을 고려해보자. 프로판(프로테인)이나 난방유를 사용하고 있다면 연료통이 가득 차 있는지 확인한다.

❸ 배관 시설 야외에 있는 호스용 수도꼭지와 난방이 되지 않는 좁은 장소에 노출되어 있는 배관에 단열 처리를 한다. 장기간 집을 비울 때는 난방 온도를 최소 섭씨 10도로 설정해서 동파를 막는다.

❹ 홈통과 지붕 낡았거나 망가진 지붕널과 비 막이 널판을 교체한다. 지붕 가장자리에 얼음덩이가 달리는 것을 아이스 댐(ice dam)이라고 하는데, 눈이 녹아 홈통을 타고 흘러내리는 것을 방해해 물이 집 안으로 넘쳐흐를 수 있다. 아이스 댐을 방지하려면 홈통을 깨끗이 청소해 물이 잘 흘러가도록 한다. 또한 홈통 커버를 설치해 홈통에 쓰레기가 쌓이지 않도록 하는 것도 중요하다. 다락에 적절한 환풍기를 설치해 열을 밖으로 배출하고 지붕을 차가운 온도로 일정하게 유지해야 얼음이 녹는 것을 막을 수 있다.

❺ 벽난로 굴뚝 굴뚝 청소 전문가에게 벽난로와 연통 또는 장작 난로의 점검과 청소, 수리를 의뢰한다. 새나 해충이 가까이 오지 못하도록 굴뚝 캡이나 연통 캡을 설치한다. 낡은 벽돌은 수리하거나 줄눈 마감 시공을 하고, 벽난로와 난로의 통풍 조절판이 잘 작동하는지 확인한다. 겨울 동안 사용할 장작과 불쏘시개는 집에서 멀리 떨어진 안전한 곳에 보관하고 덮개를 덮어 보호한다.

❻ 다락 단열재가 떨어진 곳은 없는지 다락을 꼼꼼하게 살핀다. 단열재가 축축하거나 젖어 있지는 않은지 또는 천장 장선에 곰팡이가 피거나 썩은 곳은 없는지 확인한다. 지붕에 물이 샐 때 이러한 현상들이 나타날 수 있다. 문제가 심각해지기 전에 손보는 것이 현명하다.

❼ 지하실/지반 환풍기 입구에 덮개를 씌운다. 지하실 창문은 비닐 보호막으로 가린다. 지반 주변에 쌓인 잎이나 쓰레기를 제거하고 갈라진 틈이나 구멍 등을 막아 쥐나 해충이 집 안으로 들어오지 못하게 한다.

088 알뜰하게 따뜻한 겨울 보내기

집 안 곳곳을 점검하고 필요한 부분을 수리한 후에도 겨울 내내 난방을 틀지 않고 생활하는 것은 불가능하다. 난방비를 아낄 수 있는 방법을 알아보자.

천장 선풍기 조절하기 많은 사람이 겨울에는 선풍기를 전혀 사용할 필요가 없다고 생각하지만, 대부분의 천장 선풍기에는 두 가지 기능이 있다. 시계 반대 방향으로 돌아갈 때는 뜨거운 방 안을 시원하게 해준다. 반면 열기가 위로 올라오는 겨울에 천장 선풍기를 시계 방향으로 설정하면 따뜻한 공기가 아래로 내려와 생활공간을 훈훈하게 만들 수 있다.

습도 유지하기 습도 높은 여름을 경험한 적이 있는 사람이라면 습기를 머문 공기가 보송보송한 공기보다 더 뜨겁게 느껴진다는 사실을 알고 있을 것이다. 겨울을 더욱 편안하게 보내고 차갑고 건조한 공기로 인해 코가 받는 고통을 줄이려면 가습기를 활용해보자. 시중에서 차가운 수증기 또는 뜨거운 수증기가 나오는 가습기를 구입할 수 있는데, 둘 다 방 안 온도를 높이는 데 도움을 준다.

햇빛 활용하기 블라인드와 커튼을 잘 활용하면 태양 복사열로 집 안을 따끈따끈하게 유지할 수 있다. 햇빛이 좋은 날에는 남향 창문의 커튼을 열어 햇빛이 집 안으로 들어오도록 한다. 밤에는 커튼을 닫아 집 안과 바깥의 차가운 공기 사이에 추가적인 단열 막을 만들어보자.

089 데크 청소하기

데크판 사이와 데크 위에 있는 나뭇잎과 나뭇가지를 치운다. 이러한 잔해가 물을 머금으면 데크에 곰팡이가 생기기 쉽다. 데크에서 곰팡이가 발견되면 바로 제거한다. 물 약 3L와 산소 표백제 약 1L 그리고 암모니아가 들어 있지 않은 액상 세제 1/4컵을 섞어 곰팡이 제거 용액을 만든 후 정원용 스프레이로 곰팡이가 핀 부분에 뿌린다. 용액이 스며들 때까지 기다렸다가 깨끗이 닦는다. 잘 지워지지 않을 때는 부드러운 브러시로 문지른다.

090 데크판 뒤집기

데크판이 너무 낡고 오래되었다면 지레로 들어 올려 뒤집는 것도 좋은 방법이다. 데크판의 밑면은 물과 햇빛에 노출되지 않아 대개 상태가 좋은 편이다. 이와 같은 경우, 데크판을 뒤집고 잘 고정한 다음 색을 칠하고 틈을 막으면 큰돈을 들이지 않고 오래된 데크판을 새것처럼 만들 수 있다.

전문가의 팁

미리 계획하기 뒤뜰에서 사용하는 기계의 엔진이 고장 났다면 봄까지 기다리는 것보다 겨울에 손보는 편이 낫다. 봄에는 대부분의 수리점이 눈코 뜰 새 없이 바빠지기 때문이다. 기름을 빼낸 후 교체하고 필터도 새것으로 간다. 잔디 깎는 기계와 그 외 장비에서 가스를 빼내거나 모든 엔진에 연료 안정제를 넣어보자.

091 막힌 곳 뚫기

배수 공사는 때에 따라 지저분하고 냄새도 고약한 작업이 될 수 있다. 하지만 파이프가 막혔을 때 다음 방법만 따라 하면 된다. 배관과 연결된 설비에는 물을 보관하는 트랩 부분이 있어 하수 가스가 파이프 안으로 들어오는 것을 막는다. 이러한 트랩은 싱크대 구멍 사이로 칫솔이나 머리 고무줄 등의 물건이 빠졌을 때도 유용한데, 트랩의 나사를 풀어 물건을 쉽게 꺼낼 수 있다.

꽉 막힌 파이프보다 물이 천천히 내려가고 있는 파이프를 뚫는 것이 훨씬 수월하므로, 물이 빠지는 속도가 느려지는지 항상 주의를 기울여야 한다. 펄펄 끓는 물을 부어 파이프 속에 낀 기름을 제거하는 것도 효과적이다. 문제가 지속된다면, 집 안 다른 곳의 파이프를 점검해보자. 여러 파이프가 꽉 막혀 있다는 것은 가장 큰 파이프 역시 막혀 있다는 말이다. 다음 방법을 응용해 막힌 곳을 뚫어보자.

종류	설명	적절한 사용법
컵 모양의 플런저	막힌 곳을 뚫을 때 가장 흔히 사용하는 도구로, 각 가정의 화장실에서 쉽게 볼 수 있다.	싱크대 또는 샤워실 배수구가 막혔을 때 매우 효과적이다.
테두리가 있는 플런저	기본 스타일을 약간 변형한 디자인이다.	변기를 더욱 효과적으로 뚫기 위해 만들어졌으며, 테두리가 달려 있어 싱크대 또는 샤워실 배수구를 뚫을 때는 큰 도움이 되지 않는다.
원통 플런저	새로운 디자인으로 원통 안으로 물을 빨아들인 후 빠른 속도로 내뿜는다	변기 또는 물이 고여 있는 곳이 막혔을 때 유용하다.
관통기	자유자재로 구부릴 수 있는 강철 케이블로 배수관 깊숙이 넣어서 사용한다.	배수관 깊은 곳이 막혔을 때 효과적이다.
압축기	파이프 안으로 공기를 불어넣어 막힌 곳을 뚫는다.	관통기가 없거나 트랩을 분해하지 않고자 할 때 유용하다.
화학 세관제	여러 가지 화학제품으로 막힌 곳을 녹인다.	싱크대와 욕조가 막혔을 때 사용하되 주의해야 한다. 변기나 세탁기 배출구 등에는 사용하면 안 된다.

092 화학 세관제 선택하기

화학 세관제는 종종 막히는 파이프를 시원하게 뚫는 데 매우 효과적이다. 하지만 너무 묽은 제품은 피하는 것이 좋다. 물처럼 묽은 세관제가 막힌 곳을 뚫지 못하고 그대로 지나쳐 배수구 안으로 흘러 들어갈 수 있기 때문이다. 걸쭉한 제품일수록 유효 범위가 넓고 막힌 곳에 효과적으로 달라붙는다. 세관제를 부은 후 설명서에 나온 시간만큼 기다려야 한다. 그런 다음 흐르는 물을 파이프에 부어 막힌 곳이 잘 뚫렸는지 확인한다.

화학 세관제를 사용할 때 몇 가지 주의점을 반드시 알아야 한다. 화학 세관제에는 대개 염소 표백제가 들어 있으므로 오수 정화조에 좋지 않은 영향을 준다. 표백제가 오수 정화조 안에 있는 무해한 세균을 죽일 수 있기 때문이다. 따라서 염소 표백제가 들어간 제품은 도시 하수로와 연결된 설비에만 사용하는 것이 가장 좋다. 또한 세탁 배수관은 대개 옷에서 떨어져 나온 섬유가 뭉쳐 막히는 경우가 많다. 하지만 액체로 된 세관제는 이러한 찌꺼기를 녹이지 못하므로, 손으로 직접 막힌 곳을 뚫어야 한다. 뿐만 아니라 액체 배수관 클리너는 사용할 수 있는 용도가 정해져 있다. 변기가 막혔을 때는 이러한 세관제가 도움이 되지 않을 수도 있다.

화학 세관제를 사용할 때는 설명서를 잘 읽고 정해진 용도에 따라야 한다. 항상 환기가 잘되는 공간에서 사용하며, 고무장갑을 착용한다. 액체 클리너가 배관 안에 있을 때는 플런저를 사용하면 안 된다. 자칫하면 독한 화학 성분이 피부에 튈 수 있기 때문이다. 파이프가 완전히 막혔을 때 액체 클리너를 부으면 오히려 독한 화학 액체가 넘쳐흘러 고생할 수 있으니 조심한다.

093 싱크대 뚫기

대부분의 사람은 플런저가 변기를 뚫는 도구라고 생각하지만, 사실 플런저는 막힌 파이프를 뚫는 데 매우 효과적이다. 흡입 컵이 적당히 큰 기본 플런저로 배수관을 완전히 덮어 밀폐한다. 흡입 컵이 모두 잠길 때까지 물을 받는다.(바셀린을 컵의 가장자리에 바르면 좋다.) 물이 넘치는 것을 방지하는 구멍 등 싱크대의 다른 파이프는 모두 막는다. 컵 아래에 있는 공기를 밀어서 뺀 다음 막힌 부분이 시원하게 뚫리도록 플런저를 세게 15번 정도 누른다. 이와 같은 동작을 3~5번 반복해야 할지도 모른다.

플런저로도 막힌 곳을 뚫을 수 없어 배수관 아래에 있는 P-트랩을 열어야 한다면, 렌치로 파이프를 해체한 다음 트랩 안을 살펴본다. 대개 막힌 트랩 부분을 청소하면 된다.

094 관통기 사용하기

배수관의 깊숙한 곳이 막혀 플런저로도 문제를 해결할 수 없을 때는 관통기를 활용해보자. 마음대로 구부릴 수 있는 유연한 철강 케이블인 관통기는 파이프를 타고 깊숙한 곳까지 들어갈 수 있어 직접 막힌 곳을 뚫는다. 하지만 굴곡이 심한 파이프의 경우 관통기를 넣기가 까다로울 수 있으므로 먼저 뒷벽에 연결된 P-트랩과 수평 트랩 암(trap arm)을 해체한다.

관통기를 배수관에 바로 집어넣는다. 장애물에 부딪힐 때까지 관통기를 밀어 넣는다. 관통기의 손잡이 부분을 돌려 관통기의 끝이 막힌 부분에 걸리도록 한다. 그다음에는 관통기를 앞뒤로 잡아당겨 막힌 곳을 뚫는다. 마지막으로 차가운 물을 흘려보낸다.

관통기가 없거나 트랩을 해체하지 않고 막힌 곳을 뚫고자 할 때는 압축 공기를 파이프 안으로 쏘아 파이프를 뚫는 막힘 제거 제품을 사용해보자.

전문가의 팁

배수용 블래더 막힌 배수관을 뚫는 또 다른 방법은 바로 재활용이 가능한 배수용 고무 블래더(bladder. 고무로 만든 주머니)를 사용하는 것이다. 일반적인 정원용 호스에 연결해 파이프 안으로 집어넣어 사용한다. 물을 틀면 파이프 안의 블래더가 점점 커진다. 블래더에 들어 있는 물이 한꺼번에 뿜어져 나와 막힌 부분을 뚫는다.

095 주 배수관 청소하기

여러 개의 설비가 꽉 막혔을 때는 주 배수관을 청소한다. 먼저 지하실에 있는 커다란 배수관의 청소 마개를 찾는다. 차고나 실외 또는 주택 지반 근처에 있을 것이다. 각 마개에는 네모난 손잡이가 있는 캡이 있는데, 렌치로 이 캡을 연다.(주 배수관이 열려 있는 동안 시설을 사용하는 사람이 없는지 확인한다.) 관통기를 파이프의 양쪽 방향으로 잡아당겨 주 배수관의 막힌 부분을 제거한다.

096 변기 알아보기

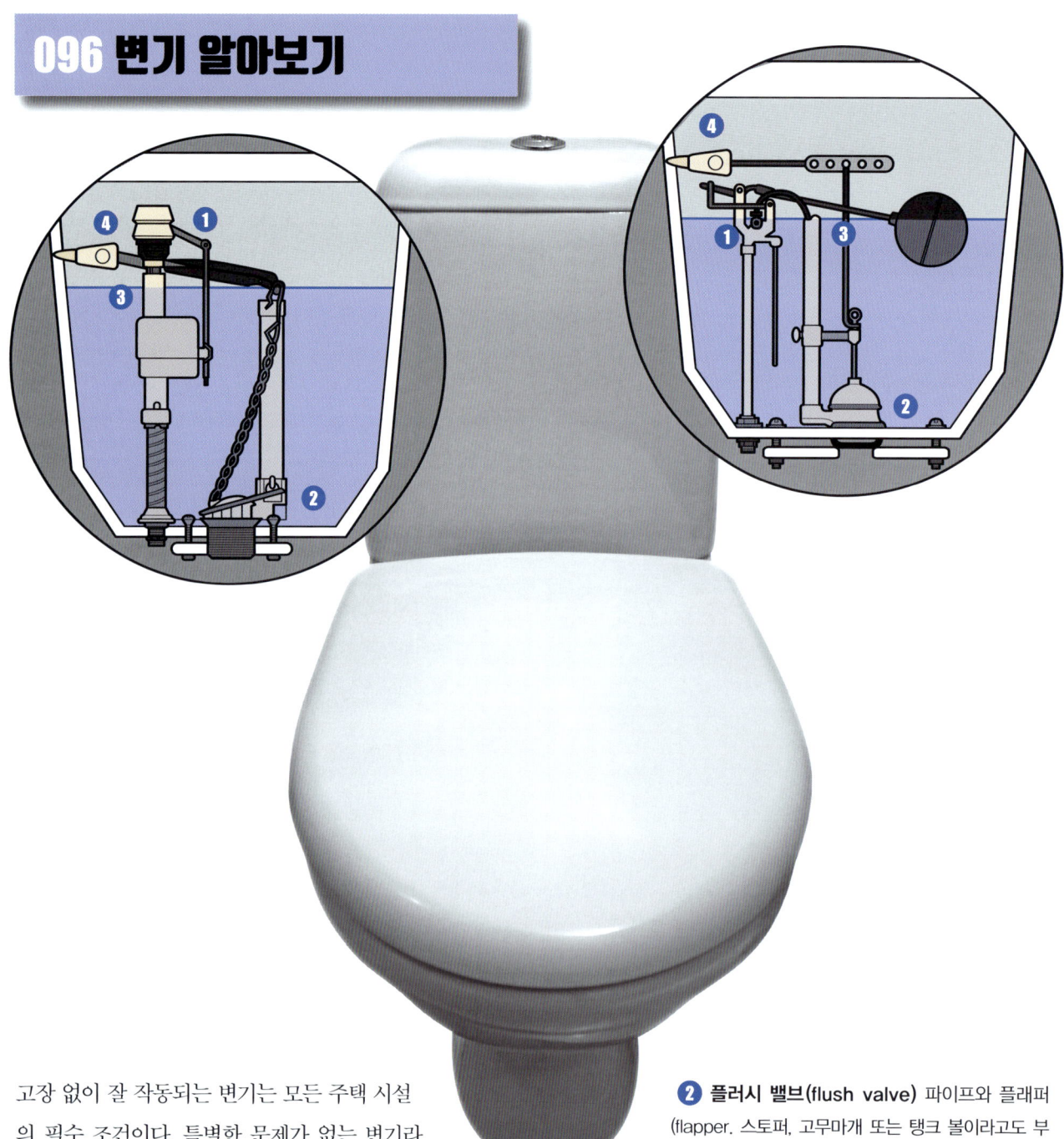

고장 없이 잘 작동되는 변기는 모든 주택 시설의 필수 조건이다. 특별한 문제가 없는 변기라면 물이 제대로 채워진 후 막힘없이 내려가며 소리도 크지 않다. 변기 디자인은 대체적으로 간단하지만 시간이 지나면 부품들이 낡고 녹슨다. 부품에 이상이 생기면 수조에 있는 물이 원활하게 내려가지 않고 채워지지도 않는다.

1 필 밸브(fill valve) 수조의 바닥을 통해 들어오는 배수관과 연결되어 있으며 물이 변기 안으로 흘러들어오는 것을 제어한다. 오늘날에는 두 가지 종류의 밸브를 사용하는데, 바로 전통적인 부구(볼 코크라고도 부른다.)와 컵 모양의 플로트컵(float-cup)이다.

2 플러시 밸브(flush valve) 파이프와 플래퍼(flapper. 스토퍼, 고무마개 또는 탱크 볼이라고도 부른다.)로 이루어져 있으며 넘침관과 연결되어 있다. 수조의 물이 변기 안으로 흘러 들어가는 것을 제어한다.

3 넘침관 대개 플러시 밸브와 연결되어 있으며 변기 안으로 물을 공급하고 수조의 물이 넘치는 것을 방지한다.

4 수조 레버 배수 레버와 변기 손잡이로 이루어져 있다. 변기 손잡이를 누르면 플래퍼가 위로 들려 물이 변기 안으로 흘러 들어간다.

097 물이 새는 변기 수리하기

물을 내리지 않았는데도 수조의 물이 변기 안으로 졸졸 새는 소리가 들릴 때가 있다. 다음을 참고해 문제의 원인을 파악하고 올바른 수리 방법을 알아보자.

밸브 점검 넘침관 안쪽을 잘 살펴보자. 물이 보충관을 통해 넘침관으로 들어오고 있다면 필 밸브를 확인한다. 부구 형태의 밸브라면 가벼운 플라스틱 또는 구리 공이 오른쪽에 달린 부구 막대가 수조의 가장 윗부분까지 올라와 있어야 한다. 막대가 구부러져 있다면 손으로 잡고 조심스럽게 똑바로 편다. 막대는 똑바르지만 부구가 물의 표면에 가볍게 떠 있지 않다면, 부구에 구멍이 났을 가능성이 크므로 교체하는 것이 바람직하다.

수위 낮추기 수조의 수위가 너무 높으면 졸졸 새는 소리가 날 수 있다. 부구와 연결된 조절 밸브를 움직여 수위를 낮춘다. 밸브의 양쪽을 세게 잡고 부구 쪽으로 누르면 물의 높이를 조절할 수 있다. 플로트컵 형태의 밸브라면 컵에 수위를 조절할 수 있는 밸브가 달려 있다.

부식 점검 레버에 끈적이는 부분이나 부식된 곳이 있는지 잘 살펴본다. 녹이 슨 곳이 있다면 부품 전체를 교체한다.

접착제 청소 필 밸브의 접착 부분 아래에 쌓여 있는 찌꺼기를 제거한다. 먼저 물을 잠그고 부구나 플로트컵 밸브의 윗부분을 뺀다. 개구부를 거꾸로 뒤집은 유리컵으로 덮는다. 물을 틀었다 잠그기를 여러 번 반복하면 찌꺼기가 물에 씻겨나간다. 아까 뺀 밸브의 윗부분을 뒤집어 씻은 후 재장착한다.

플래퍼 고치기 구멍 난 플래퍼로 인해 변기 물이 졸졸 새는 경우도 있다. 플래퍼가 더럽다면 천으로 닦아 찌꺼기와 때를 제거한다. 망가지거나 낡은 플래퍼는 삐딱하게 닫혀 차단 기능을 제대로 수행하지 못한다. 따라서 밸브 시트(valve seat)와 함께 교체하는 것이 좋다. 앞서 설명한 방법을 모두 동원했는데도 물이 계속해서 보충관을 타고 새어 나온다면, 필 밸브의 접착 부분에 문제가 있을 가능성이 높으므로 교체한다.

보충관 점검 물이 새는 소리는 들리지만 보충관에서 넘침관으로 흐르는 물은 보이지 않는다면, 보충관의 위치를 점검해보자. 보충관은 작은 비닐 튜브로 왼쪽에 있는 필 밸브에서 오른쪽에 있는 속이 텅 빈 파이프까지 뻗어 있어야 한다. 보충관이 넘침관 안에 끼어 있다면 끝부분이 넘침관보다 살짝 위로 올라올 때까지 들어 올린다. 보충관의 앵글 어댑터는 가장 윗부분에 고정해야 한다. 이와 같은 방법으로도 변기를 고칠 수 없다면 넘침관과 플러시 밸브가 부식되었거나 새는 곳이 있을지 모르니 교체한다.

098 변기 물이 잘 내려가지 않을 때

물이 잘 내려가지 않는 변기는 지저분할 뿐만 아니라 짜증을 유발한다. 물 공급이 차단되었거나 일부 막혀 있을 수 있으므로 벽에 있는 차단 밸브를 점검해보자. 밸브를 시계 반대 방향으로 돌려서 연다. 그런 다음 부구 또는 플로트컵의 윗부분을 단단하게 조인다. 제자리에 단단히 고정되었는지 확인한다. 가끔 변기 손잡이와 플래퍼 사이의 체인이 풀어지는 경우가 있다. 이럴 때는 체인을 손쉽게 걸거나 교체한다. 변기 안의 물이 완전히 내려가지 않거나 물이 다시 채워지지 않을 때는 변기 가장자리의 아래에 있는 구멍이 물의 흐름을 막고 있기 때문일지도 모른다. 그럴 때 옷걸이나 철사로 막힌 부분을 뚫는다. 그다음 나사로 변기 손잡이를 단단하게 고정하되 위아래로 돌아갈 수 있도록 어느 정도 여유 있게 조인다. 손잡이나 고정 나사가 부식되었다면 부품 전체를 교체한다. 수조가 비워진 후에 플래퍼가 닫히는지 확인해보자. 마지막으로 약 1.27cm 정도의 여유를 두고 체인을 조절한다. 물을 여러 번 내려 변기가 잘 작동하는지 확인한다.

099 구리관 납땜하기

납땜이란 구리 또는 놋쇠 표면에 섭씨 400도에 약간 못 미치는 열을 가해 금속과 연결하는 작업을 가리킨다. 납땜한 부분이 식고 나면 일반 파이프처럼 튼튼하다. 다음 도구들이 필요하다.

파이프 절단기 파이프를 깨끗하고 정확하게 절단할 수 있는 도구로 연결 부위가 깔끔하게 이어지도록 돕는다.

다기능 파이프 클리너 이음쇠의 안쪽과 구리관의 바깥에 있는 먼지와 녹을 제거한다. 납땜 작업을 더욱 완벽하게 마무리하는 데 도움이 된다.

프로판 토치 간단한 납땜 작업을 할 때는 손에 쥘 수 있는 크기의 자립형 토치가 유용하다. 자동 점화 기능과 전원 잠금 스위치나 버튼이 있는 제품을 추천한다.

100 납땜 작업 계획하기

새로운 배관 시스템을 설치할 때는 되도록 납땜 연결 부위가 작을수록 좋다. 그래야 누수 위험을 예방할 수 있기 때문이다. 작업에 필요한 자재를 알아보고 플럭스(flux)와 땜납, 파이프, 밸브, 암수 커넥터용 엘보(elbow) 등 여분의 부품을 미리 준비한 후 작업을 시작하는 것이 좋다. 가정용 수도관을 설치할 때는 납이 함유되어 있지 않은 납땜 자재를 사용한다. 납땜 자재에 들어 있는 납이 파이프 속 물로 침출될 수 있기 때문이다.

1단계 모든 부품의 크기를 측정하고 자른 후 시험삼아 맞춰본다. 납땜 작업을 시작하기 전에 모든 부품이 정확하게 준비되었는지 확인할 수 있다. 파이프 또는 연결 부위에 지나친 압박이 가해지면 시간이 지나면서 고장 날 수 있으니 꼼꼼히 살핀다.

2단계 모든 부품을 조립하고 깨끗하게 닦아 표면 산화를 제거한다. 구리관의 바깥쪽과 이음매의 안쪽 둘 다 청소한다. 파이프와 이음매 안쪽이 새로 나온 동전처럼 반짝일 때까지 닦는다.

3단계 모든 접합면에 자동 세정 기능이 있는 비산성 플럭스를 얇게 바른다. 이때 작은 '플럭스 브러시'를 이용하면 편리하다. 플럭스를 사용하는 이유는 눈에 보이지 않는 표면 산화를 제거하고 접착력을 높이기 위함이다. 각 부품을 다시 조립한다. 이제 납땜을 시작할 차례다.

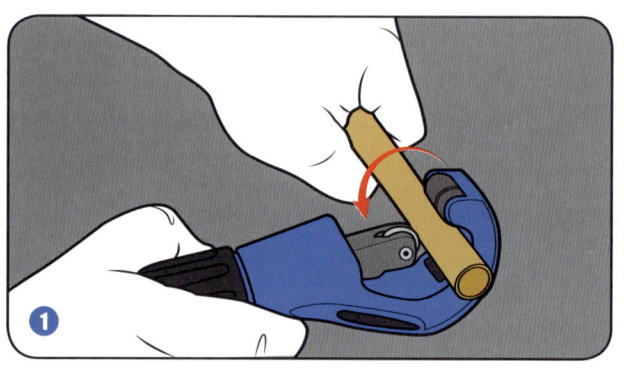

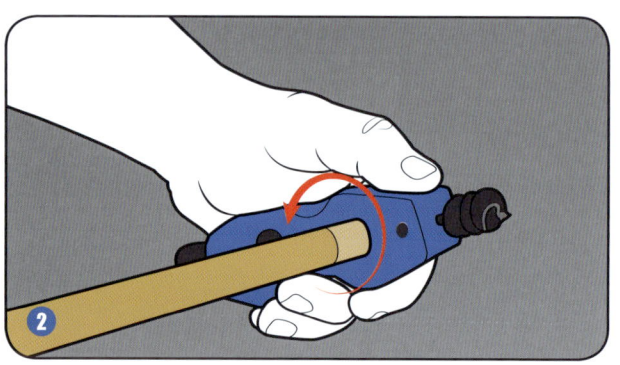

101 안전하게 납땜하기

납땜 작업을 할 때는 항상 보안경과 장갑을 착용한다. 머리 위에 있는 곳을 납땜할 때는 절대로 작업물의 바로 밑에 서지 않도록 주의한다. 더욱 안전하고 효율적인 납땜 작업을 위해 다음 수칙을 익히는 것이 좋다.

1단계 땜납을 대략 30cm 정도 준비하고, 가장자리의 7cm 정도를 직각으로 구부린다. 좀 더 수월하게 연결 부위에 땜납을 집어넣을 수 있다.

2단계 먼저 파이프에 열을 가한 다음 인두를 앞뒤로 움직이며 이음매에도 열을 가한다. 파이프와 이음매의 온도가 적당히 뜨거워지면 연결 부위에 닿은 땜납이 녹으면서 그 안으로 들어간다. 플럭스에 거품이 생기거나 연기가 살짝 날 수 있다.

3단계 연결 부위를 완전히 채운다. 젖은 천으로 빠르게 닦아 연결 부위에 남아 있는 땜납을 제거한다. 같은 방법으로 나머지 연결 부위도 모두 납땜한다.(나무로 된 프레임 주변을 납땜할 때는 불이 나지 않도록 조심한다.)

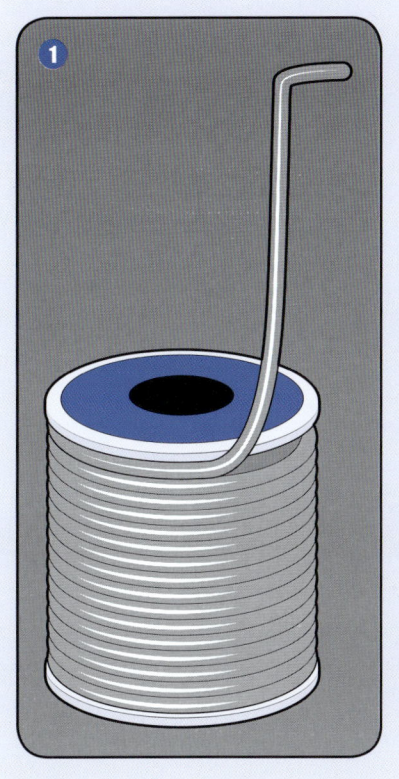
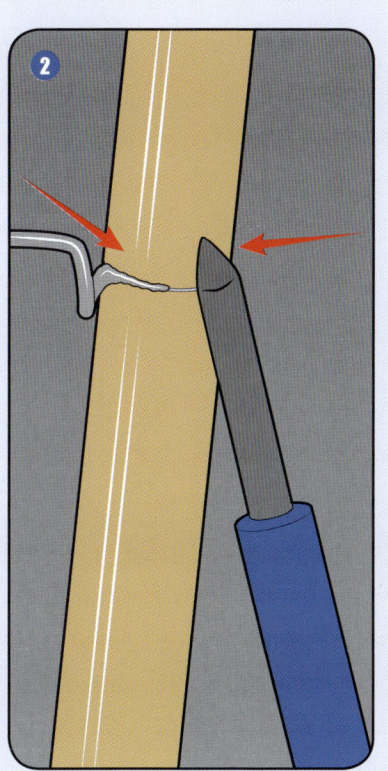
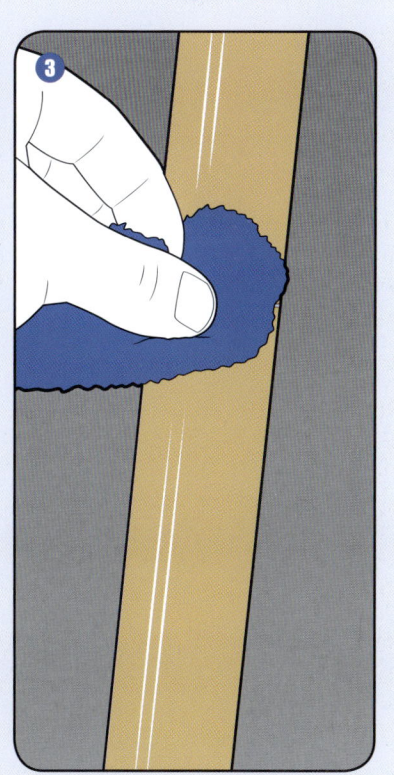

102 수조 문제 해결하기

변기 수조가 제 기능을 못할 때는 여러 가지 원인이 있다. 가장 흔히 발생하는 문제를 알아보자.

물이 채워지지 않을 때 수조에 물이 아예 들어오지 않거나 아주 천천히 채워진다면, 필 밸브 안쪽을 청소한다. 벽을 통해 들어오는 물을 완전히 잠근 후 부구의 암(arm)을 들고 부구 또는 플로트컵이 고정될 때까지 돌린다. 옷걸이 또는 단단한 철사를 이용해 필 밸브의 안쪽을 살살 긁어낸다. 밸브 입구 위로 거꾸로 뒤집은 유리컵을 들고 물을 세네 번 틀었다 잠가서 밸브 안쪽에 낀 잔여물을 제거한다. 수도꼭지에 물을 틀고 필 밸브 윗부분에 있는 접착제를 씻는다. 밸브 윗부분을 다시 끼운 후 시계 방향으로 돌려 잠근다. 수도를 틀어 수조에 물이 잘 차는지 확인한다. 문제가 계속된다면 벽에서 변기로 이어지는 파이프를 교체한다. 끈 모양의 스테인리스강 변기 커넥터(연결 장치)가 좋다.

소리가 날 때 변기에 물이 채워지는 소리가 너무 클 때는 벽에 있는 차단 밸브가 완전히 열려 있는지 점검한다. 또한 보충관의 끝에 있는 단단한 플라스틱 엘보인 앵글 어댑터를 확인한다. 앵글 어댑터를 넘침관 내벽 쪽으로 아주 살짝 돌려 신선한 물이 수조 아래로 내려가기 전에 넘침관 위에서 몇 센티 떨어진 벽에 닿도록 한다. 이러한 방법으로도 문제가 해결되지 않을 때는 필 밸브를 교체한다.

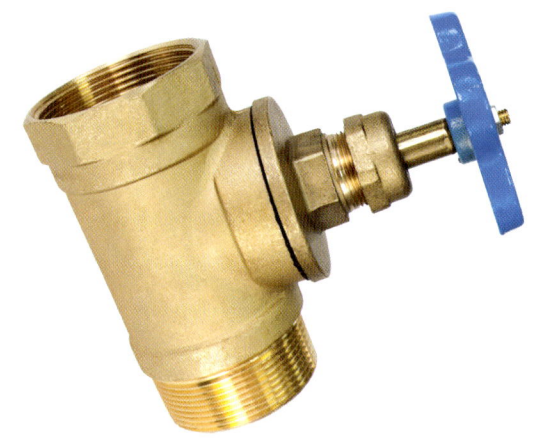

103 황동 밸브 손보기

황동 밸브를 납땜할 때는 조금 특별한 방식을 응용하는데, 크게 두 가지로 나눌 수 있다. 첫 번째는 밸브 몸체에서 밸브 스템(길고 가는 모양의 밸브)과 고무 와셔를 해체해 파이프를 납땜하는 방법이다. 밸브가 식고 난 후에 밸브 스템을 다시 설치할 수 있다. 밸브 스템이 연결된 상태에서 납땜하는 것은 바람직하지 않은데, 가해진 열 때문에 고무 와셔가 녹아 밸브의 효율성이 떨어지기 때문이다.

두 번째로 암나삿니가 있는 밸브를 이용해 구리관 끝에 수나삿니를 연결하는 방법이 있다. 파이프와 암수나삿니가 식고 난 후에 밸브 양쪽 끝에 나삿니를 끼워 넣는다.

전문가의 팁

액체 땜납 작업 면적이 작고 특정한 곳이라면 액체 땜납이 열을 이용하는 일반적인 땜납보다 훨씬 더 튼튼하고 물에도 강하다. 용해한 금속인 액체 땜납을 바르면 연결 부위가 잘 고정된다. 24시간 동안 건드리지 말고 그대로 두어야 접착력을 높일 수 있다.

104 PVC 파이프 연결하기

PVC는 부식에 강하고 저렴하며 오랫동안 사용할 수 있다는 장점 때문에 가장 흔히 사용되는 플라스틱 소재 파이프다. PVC 파이프는 PVC용 접착제를 이용해 접합한다. 소재가 다른 각 플라스틱 파이프를 단단히 고정하려면 각기 다른 종류의 접착제를 사용한다. 다음을 참고해 PVC 파이프를 연결하는 방법을 알아보자. 같은 방법으로 PVC용 접착제를 이용해 CPVC 파이프를 연결할 수 있다.

청소하기 틈새 없이 단단하게 접착하려면 PVC 파이프의 끝을 알갱이가 작은 사포로 살짝 문질러 광택이나 때를 제거한다. 깨끗한 천으로 파이프의 먼지를 닦는다.

조립하기 본격적으로 작업하기에 앞서 모든 부품의 길이가 알맞은지 확인하기 위해 조립해본다. 특정 이음매의 방향이 전체 배수관 설계에 큰 영향을 끼칠 수 있다. 최종 조립 작업 시 부품을 수월하게 연결할 수 있도록 조립 방향을 미리 표시해두는 것도 좋은 방법이다. 파이프에 이음매 안으로 들어가는 위치를 표시해두면 프라이머와 접착제를 바르기가 수월하다.

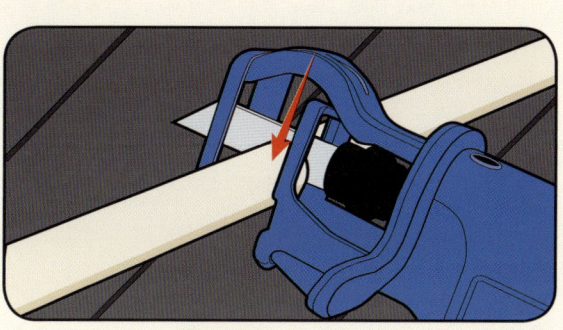

치수 재기 PVC 파이프의 끝은 이음매 안쪽까지 들어간다. 따라서 파이프의 길이를 잴 때는 항상 이음매 사이의 길이까지 염두에 둔다.

프라이머 바르기 파이프 끝부분과 이음매의 안쪽에 PVC 프라이머를 골고루 바른다. 프라이머는 PVC 소재의 얇은 막을 일시적으로 부드럽게 만들어 접착제가 파이프와 이음매를 틈새 없이 견고하게 접착할 수 있도록 돕는다.

접착제 바르기 파이프 겉면과 이음매 안쪽에 붓으로 PVC용 접착제를 바른다. 연결 부위 전체에 바른다.

자르기 절단한 부분이 최대한 일직선이 되도록 직각을 맞춰 자른다. 기본적인 쇠톱이나 마이터 톱 또는 왕복 톱을 사용하면 된다.

표면 다듬기 만능 칼 또는 줄칼로 절단한 쪽의 거친 부분을 다듬는다.

연결하기 파이프가 이음매 안쪽까지 단단히 걸리도록 집어넣는다. 파이프 또는 이음매를 약 0.6cm 정도 돌려 접착제가 골고루 도포되고 완벽하게 접착되도록 한다. 이음매에 미리 표시해둔 부분이 잘 맞아떨어지는지 확인한다. 접착제가 굳을 때까지 적어도 30초 동안 이음매 부분을 잡고 기다린다.

105 물이 샐 때의 해결책

물이 새는 곳이 있을 때는 먼저 물을 완전히 잠근다. 변기나 싱크대, 세탁기 또는 (배관이 드러나 있는) 욕조의 물이 샐 때는 설비의 아래 또는 뒤쪽 벽이나 바닥과 연결된 밸브를 잠가 물을 차단한다. 하지만 이 외에도 다음과 같은 조치를 취해야 한다.

주 차단 밸브 설비 밸브로부터 역류하는 물을 멈추려면 집의 주 차단 밸브를 잠가야 한다. 그래야 집 안에 있는 파이프를 열어 문제를 확인할 수 있기 때문이다. 혹시 모를 상황을 대비해 평소에 주 차단 밸브의 위치를 확인하고 주기적으로 점검해 최상의 상태를 유지한다. 밸브가 어디에 있는지 정확하게 모른다면 비상 상황이 닥쳤을 때 밸브를 찾아 헤매느라 시간을 허비하고 더 많은 양의 물이 바닥으로 새어 나올 수도 있다. 밸브를 사용하는 일은 흔치 않다. 따라서 녹이 슬어 제 기능을 잃지 않도록 관리한다. 주 차단 밸브의 위치를 찾으려면 집 둘레를 살펴보자. 외부 수도 계량기에서부터 집까지 일직선으로 따라가다 보면 대개 주 차단 밸브의 위치를 찾을 수 있다. 또는 벽에 밸브가 숨어 있는 점검판이 있는지 찾아보는 것도 좋다.

실외 차단 밸브 앞서 설명한 방법이 효과를 보지 못하거나 뒤뜰과 같은 실외에서 물이 샐 때는 실외 주 차단 밸브를 잠가야 한다. 쇠로 만든 동그랗거나 네모난 모양의 뚜껑이 있는지 살펴보자. 추운 날씨라면 뚜껑이 얼지 않도록 모래나 흙을 덮어두기도 한다. 뚜껑을 열어 수도 계량기와 밸브를 확인한다. 새어 나온 물 때문에 밸브가 흙이나 진흙으로 뒤덮여 있을 때는 정원용 삽으로 주변을 정리한다. 수도 계량기에는 상수도 공급 회사의 밸브가 연결되어 있는데, 대개 특수 렌치가 필요하고 돌리기가 굉장히 어렵다. 너트나 손잡이로 닫을 수 있어 다루기가 훨씬 수월한 가정용 밸브가 계량기에 있는지 확인한다. 가정용 밸브가 없다면 로킹 플라이어와 엘보 윤활유를 활용해 상수도 공급 회사의 밸브를 돌려 누수를 멈춘다.(철물점에서 실외 밸브를 열고 닫을 때 쓰는 특수 렌치를 구입할 수 있다.)

전문가의 팁

배관용 에폭시 사용하기 배관용 에폭시로 물이 새는 파이프를 손쉽게 고칠 수 있다. 제조사의 설명서를 잘 읽고 따른다. 점토와 비슷한 질감의 에폭시를 끈처럼 길게 만들어 물이 새는 곳 주변을 감싼다. 물을 틀고 추가로 새는 곳이 없는지 확인한다. 하지만 이는 임시 방편임을 잊지 말자.

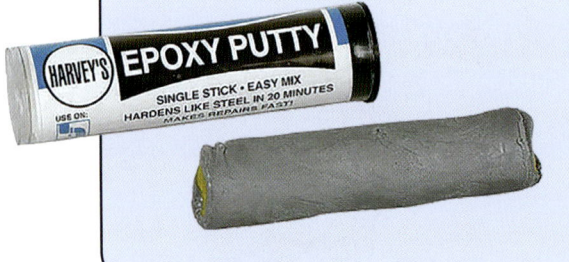

106 꽁꽁 언 파이프 녹이기

파이프가 얼었을 때는 먼저 물을 차단한 후 물이 얼어 팽창하면서 파이프에 손상을 입힌 부분은 없는지 확인한다. 파이프에 별다른 이상이 없다면 수도꼭지를 열어 물을 빼낸다. 헤어드라이어 또는 열풍기로 파이프를 따뜻하게 데워 막힌 부분을 뚫는다. 수건으로 파이프를 감싼 후 수건에 뜨거운 물을 붓는 것도 좋은 방법이다. 파이프가 녹은 후에는 물을 틀어 추가로 새는 곳이 있는지 확인한다.

107 푸시핏 커넥터 연결하기

수리를 하다 보면 파이프 또는 조인트를 완전히 교체해야 하는 경우가 종종 있다. 손으로 밀어서 부품을 접합할 수 있는 푸시핏 커넥터(push-fit. 원터치 피팅)는 가교 폴리에틸렌과 구리 또는 CPVC 파이프를 연결하는 가장 쉽고 빠른 방법이다. 압축 이음매로 파이프를 연결하므로 납땜이나 꺾쇠, 풀이 필요 없다. 또한 약 13기압의 힘과 섭씨 90도까지 견딜 수 있을 정도로 견고하다. 푸시핏 커넥터를 사용하는 방법은 다음과 같다.

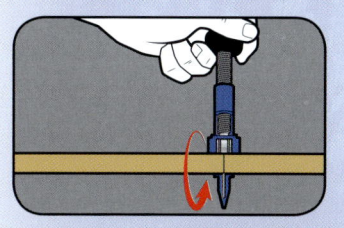

1단계 파이프의 끝부분을 일직선으로 자른다.

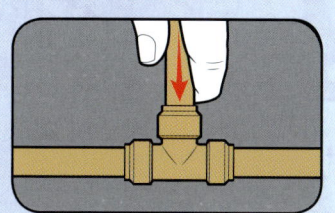

4단계 표시한 부분까지 이음매를 누른다. '찰칵' 소리가 나면 연결된다.

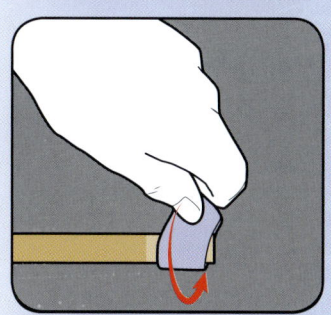

2단계 가장자리의 거친 부분을 사포로 문지른다.

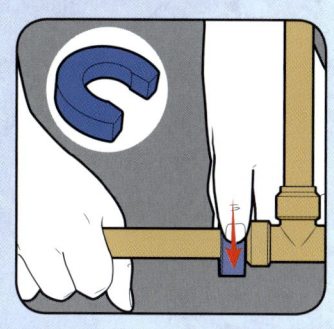

5단계 파이프가 이음매 안으로 들어가면 스테인리스강 이빨이 파이프를 꽉 잡고 오링이 꾹 눌러 빈틈없이 접합한다. 분리할 때는 분리 도구로 오링을 풀어 밸브와 이음매를 손쉽게 교체하거나 재활용할 수 있다.

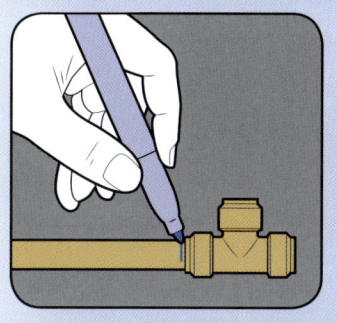

3단계 일부 푸시핏 커넥터는 커넥터를 끼우는 동안 파이프가 동그란 모양을 유지하도록 가교 폴리에틸렌 파이프 끝에 링을 끼워 사용한다. 파이프에 푸시핏 커넥터가 들어갈 위치를 표시한다.

푸시핏 커넥터의 크기는 약 0.95cm에서 2.54cm까지이며, 커플링이나 엘보, 티, 커넥터, 리듀서, 엔드 스톱 등 다양한 형태가 있다. 이러한 부품은 단순한 수리 이상의 결과를 기대할 수 있어 새로운 배관 설비 시공에 두루두루 활용할 수 있다.

108 셀프 퓨징 테이프 사용하기

배수관 안에 있는 물은 압력을 받지 않으므로 셀프 퓨징 테이프로도 누수 문제를 해결할 수 있다. 테이프를 길게 늘여 물이 새는 부분을 감싼다. 테이프를 여러 번 겹쳐 물이 새는 곳의 양쪽 면을 모두 감싸는 것이 중요하다. 테이프가 저절로 녹으면서 달라붙어 물이 새어 나오지 않는다.

109 화장실 조명 설치하기

화장실 조명을 설치할 계획이 있다면 화장 거울의 조명부터 먼저 시작해보자. 화장 거울의 조명은 일반적으로 가장 밝다. 그런 다음 화장대와 잘 어울릴 만한 은은한 조명 또는 악센트 조명을 고른다. 여러 조명을 활용해 공간을 채우거나 빛 반사를 줄일 수 있다. 한 가지 기억해야 할 점은 매립형 조명이 화장실에 적합하지 않다는 사실이다. 이러한 조명은 얼굴 위로 그림자를 드리운다. 조명 설비의 디자인과 마감재가 배수관 부품과 조화를 이뤄야 인테리어 분위기를 한층 더 고급스럽게 연출할 수 있다. 조명 설비의 스타일, 모양, 크기, 마감재는 다양하기 때문에 취향에 따라 고를 수 있다. 조명을 활용해 집 안의 가장 작은 공간인 화장실을 꾸미는 방법은 다음과 같다.

❶ 물 조심하기 샤워실에는 습기가 있는 곳에서도 사용할 수 있는 조명을 설치한다. 화장실에 공간이 넉넉하다면 테이블 램프로 부드럽고 따스한 분위기를 연출해보자. 하지만 반드시 물과 멀리 떨어진 곳에 조명을 두어야 한다.

❷ 매립형 조명 욕조에는 일반 조명이 필요하다. 매립형 조명을 활용해보자. 빛 반사를 줄이려면 욕조 가장자리의 바깥쪽을 비추도록 조명을 설치한다.

❸ 햇빛 활용하기 창문을 통해 들어오는 자연광으로 조명에 특별함을 더할 수 있다.

❹ 야간등 설치하기 화장대와 서랍장 사이의 남는 공간에는 줄 조명을 달아 야간등을 만들어보자.

❺ 간접광 활용하기 간접 또는 코브 조명으로 화장실에 부드럽고 따뜻한 빛을 더할 수 있다.

❻ 거울 조명 거울이 있는 벽에 따뜻한 느낌을 주는 형광등을 세로 방향으로 설치하면 그림자나 어두운 부분 없이 얼굴을 골고루 비출 수 있다. 화장대 위에 할로겐등을 달아 벽등과 함께 사용하면 교차로 빛을 받을 수 있다.

❼ 천장 조명 천장에 달아 사용하는 조명은 화장실을 환히 밝히는 동시에 우아한 느낌을 연출할 수 있다.

❽ 독서등 변기 위를 비추도록 초점을 맞춘 투광 조명이나 할로겐등으로 독서등을 만들어보자. (화장실에서 독서하는 이유는 따로 설명이 필요 없다.)

110 주방 조명 설치하기

오늘날 주방은 가족이 함께 모여 시간을 보내는 장소다. 주방 조명은 책을 읽거나 고지서를 계산하고 아이들에게 식사를 차려주는 등 다양한 활동에 적합해야 한다. 단일 주방 조명이란 하나의 중앙 조명으로부터 좀 더 어두운 곳에 있는 여러 개의 조명으로 빛이 분산되는 것을 말한다. 주방의 크기와 복잡함에 따라 알맞은 조명 구성이 달라진다. 크기가 작은 주방은 천장에 중앙 조명을 달고 싱크대와 레인지 주변 서랍장 아래에 작업등을 하나씩 설치하면 충분하다. 반면 커다란 주방에는 전체 조명과 작업 조명, 악센트 조명 등을 모두 섞어서 사용할 수도 있다.

❶ **먼저 준비할 것들** 조명 전문점을 방문할 때 주방 사진을 가져가거나 주방 크기를 적어 가면 도움이 된다. 천장은 얼마나 높은지, 문은 어디에 있는지, 서랍장과 조리대 사이에는 공간이 얼마나 있는지 등을 알면 훨씬 수월하게 알맞은 조명 기구를 고를 수 있다.

❷ **커다란 곳부터** 주방 테이블과 아일랜드는 주방의 중심이다. 이곳에 어울리는 조명을 먼저 정한 후 나머지 조명 구성을 완성한다. 아일랜드 위에 펜던트 조명이나 조명 기구 세 개를 설치해보자.

❸ **전체 균형의 고려** 대부분의 사람이 조명 구성을 생각할 때 세부적인 부분을 놓치는 실수를 한다. 매립형 조명은 공간 전체를 밝히지만, 특정 부분에 빛을 비출 때는 적합하지 않다. 방이 어둡다고 매립형 조명을 추가하는 것은 불필요한 빛을 더하는 셈이므로 바람직하지 않다. 대신 다른 형태의 조명을 적절히 섞어서 설치해보자. 좀 더 어두운 조명을 선택하면 조명 설비의 전체 활용도를 높일 수 있다는 점을 잊지 말자.

❹ **알맞은 마감재 선택하기** 주방 설비에 쓰는 마감재 중 다음 같은 것들이 인기를 끌고 있다. 주로 황토색 또는 적갈색을 연출할 때 쓰는 연철, 한때 인기 있었던 놋쇠를 활용한 백랍과 서틴 니켈 마감재, 페인트 마감재, 일반적인 흰색 유리가 아닌 색을 넣은 유리 등이다. 물론 트렌드가 변했다고 주방 인테리어를 다시 할 수는 없으므로, 개인 취향에 따르는 것이 현명하다.

❺ **디테일 놓치지 않기** 서랍장 아래에 조명을 설치하면 조리대에 그림자가 지는 것을 막을 수 있고 조리 공간에 꼭 필요한 빛을 줄 수 있다. 또한 주방 아일랜드 위에 미니 펜던트 조명을 달면 가족 모두가 조리대 위에서 훨씬 수월하게 활동할 수 있다. 아일랜드 주변에 스텝등(계단등)을 설치하면 한밤중에 야식을 가지러 오다가 발가락이 부딪히는 사고를 예방할 수도 있다.

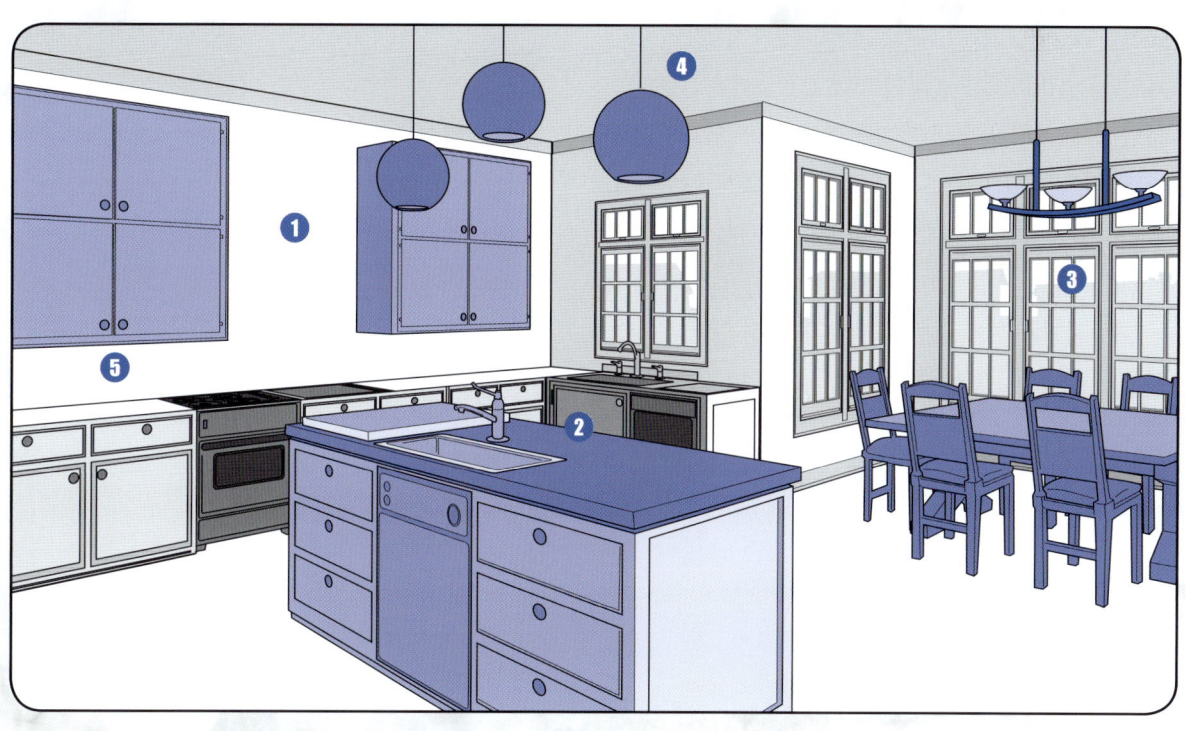

111 기초 배선 지식

요즘 나오는 전선은 여러 개의 개별 전선이 피복선 안에 다발로 뭉쳐 있는 형태다. 오래된 집의 경우 피복선 대신 손잡이(knob) 또는 튜브 배선을 사용하는 경우가 있다. 배선의 종류에 상관없이 흰색 전선은 대개 중성선이고, 검은색 전선은 전류가 흐르는 열선이다. 빨간색 전선 역시 열선에 속한다. 피복 없이 노출되어 있는 구리선은 접지선이다. 때에 따라 흰색 전선에 전류를 흐르게 하는 배선 공사도 있다. 이럴 때는 흰색 전선에 검은색 테이프를 감아야 한다. 하지만 이를 지키지 않는 경우도 있다. 대부분의 조명 설비에는 검은색 또는 흰색 전선이 없는데, 전선 피복을 살짝 벗겨내서 중성선을 파악한다.

피복선 하나 또는 한 쌍의 검은색과 흰색 전선을 두꺼비집에 연결하는 경우, 설비는 회로의 가장 끝에 놓인다. 조명 기구를 가장 간단하게 설치할 수 있는 방법이라 흔히 쓰이지만, 다른 방식으로도 설치할 수 있다. 피복선 2개 또는 두 쌍의 검은색과 흰색 전선을 두꺼비집에 연결하면 설비는 회로의 중간에 놓인다. 조명이 회로의 중간에 놓이면 전선 여러 개를 꼬아야 한다.

종류	그림	설명
접지선이 있는 이선식	열선 / 중성선 / 접지선	검은색 전선, 흰색 전선, 절연 처리가 안 된 접지선이 있다.
접지선이 있는 삼선식	열선 / 중성선 / 접지선	3방향 또는 4방향 스위치와 함께 사용하며, 검은색 전선과 흰색 전선, 빨간색 전선, 절연 처리가 안 된 접지선이 있다.
손잡이와 튜브		이선식 시스템으로 각 전선에 (흰색 또는 검은색으로 처리된) 천으로 절연 처리가 되어 있다.

112 알맞은 전구 사용하기

조명 기구를 구입할 때는 최대 전력량을 확인한다. 전구의 전력량이 필요 이상으로 클 경우 과도한 열이 발생해 불이 날 수도 있다. 전력량이란 루멘(lumen)이라는 단위로 측정하는 빛의 밝기가 아니라 전구가 소비하는 에너지양을 가리킨다. 전구가 필요 이상으로 밝다면 루멘 수치가 낮은 전구로 교체해보자.

전문가의 팁

조명 달기 대부분 식탁과 같이 방의 중심이 되는 곳 바로 위에 천장 조명을 설치한다. 대개 식탁 위로 약 0.7m 떨어진 곳에 조명을 다는 것이 좋다. 조명 체인의 길이를 줄이려면 금속용 가위로 길이에 맞게 자른 다음 전선은 체인보다 약 15cm 길게 자른다.

113 조명 설비 교체하기

교체용 조명을 고를 때는 무엇보다 실링 박스(ceiling box, 천장에 설치하는 접속함으로 천장 조명의 배선을 모아 놓는다.)와 천장이 조명의 무게를 감당할 수 있는지를 고려한다. 새로운 조명 기구의 무게가 예전 조명과 비슷하다면 기존 실링 박스를 그대로 사용하면 된다. 하지만 새로운 조명 기구가 더 무겁다면, 실링 박스도 함께 교체한다. 작업이 끝난 후에는 전문가에게 검사를 받는 것이 좋다.

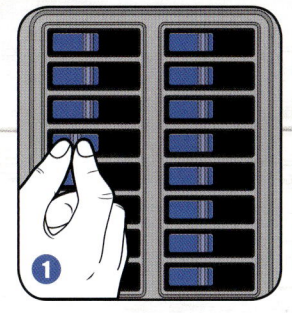 

1단계 회로 차단기를 내리거나 퓨즈의 나사를 풀어 두꺼비집의 전원을 끈다. 전압계로 전원이 완전히 꺼졌는지 확인한다.

2단계 실링 박스의 장착 나사를 풀어 조명을 제거하는 동안 조명은 사다리에 고정한 작업대로 지탱한다. 나사를 푼 상태에서 박스 커버를 당긴 후 암나사를 풀고 수나사를 돌려 전선을 분리한다.

3단계 덮개와 장식물 등 조명 기구의 부품을 정리한다. 천장 조명은 스타일과 구조가 다양해 부품을 연결하는 과정도 제각각이다. 믿을 만한 회사의 제품을 구입했다면 자세한 설명서가 함께 들어 있을 것이다. 대개 드라이버만 있으면 쉽게 조립할 수 있다.

4단계 설치하기 전에 박스 커버와 설치용 끈(접속함에 나사로 연결), 그 외 필요한 부분을 전선과 체인에 연결한다.

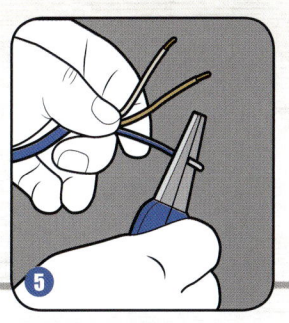 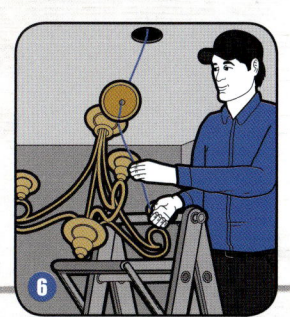

5단계 각 전선의 끝부분을 약 2cm 정도 벗겨낸다. 조명의 전선과 전류 공급 전선을 색깔대로 연결한다.(88쪽 참고) 밖으로 드러난 끝부분을 한데 모아 시계 방향으로 돌려 와이어 너트로 고정한다. 접지선은 실링 박스에 있는 접지 나사에 연결하거나 와이어 너트로 전류 공급 접지선에 고정한다.

6단계 조명을 설치하기 전에 전구를 먼저 넣은 후 연결이 올바른지 확인한다. 연결이 느슨할 경우 전구에 불이 들어오지 않는다. 불이 제대로 들어오면 전기용 테이프로 와이어 너트를 감는다.

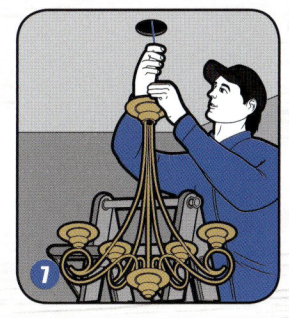 

7단계 설치용 끈을 아직 달지 않았다면 실링 박스에 나사로 고정한다. 그런 다음 체인의 연결대를 설치용 끈에 나사로 고정한다. 덮개나 '캐노피'로 실링 박스를 가리고 조명 기구와 함께 들어 있는 보조 나사로 제자리에 고정한다.

8단계 유리와 전구를 설치한다. 조명 출력량이 일정하도록 여러 개의 소켓을 사용한다. 전력 출력량이 높은 전구는 소켓의 개수가 적은 조명에 사용한다.

114 누전 예방하기

콘센트형 회로(누전) 차단기인 GFCI(Ground Fault Circuit Interrupter)는 접지 사고로 인해 감전이 되는 것을 예방한다. 접지 사고는 전류가 밖으로 새거나 정해진 경로를 벗어나 위험한 방향으로 흐를 때 일어난다. 접지 사고가 일어나 전자 제품의 전류가 사람 몸을 타고 흐르면 그 충격으로 인해 심각한 부상을 입거나 심지어는 목숨을 잃을 수도 있다. GFCI는 전기 회로에서 접지선으로 전류가 새는 것이 감지되면 단 몇 초안에 자동으로 콘센트의 전원을 차단한다.

GFCI는 콘센트에 꽂혀 있는 전자 기기뿐만 아니라 동일한 회로에 연결되어 있는 다른 정상적인 콘센트까지 보호한다.

실내 콘센트로부터 약 1.8m 이하로 떨어진 곳에 위치한 화장실, 주방, 빨래방, 그 외 물을 사용하는 실내 공간에는 누전 차단기를 반드시 설치한다. 물과 전기가 만나면 매우 위험하다는 사실을 항상 기억해야 한다. 따라서 라디오나 헤어드라이어와 같은 전자 제품을 싱크대, 욕조 또는 수영장 가까이에 두는 것은 바람직하지 않다.

실외 수영장, 데크 등에 있는 콘센트에는 커버가 달린 누전 차단기를 설치해 비바람으로부터 보호한다. 수영장 펌프, 온수 욕조, 그 외 다른 외부 기기를 누전 차단기를 설치한 콘센트에 꽂아 사용한다.

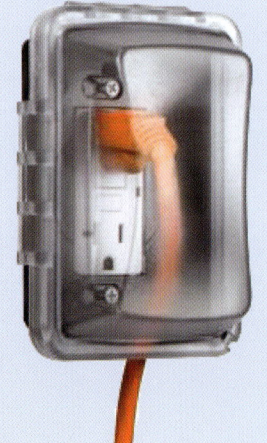

115 최신 기술 활용하기

기술이 하루가 다르게 발전하고 있다. 전자 기기의 세계 역시 마찬가지다. 새로 나온 신기술을 이용해 집에 새로운 매력을 더해보자.

USB 콘센트 새로 나온 멀티 콘센트에는 USB 인터페이스가 탑재되어 있어 다양한 종류의 전자 기기를 손쉽게 충전할 수 있다. 기존 콘센트를 대체하는 이러한 제품은 가정과 회사에서 점점 인기를 얻고 있으며, 2개의 USB 충전 포트를 내장하고 있어 부피가 큰 어댑터를 들고 다닐 필요가 없다. 새로운 형태의 콘센트 덕분에 스마트폰과 태블릿, e-리더, MP3 플레이어, 카메라 등 거의 모든 전자 기기를 빠르고 쉽게 충전할 수 있다.

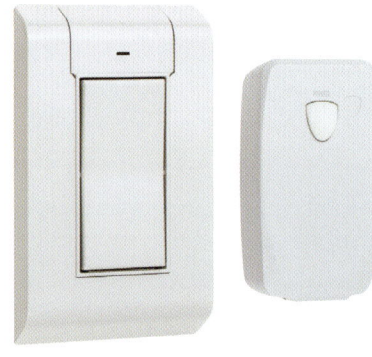

무선 스위치 새로운 가정용 전기 설비 트렌드로 나날이 인기를 더해가는 장치가 무선 스위치다. 배터리로 작동하는 스위치로 라디오 주파수를 이용해 집 안의 조명을 조절한다. 가장 큰 장점은 집 안 어디에서든 불을 켤 수 있다는 점이다. 전기 시스템에 연결된 전선을 찾지 않아도 되므로 시간과 노력이 줄어든다. 원하는 벽에 달거나 손에 쥔 채 사용할 수 있다. 새로 나온 제품은 집 안에 있는 조명을 최대 5개까지 한꺼번에 조절할 수 있다. 이러한 스위치는 설치가 끝나면 연결 가능한 기기를 찾아 자동으로 동기화하며 원격 조절 기능을 승인한다. Z 웨이브 무선 기술을 기반으로 한 스위치는 지정된 라디오 주파수 안에서 작동하므로 집 안에서 사용하는 무선 인터넷 또는 다른 무선 통신 장치에 지장을 주지 않는다.

116 GFCI 점검하기

오늘날 시중에서 판매하는 GFCI는 보호 기능이 한층 더 강화되었는데, 전류가 들어오는 것을 막는 콘센트의 재설정 버튼이 올바르게 연결되지 않았을 경우 전류를 자동으로 차단한다. 신제품과 오래된 제품 모두 제조사의 설명서에 따라 주기적으로 점검해야 누전 차단기가 잘 작동되는지 확인할 수 있다.

3단계 '재설정' 버튼을 눌러 GFCI를 다시 원래대로 재설정한다. 불이 들어와야 정상이다.

1단계 전기스탠드를 GFCI에 꽂는다.

2단계 불을 켜고 GFCI의 '시험' 버튼을 누른다. GFCI가 작동하면 불이 꺼져야 정상이다.

4단계 '시험' 버튼을 눌렀을 때 불이 꺼지지 않거나 '재설정' 버튼을 눌렀을 때 다시 켜지지 않는다면 GFCI가 제대로 작동하지 않는다는 뜻이다. 따라서 교체하는 것이 좋다.

117 콘센트 알아보기

콘센트에는 여러 종류가 있는데 미국에서는 타입 A나 B가 쓰이고, 유럽과 한국에서는 타입 C와 F가 기본으로 쓰인다. 이는 국가마다 상용 전원이 다르기 때문이다. 이처럼 나라마다 다른 종류의 콘센트와 플러그를 사용하지만, 기본 부품들은 공통으로 사용된다. 예를 들어 콘센트에는 플러그를 꽂을 수 있는 구멍 2개가 나란히 있는데, 왼쪽 구멍은 중성선용, 오른쪽 구멍은 열선용, 가운데에 있는 구멍은 접지선용이다.

접지 공사가 왜 중요한지는 아마 설명하지 않아도 모두 잘 알고 있을 것이다. 하지만 말 그대로 제대로 된 접지 공사에 생사가 달린 만큼 다시 한번 강조할 필요가 있다. 콘센트에 꽂아서 사용하는 대부분의 전자 기기는 감전 사고의 위험이 있다. 만약 전자 제품 안에 있는 전선이 느슨해져 케이스 안에 있는 금속 부분과 닿게 되면 제품 전체에 전류가 흐른다. 이런 일이 벌어지면 제품을 만지는 사람은 심각한 감전 사고를 당할 수 있다. 접지 상태가 올바른 콘센트에 전자 기기를 꽂아서 사용해야 전류가 위험한 방향으로 흐르지 않고 접지선을 따라 움직인다.

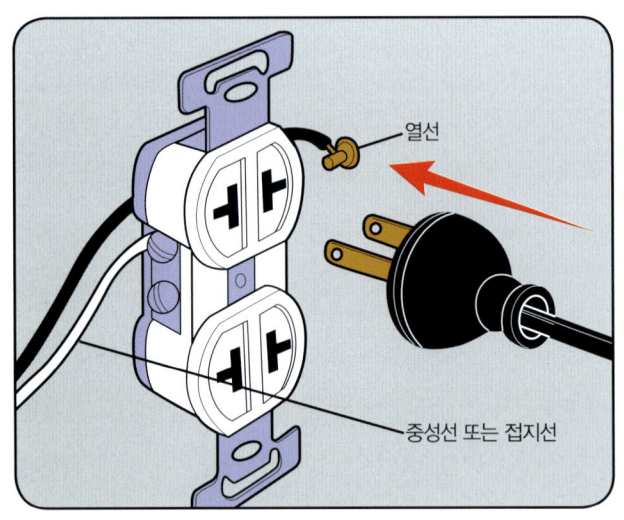

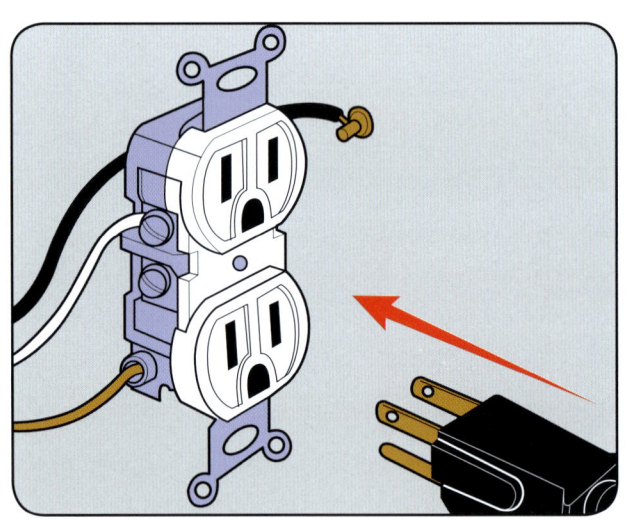

118 콘센트 점검하기

집에 있는 콘센트가 접지 기능이 없는 오래된 것이라면 안전을 위해 새것으로 교체해보는 것도 좋다. 돈과 시간의 구애를 받지 않는다면 오래된 콘센트 전부를 교체하는 것이 가장 좋다. 하지만 돈과 시간이 부족하다면 다음 방법을 활용해보자.

누전 차단기 설치하기 물이 닿을 수 있는 주방이나 화장실에는 누전 차단기를 설치한다.(90쪽 참고) 비접지 누전 차단기에는 반드시 라벨(경고 메시지를 적어둔다.)을 붙여야 한다.(라벨은 누전 차단기와 함께 들어 있다.) 접지 누전 차단기만큼 안전하지 않지만 전기 감전의 위험을 예방할 수 있다.

통째로 교체하기 컴퓨터나 플라스마 TV와 같이 민감한 전자 제품은 반드시 접지 회로가 회로 차단기까지 올바르게 연결된 콘센트에 꽂아서 사용해야 한다. 전기 공사에 익숙한 DIY 애호가라면 아마도 이와 같은 작업을 손쉽게 할 수 있을 것이다.

119 콘센트 교체하기

아래 설명 중에서 무엇보다 첫 번째 단계가 가장 중요하다. 기존 콘센트가 들어 있는 배전함이 접지되지 않았다면 작업을 멈춰야 한다. 대개 콘센트가 접지되지 않았더라도 배전함은 접지되어 있으므로 큰 문제가 되는 경우는 흔치 않다. 오래된 집의 경우 일반적으로 외장 케이블 또는 소프트 케이블로 연결되어 있는데, 유연한 금속 커버가 접지선 역할을 한다.

1단계 접지 상태를 확인한다. 회로 시험기의 한쪽 갈래는 짧은 구멍(열선용) 안에 집어넣고 다른 쪽 갈래는 플라스틱 덮개를 고정하고 있는 나사에 갖다 댄다. 회로 시험기에 불이 들어오면 접지 상태가 올바르다는 뜻이다. 접지 상태가 올바르지 않아도 누전 차단기를 설치할 수 있다. 하지만 그런 상황에서 접지형 콘센트로 교체하는 작업은 전문 기술자에게 맡겨야 한다.

2단계 접지 작업이 끝나면 차단기나 두꺼비집의 전원을 끈다. 벽에 고정된 덮개의 나사를 풀고 콘센트를 벗겨낸 후 전선을 분리한다.

3단계 새로운 콘센트를 설치하려면 검은색 열선은 황동색 단자에, 흰색 중성선은 은색 단자에 연결한다.

4단계 약 20cm짜리 접지선의 한쪽 끝을 콘센트 배전함 안의 초록색 접지 나사에 감아 돼지 꼬리 모양으로 비틀어 단단히 고정한다. 접지 나사가 없을 경우 철물점에서 구입한다.

5단계 접지선의 반대편 끝을 새로운 콘센트의 초록색 접지 단자에 연결한다. 새로운 콘센트를 배전함에 넣고 고정한다.

6단계 전원을 켠다. 회로 시험기로 회로에 문제가 없는지 확인한다.

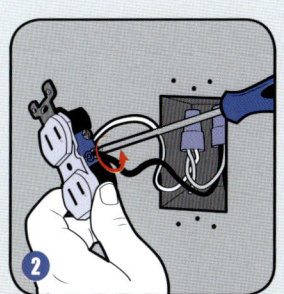
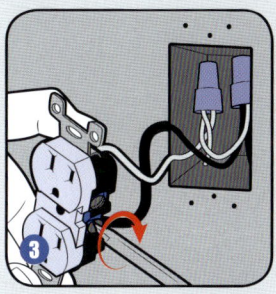
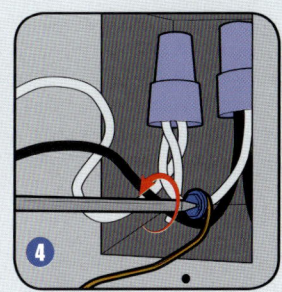
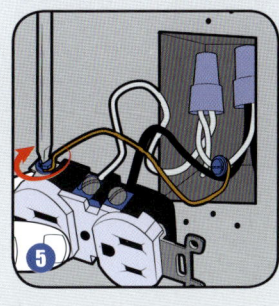

전문가의 팁

USB 포트 사용하기 바쁜 와중에 컴퓨터에 연결한 핸드폰이 동기화되기를 기다리는 것이 짜증 났던 경험이 있거나 핸드폰을 충전해야 할 때 충전 플러그를 찾지 못한 적이 있다면 USB 포트가 달린 콘센트를 활용해보자. 여러 제조사에서 비교적 쉽게 설치할 수 있는 USB 콘센트를 판매하고 있어 어댑터 없이도 전자 기기를 충전할 수 있다. 하지만 기존 콘센트보다 두께가 두 배 정도 두꺼워 오래된 접속 배전함에는 맞지 않을 수 있다. 따라서 헛수고를 면하려면 먼저 크기가 알맞은지 확인한다.

120 단극 차단기 교체하기

회로 차단기를 교체할 때는 고무 발판이나 합판 위에 서서 작업해야 혹시 모를 감전 사고를 예방할 수 있다. 또한 단열 처리가 된 드라이버와 와이어 스트리퍼를 사용한다. 대부분의 가정용 차단기는 주 차단기가 달린 조합판과 그 아래에 있는 여러 개의 분기 회로 차단기로 이루어져 있다.

1단계 차단기 패널의 뚜껑을 열고 차단기를 점검해 고장 여부를 확인한다.

2단계 주 차단기를 끄기 전, 먼저 분기 회로 차단기를 모두 차단한다. 전압계를 사용해 고장 난 차단기와 바로 옆에 있는 차단기가 완전히 꺼졌는지 확인한다. 대부분의 가정에서 누르거나 찔러 넣는 형태의 차단기를 사용한다.

3단계 드라이버로 차단기의 부하 단자와 연결된 전선을 분리한다. 전선이 방해가 되지 않도록 구부린다.

4단계 차단기가 패널에 어떻게 고정되어 있는지 확인하면서 망가진 차단기를 조심스럽게 꺼낸다.

5단계 전선을 새 차단기에 연결한다. 스위치를 끈 상태에서 제자리에 꾹 눌러 고정한다. 전선과 부하 단자를 다시 연결한다.

6단계 뚜껑을 닫고 주 차단기를 켠 다음 나머지 차단기들을 하나씩 켠다. 모두 정상적으로 작동하는지 확인한다.

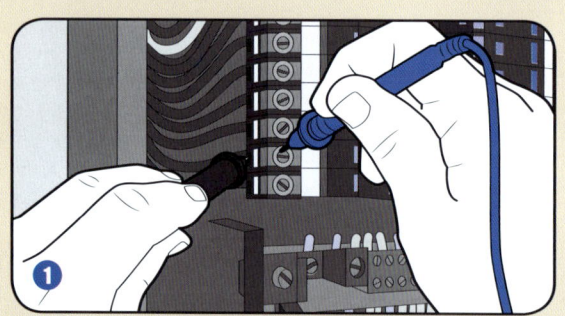
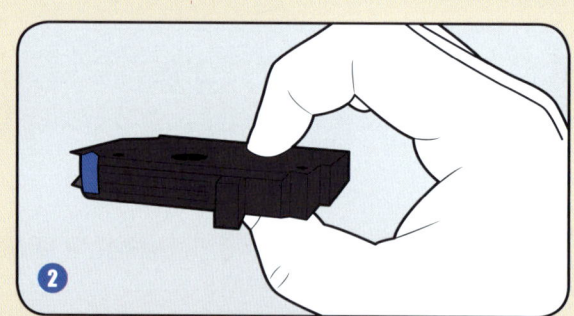

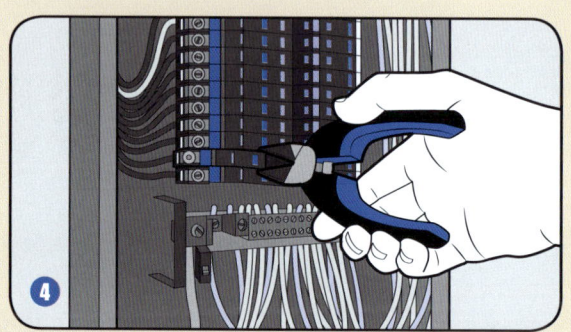
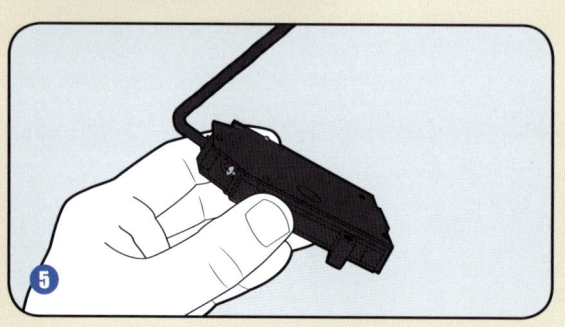

121 회로 차단기 부품 고르기

회로 차단기는 과부하 또는 합선을 막아 전선에 지나치게 많은 양의 전류가 흐르는 것을 막아준다. 새로운 회로를 추가할 때는 반드시 회로 차단기도 함께 설치해야 한다. 종종 기존의 회로 차단기가 고장 나 교체해야 하는 경우도 발생한다. 올바른 순서만 따른다면 회로 차단기를 안전하게 교체할 수 있다.

먼저 교체 작업에 필요한 모든 정보(제품 이름, 부품 번호, 차단기 크기, 차단기 종류 등)를 모아야 올바른 교체 부품을 고를 수 있다. 호환이 가능한 차단기도 있지만, 생김새는 비슷하나 호환할 수 없는 제품들이 대부분이다. 잘못된 차단기를 사용하는 것은 위험할 뿐만 아니라 차단기 또는 패널의 보증서를 쓸모없게 만든다. 따라서 차단기 패널에 기재된 정보를 잘 읽어보고 우리 집 패널에 어떤 차단기를 사용할 수 있는지 확인한다. 주로 사용되는 교체 부품들은 아래와 같다.

회로 차단기 종류	역할
일반용 회로 차단기	집 안으로 들어오는 전류의 흐름을 감시한다.
단극 차단기	가압 상태의 전선 한 개를 보호하며 회로에 220V의 전류를 공급한다. 차단기 패널의 구멍 중 하나를 차지한다.
양극(쌍극) 차단기	대개 차단기 패널의 구멍 중 2개를 차지하며 양극 차단기 2개와 공동의 트립 장치로 이루어져 있다. 양극 차단기는 건조기와 온수기와 같은 대형 가전제품을 설치할 때 필수적이다.
GFCI 회로 차단기	과부하, 합선, 또는 선접지 결함 등이 감지되면 차단기가 내려가 회로에 공급하는 전류를 차단한다. 모든 누전 차단기에는 꼬인 전선이 달려 있으면 앞쪽에는 시험 버튼이 있다. 누전 차단 콘센트와 같은 역할을 하되 전체 회로를 보호하기 때문에 회로에 누전 차단 콘센트를 설치할 필요가 없다.
아크 회로 차단기	화재로 이어질 수 있는 의도치 않은 전기 방전을 예방한다. 비정상적인 전류 흐름이 감지되면 차단기가 바로 고장 난 회로를 차단해 아크에 불이 날 정도로 많은 열이 모이는 것을 막는다. 아크 회로 차단기는 모양이 GFCI 차단기와 비슷하다. 차단기 위에 아크 회로 차단기라고 쓰여 있다.

122 고장 난 차단기 시험하기

회로 차단기를 교체하기 전에 먼저 문제점을 제대로 파악해야 한다.

1단계 문제가 발생한 회로에 연결된 모든 전자 제품의 플러그를 뽑는다. 조명을 모두 끄고 차단기의 스위치를 켠다. 차단기가 다시 제자리로 돌아가면 전자 제품과 조명을 하나씩 연결해 문제가 발생하는 지점을 정확하게 파악한다.

2단계 전자 제품의 플러그를 다시 꼽기 전에 차단기를 내린 다음 차단기를 재설정한다. 전자 제품에 합선이 일어났을 경우 차단기가 내려오기 전에 많은 양의 전류가 흐를 수 있는데, 차단기를 재설정하면 위험한 전류 흐름을 막을 수 있다.

3단계 차단기가 재설정되지 않으면 전압계로 점검한다. 전류의 흐름을 모두 차단했는데도 부하 단자에 전압이 감지되지 않으면 차단기에 문제가 있는 것이므로 교체한다.

123 온도 조절기 설치하기

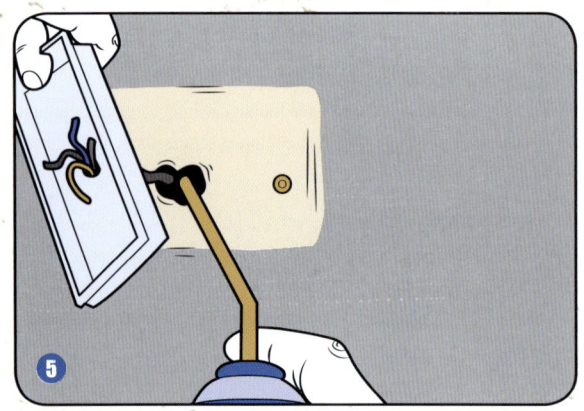

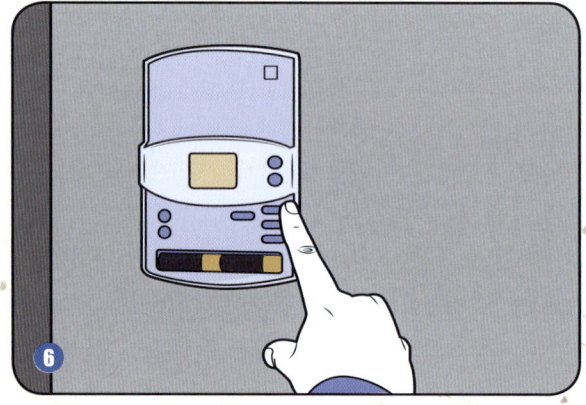

온도 조절기를 설치하는 일은 비교적 손쉬운 작업이다. 일자형 드라이버와 작은 필립스 드라이버, 망치, 전기 드릴/드라이버, 약 0.5cm짜리 비트, AA 배터리 2개만 있으면 작업할 수 있다.

1단계 온도 조절기와 보일러 전원을 차단한다. 일반적으로 플라스틱 푸시탭(push tab)으로 고정되어 있는 온도 조절기의 커버를 떼어낸다.

2단계 오래된 온도 조절기의 나사를 푼다. 온도 조절기 또는 벽 고정판에 나사로 전선이 고정되어 있다. 전선마다 색깔별로 단열 처리가 되어 있어 새로운 온도 조절기(또는 벽 고정판) 뒤에 있는 단자에 맞춰 연결하면 된다. 대부분 기존의 온도 조절기에 연결된 전선에 부호가 표시되어 있다. 나중에 헷갈리지 않도록 라벨을 붙이는 것이 좋다. 전선의 개수는 2개(난방 전용)에서부터 8개까지이다.

3단계 전선을 분리한 후에는 벽 고정판(온도 조절기가 설치된 판)의 나사를 풀어 벽에서 떼어낸다.

4단계 전선을 끄집어낸 후 다시 구멍 안으로 들어가지 않도록 클립으로 고정한다. 새로운 벽 고정판에 있는 단자에(색깔별로 표시가 있다.) 전선을 나사로 연결한다.

5단계 새로운 온도 조절기의 장착 나사에 짝이 맞는 전선을 연결한다. 이전 조절기에 연결되어 있지 않았던 전선은 그대로 두면 된다. 남는 전선은 구멍 안으로 집어넣는다. 벽 고정판 뒤쪽 구멍이 지나치게 크다면 온도 조절기에 공기가 들어와 온도 감지를 방해하지 않도록 단열재로 막는다.

6단계 기포 수평기로 새로운 벽 고정판이 기울어지지 않았는지 확인한 다음 벽에 고정한다. 석고벽에 고정하는 경우 먼저 약 0.5cm짜리 비트로 앵커 구멍을 뚫은 다음 망치로 앵커를 박아야 나사를 넣을 수 있다. 그림과 같이 운이 좋다면 기존의 앵커 구멍과 새 온도 조절기의 나사 구멍이 일치하는 경우도 있다. 벽에

124 온도 조절기 업그레이드하기

설정을 마음대로 바꿀 수 있는 온도 조절기는 개인의 생활 방식에 따라 하루에도 여러 번 집 안의 온도를 자동으로 조절한다. 수은이 함유되어 있지 않아 안전하며 손으로 조작하는 온도 조절기보다 더욱 정확하게 온도를 측정한다. 뿐만 아니라 연간 에너지 비용이 줄어들어 돈도 절약할 수 있다.

이 온도 조절기는 하루를 네 기간으로 나눈다. 실제 온도가 설정 온도에서 2도 이상 벗어나지 않도록 조절해 온도를 일정하게 유지한다. 새로 나온 온도 조절기에는 불이 들어오는 디지털 표시판, 터치패드 스크린, 전화 설정 등의 편리한 기능이 추가되어 더욱 손쉽게 사용할 수 있다. 아래에 소개한 온도 조절기는 모두 설치가 간편하다.

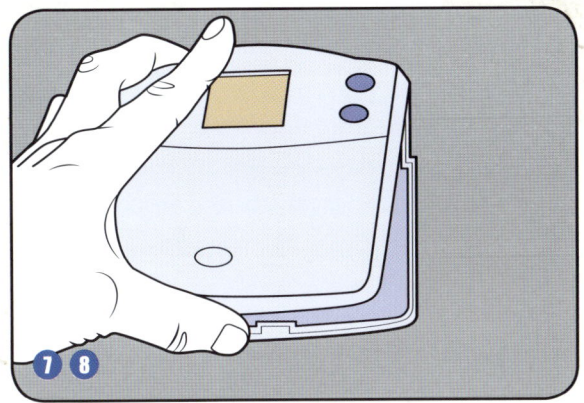

새로운 구멍을 낼 필요가 없다면 그냥 장착 구멍을 나사에 걸면 된다.

7단계 온도 조절기를 벽 고정판에 고정한다. 그림의 경우 위아래에 있는 홈을 이용해 온도 조절기를 고정한다. 온도 조절기가 꺼져 있고 선풍기 스위치가 자동으로 설정되어 있는지 확인한다. AA 배터리 2개를 끼운 후 보일러 전원을 켠다.

8단계 제조사의 설명서에 따라 온도 조절기를 설정한다. 이제 에너지와 돈을 절약하는 동시에 환경에도 도움을 줄 준비가 끝난 셈이다.

종류	설명
7일 모델	하루 일과가 자주 바뀌는 사람에게 가장 적합하다. 날짜에 따라 설정을 달리할 수 있어 가장 유연하게 온도를 조절할 수 있다.
5+2일 모델	주중에는 동일한 설정을 유지하고 주말인 이틀 동안은 다른 설정에 따라 작동한다.
5-1-1일 모델	월요일에서 금요일까지는 동일한 설정을 유지하고 토요일과 일요일에는 각각 다른 설정에 따라 작동한다.

전문가의 팁

똑똑한 난방기 온도 조절기가 발전하면서 편리한 기능들이 추가되고 있는데, 그중에서도 사용자가 좋아하는 온도를 학습해 일주일 이내에 자동으로 프로그램 설정을 바꾸는 모델을 주목할 만하다. 집에 아무도 없을 때는 알아서 온도를 낮춰 난방비를 절약할 뿐만 아니라 무선 인터넷과 연결해 원격으로 조종할 수도 있다. 온도가 급격히 떨어지면 배관이 꽁꽁 얼기 전에 집주인이 조치할 수 있도록 알림을 보내는 새로운 기능도 있다.

125 경관 조명 설계하기

실외 조명 시스템은 선로 전압 또는 저전압으로 전원을 공급한다. 튼튼한 선로 전압 배선은 실외용 누전 차단기에 연결해 사용하는데, 전선은 도관 안에 매립한다. 더 흔히 사용되는 저전압 시스템은 변압기에 꽂아서 사용하며 전선이 얇아 흙 속에 적당히 묻을 수 있다.

건축 자재점에는 다양한 부품이 들어 있는 DIY 저전압 세트 상품을 판매한다. 부품과 전선, 변압기를 개별적으로 구입해 전체 시스템을 맞춤으로 설계하는 것도 가능하다. 작은 플라스틱 부품은 저렴한 편이라 몇 천 원으로도 살 수 있다. 좀 더 오래가는 금속 부품은 가격이 두 배 정도 비싸다.

1단계 모든 조명 기구에 필요한 전력량보다 더 많은 양의 전력을 공급할 수 있는 변압기를 고른다. 예를 들어 7와트짜리 장비 4개, 11와트짜리 장비 2개, 35와트짜리 장비 2개를 설치하는 경우라면 7+7+7+7+11+11+35+35=120와트가 필요하다. 따라서 적어도 총 전력량이 121와트인 변압기를 선택해야 한다.(일부 변압기는 내장형 타이밍/광전지 장치를 갖추고 있어 DIY 애호가 사이에서 많은 인기를 끌고 있다.)

2단계 필요한 장비의 스타일과 개수를 정한다. 집 주변을 돌며 조명이 필요한 부분을 확인한다. 그래프용지에 나무와 수풀, 길, 데크, 베란다 등을 포함한 도면을 그린다.(길가 조명은 적어도 약 3m 정도의 간격을 두고 설계한다. 투광 조명은 전력량에 따라 약 6~12m가량 빛을 비출 수 있다.)

3단계 전원함을 연결할 수 있는 GFCI의 위치를 파악한다. 일부 제조사는 비바람에 강한 실외 전원함을 판매하고 있다. 전문가들은 비바람에 대비해 변압기를 실내에 두는 것을 권장하는데, 이를 위해서는 벽에 전선이 지나갈 수 있는 구멍을 뚫어야 한다. 변

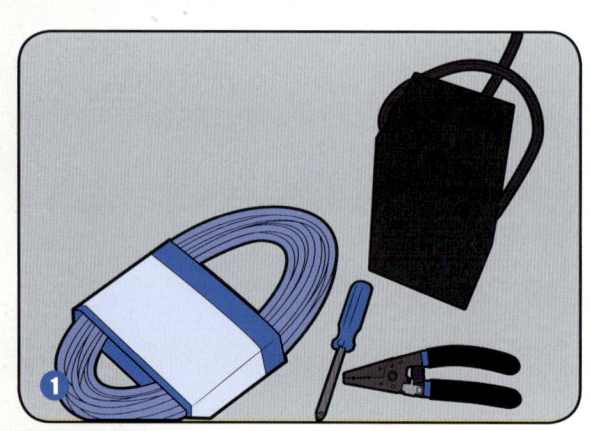

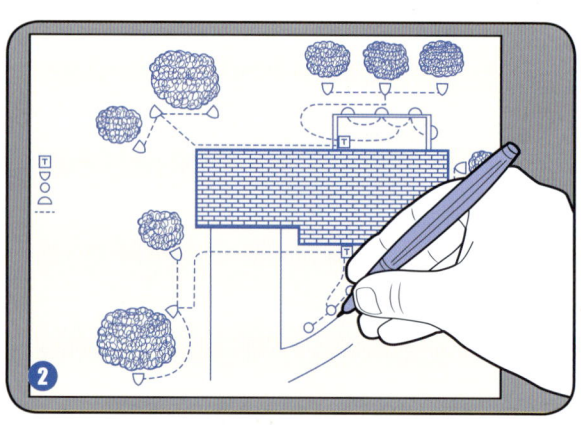

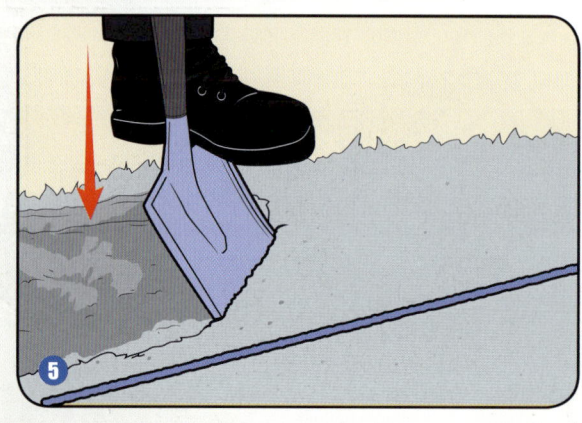

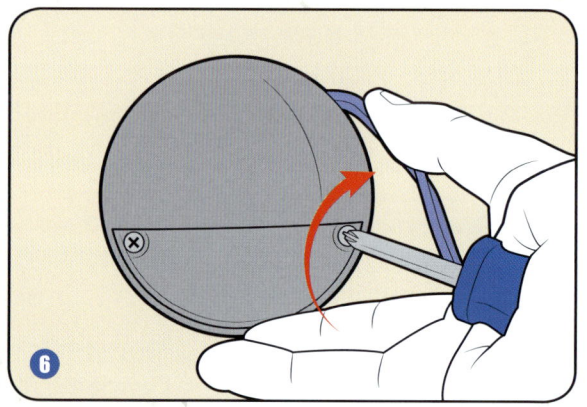

압기는 콘센트로부터 약 0.9m 이내에, 지면보다 최소한 약 0.3m 이상 올라온 곳에 설치한다.

4단계 콘센트에서 가장 멀리 떨어진 조명 사이의 거리를 측정해 작업에 필요한 전선의 길이를 파악한다. 본선에서 갈라지는 전선의 길이 역시 포함해서 계산하되, 몇 미터 정도 여유를 두면 좋다. 저전압 시스템의 경우 전선의 크기가 3.26mm(8게이지), 2.59mm(10게이지), 2.05mm(12게이지), 1.29mm(16게이지)로 나뉜다. 변압기와 모든 조명 기구의 총 전력량에 따라 전선의 크기가 달라진다. 전선 제조사의 권장 사항을 확인해보자.

5단계 변압기와 각 조명 기구 사이에 깊이가 최소한 15cm인 구덩이를 좁고 긴 모양으로 판다.

6단계 각 조명 기구를 제자리에 설치한다. 나무 또는 구조물에 조명을 설치할 때는 나무나 구조물의 겉면에 고정한다. 반면 땅에 막대기나 대못 등을 박아 조명 기구를 지탱하는 방법도 있다.

7단계 와이어 너트로 조명 기구의 리드선과 전선을 연결한다.(부식을 막기 위해 실런트나 전기용 테이프를 사용하거나 연결 부위가 단단해지도록 전선을 납땜한다.) 케이블 커넥터를 사용하면 조명 기구의 리드선과 전선을 단번에 연결할 수 있다. 일부 제조사는 조명 기구와 커넥터를 함께 판매하기도 한다.

8단계 전선을 모두 변압기 단자에 연결한 다음 변압기의 플러그를 꽂고 시스템을 가동한다. 문제가 발생할 경우 배선이 잘 연결되어 있는지 확인한다. 시스템이 잘 작동되면 5단계에서 파놓은 구덩이를 메꿔 전선을 보호한다. 이제 깜깜한 밤을 환하게 빛낼 조명 시스템이 완성되었다.

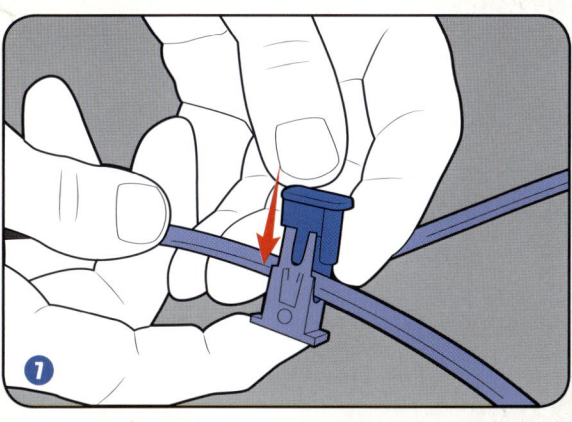
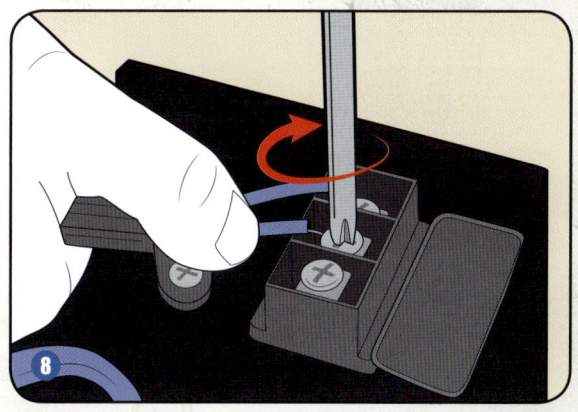

126 곰팡이 알아보기

실내 공기를 오염시키는 곰팡이는 모든 가정의 큰 골칫거리 중 하나다. 곰팡이 또는 흰곰팡이는 곰팡이균의 일종으로 많은 점에서 닮았다. 둘 다 따뜻하고 축축한 환경이나 벽면을 좋아한다. 화장실 안 타일선을 검게 만들거나 벽을 변색시키고 데크의 색을 어둡게 만들기도 한다. 또한 집 안팎에 있는 나무를 부패시킨다. 퀴퀴한 냄새가 날뿐더러 심각한 알레르기까지 유발한다.

차이점 알기 곰팡이는 일반적으로 보풀과 비슷한 모양새를 (❶) 하고 있으며 파란색과 초록색, 노란색, 갈색, 회색, 검은색, 흰색 등 다양한 색을 띤다. 오랫동안 방치하면 주택 구조에 손상을 입히거나 호흡기 질환과 두통 등 다양한 질병의 원인이 되기도 한다. 흰곰팡이는 대개 납작한 모양으로 (❷) 자라며 가루 또는 솜털과 비슷한 형태를 보이기도 한다. 가루 같은 흰곰팡이는 처음에 흰색이었다가 시간이 지나면 노란색, 갈색 또는 검은색으로 변한다. 솜털 모양의 흰곰팡이는 처음에 노란색이었다가 나중에 갈색이 된다. 곰팡이와 마찬가지로 흰곰팡이는 호흡기 질환이나 알레르기 반응을 일으킬 수 있다.

냄새로 구분하기 곰팡이의 존재를 알리는 신호로 퀴퀴한 냄새를 꼽을 수 있다. 하지만 쥐가 있을 때 역시 비슷한 냄새가 난다. 종종 곰팡이균과 흰곰팡이균의 소규모 증식을 알아차리기 어려운 경우도 있다. 벽의 아래쪽 또는 가구 다리 부분에 바닥과 거의 평행이 되도록 손전등을 비추어보자. 흰색, 연한 노란색 또는 청록색의 솜털 같은 자국이 있는지 살펴본다. 이곳은 대개 곰팡이 서식지로 만지면 포자가 공기 중으로 퍼져나가 퀴퀴한 냄새가 날 수 있다.

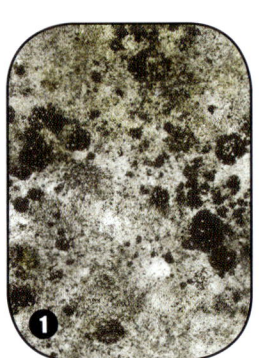 ❶
 ❷

127 곰팡이 청소하기

곰팡이나 흰곰팡이를 청소할 때는 작업 장소 주변을 잘 환기한다. 일부 세제는 마시면 해로운 연기를 내뿜기 때문이다. 고무장갑을 끼고 마스크를 착용해 곰팡이 포자 또는 세제 때문에 생긴 연기를 들이마시지 않도록 신경 쓴다.

물 3.8L당 표백제 1/4컵을 넣고 섞은 후 곰팡이가 자라는 곳에 뿌린 다음 10분간 방치한다. 자칫 염소가스가 발생할 수 있으니 절대 표백제와 암모니아를 섞지 않도록 주의한다.

표백제는 곰팡이 포자를 제거하고 곰팡이가 있던 곳을 깨끗하게 하는 용도로 주로 사용하는데, 독한 연기가 발생하고 몸에 해로우며 곰팡이를 완전히 없애지는 못한다. 게다가 표백제를 뿌린 곳에는 표백제 성분이 남아 다른 항균 제품이 곰팡이균의 뿌리 또는 균사 안으로 침투하는 것을 방해한다. 따라서 표백제로 곰팡이를 제거한 다음에는 따뜻한 물과 세제로 깨끗이 씻어야 한다. 물기가 마르고 나면 시중에 파는 항균 제품을 뿌려 곰팡이를 완전히 없애는 것이 중요하다.

단열재나 카펫, 석고벽과 같이 깨끗이 청소할 수 없는 부분을 모두 제거하고 곰팡이가 생기지 않는 새로 나온 자재들로 교체하는 것도 좋은 방법이다.

128 곰팡이 피해 복구하기

홍수 피해를 입었거나 하수구가 역류하고 배관에 문제가 생긴 집은 곰팡이에 훨씬 더 취약하다. 더 심각한 문제는 곰팡이가 눈 깜짝할 새에 빠르게 번진다는 것인데, 건물이 물에 노출된 지 24~48시간 만에 곰팡이가 생기는 경우도 있다.

건조하기 선풍기와 제습기를 가동하고 물에 젖은 물건이 벽이나 바닥에 닿지 않도록 치운다. 물이 새는 곳을 찾은 후 문제가 악화되지 않도록 필요한 조치를 취한다.

쓰레기 버리기 물기를 흡수한 물건이나 이미 곰팡이가 번진 물건은 모두 버려야 한다. 홍수에 집이 잠긴 경우에는 물이 찬 위치보다 한층 더 높은 곳에 있는 시트록(석고 보드의 일종)까지 모두 제거한다. 곰팡이의 흔적이 보이는 다공성(물질의 내부나 표면에 작은 구멍이 있는 성질) 자재 역시 모두 버린다.

청소하기 비다공성 표면에 보이는 곰팡이는 대개 청소로 제거할 수 있다. 뜨거운 물과 암모니아가 들어 있지 않은 비누, 세제 또는 시중에 파는 클리너 등으로 오염된 부분을 깨끗이 닦는다. 딱딱한 브러시로 곰팡이를 완전히 제거한다. 깨끗한 물로 닦고 대걸레 또는 스펀지로 남아 있는 린스물과 세제를 마저 훔친다.

소독하기 곰팡이가 조금이라도 보였던 표면에 표백제 용액이나 항균 클리너를 뿌린다. 접근하기 어려운 넓은 공간의 경우 '분무기'를 활용하면 곰팡이와 퀴퀴한 냄새를 효과적으로 제거할 수 있다. 분무기로 내뿜은 클리너는 안개 형태이기 때문에 손이 잘 닿지 않는 곳을 비롯한 생활공간에 골고루 뿌려진다. 클리너는 마르면서 곰팡이 포자를 으스러뜨리는 역할을 한다.

주의 깊게 살피기 예전에 오염되었던 부분에 곰팡이가 다시 생기지 않는지 잘 살펴본다. 곰팡이가 생기면 다시 한번 청소한다. 오염이 심할 경우 전문가의 도움을 받는 것이 바람직하다. 곰팡이가 다시 생긴다는 것은 대개 습기가 제대로 차단되지 않았음을 의미한다.

전문가의 팁

주범 찾아내기 곰팡이 제거용 프라이머에는 항균제가 들어 있어서 페인트 피막에 곰팡이가 생기는 것을 방지한다. 오염된 부분에 별도의 준비 과정 없이 바로 프라이머를 발라 표면에 생긴 곰팡이와 흰곰팡이, 악취를 유발하는 박테리아를 제거할 수 있다. 이러한 수용성 프라이머는 실내외 표면(비다공성)에 사용할 수 있으며 화장실이나 지하실, 창틀 등에 활용하는 데 적합하다.

129 침수 막기

앞서 설명한 것처럼 물은 때때로 집 안팎에 심각한 손상을 입힐 수 있다. 외관을 망칠 뿐만 아니라 구조상에 문제가 생길 수 있고, 곰팡이나 흰곰팡이가 생기기도 쉽다. 물은 다양한 경로를 통해 집으로 스며들 수 있으므로 틈새를 꼼꼼하게 막는 것이 중요하다.

❶ **지붕** 망가졌거나 빠진 지붕널을 교체한다. 못이 보이거나 불쑥 튀어나온 곳은 없는지 잘 살펴본다. 비 막이 널판이 아연 철판인 경우에는 못을 용융 아연 도금 못으로, 스테인리스강일 경우에는 스테인리스강 못으로 교체한다. 빗자루 또는 분무기가 달린 정원용 호스로 이끼를 제거한다. 모서리가 만나는 부분과 지붕과 벽이 만나는 부분에 쌓여 있는 쓰레기도 걷어낸다. 굴뚝과 침투관 주변의 지붕널을 점검한다. 지붕널이 부서지거나 벗겨진 부분이 있다면 전문 수리공을 부른다.

❷ **홈통과 수직 낙수 홈통** 송풍기나 호스, 빗자루 등으로 홈통을 청소한다. 호스는 물이 새는 곳이나 다른 문제가 있는 부분을 찾아내는 데 유용하다. 갈라진 곳은 실런트로 메우거나 제조사의 설명서에 따라 홈통 부분을 교체한다. 녹이 슨 나사는 새것으로 교체하고 수직 낙수 홈통이 집 안에서 바깥으로 향하고 있는지 확인한다.

❸ **창문, 문, 사이딩** 사이딩과 창문, 전기 및 수도 침투관과 문을 살펴보고 필요한 곳에 코크 작업을 한다. 너비가 1.3cm 이상이거나 깊이가 0.6cm 이상인 틈새라면 발포 고무 지지대를 코크 작업에 이용하는 것이 좋다.(55쪽 참고) 문과 창문 주변의 틈 마개가 단단하게 고정되어 습기가 안으로 침투하는 것을 제대로 막고 있는지 확인한다. 벽토와 벽돌 표면에 금이 갈라져 있다면 철물점에서 파는 패치 제품으로 수리한다. 지면과 사이딩 사이의 간격은 최소 15cm가 되도록 한다.

130 바깥 물 차단하기

다음 장소를 잘 살펴 물이 집 안으로 흘러들어오지 않도록 주의한다.

❹ **스프링클러** 스프링클러의 물이 집이 아닌 식물을 향하도록 한다. 사이딩이나 창문, 기초 벽에 물이 닿지 않도록 스프링클러의 위치를 조정한다. 잔디나 식물에 물을 너무 많이 주면 여름에도 곰팡이가 자랄 수 있으니 주의한다.

❺ **조경** 나무가 사이딩에 닿지 않도록 다듬는다. 커다란 관목이나 식물의 나뭇잎이 계속해서 사이딩이나 창문, 건조기

131 내부 습기 점검하기

물이 흘러들어올 수 있는 외부 통로를 모두 확인했다면 이제 습기가 주로 모이는 다음 장소들을 살펴볼 차례다.

7 통풍구 화장실과 세탁실 환풍기에 타이머를 설치해 샤워 후 20분 동안 환풍기가 돌아가도록 설정한다. 화장실이나 주방, 세탁실에 있는 풍관이 공기를 바깥으로 내보내는지 확인하고 공기 흐름이 다락에서 멈추지 않는지 점검한다. 건조기의 통풍구를 집 안에 설치하는 것은 바람직하지 않다. 에어로졸 발포 고무 실런트로 습한 공기가 다락으로 들어올 수 있는 천장 침투관 주변을 꼼꼼하게 메운다. 발포 고무 단열 개스킷을 다락의 점검판 주변에 설치한다.

8 다락 지붕 아래쪽에 물이 흐른 흔적이나 녹슨 못, 변색된 곰팡이가 있는지 잘 살펴본다. 이러한 흔적이 발견되면 습기의 원인을 파악해야 하는데, 통풍구가 잘못 설치되어 공기를 바깥으로 배출하지 못하기 때문일 수도 있다. 공기가 처마(처마 안쪽 통풍구)에서부터 다락을 통과해 천장 통풍구로 흐를 수 있는 공간이 충분한지 확인한다.

9 주방과 화장실 싱크대 아래와 변기, 샤워기, 욕조 칸막이 근처의 배관 설비에 문제가 없는지 확인한다. 타일 사이에 얼룩이나 갈라진 틈, 곰팡이가 있는지 확인하고 필요한 부분을 수리한다. 일 년에 한 번 또는 제조사의 권장에 따라 타일 실러 또는 대리석 실러를 사용한다.

10 지하실 지하실이 습한지 점검한다. 물이 고여 있는지, 바닥 장선에 곰팡이가 생겼는지 또는 금속 조임 장치가 녹이 슬었는지 확인한다. 해진 단열재를 교체한다. 단열 처리가 안 된 경우, 노출된 바닥 위에 6mm짜리 폴리에틸렌 방습 벽을 설치한다. 지하실에 물이 많이 고여 있거나 침수로 심각한 피해를 입은 곳이 있다면 건설업자에게 의뢰해 문제점을 제대로 해결한다.

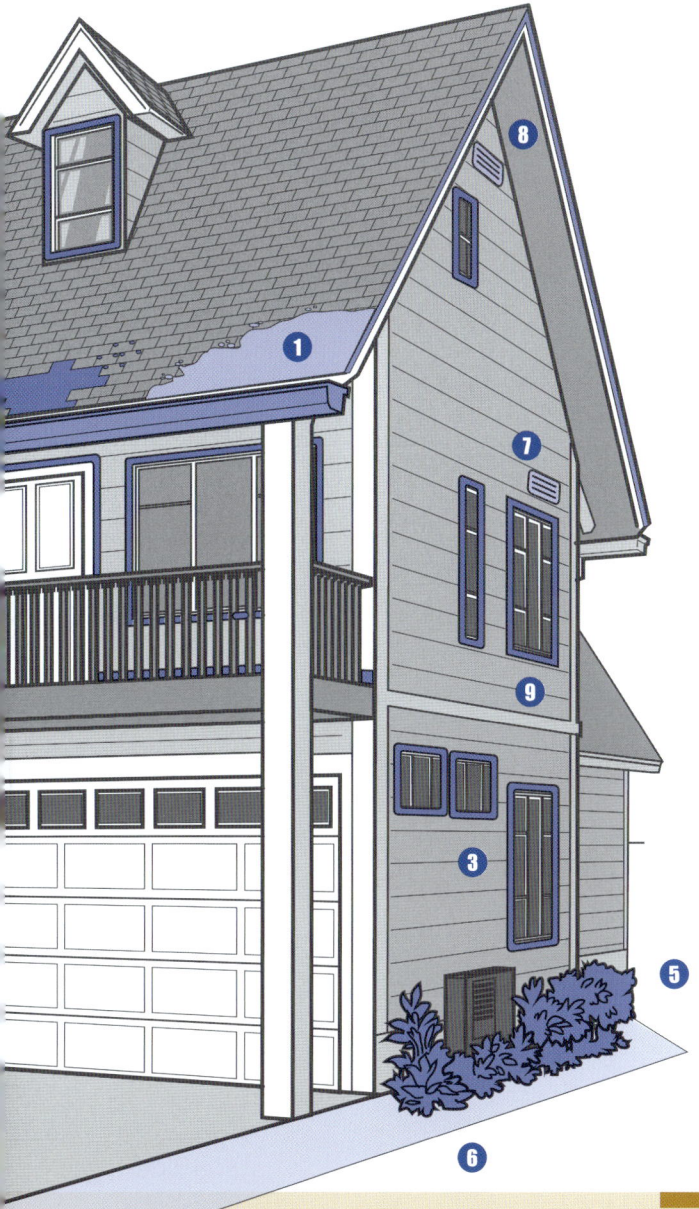

통풍구에 닿는다면 아예 없애는 것이 바람직하다. 지하실 내부가 축축해지거나 물이 차는 이유가 나무뿌리인 경우가 있다. 조경을 설계할 때 나무뿌리가 땅 밑에 있는 파이프와 닿지 않도록 주의한다.

6 배수 집 주변 땅이 지반으로부터 내리막을 이루고 있는지 확인한다. 수직 낙수 홈통이 지반 근처에서 끝나는 경우 홈통받이를 연결해 집 밖으로 배수한다. 야외 데크와 집이 연결되는 부분 또한 꼼꼼하게 살펴야 한다. 물이 침투하는 주된 원인인데도 그냥 넘어가는 경우가 흔하기 때문이다. 가로장(가로로 건너지른 나무 막대기) 이음매에 비 막이 널판이 설치되어 있는지 확인한다. 가로장과 데크판 사이에 충분한 공간이 확보되어야 물이 집 밖으로 원활하게 빠져나갈 수 있다.

132 철물로 멋내기

패션 리더들은 화려한 보석이나 목걸이 등의 액세서리를 활용해 멋을 더한다. 인테리어 디자이너 역시 다양한 디자인의 가정용 철물로 집 안 분위기를 색다르게 연출한다. 집 안에서 사용하는 셀 수 없이 많은 손잡이와 경첩, 문고리 등을 생각해본다면 가정용 철물이 시각적인 자극을 줄 수 있는 중요한 요소라는 점을 쉽게 이해할 수 있다. 클래식한 느낌의 캐비닛 손잡이와 아기자기한 서랍 손잡이를 활용하면 오래된 가구를 새로운 모습으로 탈바꿈시킬 수 있다.

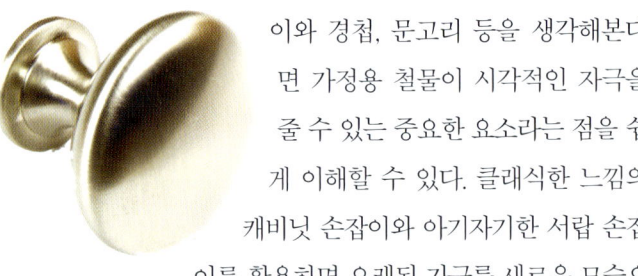

클래식한 멋 더하기 옛날부터 인테리어 업계는 기존 인테리어와 비슷한 소재를 사용하는 것을 공식처럼 여겼다. 예를 들어 조리대와 같은 소재의 손잡이를 고르거나 스테인리스강과 구리 등 금속 종류에 따라 같은 소재의 손잡이를 선택하면 된다. 하지만 이는 선택할 수 있는 인테리어 소품이 제한적이었을 때의 이야기다. 다양한 제품이 쏟아져 나오는 요즘에는 이와 같은 오래된 공식에서 과감히 탈피하고, 조화를 이루는 범위 안에서 다양한 모양과 소재를 섞어서 사용하는 사람들이 늘어나고 있다.

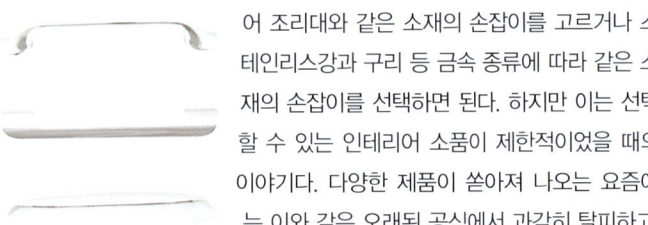

모던함 추구하기 크리스털과 도자기, 나무, 솔질한 듯한 느낌의 니켈과 오래된 황동, 아연판 등 셀 수 없이 많은 종류의 금속 마감재로 현대적인 느낌의 인테리어를 완성할 수 있다. 철물점과 건축 자재점에서도 다양한 제품을 판매하고 있지만, 온라인 소매업체가 가장 선택의 폭이 넓고 가격도 저렴하다. 스타일은 지극히 개인의 취향 문제이지만, 크기는 그렇지 않다. 따라서 캐비닛과 서랍장에 달 수 있는 손잡이의 크기에 따라 선택의 폭이 제한적이다. 철물을 교체할 때는 새로운 손잡이가 원래 있던 구멍에 알맞게 들어가거나 구멍을 모두 가릴 수 있을 만큼 큰지 확인해야 한다. 페인트를 칠한 가구의 경우, 구멍을 막은 후 페인트칠을 새로 하고 새로운 구멍을 뚫는 것도 가능하다. 하지만 나뭇결이 드러난 부분은 피하는 것이 좋다.

133 경첩 달기

새 경첩은 기존 경첩과 비교해서 마감재, 크기, 모형이 비슷해야 한다. 페이스 프레임 캐비닛(face-frame cabinet. 전면에 문틀이 배치된 형태의 캐비닛)의 경우, 캐비닛의 앞면 윗부분에 있는 프레임에 고정할 경첩이 필요하다. 경첩의 오버레이(overlay. 캐비닛 문과 옆판이 겹치는 부분)가 어느 정도인지 확인한다. 캐비닛 앞면의 위로 완전히 올라가는 문에는 풀 오버레이(full overlay. 캐비닛 문이 옆판 아래와 완전히 겹치는 상태) 경첩을 달아야 한다. 오버레이가 부분적일 때는 약 1cm짜리 인셋(inset) 여닫이문을 설치하면 문을 닫았을 때 경첩이 전혀 보이지 않는다.

캐비닛의 경첩을 바꿀 때(또는 문을 교체할 때)는 고정되지 않은 문의 무게가 하단 철물에 부담을 주거나 나무가 쪼개지지 않도록 하단 경첩을 먼저 분리한다. 새 상단 경첩을 먼저 고정하고 오래된 경첩은 교체 작업이 끝날 때까지 그대로 둔다. 새로운 볼트가 잘 맞지 않으면 오래된 볼트를 사용해도 된다.

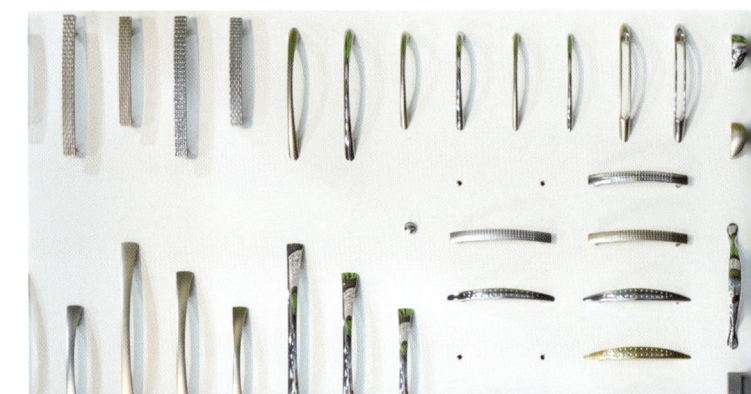

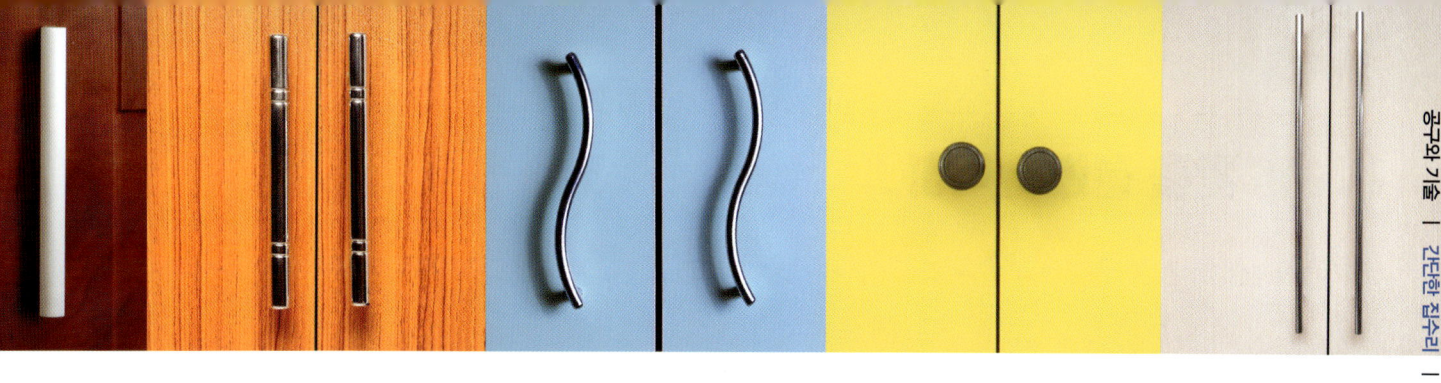

134 레지스터 페인트칠하기

오래되어 보기 좋지 않은 레지스터(register. 창살 달린 송풍구. 보통 난방 시설에 사용된다.)를 교체하면 방 안 분위기를 망치는 눈엣가시를 바로 없앨 수 있다. 하지만 방마다 설치된 레지스터를 모두 교체하는 데는 큰 비용이 든다. 시간이 지나면 레지스터는 녹이 슬거나 때투성이가 된다. 이럴 때는 세 가지 해결 방안이 있다. 그대로 두거나, 교체하거나, 페인트칠을 하는 방법이다.

이 중 페인트칠하는 방법이 가장 경제적이다. 황동, 청동, 은 등 여러 가지 마감재의 느낌을 똑같이 연출할 수 있는 스프레이형 페인트가 출시되어 있다. 옆에 보이는 레지스터의 경우 깨끗이 청소한 후 러스트 올럼(Rust-Oleum)의 '해머드 브론즈'(Hammered Bronze) 페인트를 칠했다.

전문가의 팁

장착 구멍 뚫기 단단한 목재에 장착 구멍을 뚫을 때는 항상 연결 구멍을 먼저 뚫어야 나무가 쪼개지지 않는다. 느슨해진 경첩 나사를 조이려면 나사를 분리한 후 이쑤시개로 나사 구멍을 막는다. 이쑤시개를 캐비닛 앞면과 같은 높이로 자른다. 나사를 다시 조립하면 이쑤시개 때문에 더욱 단단하게 고정할 수 있다.

135 캐비닛 손잡이 달기

대부분의 캐비닛 문손잡이에는 장착 구멍이 2개 있는데, 캐비닛에 따라 간격이 제각각이다. 손잡이를 교체할 때는 이 구멍에 제대로 맞는 제품을 골라야 한다. 두 구멍 사이의 간격을 최대한 정확하게 잰다. 드라이버만 있으면 손잡이를 제거하고 교체할 수 있는데, 대개 십자 홈 드라이버를 사용한다. 서랍 손잡이 뒤에 있는 납작한 판인 장식 쇠의 경우, 발이 달린 작은 도구나 퍼티 나이프로 조심스럽게 뽑아서 제거한다.

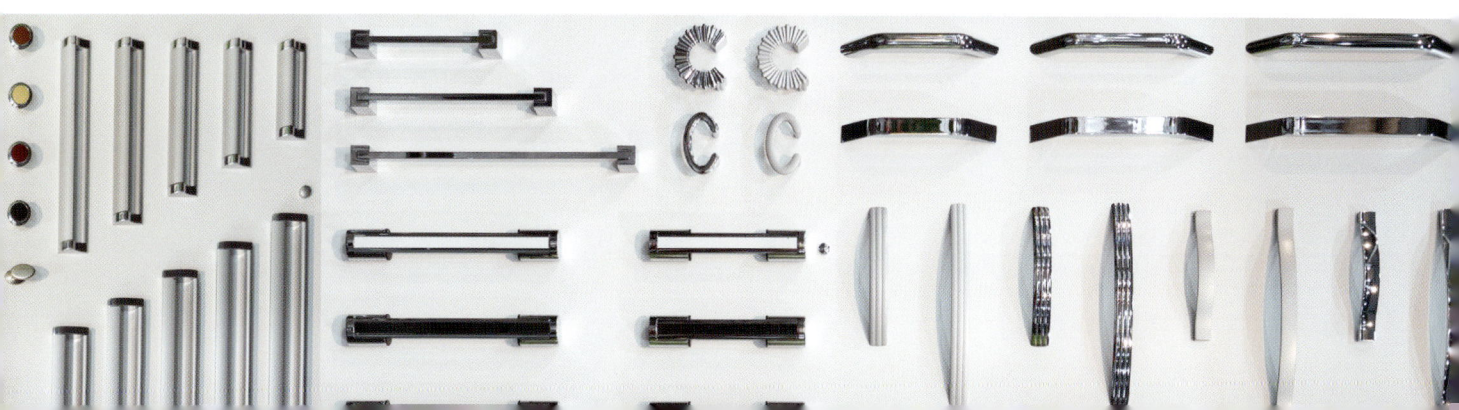

136 맞춤 선반 제작하기

받침대(cleat)로 지탱하는 선반은 설치가 간단하고 필요한 수납공간도 확보할 수 있어 일석이조의 효과를 얻을 수 있다.

1단계 각 선반의 윗면 위치를 벽에 표시한다. 선반 위치를 표시할 때는 선반의 두께와 받침대의 높이(약 4cm)를 고려한다.

2단계 선반의 윗면 위치에 따라 벽에 수평선을 그린다. 그런 다음 선반의 아랫면을 표시하는 수평선을 하나 더 그린다.

3단계 나무오리를 옆면 벽과 잘 맞는 크기의 받침대로 자른다. 각 받침대를 선반 아랫면을 표시하는 아랫선에 맞춘 다음, 에어 네일러(타정기)로 벽기둥에 고정한다.

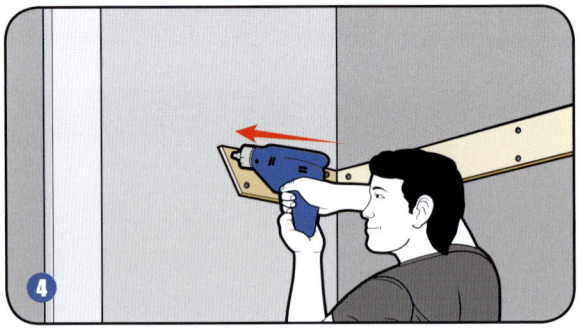

4단계 받침대를 옆면 벽에 수평으로 놓고 고정한다. 이 받침대가 뒷면 벽에 고정한 받침대와 잘 맞아떨어지는지 확인한다. 옆면에 고정한 받침대를 선반의 깊이에 맞추어 자르거나 세 면의 벽에 걸쳐 선반을 설치하는 경우라면 벽의 너비만큼 잘라서 사용한다.

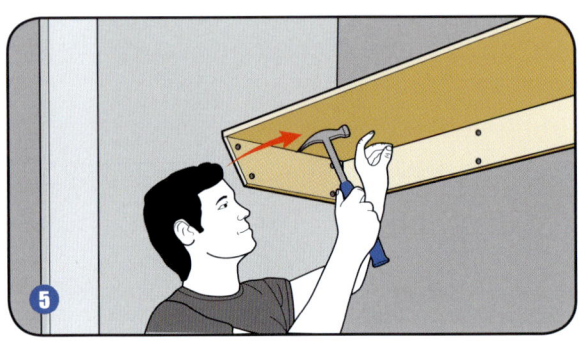

5단계 선반 자재를 받침대의 크기와 세 면의 벽에 맞추어 자른다. 선반을 받침대 위에 올린 다음 약간 기울여서 약 3.8cm짜리 못으로 받침대에 고정한다. 선반은 대개 2cm짜리 중질 섬유판이나 그 외 페인트칠이 가능한 나무 자재로 만드는데, 취향에 따라 마감할 수 있다. 벽면을 빙 둘러서 선반을 설치할 때 수직 칸막이를 더하면 수납공간을 추가적으로 확보해서 더욱 깔끔하고 보기 좋게 물건을 정리할 수 있다.

137 벽에 선반 설치하기

건축 자재점이나 철물점에서 쉽게 구할 수 있는 직각 선반용 브래킷을 사용하면 선반을 벽에 간단하게 설치할 수 있다. 디자인과 마감 형태, 지탱할 수 있는 무게 등이 각기 달라 선택의 폭이 넓다. 단단한 나사로 이와 같은 L자 모양의 브래킷을 벽기둥에 고정한 다음 선반을 브래킷에 못 박아 사용한다.

작은 선반 먼저 기둥 탐지기로 기둥 중심을 찾는다. 선반을 설치할 기둥 사이의 간격을 잰다. 기둥의 한가운데에 선반을 대고 아랫면에 브래킷의 위치를 표시한다. 브래킷의 후면 암이 선반의 뒷면과 잘 맞아떨어지도록 브래킷을 선반에 나사로 고정한다. 선반을 벽에 대고 수평을 잡은 다음 브래킷을 벽기둥에 고정한다.

긴 선반 벽에 선반 브래킷의 윗면 위치를 표시하는 선을 그려 작업하는 것이 수월하다. 선을 따라 브래킷을 줄지어 세운 다음 벽기둥에 나사로 고정한다. 브래킷 위에 선반을 올리고 밑에서 못을 박는다.

전문가의 팁

플로팅 선반 플로팅 선반은 브래킷이나 받침대가 눈에 띄지 않도록 벽에 고정해 사용하는 형태로, 브래킷이 없기 때문에 선반 사이의 간격을 좁힐 수 있어 더 많은 선반을 설치할 수 있다. 플로팅 선반이 납작하고 가벼운 상자라고 생각하면 이해하기 쉽다. 구성에 따라 금속 막대기 또는 나무 받침대를 상자의 뒷면을 통해 안으로 연결해 가벼운 플로팅 선반의 무게를 지탱한다. 막대기 또는 받침대를 벽기둥에 단단히 고정하면 튼튼한 선반으로 손색이 없다.

138 인더스트리얼 느낌 내기

약 2cm짜리 아연 도관과 바닥 플랜지, 엔드 캡을 브래킷으로 활용해 투박한 분위기를 연출하는 '인더스트리얼 스타일'의 선반을 만들어보자. 파이프 부품으로 브래킷을 만든 다음 마무리용 검은색 스프레이 페인트를 칠해 연철 느낌을 살린다. 목재를 선반 크기로 잘라 취향에 따라 물들인다. 브래킷의 플랜지를 단단한 나사로 벽에 고정해 무거운 물건을 지탱할 수 있는 튼튼한 선반을 완성한다.

139 오래된 벽지 제거하기

전문가 수준으로 벽에 페인트를 칠하고 마무리를 하려면 종종 벽지를 제거하는 만만치 않은 작업을 감행해야 할 때가 있다. 벽지를 제거하지 않고 그 위에 페인트를 칠하면 경계선을 가릴 수 없을 뿐만 아니라 모서리 부분의 벽지가 계속해서 벗겨질 수 있다. 게다가 종이에 페인트가 닿으면 주름이 지거나 공기주머니가 생기기도 한다. 가장 좋은 결과를 얻으려면 페인트칠을 하기 전에 먼저 벽지를 제거한다.

벽지가 벗겨지기 시작한 부분이나 경계선 주변을 살펴보자. 이러한 부분이 없을 때는 만들면 된다. 조금 해진 모서리 또는 가장자리를 천천히 힘을 조절하며 잡아당긴다. 많은 노력을 들이지 않고도 넓은 면적의 벽지를 뗄 수 있다. 벽을 따라 벽지를 최대한 많이 제거하는 것이 관건이다. 다음 작업에 상당한 시간과 노력이 필요하기 때문이다. 깔개천을 깔아 제거한 벽지 잔해를 모은다.

하지만 벽지를 손으로 뜯어서 제거하는 작업에는 한계가 있다. 벽지 뒷면에 있는 접착제가 벽에 단단히 붙어 있기 때문이다. 벽을 손상하지 않고 벽지를 제거하려면 접착제의 강도를 떨어뜨려야 한다. 두 가지 방법이 있다. 첫 번째는 액체 벽지 제거제를 이용하는 것이고, 두 번째는 스팀 제거기(steam wallpaper stripper)를 이용하는 것이다.

전문가의 팁

페인트칠 준비 벽지를 제거한 후에 벽을 여러 번 씻어 남아 있는 접착제 잔여물을 떼어낸다. 깨끗한 물과 스펀지를 활용해보자. 접착제 잔여물은 페인트가 벽에 달라붙는 것을 방해하므로 페인트칠이 벗겨질 수 있다. 선풍기를 활용해 건조 과정을 단축해보자. 벽면이 완전히 마르고 나면 프라이머를 먼저 바른 후 페인트를 칠한다.

 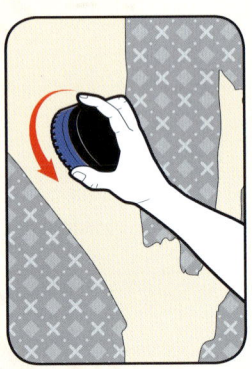

140 마멸 작업하기

벽지를 제거하기 전에 먼저 구멍 뚫는 기구로 벽지를 마멸시켜 액체(화학 용액 또는 물)를 잘 흡수하도록 한다. 대부분의 철물점에서 쉽게 구할 수 있는 기구로, 한 손에 들어오는 작은 크기의 손잡이 아래에 톱니바퀴가 달려 있다. 건식 벽체가 망가지지 않을 정도의 힘으로 기구를 눌러 벽지를 제거한다. 또는 긁개의 끝으로 약 15cm 간격을 두고 십자 모양을 내서 벽지를 떼어낸다.

141 벽지 제거제 사용하기

벽지 제거제는 가장 손쉽고 저렴하게 벽지를 떼어낼 수 있는 방법이다. 벽지 제거제를 제대로 사용하려면 다음 방법을 참고하자.

1단계 제조사의 설명서를 참조해 제거제를 뜨거운 물에 섞는다.

2단계 페인트 롤러 또는 스프레이 통으로 미리 벽에 제거제를 바르거나 뿌린다. 제거제가 접착제 사이로 스며들 때까지 10분 정도 기다린 후 손으로 최대한 많은 벽지를 뜯어낸다.

3단계 벽지가 잘 떨어지지 않으면 약 8cm짜리 긁개로 벽지를 조심스럽게 밀어낸다. 이때 벽에 자국이 생기지 않도록 주의한다.

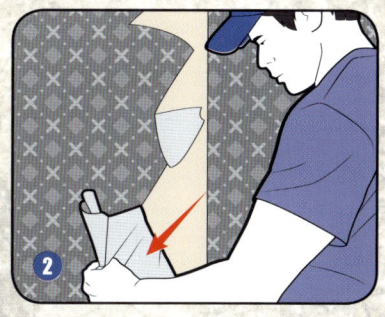
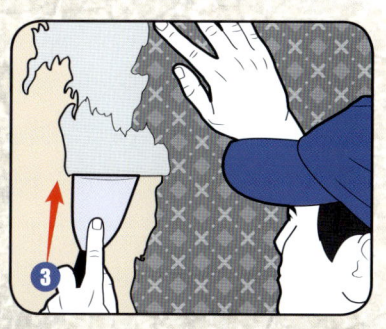

142 스팀 제거기 활용하기

자주 리모델링 작업을 하거나 수리를 하는 편이라면 스팀을 이용해 벽지를 제거하는 기구에 투자하는 것도 좋은 방법이다. 이러한 도구는 여러 번 사용할 수 있을 뿐만 아니라 독한 화학물질을 쓰지 않아도 되므로 안전하다. 간단한 기능의 스팀 제거기라면 물통에 물을 채우고 증기가 나오도록 코드를 콘센트에 꽂기만 하면 된다. 물이 따뜻하게 데워지면서 호스로 증기가 뿜어져 나온다. 호스 끝에 있는 스팀 판을 이용해 작업할 부분에 증기를 쏘인다.

스팀 판을 벽지 위에 평평하게 대고 10초 정도 기다린다. 뜨거운 증기 덕분에 종이가 축축해지면서 접착제가 녹는다. 벽지를 긁개로 살살 밀어 떨어뜨리면 바로 옆 부분으로 옮겨 증기를 쏘인다. 이러한 방식으로 계속해서 벽지를 제거한다. 증기가 매우 뜨겁다는 점을 절대 잊지 말자. 물 온도가 섭씨 100도까지 올라가므로 스팀 제거기를 사용할 때는 반드시 주의를 기울인다.

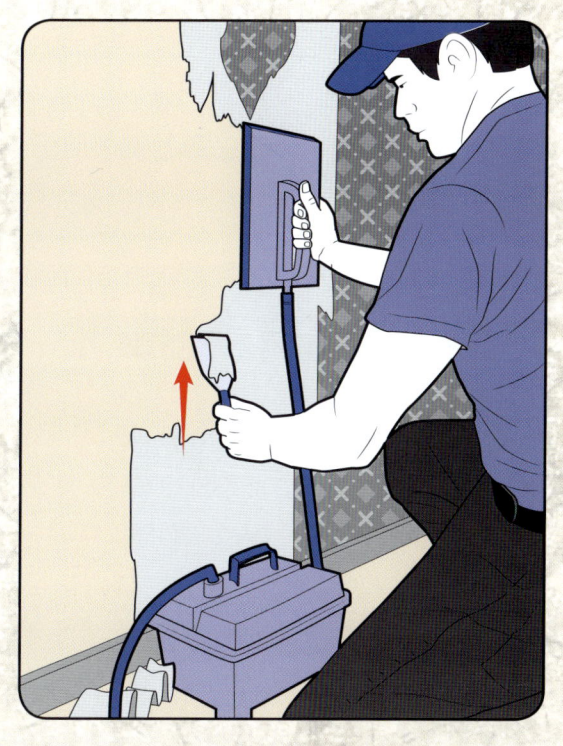

143 소리 나는 바닥 수리하기

마룻바닥이나 마루 밑에서 끽하는 소리가 날 수 있다. 대개 헐렁거리는 마루판(마룻널)이 주범이다.

쇄기 활용하기 마룻바닥은 아래에서부터 공사하는 것이 가장 수월하고 간단하다. 바닥이 지하실 위에 있다면 바닥 장선이 밖으로 드러날 수 있는데, 이럴 때는 소리가 나는 바닥과 장선 사이의 연결 부위를 조이면 문제를 손쉽게 해결할 수 있다. 장선의 윗면과 속 바닥(subfloor. 마루 밑에 깐 거친 마루) 사이에 쇄기를 끼워 넣는다. 벌어진 틈새를 메우고 연결 부위가 단단해질 때까지 망치로 쇄기를 박아넣는다. 나무가 수축하는 과정에서 쇄기가 빠지지 않도록 공사용 접착제로 고정한다.

나사 박기 어떤 마룻널이 헐렁거리는지 알고 있다면 마루 밑에서 나사와 와셔를 박아넣어 고정하면 된다. 나사보다 살짝 좁은 드릴 비트로 속 바닥에 예비 구멍을 뚫는다. 속 바닥의 두께와 바닥 마감재를 고려해 마룻바닥을 뚫고 나오지 않을 정도로 짧은 나사를 사용한다. 나사의 끝부분이 바닥 표면보다 약 0.6cm 정도 아래에 오도록 한다. 나사와 와셔를 구멍에 넣고 마룻널에 닿을 때까지 돌린다.

받침대 추가하기 헐렁거리는 마룻널이 여러 개라면 나무 받침대를 속 바닥에 끼워 넣어 바닥 장선에 고정한다. 받침대를 장선과 속 바닥에 대고 지탱한다. 망치로 살살 쳐 받침대를 속 바닥 안으로 박아넣는다. 약 5~7cm의 나사를 박아 받침대를 장선에 고정한다.

빈 곳 메우기 넓은 마룻바닥 전체에서 소리가 난다면 건물이 자리를 잡으면서 바닥 장선이 움직였기 때문일 수도 있다. 바닥 장선을 고정하려면 장선 사이에 나무판을 ×자로 못 박으면 된다. 크기에 맞춰 직접 나무를 잘라 사용하거나 건축 자재점에서 미리 자른 나무 또는 금속 연결 부품을 구입해도 좋다.

144 바닥 버팀목 수선하기

버팀목을 충분히 설치해 튼튼하게 지은 바닥이라도 사람이 걸어 다니면 어느 정도 흔들리거나 위로 튈 수 있다. 대부분 심각한 문제는 아니지만, 타일을 깔 계획이라면 손을 보는 것이 좋다. 속 바닥에 아주 미미한 굴절만 있어도 그라우트나 바닥에 금이 갈 수 있기 때문이다. 마룻바닥 아래에 공간이 있다면 버팀목 역할을 하는 직각 대들보와 기둥을 추가로 세워 장선을 수평으로 유지하고 틀을 안정시켜보자.

145 카펫 기포 없애기

바닥을 완전히 덮는 카펫을 깔았을 때, 속 바닥과 카펫 사이가 불룩 튀어나와 겉면에 보기 흉한 굴곡이 생기는 것을 가리켜 카펫 기포라고 부른다. 카펫을 다시 늘여 기포를 없애는 작업을 전문가에게 의뢰할 경우 큰 비용이 든다. 하지만 돈을 많이 들이지 않고 단 몇 분 안에 울룩불룩한 기포를 없애는 아주 간단한 방법도 있다. 카펫 솔기용 접착제 한 병과 커다란 주사기, 플라이어, 수건만 있으면 된다.

1단계 방바닥에 깐 카펫을 전체적으로 살펴 수리가 필요한 부분을 확인한다. 수리 면적을 충분히 작업할 수 있는 양의 카펫 솔기용 접착제를 준비한다.

2단계 커다란 주사기 안에 접착제를 넣는다.

3단계 플라이어로 기포 한가운데의 카펫을 들어 올린다. 주사기 바늘을 카펫에 꽂은 후 주사기 끝이 기포의 가장자리를 향하도록 기울인다.

4단계 주사기를 누르는 동시에 원을 그리듯 돌려 접착제가 들려 있는 카펫 아래로 최대한 골고루 들어가도록 한다. 주사기가 거의 빌 때쯤 주사기 바늘을 살짝 빼 접착제가 기포의 중앙뿐만 아니라 주변에도 묻도록 한다.

5단계 중앙에서 바깥으로 카펫을 단단히 눌러 접착제가 카펫 아래에 골고루 퍼지도록 한다. 래미네이트 롤러 또는 밀대가 있다면 활용하는 것도 좋다.

6단계 접착제가 굳는 동안 수리한 부분 위에 납작하고 무거운 것을 올려놓는다. 카펫과 접착제를 납작하게 누를 수만 있다면 무거운 상자 또는 책을 활용해도 좋다. 접착제 제조사가 권장하는 건조 시간 동안 무거운 것을 올려놓는다.

기포가 생긴 부분마다 위 방법을 적용한다. 운이 좋다면 울룩불룩한 곳 없이 평평한 카펫으로 재탄생시킬 수 있다.

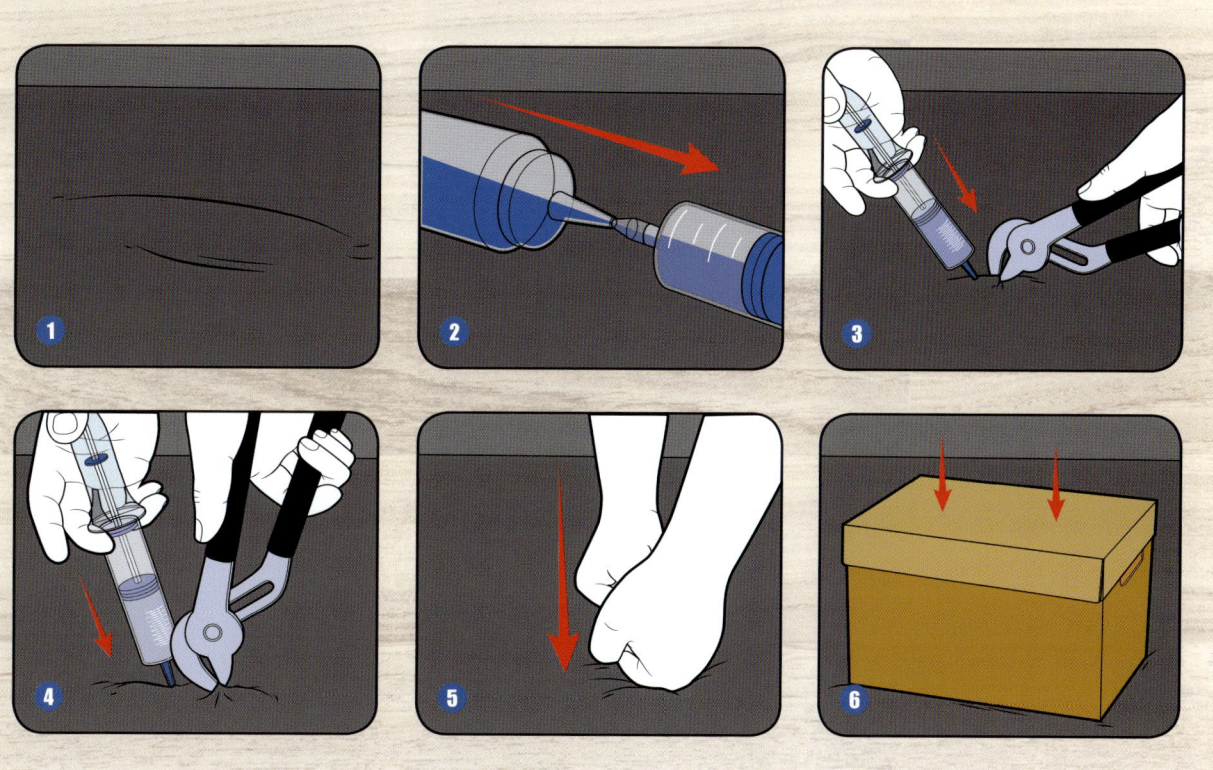

146 나사 구멍 수선하기

시간이 지나면 나사못을 박은 구멍 주변의 나무가 낡아 나사가 헐거워질 수 있다. 나사가 움직이기 때문에 구멍이 커지는 것인데, 이럴 때는 구멍에 나무를 채워 넣으면 나사를 단단하게 조일 수 있다. 나사 구멍을 나무로 메꾸어보자.

1 헐거워진 구멍의 크기에 따라 나무로 만든 골프티 또는 바비큐용 꼬챙이, 이쑤시개 등을 활용한다. 구멍이 크다면 나무젓가락을 써도 좋다. 이와 같은 준비물을 마련하기 어려울 때는 깨진 나뭇조각을 주머니칼로 깎아 사용한다.

2 나뭇조각을 구멍 안으로 최대한 깊이 밀어 넣은 후 구멍 입구와 같은 길이로 자른다. 구멍이 꽉 찰 때까지 이를 반복한다.

3 나사를 다시 끼워 넣고 드라이버로 돌려 조인다. 나사선이 새로 채워 넣은 나무 섬유 사이를 파고들어 단단하게 고정된다.

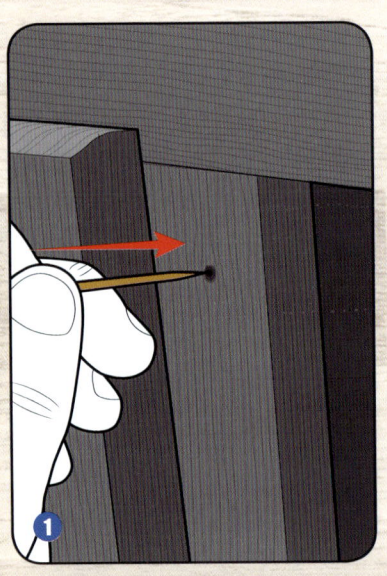 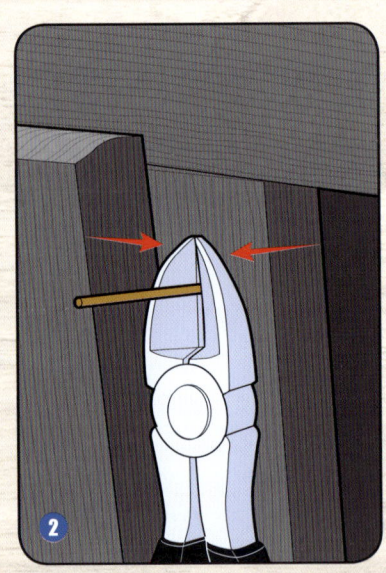 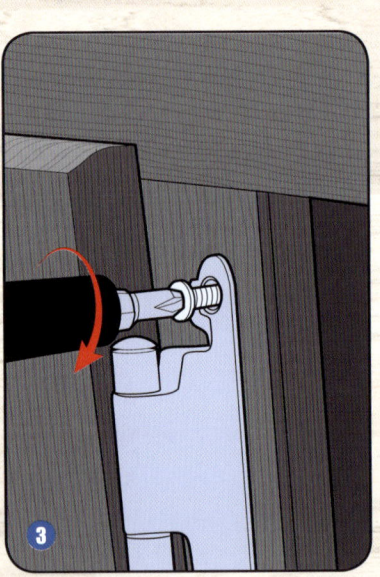

147 인터넷에서 부품 구하기

가끔 간단한 수리로 문제를 해결하기 어려워 별도의 부품이 필요한 경우가 있다. 가구를 예로 들자면 소파 다리나 금속 브래킷, 바퀴 등의 여러 가지 부품이 저마다 독특한 모양을 하고 있어 철물점에서는 알맞은 교체품을 찾기가 어렵다. 이럴 때는 다양한 종류의 다리, 클램프, 어댑터, 거울 장식, 소파 부품, 소파베드 등 특수 부품을 다루는 전문 온라인 쇼핑몰을 이용하면 원하는 부품을 쉽게 구할 수 있다. 필요한 부품의 사진과 설명을 이메일로 전달하면 그에 맞는 자재를 추천해주는 판매자도 있다.

148 목재용 필러 사용하기

심하게 움푹 파인 곳은 목재용 필러(충전제)로 수리할 수 있다. 우드 퍼티 또는 우드 패치라고도 부르는데, 수성형(water based)과 용제형(solvent based) 두 가지 형태로 나온다. 부서지거나 망가진 나무를 마치 새것처럼 만들어주는 유용한 제품이다. 용제형 필러는 오랫동안 목공소의 필수품으로 자리 잡아 왔는데, 수성형 필러 역시 효과가 뛰어나다.

한 가지 색상 이상의 필러를 준비해두는 것이 좋다. 나무의 색과 결을 그대로 살리려면 다양한 필러를 섞어야 원하는 빛깔을 만들 수 있다. 수성형과 용제형 필러 모두 손쉽게 섞을 수 있다.

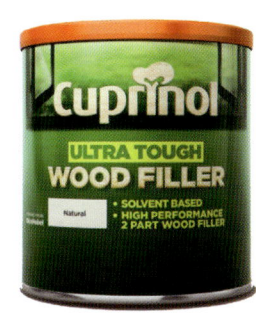

종류	장점	단점
수성형	연기가 나지 않으며 다루기 쉽다. 아세톤이나 테레빈유가 필요 없다. 캔 안에서 굳지 않으며 청소하기도 쉽다.	색이 다양하지 않다. 건조 시간이 길다.
용제형	주로 전문가가 많이 쓴다. 넓은 면적을 수리할 때 더욱 적합하다. 여러 가지 다양한 나무 색이 있어 더욱 자연스럽다.	화학 냄새가 난다. 버리기 까다롭고 연기가 나기 때문에 좁은 공간에서는 사용할 수 없다.

149 흠집 감추기

흠집은 마치 눈엣가시와도 같다. 특히 고운 색을 입힌 가구에 흠집이 나면 더욱 신경 쓰인다. 지워지지 않는 잉크가 들어 있는 '펠트 팁 마커'를 나무에 칠해 흠집을 가려보자. 여러 가지 색깔의 마커 세트가 없을 때는 건축 자재점 또는 철물점에서 가장 인기 있는 가구 색에 맞춰 출시된 펠트 마커를 구입하면 된다. 흠집을 완전히 없애기보다는 감추는 요령이지만, 보기 싫은 부분을 눈에 띄지 않도록 숨기는 데 매우 효과적이다.

150 스팀으로 복구하기

마감 처리한 가구나 바닥, 사진액자 등의 표면을 긁거나 찌그러뜨렸을 때는 손상된 부분에 뜨거운 열을 가해 나뭇결을 제자리로 복구할 수 있다. 작은 브러시로 흠집이 나거나 움푹 파인 부분에 아주 적은 양의 물을 바른다. 그런 다음 부드러운 천으로 덮은 후, 뜨거운 김이 나오는 다리미로 손상된 부분에 열을 가한다. 나뭇결의 섬유가 부풀어 올라 파였던 부분을 다시 채운다.

151 지붕 관리하기

오래된 지붕에는 녹조 현상으로 검은색 줄이나 얼룩이 생기기 쉽다. 염소 표백제 또는 수산화나트륨액을 상압 처리 방법으로 바르면 거무칙칙한 녹조를 제거할 수 있을 뿐만 아니라 씻어내는 과정에서 얼룩도 말끔히 없앨 수 있다. 하지만 몇 달 후에 얼룩이나 줄이 다시 생기기도 한다. 또한 금속으로 된 홈통과 비 막이 널판, 잠금장치 등이 망가질 수 있으며 염소 성분이 주변에 있는 식물에 피해를 입힐 수 있다는 점에 유의한다.

모래와 소다회 등 무공해 화학물질과 세제를 융합한 지붕용 전문 클리너를 사용하는 것도 좋은 방법이다. 스프레이처럼 뿌리거나 표면에 바른 후 닦아서 사용하는 제품으로 지붕이나 주변 식물에 피해를 입히지 않고 녹조를 효과적으로 제거한다. 녹조를 없앤 후에는 얼룩 방지용 용액을 사용해 녹조가 다시 생기는 것을 방지할 수 있다. 또는 지붕 선을 따라 아연을 설치해보자. 빗물이 아연 위로 흘러내리면 눈에 보이지 않는 무독성의 산화아연이 만들어지는데, 이 물질이 지붕 위에 막을 형성해 곰팡이나 이끼, 녹조 등이 생기는 것을 막는다. 아연은 지붕 끝 중 편한 곳에서 시작해 융기선을 따라 계속해서 설치한다. 틈새 주변에 지붕용 접착제를 바른 후 아연의 절반이 밖으로 튀어나와 빗물에 노출되도록 지붕널 아래로 밀어 넣는다.

152 집 안팎 점검 사항

적어도 일 년에 두 번은 전체 점검을 실시해 집 안팎에 미처 발견하지 못한 문제점이 없는지 확인하는 것이 바람직하다. 주로 다음 부분을 면밀하게 점검한다.

조경 물이 집에서 밖으로 잘 흘러나갈 수 있도록 관개로가 막혔는지 또는 장애물이 없는지를 확인한다. 배수 시설을 막고 있는 잡초를 제거하고 나뭇잎과 나뭇가지, 그 외 유기물을 치운다.

배수 시설 홈통과 수직 낙수 홈통이 막히지 않았는지 살펴본다. 부스러기와 쓰레기를 파내는 퍼티 나이프나 주걱이 훌륭한 도구로 쓰일 수 있다.

지반 건물의 지반 주변에 있는 죽은 나무를 모두 없애 흰개미가 집 주변에 생기는 것을 방지한다. 흰개미가 먹지 못하는 뿌리 덮개(작물의 줄기, 짚, 화산석 등) 또한 건물에서 적어도 약 30~33cm 정도 떨어져 있어야 축축하고 어두운 곳을 좋아하는 흰개미의 접근을 막을 수 있다.

나무 보호하기 죽은 나뭇잎이나 아래로 처진 나뭇가지, 그 외 유기물 등은 집 주변에 있는 나무 구조물에 피해를 입힐 수 있다. 삽과 장갑, 갈퀴, 손수레만 있으면 이러한 장애물을 손쉽게 정리할 수 있다. 전기 송풍기로 불필요한 잔해들을 빠른 시간 안에 치울 수 있어 편리하다. 데크와 베란다에 곰팡이 얼룩이 생기지 않도록 항상 나뭇잎을 깨끗하게 치운다.

마찬가지로 데크 기둥과 울타리 밑부분을 깔끔하게 청소하는 것이 바람직하다. 수북이 쌓인 유기물이 물기를 빨아당기면 나뭇결 사이로 물기가 스며들어 썩거나 해충의 피해를 입을 수 있다.

153 고압 세척기 사용하기

고압 세척기는 금속이나 벽돌 또는 콘크리트를 청소할 때 매우 유용하다. 고압 세척기의 PSI(제곱인치당 파운드) 수치란 세척기가 공급할 수 있는 압력의 세기를 말한다. 보통 PSI가 2,200까지인 세척기는 인도나 잔디용 기계 등의 진흙과 때를 제거할 때와 같이 간단한 작업에 사용한다. 반면 세척기를 더 자주 사용해야 하거나 사이딩 청소와 같이 규모가 큰 작업을 할 때는 PSI가 2,200에서 3,000 사이인 세척기를 사용한다.

세척기의 효과를 더욱 끌어올리려면 올바른 노즐을 골라야 한다. 대부분의 제조사가 세척기에 간단하게 연결해 사용할 수 있는 노즐을 다양하게 판매하고 있다. 세제를 뿌렸을 때 가는 물줄기가 함께 분사되어 일정 공간을 꼼꼼하게 청소할 수 있는 노즐도 있다. 얼룩진 콘크리트를 청소할 때는 각도가 영도인 노즐을 연결해 강력한 물줄기를 쏜다. 잘 지워지지 않는 때나 변색을 단번에 제거할 수 있다.

154 사이딩 청소하기

금속이나 콘크리트 또는 벽돌로 된 사이딩의 경우, 손잡이가 긴 청소용 솔이나 고압 세척기로 손쉽게 청소할 수 있다. 시중에 스프레이처럼 뿌려서 사용하는 표백제가 나와 있어 뿌린 후 물로 씻어내면 문질러 닦지 않아도 표면을 깨끗하게 청소할 수 있다. (물론 문질러 씻으면 더욱 깨끗하다.)

155 나무 청소하기

오래 햇볕에 노출된 나무는 섬유가 손상되어 표면이 갈색으로 변한다. 반면 그늘지고 축축한 곳에 있는 나무는 곰팡이에 취약하다.

사포와 고압 세척기 나무 표면을 새것처럼 만드는 가장 효과적인 방법은 사포질을 하거나 고압 세척기를 사용하는 것이다. 하지만 사포 작업은 매우 까다로울 뿐만 아니라 작업 규모가 큰 경우 시간이 많이 걸린다. 고압 세척기 역시 주의가 필요한데, 압력이 너무 세면 나무 표면이 망가지기 쉽기 때문이다. 갈색이나 초록색으로 변한 부분을 제거하는 데는 효과적이지만 자칫 나뭇결이 일어나거나 거스러미가 생길 수 있다. 고압 세척기를 사용할 때는 압력을 1,000~1,200PSI로 설정하는 것이 좋다. 반드시 나뭇결을 따라 세척기를 사용해야 하며, 절대로 나뭇결 반대 방향으로 작업해서는 안 된다.

브러시 보다 덜 과격하지만 효과적인 청소 도구로 손잡이가 길고, 뻣뻣하고 딱딱한 나일론 털이 달린 브러시를 꼽을 수 있다. 정원 호스에 달 수 있거나 수압이 높은 물을 빗자루 머리 앞까지 연결하는 노즐이 달린 제품도 있어 더욱 손쉽고 빠르게 청소할 수 있다.

전문가의 팁

까다로운 얼룩 제거하기 잘 지워지지 않는 벽돌의 얼룩을 제거하려면 와이어 브러시를 활용해보자. 강력한 솔질에 벽돌의 표면이 함께 떨어져 나가므로 얼룩을 말끔하게 없앨 수 있다.

156 썩은 나무 퍼티로 때우기

나무를 망가뜨리는 곰팡이균에 목재가 노출되면 썩기 쉽다. 곰팡이는 흰개미나 다른 해충들만큼 심각한 피해를 줄 수 있으며, 나무로 만든 창문을 완전히 망가뜨리기도 한다. 창문에 페인트나 코크 바르기, 유리 교체 등의 작업을 정기적으로 진행해야 목재가 썩어 케이싱이 망가지는 것을 막을 수 있다.

썩은 목재를 미리 발견하고 적절히 수리하면 창문을 새것으로 교체하지 않아도 되는 경우도 있다. 80년 전부터 사람들이 애용한 '더럼의 워터 퍼티'(Durham's Water Putty)를 사용하면 망가진 목재를 말끔하게 고칠 수 있다. 물에 섞어 쓰는 이 제품은 누구나 손쉽게 사용할 수 있고 청소 또한 간편하다.

2단계 빈 통에 가루를 붓고 물을 조금씩 넣어가며 페인트용 막대기로 젓는다. 마치 팬케이크 반죽처럼 걸쭉해질 때까지 계속해서 젓는다.

3단계 혼합물을 두께 0.6cm를 넘지 않도록 바른다. 미리 바른 표면이 다 마른 후에 그 위에 다시 덧바른다.

1단계 망가진 부분과 썩은 목재를 드라이버나 끌, 청소기 등으로 제거한다.

4단계 망가진 부분을 완벽하게 메우고 건조시킨 다음에는 표면을 사포로 간다. 실외용 프라이머와 페인트 등 방수 기능이 있는 제품으로 수리 부분을 마감하는 것 또한 중요하다.

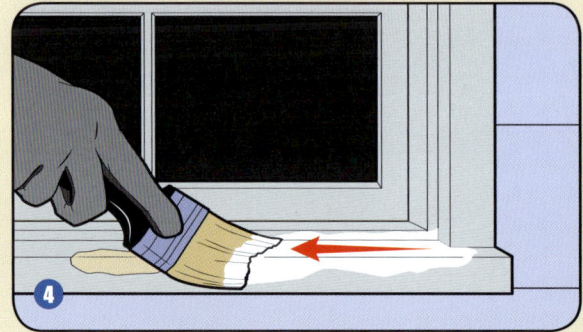

157 망가진 목재 잘라내기

때에 따라 목재의 망가진 부분을 완전히 잘라내고 새로 붙여넣는 것이 최선인 경우도 있다. 나무를 모양과 치수에 맞게 자른 후 페인트칠을 해도 되는 고품질 접착제로 창틀에 끼워 넣어 붙인다. 플런지 칼날이 달린 진동 멀티툴을 활용하면 손상된 목재를 깔끔하게 제거할 수 있다.

1단계 헐거워진 나무와 먼지, 잔여물 등을 제거한다. 작업 표면이 깨끗해야 깔끔하게 수리할 수 있다.

2단계 교체할 나무를 끼워 넣기 전에 나뭇조각과 목재의 손상된 부분에 실외용 프라이머를 발라 습기를 완벽하게 차단한다.

3단계 교체할 나무에 접착제를 바른 후 못을 박거나 나사를 조인다. 실외용 우드 퍼티로 구멍이나 들뜬 부분을 모두 메꾼 후 이음매를 사포질해 매끈하게 만든다. 페인트를 칠할 수 있는 방수 밀폐제를 바른 다음 프라이머를 바르고, 적절한 페인트를 칠해 수리를 마무리한다. 더욱 튼튼하게 수리하려면 교체할 나무를 설치하기 전에 모든 면에 실외용 프라이머 또는 페인트를 바른다.

158 에폭시로 수리하기

페인트칠을 한 여닫이창을 수리할 때 폴리우레탄이 들어 있는 목재용 필러를 활용하면 매우 편리하다. 필러 세트에 들어 있는 수지와 경화제를 섞으면 밝은 갈색의 에폭시가 만들어진다. 필러는 매우 얇아 구멍이나 틈새를 메꾸기 적당하지만, 형태를 잡을 수 있을 만큼 두껍다. 다른 목재용 필러와는 달리 줄어들거나 갈라지지 않아 매우 유용하다. 에폭시의 단점은 매우 끈적인다는 것이다. 이 때문에 작업하기가 까다로우며 작업 후 청소하기도 어렵다. 하지만 입체적으로 형태를 잡을 수 있어 필요에 따라 자르거나 모양을 만들 수 있다. 망가진 모퉁이나 부서진 몰딩 옆 부분을 수리할 때, 완전히 마른 에폭시를 작업 부분에 맞춰 모양을 잡으면 편리하다.

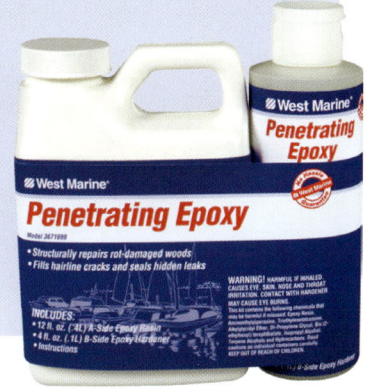

159 콘크리트 구멍 때우기

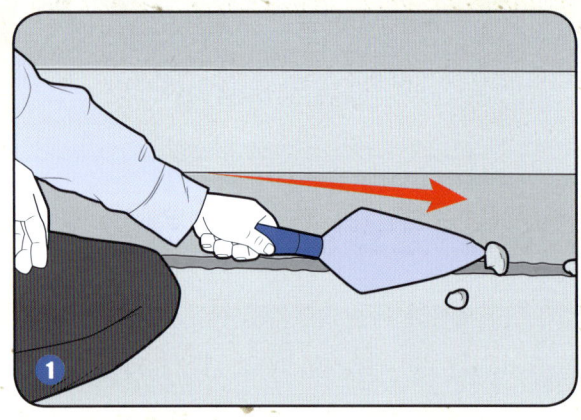
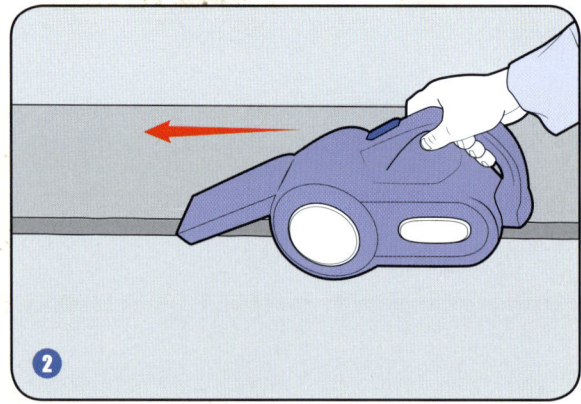
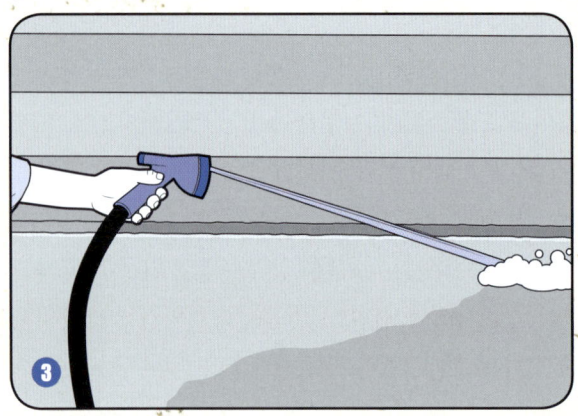

커다란 구멍이나 틈새를 메꿀 때는 비닐 콘크리트 패처(Quikrete Vinyl Concrete Patcher)를 활용해보자. 망가진 콘크리트 또는 벽돌을 수리하거나 깊이가 약 5cm 정도인 틈새를 채울 때 사용하는 혼합물이다. 튜브 형태 또는 무게가 약 18kg인 봉투에 담아 판매한다. 깨끗하게 닦은 표면에 잘 달라붙으며 삽을 이용해 가장자리의 높이를 0.15cm 정도로 맞출 수 있다.

1단계 끌로 갈라지거나 박혀 있는 잔여물을 떼어내 가장자리를 정리한다. 끌과 망치로 가장자리를 깎으면 더욱 좋다.

2단계 와이어 브러시로 표면을 문질러 매끄러운 부분을 거칠게 만들고 산산 조각난 곳을 정리한다. 수리용 패치를 페인트칠한 표면 위에 바로 사용하는 것은 바람직하지 않다. 잔여물을 깨끗이 정리하고 물로 꼼꼼하게 닦는다.

3단계 제품을 바르기 전 깨끗한 물로 작업 부분을 적신다.

4단계 모종삽으로 혼합물을 바른다. 모종삽을 세게 쥐고 발라야 갈라진 틈 사이로 혼합물이 잘 들어간다. 살짝 넘치듯이 바른 후 주변 콘크리트와 높이가 같아지도록 모종삽으로 평평하게 펴 바른다. 갈라진 틈이 깊다면 약 0.6cm 두께로 2시간에 한 번씩 바르는 것이 좋다. 사용한 도구는 작업 직후 물로 씻는다.

160 균열 수리용 제품

균열 수리용 제품 중 일부는 코킹건에 바로 끼워 사용할 수 있다. 사슈코(Sashco)에서 나온 콘크리트용 수리 코크는 장시간 지속되는 접착력과 탄성이 우수한 제품이다. 수용성으로 바르기도 쉽고 청소도 간편하다. 코크를 사용할 때와 마찬가지로 갈라진 틈에 제품을 발라 메꾼 후 윗부분을 평평하게 만든다. 또한 콘크리트의 까슬까슬한 질감과 비슷하게 마무리할 수 있다. 발포 고무 지지대와 함께 사용하면 코크의 폭이 7cm가 되도록 붙일 수 있다. 아스팔트 진입로의 갈라진 금을 수리할 때 사용하는 블랙톱 크랙(Blacktop Crack)을 비롯한 여러 종류의 부분 보수 제품이 손쉽게 쓸 수 있는 튜브 형태로 나와 있다.

161 콘크리트 관리하기

콘크리트는 굉장히 오래가는 건축 자재로 미적인 부분까지 충족해준다. 하지만 시간이 지나면 마모되기 쉽다. 요즘에는 부분 보수가 가능한 제품이 나와 있어 비교적 간단하게 보수 작업을 할 수 있다.

정과 금속 작업용 망치(볼핀 해머) 또는 슬레지 해머, 안전 고글, 장갑 등 도구 몇 개만 있으면 대부분의 보수 작업을 할 수 있다. 빗자루로 작업 장소 주변을 청소하고 제품을 바를 때는 끝이 뾰족한 모종삽을 이용한다. 계단과 평판에 표면 처리를 다시 할 경우에는 가두리 톱이 필요하다. 또한 작업 규모가 클 경우 모양을 잡기 위해 목재가 필요할 수도 있다. 콘크리트용 제품을 바르기 전에 먼저 준비 작업을 한다. 갈라지거나 부서진 부분을 모두 제거한다. 작업 부분이 넓다면 슬레지 해머와 정으로 얇아진 가장자리를 잘라낸다. 먼지와 잔여물은 빗자루, 청소기 또는 호스를 이용해서 치운다.

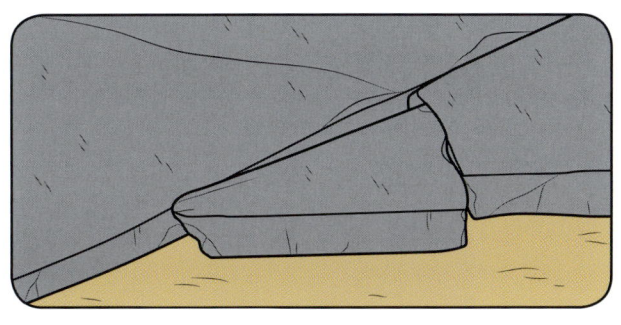

162 콘크리트 리폼 작업

인도의 모서리 또는 일부가 부서졌을 때에는 대개 리폼(reform) 단계가 필요하다. 가장 먼저 바닥의 자갈이 보일 때까지 부서진 부분을 완전히 제거한다. 자갈 부분이 마모되었다면 지면을 5cm 정도 파낸 후 자갈 바닥을 다시 까는 것이 좋다. 나무나 기타 자재로 리폼할 작업 부분에 형틀을 만든다. 형틀의 맨 윗부분이 이어지는 콘크리트 표면과 일직선이 되어야 한다. 보수한 부분이 평평한지 확인하고 주변과 잘 어우러지도록 작업한다. 약 1m마다 막대기를 꽂아 리폼한 부분을 지탱한 후 표면의 높이에 맞춰 자른다.

바로 사용할 수 있도록 미리 혼합되어 포장된 콘크리트를 사용해도 좋다. 콘크리트 제품을 섞은 후 삽으로 형태를 만든다. 모종삽으로 간단하게 펴 바른 다음 가두리 톱으로 불필요한 부분을 잘라낸다. 표면의 물기가 모두 말라 콘크리트가 딱딱해질 때까지 기다린다. 콘크리트의 광택이 없어지면 모종삽으로 평평하게 다진다. 콘크리트 표면이 납작해지도록 모종삽을 세게 누른다. 날붙이로 가장자리를 부드럽게 마무리한다. 미끄럼 방지를 위해 표면을 거칠게 만들려면 나무흙손이나 빗자루를 활용한다. 보수한 부분을 플라스틱 시트로 덮거나 5~6일 동안 주기적으로 호스로 물을 뿌려 표면을 축축하게 유지해야 경화 또는 건조 과정에 도움이 된다.(50% 정도 더 단단하다.)

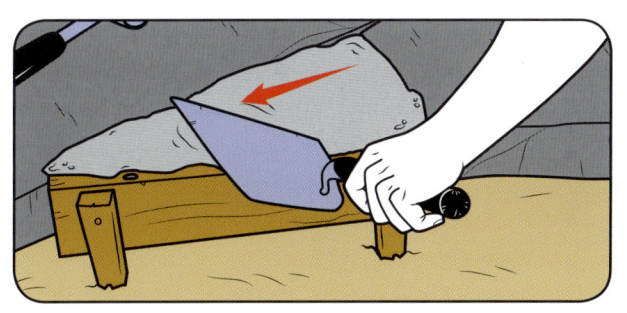

163 실외용 목재 사용하기

야외 작업을 할 때 특수 처리가 된 실외용 목재를 사용하지 않는다면 해당 작업이 실패할 가능성이 높다. 자재가 부풀거나 휘기도 하며 썩거나 벌레가 생기기도 한다. 아주 짧은 시간 안에 이러한 비극적인 결과들이 하나씩 또는 한꺼번에 일어날 수 있다.

흰개미를 비롯한 여러 벌레와 곰팡이로 인한 부식을 예방하기 위해 가압식 방부 목재를 쓰는 것이 좋다.(여러 화학 약품을 목재에 주입한다.)

가압식 방부 목재는 주로 소나무나 전나무로 만든다. 모양새가 자연스럽고 해충과 부식에 강해 야외 작업에 제격이다. 이 목재는 또한 재생 가능한 자원으로 대개의 경우 가장 경제적인 선택이기도 하다.

게다가 이러한 목재는 삼나무와 향나무 같은 목재보다 더 많은 무게를 지탱하며 더욱 오랫동안 사용할 수 있다. 그래서 데크처럼 실외에 설치하는 구조물의 경우 가압식 방부 목재로 틀을 잡거나 무게를 지탱한다. 다른 종류의 나무로 마무리를 하는 경우에도 기본 틀을 만들 때는 가압식 방부 목재를 사용한다.

이 목재는 다양한 형태로 나와 있다. 결이 곱고 매듭이 없는 것에서부터 매듭과 쪼개지고 갈라진 부분(나무껍질이 있던 모서리가 벗겨진 부분)이 많은 낮은 등급의 목재까지 선택의 폭이 넓다. 목재마다 등급을 알 수 있는 도장이 찍혀 있다.

일반적으로 목재 등급이 높을수록 비싸다. 다음 세 가지 범주 중에서 적절한 목재를 고르자.

지상용 데크와 울타리, 가로대 등을 만들 때 적합하다.
접지용 기둥이나 지지대, 장선 등을 만들 때 적합하다.
지하용 일부를 땅속에 심는 지지대 또는 지면 아래에 설치하는 지반이나 화분 등을 만들 때 적합하다.

164 적절한 목재 고르기

가압식 방부 목재를 사용하지 않아도 되거나 화학물질을 최소한으로 사용하고자 한다면, 해충과 다른 손상 요인으로부터 어느 정도 스스로 보호하는 연목 중에서 적절한 목재를 고르는 것도 좋다. 다음 목재를 고려해보자.

❶ **웨스턴 레드시더** 천연 섬유에 들어 있는 물질 덕분에 별도의 화학 처리를 거치지 않아도 해충과 습기에 강하다. 게다가 나뭇결이 일정하고 밀도도 낮아 다른 목재에 비해 부풀거나 뒤틀리지 않으며 동그랗게 말리거나 휘는 경우도 적다. 그래서 웨스턴 레드시더는 표면이 평평하고 일직선이다. 다른 연목에서 쉽게 발견되는 송진과 수지도 없어 색깔이 연하게 들어간 반투명 얼룩 또는 이중 코팅한 단색 등 다양한 마무리 작업이 가능하다.

2 **레드우드** 튼튼하고 아름다울 뿐만 아니라 해충과 부식, 부패에 강하다. 게다가 열과 압력도 잘 견딘다. 물에 노출되었을 때 다른 목재에 비해 줄어들거나 팽창하는 정도가 약하므로 동그랗게 말리거나 부서지는 일이 적다. 나뭇결과 평행을 이루는 금이 생기는 현상도 적어 내구성이 뛰어난 건축용 자재다. 가장 유연한 연목 중 하나로, 톱질을 하거나 못을 박기 수월하고 드릴로 구멍을 쉽게 뚫을 수 있다. 레드우드는 또한 가볍고 송진이나 수지가 적은 편이다. 페인트를 칠하거나 색을 내고 접착하기 매우 쉬우며, 레드우드로 만든 데크는 최소한의 노력과 비용으로 반복해서 복원할 수 있다.

3 **사이프러스** 연목에 속하지만 견목과 함께 자란다. 따라서 대개 제조 과정에서 견목의 일종으로 구분된다. 내구성이 매우 뛰어나 실외용으로 적합하다. 사이프레센이라는 성분을 함유하고 있는데, 이것이 방부제 역할을 한다. 해충과 부패, 화학적 부식으로부터 안전한 심재라고 할 수 있다. 이런 타고난 장점 덕분에 내구성을 요하는 울타리와 데크, 도크, 사이딩 등의 야외 작업에 이상적이다.

165 구조물과 목재 크기

구조물의 크기에 따라 지지대는 대개 6×6 또는 8×8 기둥으로 만든다. 울타리는 4×4 기둥을 사용한다. 데크판은 일반적으로 4×6 크기로 판매하는데, 2×6 목재를 써도 좋다. 바닥 작업에는 2×8보다 큰 나무판은 사용하지 않는 것이 좋은데, 크기가 너무 크면 동그랗게 말리기 쉽기 때문이다. 데크판의 길이는 구조물의 디자인에 따라 달라진다. 모서리를 접합하지 않고 기다란 나무판을 구입해 장선 위에 설치하는 경우도 있다. 장선과 기둥의 크기는 구조물의 크기와 경간(俓間)에 따라 결정된다.

166 이국적인 목재

마호가니(**1**)와 열대우림 견목인 이페(**2**)와 파우로프(**3**) 등 이국적인 목재를 전문적으로 다루는 목재상도 생겨나고 있다. 이런 독특한 나무는 일반 목재보다 훨씬 더 튼튼하고 오래 쓸 수 있으며 보기 드문 아름다움을 자랑한다. 뛰어난 내구성은 야외 작업에 꼭 필요한 장점이지만 동시에 걸림돌이 되기도 한다. 보통 이러한 목재는 밀도가 매우 높아 얼룩이나 색을 입히기 어렵다. 천연오일을 많이 함유하고 있어 색을 입히기가 까다로우며 마무리 작업을 하려면 별도의 단계를 거쳐야 한다. 게다가 '이국적'이라는 특성 때문에 다른 목재보다 더 비싸다.

167 데크 점검하기

일 년에 한 번 정기적으로 데크를 점검하고 수리해야 오랫동안 뛰어난 기능과 아름다움을 유지할 수 있다.

❶ 데크판 나무가 깨지거나 뒤틀린 곳이 없는지 확인한다. 갈라진 부분이 없는지 잘 살펴봐야 한다. 심각하게 손상된 곳이 있다면 데크판 전체를 교체하는 것이 좋다.

❷ 단단하게 조이기 나사가 느슨해진 곳이 없는지 살펴보자. 데크 위를 걸어 다니고 장선 주변을 오가면서 약하거나 불안정한 부분이 있는지 확인한다. 튀어나온 못이나 눈에 띌 정도로 약해진 나사가 없는지 점검한다. 녹이 슬었거나 마모된 나사는 교체한다. 주변 나무를 손상시킬 수 있기 때문이다. 좋은 품질의 데크용 나사 또는 나선형 못(나사못)으로 교체해보자.

❸ 밀기 난간이나 가로대를 밀어 흔들리지 않는지 확인한다.

❹ 비 막이 널판 비 막이 널판은 물기에 취약한 부분으로 물이 흘러들어가는 것을 막아준다. 금속 또는 플라스틱으로 만든다. 가로장의 비 막이 널판에 문제가 없는지 확인하고, 필요하다면 새것으로 교체한다. 또한 가로장의 파스너가 올바른지 점검해보자. 관통볼트와 약 1.27cm짜리 도금 나무 나사 또는 튼튼한 구조 나사(structural screw) 등이 적절하다. 단, 못은 사용하지 않는 것이 좋다.

❺ 이음매 데크의 이음매를 살펴본다. 장선이 가로장을 만나는 부분에 금속 철물(장선받이 철물)이 있는지 확인해보자. 비스듬하게 생긴 못은 구조물을 연결하는 데 적절하지 않다. 기둥을 연결하는 이음매에는 지름이 약 1.27cm인 도금 볼트를 사용하는 것이 좋다.

❻ 계단 계단의 단 높이와 챌판 너비가 적절한지 점검한다. 이상적인 단 높이는 17~18cm이며 챌판 너비는 26cm로 알려져 있다.

❼ 지지대 기둥과 지지대, 버팀대 귀잡이의 크기와 간격이 적절한지 점검해보자. 일반적으로 데크 기둥은 최소 6×6을 기준으로 하며 중심에서 약 1.8m 간격을 유지해야 한다.

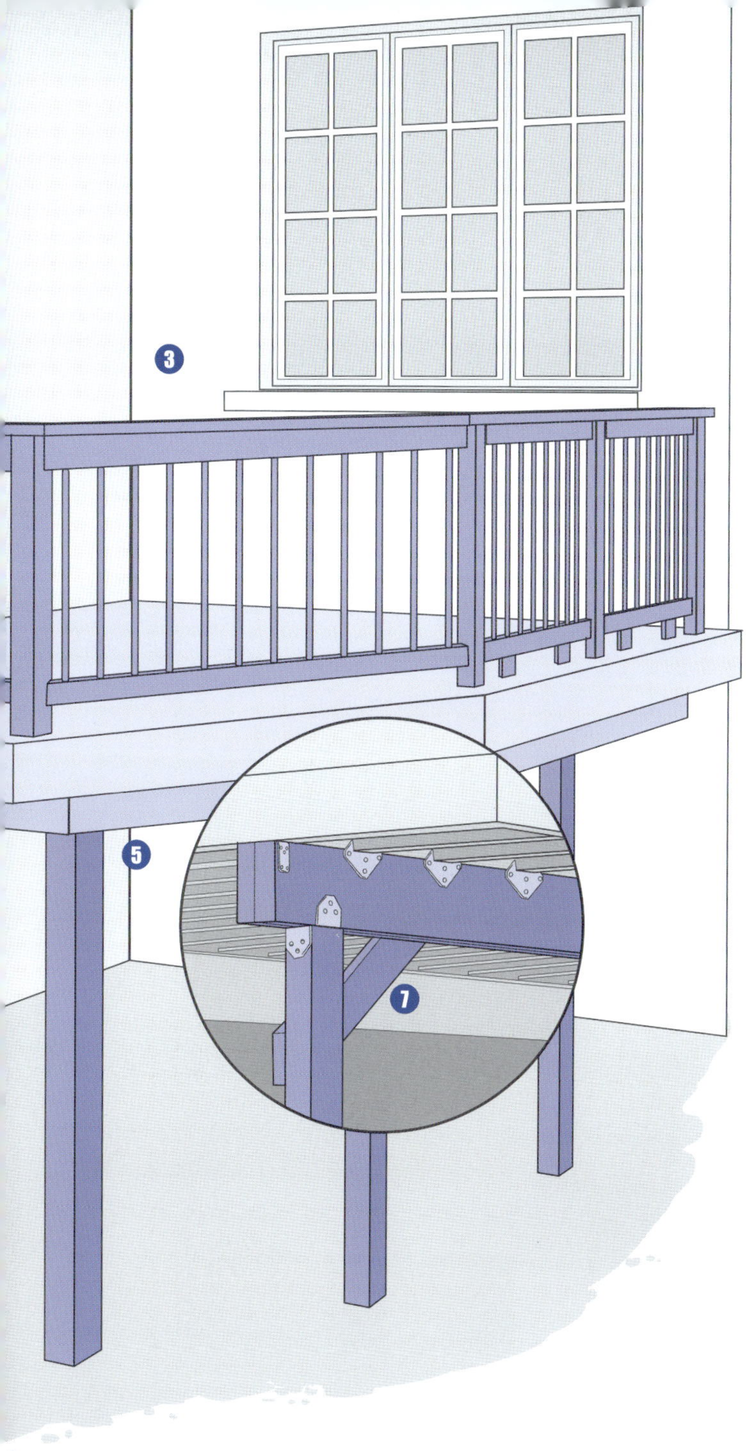

168 데크 관리하기

적절한 데크 클리너로 주기적으로 관리하면 데크의 겉모습을 깔끔하게 유지할 수 있다. 설치한 지 오래된 데크 역시 세척 용액과 나무 광택제를 활용해 쉽고 간단하게 본연의 색과 아름다움을 되살릴 수 있다.(제조 회사에서 제공하는 올바른 사용법을 따르고 데크에 쓰인 목재의 종류에 알맞은 제품인지 반드시 확인한다.)

청소하기 데크 세척제와 복원제는 일반적으로 염소 표백제, 산소 표백제, 수산성(옥살산) 용액으로 나뉜다. 염소 표백제는 특히 변색과 얼룩의 주범인 곰팡이를 제거하는 데 효과적이다. 산소 표백제는 곰팡이 흔적과 나무 데크가 햇빛에 노출되어 생긴 회색 잔여물을 깨끗하게 없앤다. 수산성 용액은 나무 데크의 광택을 높이는 데 도움이 되지만 곰팡이 제거에는 효과가 없다.

곰팡이 관리하기 곰팡이로 인한 문제가 생겼을 때는 데크에 산소 또는 염소 표백제에 물을 섞어(일반적으로 표백제와 물의 비율은 1:3) 뿌린 후 수산성 용액으로 광택을 더하면 나무 본연의 색을 되살릴 수 있다. 수산과 표백제가 함께 들어 있는 제품 또한 쉽게 구할 수 있다. 짙은 얼룩이나 곰팡이를 제거하는 데 효과적인 일반 규격 제품이지만 매우 조심해서 다뤄야 한다.(화초는 예비 세척한 다음 덮개를 씌우고 사이딩과 문은 표면이 망가지지 않도록 보호한다.) 곰팡이는 한 번 더 문지른 다음 표백제와 물을 섞은 용액과 수산을 사용하면 깨끗이 제거할 수 있다.

전문가의 팁

고압 세척기 사용하기 데크를 청소할 때 고압 세척기를 사용하는 것도 가능하다. 하지만 먼저 고압 세척기를 써도 좋은지 확인한다. 고압 세척기의 강도를 낮게 설정해야 하며 데크에서 최소한 30cm 떨어져 물을 쏜다.

주말 집수리 계획

WEEKEND PROJECTS

월요일이 오기 전에 집수리 완료하기

―

집수리 DIY를 방해하는 여러 가지 장애물에 맹렬하게 맞설 뿐만 아니라 시간과의 치열한 싸움에서도 살아남아야 진정한 '주말 전사'로 거듭날 수 있다.

할 일이 태산 같지만 시계는 멈추지 않고 재깍거리며 움직인다. 머지않아 월요일 아침이 밝아올 테니 서둘러 움직여야 한다. 주말이 끝나면 안타깝게도 다른 일이 당신을 기다리고 있을 것이다. 하지만 당신은 물러서지 않는다. 매서운 눈빛으로 시계를 정면으로 바라보고 땅에 침을 뱉어 두려움이 없는 전사라는 것을 증명한다. 당신이 바로 주말 전사다.

지금까지 집수리에 필요한 기본 도구의 종류와 사용법을 배웠고, 간단한 수리 요령도 익혔으니 이제 새로운 영역에 도전할 차례다. 한층 더 어렵고 까다로운 DIY 작업을 하다 보면 실수가 잦아지기 마련이므로, 정신 바짝 차리고 집중해야 한다.

진정한 DIY 애호가라면 실수를 용납해서는 안 된다. 하지만 도전을 두려워할 필요는 없다. 전동 공구가 당신의 무기이고, 휘갈겨 쓴 치수들이 빼곡한 공책에는 성공을 위한 전략이 담겨 있기 때문이다. 쓰러져가는 문을 새것으로 교체하는 작업과 방 벽의 페인트를 새로 칠하는 작업 모두 얼마든지 가능하다. 콘크리트 슬래브를 붓는 것 또한 거뜬히 해낼 수 있다.(조금의 노력이 필요할지도 모른다.) 거실과 이어진 복도는 머지않아 아름다운 크라운 몰딩으로 한층 더 업그레이드될 것이다. 의자 때문에 벽이 망가지지 않도록 판자를 덧대는 것도 할 수 있다.

알맞은 재료와 약간의 노하우만 있다면 이러한 작업을 얼마든지 할 수 있다. 당신을 막는 사람은 아무도 없다. 시간 또한 문제가 되지 않는다. 주말 동안 집이라는 공간 안에서 벌어지는 DIY 전쟁에서 반드시 승리를 거둘 것이다.

169 분무기 사용하기

페인트 분무기를 활용하면 작업 시간을 단축하고 붓이나 롤러로는 닿기 어려운 갈라진 금이나 틈새 사이까지 완벽하게 작업할 수 있다. 특히 벽돌이나 벽토와 같이 울퉁불퉁한 표면을 작업할 때 유용하다. 페인트 분무기의 종류는 다음과 같다.

1 휴대용 규모가 작거나 중간 정도인 작업의 경우, 휴대용 전기 분무기를 사용하면 붓을 쓸 때보다 작업 속도가 4배 빨라지며 작업 후 청소도 훨씬 간편하다. 최신 모델은 분무 형태와 속도를 조절할 수 있을 뿐만 아니라 흡입관을 필요에 따라 설정할 수 있어 여러 각도에서 분사할 수 있다.

2 고용적 저압력 이 분무기는 규모가 작거나 중간 정도인 작업을 미세하게 마무리하는 데 도움을 준다. 저압력 기능이 페인트를 응결시키므로 덧칠되는 부분을 최소화하고 분사 범위를 조절할 수 있다. 또한 손쉽게 분리할 수 있어 청소가 용이하다. 착색제나 밀봉재, 우레탄, 광택제, 래커 또는 묽은 페인트를 사용할 때 적합하다.

3 무공기 규모가 크거나 작은 작업을 할 때 모두 사용할 수 있다. 무공기 분무기는 페인트를 빠르고 효과적으로 분사할 뿐만 아니라 다양한 표면에 고르고 일정하게 페인트를 칠할 수 있다. 고용적 모델의 경우 청소가 고되고 시간도 오래 걸린다는 점이 단점이다. 하지만 새로 나온 무공기 분무기는 스프레이건에 펌프와 페인트 컵이 달려 있어 담을 수 있는 페인트의 양은 적지만 쉽게 청소할 수 있다.

4 텍스처 벽이나 천장에 질감을 더하려면 노즐 위에 달린 호퍼에 내용물(석고판 혼합물 또는 팝콘 질감)을 담은 텍스처 분무기 또는 '호퍼건'(hopper gun)을 활용한다. 원하는 질감에 따라 호퍼 안에 각기 다른 내용물을 채우고 노즐을 조절하면 간단하게 작업할 수 있다.

170 페인트 선택 가이드

가장 먼저 실내와 실외 중 어디를 칠하는지를 고려한다. 작업 환경에 적절한 페인트를 고르는 것이 중요한데, 곰팡이균과 자외선을 차단하는 물질이 들어 있는 실외용 페인트는 야외에 적합하다. 하지만 집 안에서 사용할 경우 해로운 화학물질이 가족의 건강에 치명타를 줄 수 있으므로 실내용 페인트를 선택하는 것이 바람직하다. 다음으로 페인트를 칠하는 표면이 어떤 자재인지 고려한다. 나무와 석고판은 비교적 페인트를 칠하기 쉽지만, 일부 플라스틱, 금속, 콘크리트, 벽돌의 경우 특수 프라이머와 페인트를 준비해야 한다. 페인트의 색상 또한 자재에 영향을 미칠 수 있다. 일반적으로 비닐 사이딩 또는 트림을 본연의 색보다 어두운 페인트로 칠하지 않는다.(비닐은 수축과 팽창하는 정도가 큰 자재이므로, 페인트가 비닐 사이딩에 적합한 종류인지 확인한다. 최근에는 페인트 성분이 크게 발전해서 비닐 위에도 칠할 수 있는 제품들이 나와 있다.)

유성 페인트 대개 도료 희석제와 같은 미네랄 스피릿에 색소를 녹여 만든다. 청소할 때 미네랄 스피릿을 사용해야 하며 건조가 오래 걸린다. 좀 더 딱딱하게 마무리할 수 있는 장점이 있다.

라텍스 페인트 유제를 물에 섞은 형태의 제품으로, 일반적으로 빨리 마르며 물만 있으면 간편하게 청소할 수 있다. 요즘에는 품질이 더욱 개선되어 기존에 유성 페인트를 칠해야 했던 거의 모든 작업에 라텍스 페인트를 쓸 수 있다.

에나멜 페인트 페인트가 매끈하게 건조되는 제품을 통틀어 에나멜 페인트라고 부른다. 예전에는 유성 코팅만을 가리키는 용어였지만 최근 출시된 라텍스 제품 역시 에나멜 페인트라고 부른다.

페인트를 선택했다면 종류에 관계없이 제조사에서 제공하는 별도의 사용법을 따르는 것이 바람직하다.

전문가의 팁

색조 맞추기 규모가 큰 작업을 할 때 대담한 색을 사용하고자 한다면 마음에 드는 색상보다 두 톤 정도 밝은 페인트를 사용하는 것이 좋다. 실제로 벽에 칠하면 조그마한 페인트 견본에서 봤을 때와 느낌이 다를 수 있기 때문이다. 넓은 면적은 색상을 더욱 강조하므로, 머릿속에서 그렸던 것보다 벽의 색깔이 더욱 진하게 느껴질 수 있다.

171 광택 제품 선택하기

원하는 광택의 페인트 제품을 고를 때 다음을 고려한다.

무광택 벽이나 다른 표면에 있는 흠집을 가릴 수 있는 페인트로 지면이나 습기에 많이 노출되지 않은 방(침실, 서재, 거실 등) 또는 천장에 적합하다.

고광택 벽이나 목재의 결함을 더욱 도드라지게 한다. 하지만 튼튼하고 얼룩에도 강하며 광택이 적은 제품보다 훨씬 수월하게 청소할 수 있다. 고광택 제품은 굽도리널이나 창문, 몰딩, 아이들 놀이방에 적합하다.

반 광택 고광택과 무광택 제품의 장점을 고루 가지고 있다. 반 광택은 벽이나 화장실 또는 부엌 서랍장에 적합하다. 자국이나 결함을 효과적으로 감추면서도 광택이 조금 있어서 무광택(플랫) 페인트보다 청소가 수월하다.

172 벽에 난 구멍 메우기

벽에 난 구멍과 금은 퍼티 나이프와 비닐 스파클링 모르타르 또는 경량 합성 혼합제 등으로 손쉽게 보수할 수 있다. 먼저 구멍을 깨끗하게 정리하고 퍼티 나이프의 뭉툭한 손잡이로 벽 아래에 있는 가장자리를 누른다. 칼날을 이용해 혼합제를 벽과 딱 맞아떨어지도록 구멍 안으로 집어넣는다. 하룻밤 동안 마르도록 둔다. 혼합제가 마르면서 줄어들었다면 또 구멍을 메운다. 필요한 경우 부드럽게 사포질한다. 페인트를 바르기 전 프라이머를 두 번 바른다. 새로 나온 스파클링 모르타르 중에는 이미 프라이머를 포함하고 있는 제품도 있어 더욱 간단하게 작업할 수 있다.

구멍이 크다면 철물점에서 파는 알루미늄 철망을 사용하면 된다. 철망에는 다양한 크기가 있으므로, 사면이 구멍보다 적어도 약 2.5cm 더 큰 철망을 준비한다. 석고판 혼합제를 한 번 바른 후 철망이 거의 보이지 않도록 흙손으로 반반하게 만든다. 그리고 하룻밤 동안 건조한다. 두 번째로 바를 때는 철망의 크기를 기준으로 가장자리에 약 20~30cm 여유를 두는 것이 좋다. 완전히 말린 후 세 번째로 바른 다음 주변 벽과 조화를 이루도록 사포질로 마무리 작업을 한다.

173 석고판 교체하기

석고판의 꽤 넓은 면적을 교체해야 할 때(물 또는 곰팡이로 인한 손상)는 다음처럼 해보자.

먼저 손상된 부분 주변의 석고판을 네모난 모양으로 자른다.(❶) 석고판의 가운데로 벽기둥이 와야 한다. 그래야 석고판의 위아래 가장자리에 못을 박을 수 있는 공간이 약 2cm 정도 남는다.(바닥까지 수리하는 경우 바닥판 크기도 포함해 생각한다.) 기둥이 없는 가장자리 공간에 못을 박을 수 있는 곳을 만들려면 기둥 사이에 나뭇조각(2×)을 못 박는다.

이제 교체할 석고판의 크기를 잰 다음 자른다. 석고판과 틀에 석고판용 못을 박아 고정한다.(❷) 이음매에 섬유 유리 테이프를 붙인 후 못 구멍을 모두 막고, 연결 부위에 혼합제를 연속으로 발라 마무리한다.(❸)

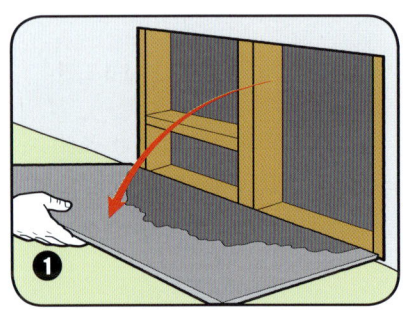 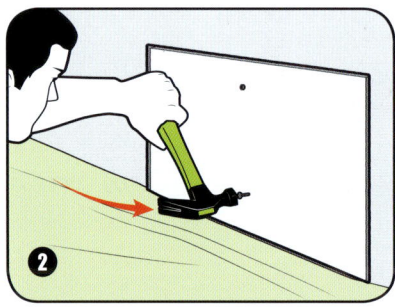 

174 회반죽 수리하기

회반죽으로 무언가를 수리할 때는 접착제가 들어 있는 가루 형태의 제품을 활용한다. 초벌질을 하기 전에 먼저 해진 회반죽 부분을 제거하고 줄대와 연결된 구멍의 가장자리를 깎아 회반죽이 더욱 잘 붙도록 한다. 손상된 부분에 물을 적신 후 회반죽 가루가 부드러워질 때까지 섞는다. 퍼티 나이프로 얇게(0.3~0.6cm) 첫 번

175 석고판 수선법

작업 면적이 넓거나 진흙이 굳기 전에 중력 때문에 보수한 부분이 밑으로 처지는 천장 등을 고칠 때 널빤지를 활용하면 좋다. 석고판 뒤에 널빤지를 설치해 지지대로 활용하는 것이 핵심이다. 목재(1×) 또는 두꺼운 막대기(얇은 막대기는 부러질 수 있다.)가 적합하다.

준비물: 석고판, 고정용 혼합물, 석고판 테이프, 무선 드릴/드라이버, 나사, 목재용 절단 톱

1단계 먼저 수월한 작업을 위해 구멍을 정리한다.

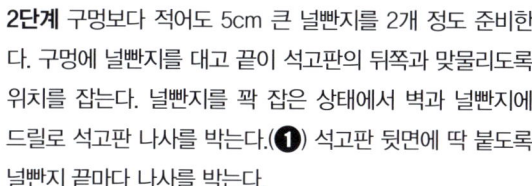

2단계 구멍보다 적어도 5cm 큰 널빤지를 2개 정도 준비한다. 구멍에 널빤지를 대고 끝이 석고판의 뒤쪽과 맞물리도록 위치를 잡는다. 널빤지를 꽉 잡은 상태에서 벽과 널빤지에 드릴로 석고판 나사를 박는다.(❶) 석고판 뒷면에 딱 붙도록 널빤지 끝마다 나사를 박는다.

3단계 수리가 필요한 석고판의 크기를 잰 다음 자른다. 구멍의 크기보다 살짝 작아야 한다. 자른 석고판을 설치한다. 구멍 뒤에 설치한 나무 널빤지에 석고판 나사를 박는다.(❷) 구멍의 가장자리에 섬유 유리 테이프를 붙인다. 혼합물을 연속으로 바르고 그 부분을 흙손으로 다듬어 반반하게 펴지도록 한다. 가장자리를 얇게 깎은 다음 필요한 경우 사포질로 마무리한다.

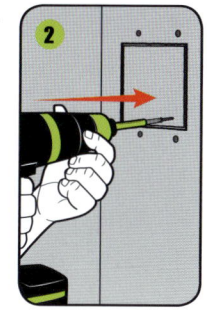

176 벽 수리 패치 사용하기

벽에 난 구멍을 쉽게 메울 수 있는 패치를 시중에서 구입할 수 있다. 이 패치를 활용하는 것이 벽에 난 구멍을 고치는 가장 쉬운 방법이다. 다음과 같이 사용한다.

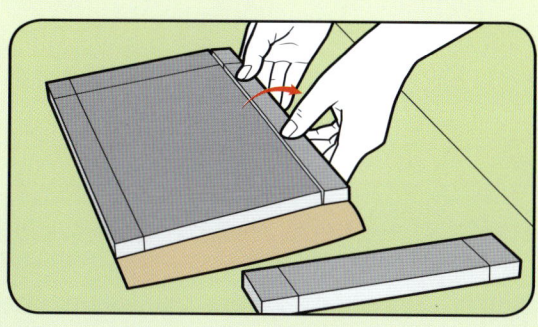

1단계 구멍을 깨끗하게 정리한 다음 만능 칼 또는 석고판용 톱을 이용해 네모 모양으로 다듬는다.

2단계 벽에 난 구멍이나 균열에 패치를 붙인다. 이때 테이프를 활용한다.

3단계 패치를 붙인 면에 헤라를 이용하여 핸디코트를 얇고 평평하게 발라준다. 패치 한가운데를 누르지 않도록 주의한다.

4단계 헤라로 패치 주변의 가장자리를 깔끔하게 마무리한다. 패치 전체의 울퉁불퉁한 부분을 다듬는다.

5단계 핸디코트를 바른 패치를 건조한 후, 사포로 패치 표면을 매끈하게 만든다.

6단계 건조와 사포 작업이 끝난 후에는 원하는 페인트로 보수 작업을 한다.

째 칠을 한다. 젖은 혼합제를 못으로 눌러 두 번째 칠이 더욱 잘 붙도록 만든다. 갈라지지 않도록 완전히 말린 다음 같은 방법으로 두 번째 칠을 한다. 구멍이 모두 메워질 때까지 반복한다. 마지막 칠을 할 때는 가장자리를 얇게 깎는다. 마른 회반죽을 사포로 문질러 부드럽게 다듬는다.

177 프라이머 칠하기

질 좋은 프라이머를 칠해야 벽과 서랍장, 트림 등 다양한 표면에 페인트를 칠했을 때 원하는 색깔을 얻을 수 있다. 페인트 색이 잘 드러나도록 하는 것 외에도 프라이머는 얼룩이나 냄새를 예방하는 역할을 한다. 또한 마무리 칠의 지속력을 높여준다. 석고판 패치로 작업했다면 페인트를 칠하기 전에 반드시 프라이머를 발라야 한다.

프라이머 때문에 전체 보수 작업에 차질이 생기는 경우는 매우 드물다. 따라서 잘 모를 때는 무조건 프라이머를 칠하는 것이 좋다. 특히 어두운 색 위에 밝은 색의 페인트를 덧칠할 때 프라이머가 도움이 된다. 밝은 색 위에 어두운 색을 덧바를 때는 색이 들어간 프라이머를 활용하면 원하는 색을 얻기 위해 해야 할 마무리 칠의 횟수를 줄일 수 있다.

178 페인트 솔질 노하우

먼저 붓이 2.5~5cm 정도 잠기도록 페인트 통 안에 담근 후 한쪽씩 순서대로 통에 대고 털어낸다. 현장 도장이나 커팅 인(cutting in) 작업에 적절하도록 페인트양을 조절할 수 있다.

'커팅 인'이란 페인트 붓만 사용해 두 가지 색의 경계가 되는 일직선을 그리는 작업으로, 마스킹 테이프 등 다른 도구를 전혀 사용하지 않는다. 커팅 인 작업을 할 때는 항상 붓에 페인트를 충분히 묻혀 준비한다. 작업물과 평행이 되도록 붓을 들고 털 모양을 반타원형으로 만든 다음 일직선이 시작되는 지점에 댄다. 페인트가 모자랄 때까지 경계선을 따라 움직인다. 페인트를 덧칠하며 반복한다. 맨손으로 일직선을 그리기 어렵다면 페인트용 테이프를 붙여 기준선을 만들어보자. 이때 붓을 너무 세게 밀면 테이프 안쪽으로 페인트가 흐를 수 있으니 주의한다. 붓을 페인트 통 안으로 바로 집어넣어 사용하는 것은 바람직하지 않다. 통에 들어 있던 잔여물이 붓에 묻어 페인트를 칠한 표면이 울퉁불퉁해지기 쉽다. 뿐만 아니라 페인트 안에 들어 있던 기포로 인해 페인트가 너무 빨리 마를 수 있다. 대신 별도의 통에 페인트를 한 번에 약 1.2cm씩 부어서 사용하는 것이 좋다. 페인트가 액체 상태를 유지하도록 자주 채워야 한다.

179 하이 롤러 사용하기

롤러는 균일하게 페인트를 칠할 수 있을 뿐만 아니라 작업 시간을 줄이는 데도 좋다. 올바른 롤러 사용법은 다음과 같다. 작업을 시작할 때는 항상 새 롤러를 준비한다. 롤러가 해지면 먼지나 부스러기가 페인트 안으로 들어가기 때문이다. 따라서 필요할 때 바로 교체할 수 있도록 늘 여분의 롤러를 준비하는 것이 좋다.

준비 작업 많은 사람들이 간과하는 단계이지만 페인트 작업을 제대로 하려면 아주 중요하다. 인조모 롤러를 사용할 때는 반드시 준비 작업을 거쳐야 한다. 라텍스 페인트를 묻히기 전에 롤러를 흐르는 물에 씻은 다음 빙빙 돌려 남아 있는 물기를 제거한다. 유성 페인트의 경우 사용하기 전에 먼저 페인트를 묽게 만드는 용제에 롤러를 담가 부드럽게 만들어야 한다. 모헤어(mohair) 롤러 역시 페인트를 용제에 미리 담근 후 사용하는 것이 좋다. (새끼 양가죽 롤러는 천연오일을 함유하고 있어 준비 작업을 따로 거치지 않아도 된다.)

페인트칠하기 페인트 트레이의 3분의 1이 넘지 않도록 페인트를 붓고 롤러를 앞뒤로 천천히 움직여 롤러 전체에 페인트를 묻힌다. 롤러에 페인트가 잘 흡수되도록 여러 번 반복한다. 페인트 트레이의 격자판을 활용해 롤러에 페인트가 너무 많이 묻지 않도록 한다. 벽에 페인트를 칠할 때는 위에서부터 시작해 아래로 내려온다. 가로세로 크기가 약 0.9m인 W를 크게 그린 후 글자 사이를 메꾼다. 페인트가 경계선 없이 잘 섞이도록 한다. 항상 페인트를 칠하지 않은 부분에서부터 시작해 페인트를 칠해놓은 부분으로 옮겨가며 작업한다. 이와 같은 방법으로 새로운 작업물에도 페인트를 칠한다. 작업이 끝나면 롤러와 붓, 그 외 페인트 도구를 바로 씻고 깨끗하면서도 건조한 공간에 보관한다.

180 페인트 테이프 활용법

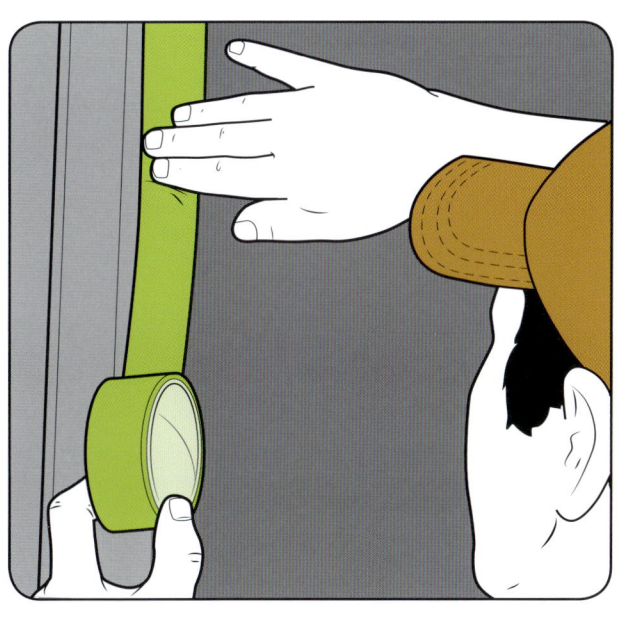

프라이머와 페인트를 칠하는 작업을 하는 동안 창문이나 문가, 포인트 벽 등 2개의 색이 만나는 부분에 페인트용 테이프를 붙이면 페인트가 묻는 것을 방지할 수 있다. 롤러나 퍼티 나이프를 이용해 테이프를 단단히 붙여야 한다. 페인트가 테이프 위로 흘러 굳으면 테이프를 떼어낼 때 페인트도 함께 벗겨져 경계선이 엉망이 될 수 있으므로 페인트를 바른 직후에 테이프를 제거하는 것이 좋다. 페인트가 묻으면 안 되는 물건이나 장소라면 비닐이나 캔버스 천으로 가린다. 얇은 비닐은 피하는 것이 좋다. 비닐이 두꺼울수록 내구성이 좋아지고 바닥이나 가구를 온전히 가릴 수 있다. 커다란 방에 페인트를 칠한다면 바닥 전체에 두꺼운 비닐을 깔고 테이프로 이음매를 막는다.

181 실외 페인트 작업을 하기 전에

마무리 칠을 하기 전에 준비 작업을 하는 것은 매우 중요하다. 실외 작업은 특히 더 신경 써야 한다. 물체 표면에 얇은 막을 형성하는 페인트가 잘 달라붙지 못하면 벗겨지기 쉽다. 반면 잘 움직이지 않는 물체의 표면에는 잘 달라붙는데, 거의 모든 금속이 이에 해당한다. 알루미늄 사이딩을 예로 들 수 있는데, 알루미늄에 칠한 페인트는 몇 년이 지나도 그대로 유지된다. 나무를 비롯해 '움직이는' 물체의 표면은 습기나 온도 변화에 따라 수축 또는 팽창을 하기 때문에 페인트가 벗겨지지 않도록 별도의 준비 작업을 거쳐야 한다.

날씨 확인하기 날씨는 페인트의 수명에 큰 영향을 끼친다. 몹시 춥거나 더운 날씨는 페인트칠에 치명적이다. 페인트와 물체의 표면이 화학적으로 결합해야 하는데, 이를 위해서는 페인트 안에 들어 있는 용제(물 또는 미네랄 스피릿)가 천천히 또는 중간 속도로 증발해야 한다. 따라서 날씨가 선선할 때 페인트 작업을 하는 것이 좋다. 또한 햇살이 바로 닿지 않는 시간대에 페인트를 칠한다.

깨끗이 청소하기 프라이머 작업을 하기 전에 먼저 작업물 표면에 먼지나 기름, 곰팡이, 그 외 다른 잔여물이 없는지 확인한다. 벗겨진 페인트칠 역시 제거한다. 납작한 퍼티 나이프나 당겨서 사용하는 긁개 등이 유용하다.

사포로 문지르기 자재에 따라 오래전에 칠한 페인트를 사포로 문질러 제거해야 하는 경우도 있다. 광택이 있는 표면에 페인트를 칠하려면 먼저 사포로 문질러 흠을 내야 한다. 하지만 사포 작업이 적합하지 않은 경우도 있으니 주의한다. 오래된 페인트에는 납이 들어 있어 무턱대고 사포로 문지르면 몸에 해로운 납 가루가 날릴 수 있다.

깨끗이 씻어내기 페인트칠을 할 표면을 깨끗하게 씻는다. 일반적으로 쓰는 액체 세제도 좋지만, 거품이 많이 생기는 단점이 있다. 인산염(TSP)과 같이 거품이 일지 않는 세제로 먼지나 기름때를 제거하는 것도 좋은 방법이다. 스펀지나 청소용 수세미로 표면 전체를 닦는다. 곰팡이는 곰팡이 제거에 효과적인 제품을 사용해 없앤다. 표면에 재빨리 물을 뿌린 후 완전히 마를 때까지 기다렸다가 프라이머 작업을 시작한다. 나무 또는 벽돌과 같이 표면에 작은 구멍이 많다면 적어도 이틀 정도 건조한 후에 작업을 진행하는 것이 좋다.

182 사이딩 단장하기

먼저 알루미늄 사이딩을 세제로 닦고 꼼꼼히 세척한 후 며칠 동안 건조한다. 이때 고압 세척기를 사용하면 매우 편리하다. 울퉁불퉁한 표면에는 페인트를 칠할 수 없으므로 곰팡이와 예전에 설치한 벽 외부의 잔여물을 모두 제거한다. 늘어진 코크 역시 새것으로 교체한다. 알루미늄 사이딩에 프라이머를 칠하려면 묽은 금속용 프라이머 페인트를 사용한다. 페인트 희석제 약 0.5L당 고품질 유성 프라이머 약 3.8L를 섞어서 용액을 만들어 보자. 프라이머의 색은 페인트 색보다 절반 정도 연하게 만들어야 마무리 칠 작업이 한층 더 수월하다.

비닐 사이딩 역시 같은 방법으로 청소한다. 산소 표백제 용액은 비닐이나 뒤뜰에 있는 식물에 해를 끼치지 않으면서 곰팡이를 제거하는 데 효과적이다. 비닐에 프라이머를 칠할 필요는 없다. 하지만 녹이 슨 금속 부분을 제거하려면 고성능 방청 프라이머를 얇게 펴 바른다.

183 콘크리트 바닥 칠하기

콘크리트 바닥에 본격적으로 페인트를 칠하기 전에 먼저 주변에 습기가 없는지 확인한다. 습기를 머금은 콘크리트는 페인트를 제대로 흡수하지 못하므로 자칫 작업이 헛수고로 돌아갈 수 있기 때문이다. 콘크리트를 미리 시험해보려면 바닥에 약 0.6m 크기로 자른 정사각형 모양의 비닐을 테이프로 붙인 후 48시간 동안 기다린다. 색이 변하거나 비닐 아래에 물기가 차면 페인트 작업을 건너뛰는 것이 좋다. 비닐에 별다른 이상이 없을 경우, 기름 제거제로 바닥을 닦은 후 와이어 브러시와 산성 용액(염산과 물을 섞은 용액)으로 표면을 거칠게 만들어 페인트가 콘크리트와 더욱 밀착되도록 한다. 바닥을 깨끗이 닦고 2~3일 동안 말린 후 페인트칠을 한다.

184 금속에 페인트를 칠할 때 주의점

먼저 와이어 브러시와 사포로 녹이 슨 부분을 깨끗이 닦는다. 금속은 청소한 당일에 바로 프라이머를 칠한다. 대량의 부식 억제 색소가 들어 있는 유성 또는 알키드성 금속용 프라이머가 가장 좋다. 마무리 작업을 하지 않은 도금 금속 또는 알루미늄은 기름기 제거제로 말끔히 닦은 후 물로 씻어 말린다. 대부분의 수성/유성 페인트로 금속을 칠할 수 있지만, 프라이머와 페인트가 호환이 되는지 확인한다. 거의 모든 제품은 마무리 칠을 위해 어떤 프라이머를 사용해야 하는지 표기하고 있다. 높은 온도에도 견딜 수 있는 특수 페인트는 중앙 난방 파이프와 라디에이터를 칠할 때 유용하다.

185 나무에 페인트칠하기

야외에서 사용하는 목재는 페인트를 칠하기에 가장 까다로운 자재다. 수축하고 팽창하는 목재의 특성상 흡착력이 강한 페인트도 쉽게 벗겨지기 때문이다. 얇은 페인트 막이 나무를 보호하는 유일한 방어벽이므로, 가장자리나 이음매의 페인트가 벗겨지면 몇 해를 넘기지 못하고 나무가 심하게 쪼개질 수 있다. 따라서 모든 나무에는 먼저 야외 목재용 프라이머를 칠한다.

준비 작업 목재를 설치하기 전에 먼저 프라이머를 칠하면 페인트의 흡착력을 더욱 높일 수 있다. 목재를 이물질로부터 완벽하게 보호하려면 가장자리(목재를 자른 부분)와 전면부에 프라이머와 페인트를 칠한다. (자른) 가장자리 주변은 나뭇결이 그대로 드러나 물이 침투하기 쉽다. 목재의 끝에서부터 약 12~15cm까지 물이 스며들 수 있는데, 이는 트림 보드의 가장자리 또는 아랫부분이 떨어지는 주된 원인이다.

밀폐하기 코크로 나뭇결을 감싼다. 코크를 바르자마자 물에 적신 스펀지로 닦아 이음매 부분을 말끔하고 부드럽게 만든다. 사이딩에 페인트를 칠할 경우 사이딩과 트림 보드 사이의 이음매에 코크를 바른다. 단, 물막이 판자의 아래 가장자리에는 코크를 바르지 않는다.(이러한 사이딩에 조그마한 금이 갈라지면 쉽게 움직여 증기가 빠져나간다.) 밖으로 튀어나온 못에 부식 억제 기능을 하는 프라이머를 바른다. 못의 머리 부분을 구멍 안으로 넣고, 실외용 스파클링 회반죽으로 구멍을 메운다.

프라이머 칠하기 목재 작업에는 나무 섬유 깊숙이 침투하는 유성 프라이머가 적합하다. 시더와 레드우드 같은 나무를 단단하게 감싸서 수성 제품을 발랐을 때 흘러내리는 듯한 무늬를 만들 수 있다.

페인트칠하기 목재가 수축하고 팽창해도 상관없도록 어느 정도 신축성이 있는 페인트를 사용하는 것이 좋다. 아크릴 수지(페인트 접착제)가 특히 신축성이 뛰어나다. 기존의 유성 페인트처럼 쉽게 벗겨지지 않아 자재가 몇 년에 걸쳐 그대로 유지된다.

186 벽에 질감 더하기

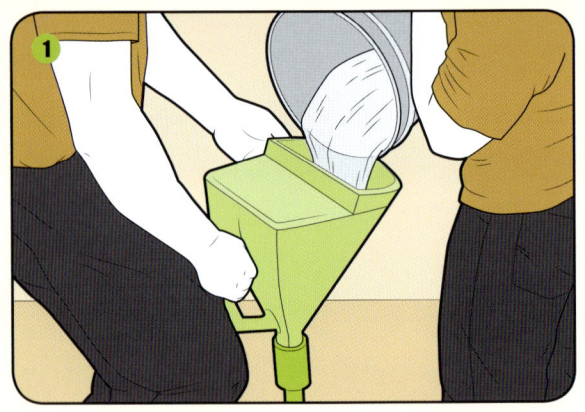

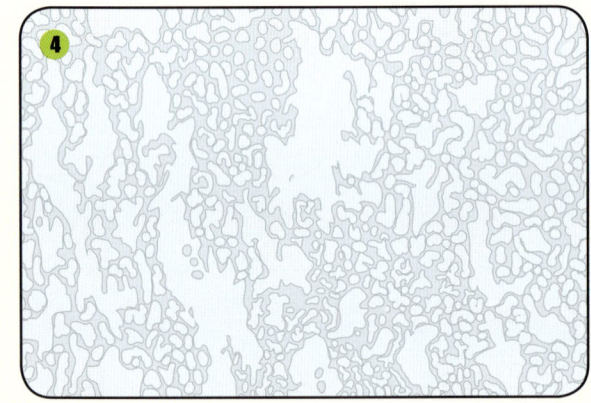

벽을 독특한 질감으로 마무리하면 방 인테리어에 개성을 불어넣을 수 있다. 특히 오래된 벽토 느낌을 줄 수 있는 녹다운(knockdown) 질감이 인기 있다. 프라이머를 칠한 표면에 호퍼건으로 (질감을 살리는) 혼합물을 뿌린 다음 완전히 마를 때까지 기다린다. 흰색 색소가 들어간 셀락(shellac) 프라이머를 바른 후 새틴 또는 반광택 페인트를 덧발라 마무리한다.

1단계 호퍼건에 팬케이크와 비슷한 농도로 섞은 가루 형태의 석고판 혼합물을 넣는다.(곰팡이가 자라는 것을 억제하는 기능이 있는 혼합물을 넣어도 좋다.)

2단계 쓰다 남은 자재에 시험삼아 뿌려 혼합물의 농도가 알맞은지 확인한다. 각기 다른 모양의 노즐과 요령을 활용해 다양한 살포 기술을 구사할 수 있다. 공기 압축기의 출력량을 조절하면 좀 더 미세하게 살포할 수 있다.

3단계 혼합물을 벽에 뿌린다. 위에서부터 아래까지 표면 전체에 고르게 분사되도록 크고 일정한 움직임을 유지한다. 가장 큰 혼합물 덩어리의 크기가 동전 하나 정도인 것이 가장 이상적이다.

4단계 이제 벽에 뿌린 혼합물 덩어리를 흐트러뜨릴 차례다. 넓은 칼이나 커다란 석고판 흙손이 필요하다. 흙손 사용이 익숙하지 않다면 모서리가 둥그런 것(직접 갈아도 좋다.)을 사용해야 벽 손상을 막을 수 있다. 혼합물이 자리를 잡고 진득진득해질 때(완전히 다 마르기 전)까지 15~20분 정도 기다린 후 흙손을 거의 표면에 닿도록 납작하게 잡고 위에서 아래로 움직였다 다시 아래에서 위로 움직이며 혼합물 덩어리를 수직으로 편다. 덩어리를 문지르거나 움직이는 대신 움푹 튀어나온 부분을 평평하게 만드는 것이 목적이다. 수직으로 흙손을 움직이면 혼합물이 위쪽과 아래쪽으로 밀려 벽 표면에 거친 질감을 더할 수 있다.

5단계 혼합물이 완전히 마를 때까지(적어도 24시간) 기다린 후 원하는 색상의 셀락 프라이머와 페인트를 칠한다.

187 포피니시 기법 활용하기

포피니시(faux finish) 기법은 집 안 인테리어에 개성과 깊이를 더한다. 잘 어울리는 색과 광택을 섞은 페인트를 칠해 기존의 페인트 작업과는 차별화되는 예술적인 느낌과 질감을 살려보자. 먼저 아크릴 무광택 페인트 또는 새틴 피니시 페인트를 밑칠한다. 마무리 칠을 한 페인트가 바탕색이 된다. 이 위에 여러 가지 색깔의 페인트를 반투명하게 칠해 다양한 효과를 낼 수 있다. (단색 페인트를 사용해서 일부 효과를 내는 경우도 있다.)

바탕색 위에 반투명한 광택제를 덧칠하면 전체 색을 은은하게 연출할 수 있다. 광택 기법은 포지티브와 네거티브로 나뉘는데, 포지티브 기법은 벽 위에 광택제를 규칙적으로 발라 밑칠한 페인트의 느낌을 한층 더 살린다. 반면 네거티브 기법은 밑칠한 페인트 위에 광택제를 바른 후 스펀지 또는 헝겊 등으로 닦아내 속에 있는 페인트의 색이 보이도록 한다.

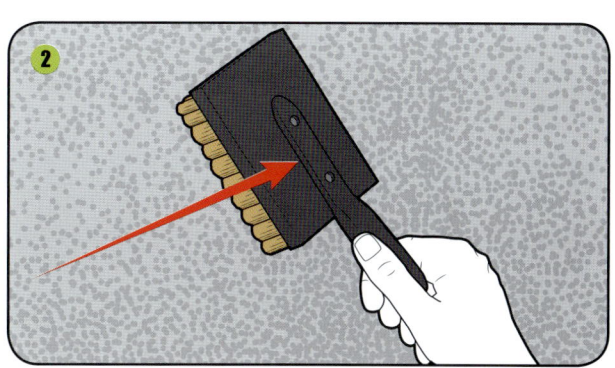
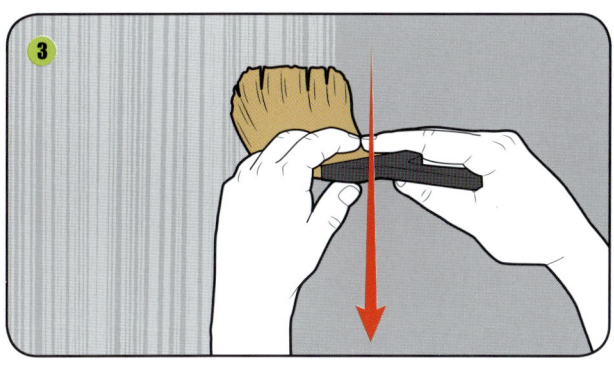
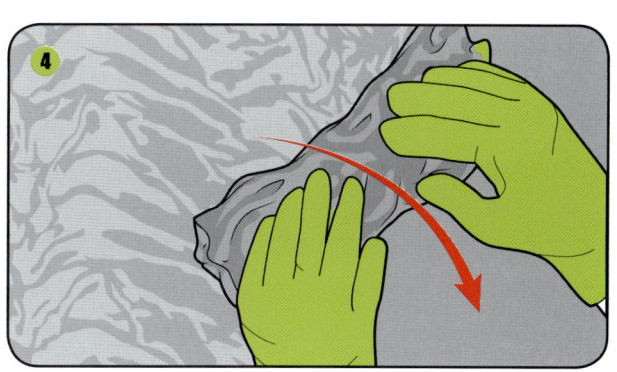

1 스펀지 기법 포지티브 기법의 일종으로 바탕색 위에 해면(海綿)으로 두세 개의 강조 색을 덧칠해 경쾌하거나 우아한 느낌을 연출한다. 부드럽고 얼룩덜룩한 분위기를 내며 벽과 트림 등 거의 모든 작업물과 가구에까지 응용할 수 있다.

2 점묘화 기법 스펀지 기법과 비슷하며 특수 브러시로 독특한 무늬를 만들 수 있다. 밑칠한 바탕색 위를 브러시의 끝부분으로만 통통 두드려 반투명한 색을 덧입힌다. 브러시를 일정하게 돌려야 각진 모서리가 표시 나지 않으며 불특정한 패턴을 만들 수 있다.

3 드래깅 기법 인기가 많은 네거티브 기법으로 면적이 넓은 벽과 가구에 모두 응용할 수 있다. 먼저 롤러로 광택제를 바른 다음 물기가 없는 특수 드래깅용 브러시를 축축한 광택제에 대고 아래로 당겨 무늬를 만든다. 줄무늬 모양의 광택제 사이로 밑칠한 바탕색이 보인다.

4 넝마 말이 기법 포지티브와 네거티브 기법 둘 다에 속하며 광택제를 굴리거나 떼어내어 무늬를 만든다. 두 가지 기법 모두 천이나 롤러, 또는 패드 등을 활용해 질감을 완성한다. 광택제를 바르려면 광택제를 묻힌 천을 돌돌 말아 원기둥 모양으로 만든 다음 표면 위에 돌돌 굴려 무늬를 만든다. 반면 광택제를 떼어내려면 롤러로 광택제를 바른 후 물에 적신 천을 원기둥 모양으로 말아 축축한 광택제 위에서 굴린다. 제일 위에 있는 색을 닦아내는 것이다.

188 트림 작업 기초

다소 지루한 모양의 천장이나 벽 또는 창문에 트림 작업을 하는 것만으로도 방 분위기를 완전히 바꿀 수 있다.

트림 작업을 익히면 전통적인 굽도리널과 체어 레일, 크라운 몰딩, 케이싱을 비롯해 벽난로의 앞장식이나 처마 돌림띠, 메달리온 등 다양한 장식을 손수 만들 수 있다. 트림 작업을 시작하기에 앞서 다음 전문 용어를 잘 알아두자.

굽도리널 몰딩 트림 장식의 일종으로 바닥과 천장 사이의 갈라진 틈이나 보기 싫은 부분을 가리는 데 안성맞춤이다. 크기와 모양이 다양해 원하는 것을 고를 수 있다. 굽도리널은 일반적으로 벽기둥과 발판, 벽판에 마감못(finish nail)으로 고정한다.

체어 레일 가로가 긴 몰딩으로 대개 징두리판벽 위에 설치하거나 벽 색깔을 나누는 경계선으로 활용한다. 의자와 비슷한 높이에 설치하며, 원래는 의자 등받이로 인해 벽이 망가지는 것을 막는 용도로 쓰였다. 하지만 요즘에는 장식용으로 흔히 쓰인다.

크라운 몰딩 벽과 천장이 만나는 부분을 가리는 장식으로 다양한 모양과 크기가 나와 있어 선택의 폭이 넓다. 간단한 트림 장식을 하거나 다른 몰딩 장식과 함께 사용해 아름답고 정교한 모양을 만들 수도 있다.

케이싱 창문이나 문 주변을 감싸는 트림으로 간단한 수공예 스타일의 트림에서부터 여러 부분을 이어 만든 우아하고 세련된 느낌의 몰딩과 크로스헤드까지 종류가 매우 다양하다.

189 몰딩 작업 마무리하기

그림에 나온 순서대로 몰딩 작업을 해야 가장 깔끔하게 마무리할 수 있다. 문 반대편에 있는 벽부터 작업을 하는데, 양 끝이 직각인 몰딩을 서로 잘 맞아떨어지도록 설치한다. 이렇게 하면 방 안으로 들어서자마자 가장 예쁘고 깔끔한 이음새가 눈에 들어오므로 인테리어 효과를 높일 수 있다. 측벽 2개의 경우, 몰딩과 만나는 이음새 부분이 딱 맞아떨어지도록 자른다. 반대편 끝을 직각으로 잘라 문이 있는 벽과 맞대기 이음으로 연결한다. 네 번째 몰딩은 양쪽 모서리에 설치한다. 이 방법은 모양이 예쁘지 않더라도 문이 있는 벽의 이음새 부분이 눈에 띄지 않는 편이다. 모든 몰딩은 각 기둥에 못 2개를 엇갈리게 박아 고정한다.

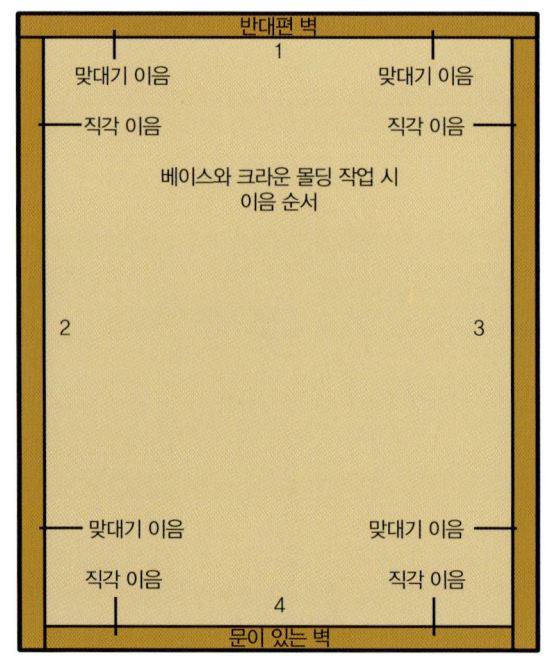

전문가의 팁

프라이머 작업의 중요성 트림 작업을 하기 전에 먼저 프라이머와 페인트를 칠하는 것이 좋은지 고민해보자. 베이스 작업 시 무릎을 꿇고 일을 하는 시간을 줄일 수 있고, 크라운 작업 시에는 사다리 위에서 보내는 시간을 줄일 수 있다. 또한 트림 작업이 끝난 후에 해야 하는 페인트칠과 수리 및 보수 작업도 줄어든다.

190 직각 이음

몰딩을 설치할 때 모서리를 45도로 자른 후 이어 붙이면 된다고 생각하기 쉽다. 하지만 문제는 대부분의 벽이 정확한 직각을 이루지 않는다는 점이다. 45도로 자른 2개의 몰딩을 이어버리면 직각이 되지만, 방 안 모서리가 90도가 아닌 경우 이음새가 완벽하게 맞아떨어지지 않는다. 정확하게 각이 맞는 연귀 이음 역시 겨울철이면 나무에서 수분이 빠져나가 수축하면서 틈새가 벌어질 수 있다.

연귀 이음과 달리 직각 이음은 먼저 한쪽 몰딩을 연결되는 벽의 모서리 부분에 맞대어 고정한다. 그런 다음 연결되는 몰딩을 앞서 설치한 몰딩의 옆 부분과 딱 맞아떨어지도록 자른다. 직각을 이루지 않는 모서리에 몰딩을 설치할 때 생기는 문제점을 효과적으로 해결할 수 있으며, 나무가 줄어들면서 틈새가 벌어지는 것을 예방할 수 있다. 다음 순서대로 작업해보자.

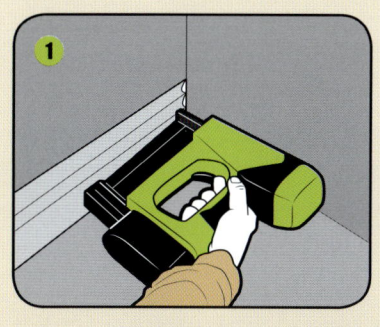  

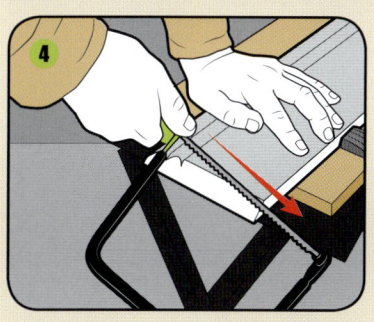 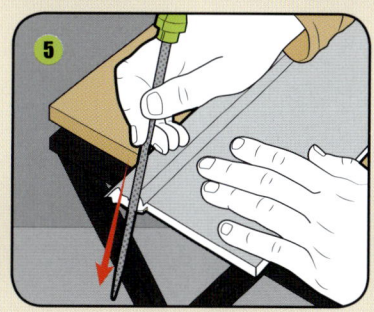 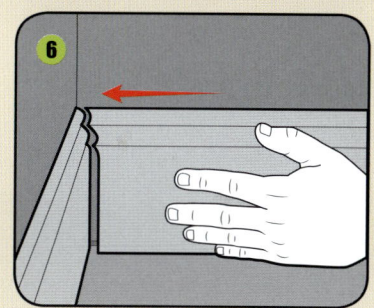

1단계 첫 번째 몰딩을 모서리에 대고 고정한다.

2단계 두 번째 몰딩을 원래 길이보다 몇 센티 더 길게 자른다. 그런 다음 두 번째 몰딩의 끝부분을 45도 내측 연귀 모양으로 자른다.

3단계 목수용 연필로 연귀 모양으로 자른 옆 부분을 훑는다. 가장자리의 모양이 더욱 잘 보인다.

4단계 두 번째 몰딩을 작업대에 단단하게 고정한 후 실톱으로 연필 선을 따라 자른다. 칼날을 기울이면 몰딩을 수월하게 자를 수 있다. 연필 선에서부터 바깥쪽으로 약 0.15cm 정도 떨어진 곳을 자르는 것이 좋다.

5단계 몰딩을 자르고 나면 줄로 마무리하고 옆 부분을 청소한다. 가장자리가 미리 설치한 몰딩과 딱 맞아떨어져야 한다. 옆 부분에 튀어나온 나뭇조각을 제거해 첫 번째 몰딩의 전면과 잘 맞도록 한다. 작은 곡선과 가장자리를 정리할 때는 가늘고 긴 둥근 줄을, 직각인 가장자리를 정리할 때는 납작한 모양의 줄을 사용한다.

6단계 자른 몰딩이 미리 설치한 몰딩과 잘 맞아떨어지는지 확인한다. 틈새가 있는지 살펴보고 잘 안 맞는 부분을 사포나 줄로 다듬어 완벽하게 이어지도록 한다. 몰딩을 못으로 고정하고 틈새에 코크를 발라 마무리한다. 방 안 나머지 모서리도 마저 작업한다.

191 트림 작업 요령

트림을 재단장하는 것만으로도 방 분위기를 저렴한 비용으로 간단하게 바꿀 수 있다. 다음 요령을 익히면 더욱 손쉽게 트림 작업을 할 수 있다.

비슷한 재료 구입한 크라운 몰딩의 길이와 각도, 너비, 두께가 일치하는지 확인한다. 철물점은 저마다 제조 기준과 허용 오차가 다른 여러 제조사로부터 트림을 구입하기 때문에 모양이 다른 재료를 구입하면 끼워 맞출 수 없다.

톱날 각도 작업을 시작하기 전에 톱날이 직각을 이루고 있는지 확인한다. 톱날이 틀어져 있으면 이음매의 각도에도 오차가 생긴다.

접착제 몰딩이 서로 단단하게 고정되도록 이음매에 접착제를 바르는 것이 좋다.

메우기 이음매를 비롯해 크라운과 트림의 상하 부분에 코크를 바른다. 줄어들지 않는 스파클링 제품으로 나사 구멍을 메운다.(나사 구멍을 코크로 막으면 안으로 움푹 들어갈 수 있다.)

고정하기 크라운이나 몰딩의 길이가 긴 경우 이음매에서 적어도 15cm 정도 여유를 두고 못을 박는 것이 좋다. 길이가 짧은 몰딩은 이음매 또는 트림의 아랫부분에 접착제를 발라 고정한다.

조심하기 몰딩(또는 트림)을 원하는 길이로 자르려면 먼저 몰딩의 바깥쪽으로 약 1.2cm 정도 떨어진 곳을 자른 후, 표시된 곳까지 조금씩 잘라야 실수를 예방할 수 있다.

견본 사용하기 크라운 몰딩이나 트림을 자를 때 칼날의 방향을 정하는 데 도움이 되는 견본을 만드는 것도 좋은 방법이다. 연귀 이음의 오른쪽 왼쪽 견본을 모두 만들어보자.

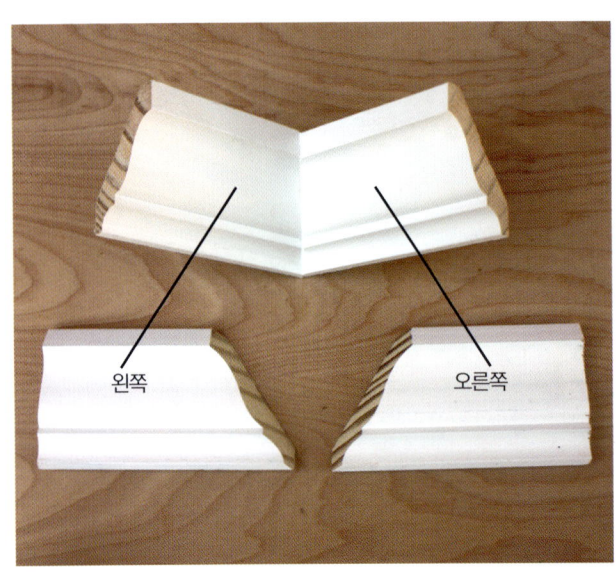

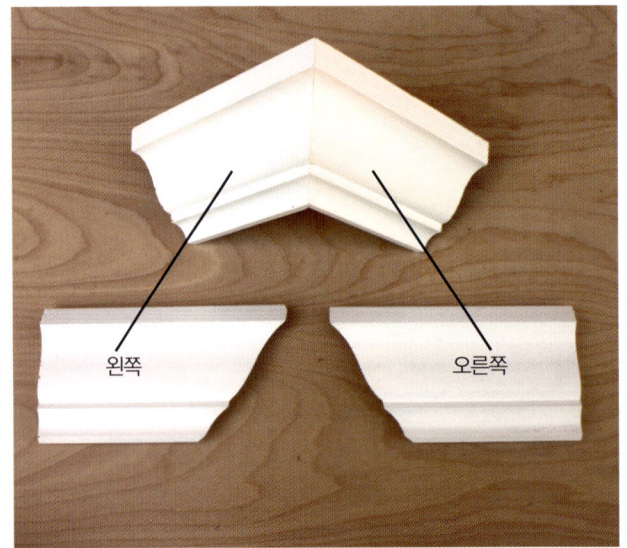

전문가의 팁

다양하게 응용하기 벽 외에도 벽난로 앞장식, 붙박이 책장, 홈바 등 다양한 공간에 장식용 트림을 설치해 인테리어 분위기에 변화를 줄 수 있다. 벽난로 또는 책장 가장자리에 크라운 몰딩을 둘러보자. 굽도리널을 거꾸로 돌려 책장의 윗부분으로 활용하는 것도 좋다. 창의력을 동원해 트림 장식을 획기적인 방법으로 응용해보자. 전통 방식에서 벗어날수록 작업이 재미있다.

192 천장 메달리온

천장에 매다는 조명 기구인 '천장 메달리온'을 설치하는 것만으로도 손쉽게 고급스러운 인테리어를 완성할 수 있다. 기존의 조명 기구 위에 수월하게 설치할 수 있게 2등분되어 판매되는 천장 메달리온도 있다. 그 외 하나짜리 제품은 기존의 조명 기구를 떼어낸 후 설치한다.

얇은 플라스틱으로 만들어진 메달리온은 양면테이프로 붙일 수 있으나, 천장에 접착제로 안전하게 고정하는 단단한 우레탄 소재의 제품이 더 좋다. 메달리온을 설치하려면 전동 드릴/드라이버와 트림용 머리가 달린 석고판 나사 여러 개, 목재용 필러, 공사용 접착제가 필요하다.

먼저 메달리온의 중심이 잘 맞는지 확인하기 위해 천장에 대본다. 기존의 천장 조명이 메달리온의 안쪽 지름보다 작은 경우도 있다. 메달리온의 위치가 알맞으면 접착제를 바른 후 쉽게 붙일 수 있도록 메달리온의 크기와 모양을 천장에 본뜬다. 메달리온의 뒷면에 접착제를 충분히 바른다.(❶) (소재가 우레탄이면 폴리우레탄 접착제를 사용한다.) 2등분된 메달리온을 잘 맞물리도록 붙인다.(❷)

접착제가 마르는 동안 트림이 떨어지지 않도록 트림용 석고판 나사 여러 개를 메달리온과 천장에 박는다.(❸) 작은 나사 머리를 목재용 필러로 가린다. 이음매에 코크를 바른다. 원한다면 페인트를 칠한다.

193 크라운 몰딩 설치하기

크라운 몰딩은 방 인테리어에 색다른 분위기를 더한다. 평범한 방에 크라운 몰딩을 설치하는 올바른 방법은 다음과 같다. 천장 트림의 장점 중 하나로 문이나 창 등 벽이 뚫려 있는 공간을 신경 쓰지 않아도 된다는 점을 꼽을 수 있다. 그래서 간단하고 수월하게 작업할 수 있지만, 직각 이음(139쪽 참고)의 위치를 고려해 설치한다.

1단계 기둥 탐지기와 연필로 방 둘레의 벽기둥과 반자틀의 위치를 표시한다.(❶) 못을 박을 곳을 알 수 있도록 몰딩의 바깥부분만 표시하면 된다.

2단계 첫 번째로 설치하는 몰딩은 각도를 신경 써 자르지 않아도 되므로 가장 쉽다. 벽의 길이를 잰 후 그에 맞춰 몰딩의 가장자리를 90도로 자른다. 전동 마이터 톱이나 마이터 박스가 달린 작은 톱을 사용한다.

3단계 마감못으로 벽과 반자틀에 몰딩을 고정한다.(❷) 망치와 못만 있으면 충분하지만, 잘못하면 몰딩을 훼손할 수 있다. 에어 네일러를 활용하면 훨씬 수월하고 빠르게 작업할 수 있다.

4단계 이제 몰딩을 이을 차례다. 벽의 길이를 잰 후 두 번째 몰딩의 끝부분에 표시한다. 표시된 부분에 맞춰 마이터 톱을 이용해 안쪽 45도로 자른다.(❸) 마이터 톱으로 크라운 몰딩을 자를 때는 톱의 밑부분이 천장 쪽이 되고, 안내대가 벽 쪽이 되도록 몰딩 위아래와 앞뒤를 완전히 뒤집은 후 작업한다. 45도에 맞춰 안쪽으로 자른 몰딩을 벽에 밀착했을 때, 몰딩 아래의 긴 부분이 몰딩 전체 길이가 된다.

5단계 마이터 톱으로 자른 부분을 대보고 벽에 잘 맞는지 확인한다. 아직 자르지 않은 끝부분을 직각으로 자른다. 직각으로 자른 부분에 또 다른 직각 이음 몰딩을 붙인다.(❹) 첫 번째 몰딩의 반대편과 만나는 몰딩 역시 같은 방법으로 설치한다. 방의 나머지 천장에도 직각 이음의 올바른 설치 순서에 따라 작업한다.

6단계 문이 있는 네 번째 벽에 고정하는 마지막 몰딩은 양 끝을 직각 이음으로 자른다.(138쪽 '방 마무리하기' 참고) 사실 양 끝을 직각 이음 방식으로 자른 몰딩을 잘 맞아떨어지게 설치하는 작업은 꽤 까다롭다. 한쪽 끝을 직각 이음으로 자른 2개의 몰딩을 끼워 이으면 좀 더 수월하게 작업할 수 있다.(143쪽 '끼워 잇기' 참고)

7단계 몰딩을 제자리에 단단히 고정한 상태에서 고품질 코크와 목재용 필러로 못 구멍을 메꾸고 틈새를 봉한다. 코크가 마르고 나면 사포로 문지른 다음, 이음매와 못에 부분적으로 프라이머를 칠한다. 프라이머가 마르면 자신이 가장 좋아하는 반 광택 또는 고광택 페인트로 몰딩을 두어 번 칠해 마무리한다.

194 바깥쪽 모서리 몰딩 작업

바깥쪽으로 만나는 모서리에 몰딩을 설치하려면 먼저 바깥쪽 모서리의 반대 방향으로 몰딩을 잘라서 이어야 한다. 첫 번째 몰딩이 모서리를 지나 튀어나오도록 벽에 대고 잡은 후 자를 곳을 선으로 표시한다.(❶) 두 번째 몰딩 역시 같은 방법으로 자를 부분을 표시한다. 몰딩 2개 모두 표시한 선을 따라 마이터 톱으로 자른다.

크라운 몰딩의 바깥쪽 모서리에 맞춰 자르려면 몰딩을 거꾸로 뒤집어 정면이 위를 바라본 상태에서 마이터 톱 위에 놓는다. 몰딩 2개의 한쪽 끝을 각각 45도로 자르는 것이 가장 좋다.(❷) 하지만 직각을 이루지 않는 벽이 많으므로 각도계로 정확한 각도를 잰 후 그에 따라 몰딩을 절단한다.

몰딩이 만나는 부분에 목공용 접착제를 바른 후 마감못을 박아 고정한다. 그런 다음 나뭇결이 잘 붙도록 못의 둥그런 가장자리로 이음매를 누르며 평평하게 편다.(❸) 몰딩이 두껍고 무겁거나 틈새가 벌어지는 경우, 이음매의 윗부분과 아랫부분에 드릴로 예비 구멍을 뚫은 후 몰딩이 만나는 부분 사이로 마감못을 수직으로 박는다.

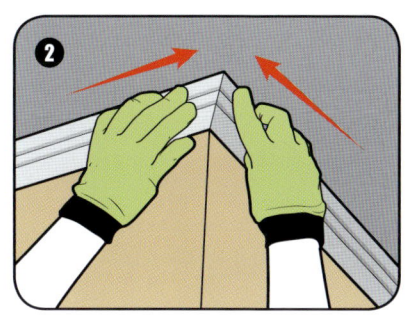

195 몰딩 끼워 잇기

일직선으로 된 벽에 몰딩 2개를 붙여서 설치할 때 끼워 잇기 기법을 활용해보자. 2개의 몰딩 끝을 연귀로 자른 후 벽기둥 위로 못을 박아 고정한다. 벽기둥에 첫 번째 몰딩을 고정한 후 두 번째 몰딩의 끝부분이 잘 맞아떨어지도록 이어 붙인다. 그런 다음 반대편에 약간의 여유를 두고 추가로 연귀를 자른다. 마지막 몰딩이 잘 맞는지 확인한 후 여유 부분을 마저 잘라 틈새가 보이지 않도록 끼워 넣는다.

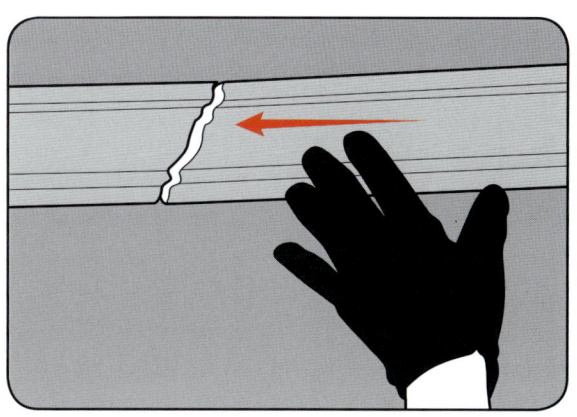

196 트림 작업에 유용한 도구들

간단한 도구로 트림 작업을 훨씬 쉽게 진행할 수 있다.

레이저 거리 측정기 크라운과 베이스 몰딩을 설치할 때는 벽에서 벽 사이의 거리를 정확하게 재는 것이 매우 중요하다. 줄자로도 거리를 잴 수 있지만, 레이저 거리 측정기를 활용하면 훨씬 수월하다. 한쪽 모서리에서 반대편을 향해 레이저를 쏜다. 버튼 하나만 누르면 디지털 표시판에 정확한 거리가 나온다. 이를 바탕으로 몰딩이 잘 맞도록 톱으로 자르면 된다.

크라운 몰딩 행거 간편하고 시간을 절약해주는 크라운 몰딩 행거(crown molding hanger)를 구입해두면 혼자서 크라운 몰딩을 설치할 때 유용하게 쓰인다. 먼저 천장 바로 밑에 약 1.8m 간격으로 2개의 못을 박는다. 못에 크라운 몰딩 행거를 건다. 한 세트에 2개씩 들어 있다. 그런 다음, 몰딩을 행거에 건다. 행거를 위로 밀어 올려 천장에 붙인 후 몰딩을 천장에 고정한다.

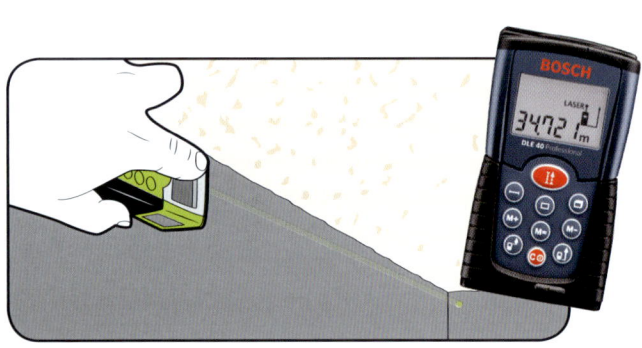

197 복잡한 디자인의 몰딩

크라운 몰딩과 케이싱은 간단한 기하학적 디자인에서부터 우아하고 복잡한 디테일을 재현한 디자인까지 다양하다. 미리 만들어놓은 몰딩을 공장에서 구입하거나 건축 자재점에서 트림용 나무판을 구입해 원하는 디자인대로 잘라서 사용할 수 있다.

예를 들어 덴틸 몰딩의 경우 여러 개의 네모 모양이 겹쳐져 있어 처맛널 트림이나 크라운 몰딩의 측면에 깊이와 개성을 더한다. 이와 같은 몰딩 스타일은 오랫동안 인기를 끌어왔지만, 조각을 하나씩 잇는 전통적인 방법으로 설치하려면 많은 시간과 노력이 필요하다.

요즘에는 덴틸 몰딩을 측면에 붙인 상태로 판매하는 제품들이 많다. 페인트용 트림은 합성 소재의 몰딩으로 비슷한 인테리어 효과를 낼 수 있다. 폴리우레탄 발포 고무 또는 비닐 소재의 몰딩은 가벼울 뿐만 아니라 조립형 나무 몰딩처럼 쉽게 줄어들거나 벗겨지지 않는다. 게다가 페인트칠을 해야 하는 경우, 사소한 실수를 코크와 페인트로 가릴 수 있다.

크고 정교한 디자인의 몰딩은 끝부분에 틈새가 있어 틀에 못을 박기 까다로운 편이다. 몰딩을 고정하기 위해 못을 박으려면 천장 가장자리를 따라 목괴(木塊)

198 연귀 이음 건너뛰기

연귀 이음을 생략하면 전체 작업 과정을 단축할 수 있다. 몰딩의 끝부분을 잘라 이어 붙이는 대신 모서리 블록을 활용해 크라운 몰딩을 설치해보자. 몰딩을 위아래 그리고 앞뒤로 각도를 재면서 자를 필요 없이, 직각으로 자르면 되므로 매우 편리하다.

먼저 방 안의 레이아웃을 그린 후 필요한 준비물을 정한다. 특히 모서리 블록에 신경 써야 하는데, 모서리 블록의 정확한 개수와 방향을 파악해 준비물을 구입한다.

첫 작업은 우레탄 성분의 접착제를 모서리 블록 위와 끝부분에 바르는 것이다. 블록을 천장과 벽이 만나는 부분에 갖다 댄 후(❶) 구석 부분에 못을 박아 고정한다. 같은 방법으로 방 안의 모서리에 블록을 설치한다.

그런 다음, 모서리 블록 사이에 들어갈 몰딩의 길이를 잰다.(❷) 측정한 길이보다 조금 길다 싶을 정도로 절단한다. 몰딩을 고정하기 전에 길이를 확인한 후(❸) 필요한 경우 조절한다.(우레탄 몰딩의 경우 약 1.5m마다 여유 길이를 약 0.3cm씩 두는 것이 좋다.)

몰딩의 측면이 모서리 블록과 완전히 맞아떨어지도록 갖다 댄다. 이어지는 부분의 리빌이 일정하도록 모서리 블록이 몰딩보다 아주 살짝 커야 정상이다. 살짝 큰 모서리 블록이 인테리어에 멋을 더한다. 몰딩의 한쪽 끝을 모서리 블록과 맞춘 후 끝에서부터 중간으로 옮기면서 고정한다. 약 40cm 간격으로 벽기둥에 못을 박는다.(❹)

몰딩 2개를 이어 붙여야 하는 경우에는 칸막이 블록을 활용한다. 몰딩을 직각으로 자른 후 칸막이의 납작한 표면에 맞대어 고정한다.

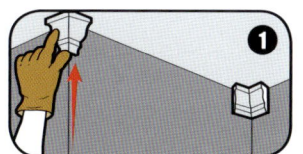 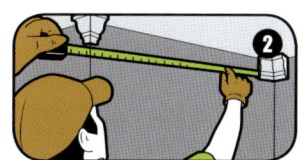  

를 설치해보자. 몰딩 측면의 각도를 잰 후 안 쓰는 목재를 세모 모양으로 잘라 몰딩 뒷면에 붙인다. 목괴를 약 40cm 간격으로 벽기둥에 박는다. 그런 다음 목괴에 몰딩을 못 박아 고정한다.

창의력을 마음껏 발휘해 시중에 나와 있는 몰딩을 원하는 모양으로 잘라서 사용해보자. 작업대에서 미리 조합해 리빌(reveal)이 일정한지 확인한다.('리빌'이란 몰딩 아래로 다른 몰딩이 드러나는 것을 가리킨다.) 필요하다면 못이나 접착제로 몰딩을 단단히 고정해서 얼마든지 원하는 디자인의 몰딩을 완성할 수 있다.

199 징두리판벽 설치하기

'징두리판벽'(웨인스코팅)은 벽의 윗부분과 차이가 나는 아랫부분을 가리킨다. 대부분 벽 아래쪽에 체어 레일을 따라 나무판을 붙여 장식 효과를 더하는 것을 뜻한다. 아래 그림의 비드보드는 가장 흔한 징두리판벽 중 하나로 좁은 간격의 패턴을 반복적으로 쓴 덕분에 나무판 사이의 절개 부분을 가리기 쉬워 DIY 애호가 사이에서 인기가 높다.

자르지 않은 나무판은 가장 잘 보이는 곳으로, 절개한 나무판은 눈에 잘 띄지 않는 곳으로 가도록 설계하는 것이 좋다. 징두리판벽이 모서리에 닿을 때까지 비드보드의 패턴이 계속 이어지도록 잘 계산해 나무판을 자른다.

나무판 뒤에 공업용 접착제를 바른 후, 가는 못을 벽기둥에 박아 고정한다.(일반적으로 징두리판벽은 전체 벽 높이의 3분의 1 정도에 설치한다.) 모든 나무판의 높이를 일정하게 유지한다. 바닥 사이의 틈새는 베이스 또는 슈(shoe) 몰딩으로 가린다. 마지막으로 나무판 위에 긴 트림을 못 박아 체어 레일을 완성한다.

 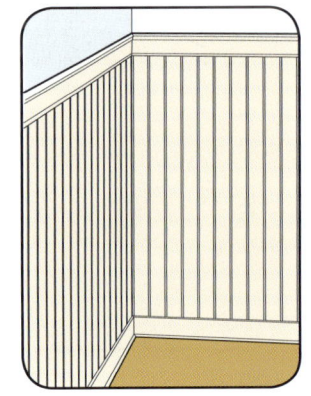

200 조립형 징두리판벽

양각 나무판 징두리판벽은 방 안 분위기를 한층 더 고급스럽고 격식 있게 만들어준다. 그래서 식당이나 현관, 복도 등에 주로 쓰인다. 하지만 이러한 나무판을 처음부터 제작하려면 정확한 치수 측정과 숙련된 목공 기술이 요구된다. 뿐만 아니라 많은 시간과 노력을 들여야 한다.

맞춤형 징두리판벽을 주문하면 이러한 작업 과정에 들어가는 노력을 절반으로 줄일 수 있다. 부피가 큰 MDF 나무판 하나에 장식 패턴이 이미 붙어 있어 집까지 배송된 자재를 벽에 붙이기만 하면 된다. 가로대(수평인 부재)와 선틀(수직인 부재)을 일일이 조합하는 대신 커다란 나무판을 벽에다 바로 설치하면 되므로 한 번에 적어도 약 2.4m씩 작업할 수 있다. 또한 통으로 제작된 나무판은 수축과 팽창을 반복하는 가로대나 선틀을 연결할 필요가 없어 페인트를 칠했을 때 금이 잘 가지 않는다.

웨인스코팅 아메리카(Wainscoting America)는 인터넷에서 원하는 자재를 선택할 수 있는 온라인 툴을 제공한다. 먼저 마음에 드는 스타일과 나무판의 높이를

고른 후 그 외 선택 사항들을 결정한다. 정확한 벽 길이를 입력하면 선택한 나무판 디자인을 가상으로 볼 수 있는 기능도 있어 취향에 따라 설정을 변경할 수 있다. 최종 주문을 마치면 선택한 자재들이 집으로 배송된다.

나무판은 공업용 접착제와 벽기둥에 고정하는 가는 못을 사용해 벽판 위에 설치한다. 나무판 사이의 이음매는 가린다. 접착제와 못으로 체어 레일을 설치하고 코크와 스파클링, 프라이머, 페인트 작업을 거쳐 마무리한다.

201 징두리판벽 흉내 내기

최근 짓는 주택에는 설치하기 쉽고 시간과 자재를 줄이는 데도 효과적인 모조 징두리판벽을 많이 사용한다. 바로 몰딩을 벽에 붙여 기존 징두리판벽의 느낌을 재현하는 것이다. 몰딩을 정사각형 또는 직사각형 모양으로 절단해 이어 붙인 후, 몰딩을 같은 색으로 칠하면 마치 징두리판벽을 설치한 듯한 효과를 낼 수 있다. 벽이 곡선이라면 구부릴 수 있는 몰딩을 활용한다.

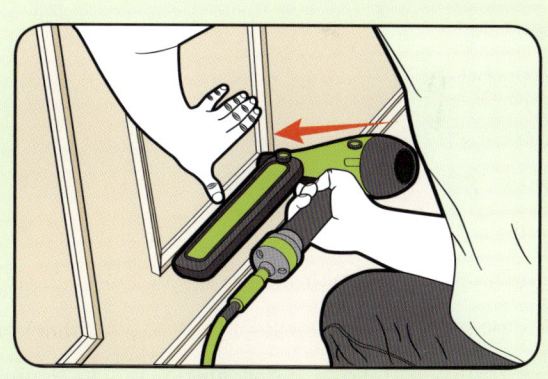

202 벽 구조 이해하기

창문이나 문을 교체하려면 먼저 벽 구조에 대한 기본 지식이 있어야 한다. 기존 창이나 문과 같은 크기의 제품으로 교체하는 작업은 그리 어렵지 않다. 하지만 새로운 창문이나 문이 클 경우, 구조 전체를 다시 손봐야 한다.

벽은 바닥 아래에 못을 박거나 콘크리트판에 앵커 볼트로 고정한 '밑깔도리'(bottom plate)로 구성한다. 밑깔도리에 스터드(stud. 샛기둥)를 못 박은 후, 그 위에 윗깔도리(top plate)를 못으로 고정한다. 스터드에 구멍이 생기면 스터드 위 구조물의 무게가 쏠리므로 헤더와 트리머 스터드(trimmer stud)로 전체 무게를 분산해야 한다.

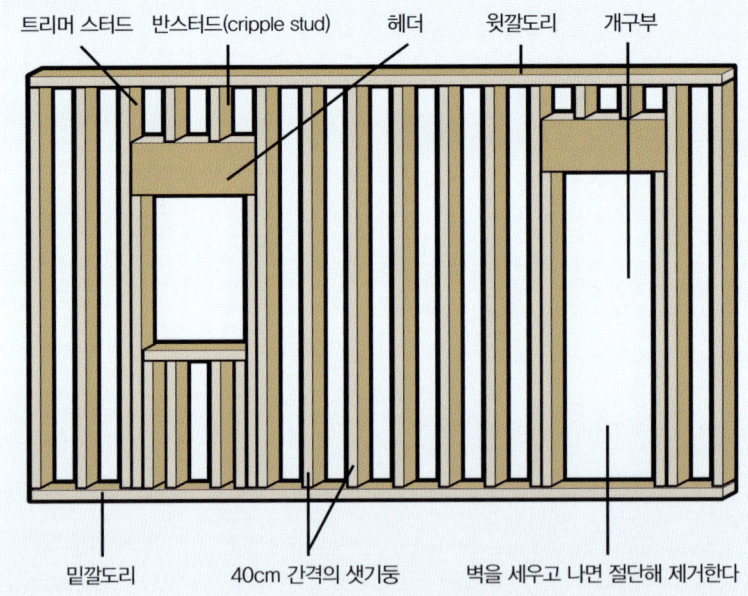

203 개구부의 크기

벽 구조를 뜯어고치지 않고 그대로 쓰려면 새로운 창문과 문의 크기가 기존 개구부와 일치해야 한다. 창틀받침의 높이를 조절해 기존보다 키가 큰 창문을 설치하는 경우도 있으나, 창문이나 문의 너비를 늘리거나 새로운 창문이나 문을 뚫으려면 작업을 하는 동안 상단의 무게를 지탱할 수 있는 임시 지지대를 설치한다.

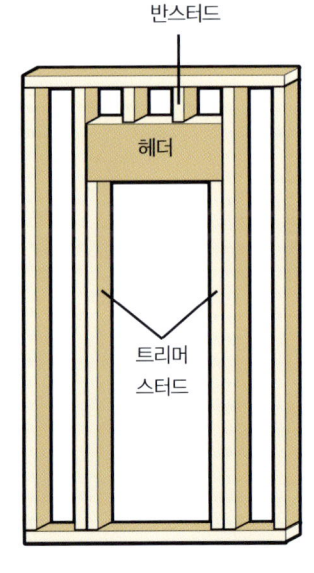
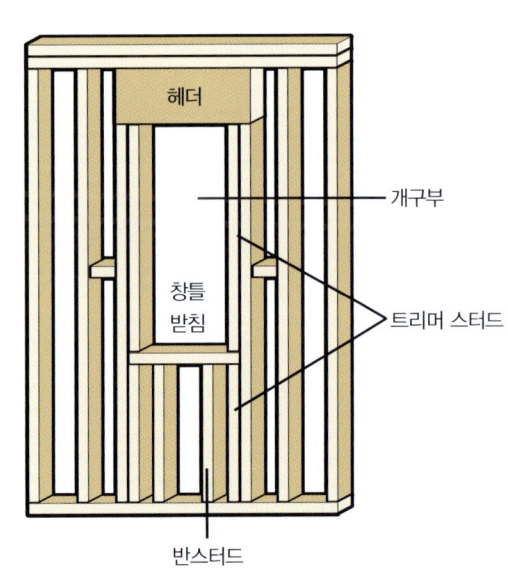

204 헤더 이해하기

약 0.95cm 합판 스페이서

2×10 목재 2개를 사용한 전폭 헤더

약 1.2m 이하 = 4×4
약 1.8m 이하 = 4×6
약 2.4m 이하 = 4×8
약 3m 이하 = 4×10

헤더(header)는 약 5cm짜리(두께) 목재 2개를 맞대어 만든 자재로 창문이나 문이 들어갈 개구부를 연결하며 상부의 무게를 지탱하는 역할을 한다. 원래라면 개구부의 자리에 있어야 할 기둥의 기능을 대신하는 셈이다. 목재 크기는 개구부의 너비와 내력벽의 여부에 따라 달라진다.

약 1.2m짜리 개구부가 있는 내력벽의 경우, 헤더는 미송 또는 그보다 튼튼한 4×4(또는 2×4 2개) 목재면 충분하다. 약 1.2~1.8m 이하의 개구부에는 2×6짜리 목재를 2개 사용한다. 개구부의 너비가 넓어질수록 필요한 목재의 크기 또한 커진다. 크기가 작은 것보다는 큰 것이 낫다.

헤더의 두께는 벽기둥의 두께와 완전히 일치해야 한다. 2×4 목재를 2개 합친 두께가 약 7.6cm이고 2×4 스터드가 약 8.8cm이므로, 두께가 약 5cm인 블록을 끼워야 헤더와 스터드의 두께가 같아진다. 두께 1.27cm짜리 합판 또는 석고판을 주로 중간 판으로 사용해 지탱 무게를 분산하고, 벽 양쪽 끝에 석고판(안쪽)과 흙막이(바깥쪽), 못을 박을 수 있는 공간을 확보한다. 딱딱한 폴리우레탄 발포 고무 역시 헤더 사이에 끼워 단열재로 사용할 수 있다. 헤더 크기가 작다면 헤더와 윗깔도리 사이에 반스터드를 부분적으로 세우는 것도 가능하다.

비내력벽의 헤더는 창문이나 문 등의 위치를 나타내고, 문설주와 석고판, 흙막이 등을 못 박을 수 있는 공간을 제공한다. 벽의 높이가 약 1.8m 이하인 비내력벽의 경우 2×4 목재 2개면 충분하지만, 그보다 크면 2×6 목재를 사용해야 벽이 무너지는 것을 막을 수 있다.

205 창틀받침

개구부의 아래를 가리켜 창틀받침이라고 부른다. 가로로 설치하는 구조 자재로, 스터드와 두께가 같다. 창틀받침 위로 창문이 올라간다. 창틀받침 아래에 반스터드를 설치해 창문의 무게를 지탱하고, 벽판에 못을 박을 수 있는 공간을 확보한다. 개구부가 실제로 설치할 문이나 창문과 정확하게 맞아떨어지는지 반드시 확인한다.

206 트리머 스터드

트리머 스터드는 헤더의 무게를 지탱하는 역할을 하며 개구부의 양 옆면을 표시한다. 바닥까지 이어지는 스터드(킹 스터드)과 일치하도록 못 박아 고정한다. 트리머 스터드는 헤더에서부터 밑깔도리까지 이어지므로 전체 무게를 지면과 아래쪽으로 분산하는 데 도움이 된다. 반드시 스터드와 헤더는 두께가 같아야 한다.

207 창문 스타일 고르기

창문은 스타일과 유형이 매우 다양하다. 따라서 생활 방식과 인테리어 취향에 따라 오랫동안 사용할 수 있는 창문을 고른다.

싱글 헝(single hung) 위쪽 창문은 고정된 상태에서 아래쪽 창문을 들어 올려 연다. 창문을 기울일 수 있어 청소가 용이하다.

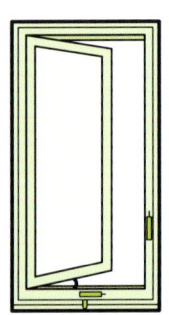

여닫이창 창문의 한쪽 끝에 경첩을 단 형태로 밑에 달린 손잡이를 돌리면 문처럼 열 수 있다.

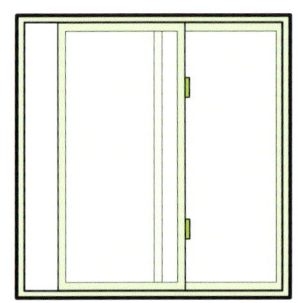

싱글 슬라이더(single slider) 한쪽 창문은 고정되어 있고 나머지 창문만 옆으로 밀어 열고 닫을 수 있다.

정원 창문 집 밖으로 튀어나온 형태의 창문으로 양옆에 편리한 여닫이창이 달려 있다. 식물이나 수집품 등을 전시하는 공간에 주로 쓰인다.

더블 헝(double hung) 양쪽 창문을 모두 위아래로 움직여 연다. 또한 창문을 안쪽으로 기울일 수 있어 청소하기 쉽다.

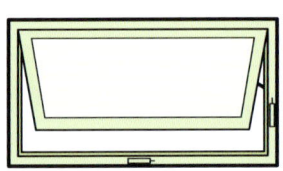

돌출창 창문 경첩이 위에 달려 있어 밑에 있는 손잡이를 돌리면 창문이 바깥쪽으로 열린다.

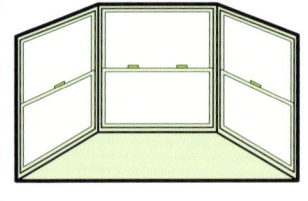

퇴창 30도 또는 45도로 연결된 창문 세 개가 벽 밖으로 돌출된 형태다.

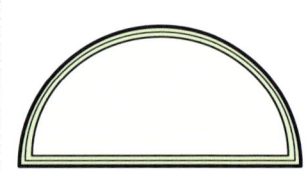

기하학적 창문 열거나 닫을 수 없는 고정형 창문으로 여러 가지 멋스러운 모양 중에서 선택할 수 있다.

전망창 열거나 닫을 수 없는 커다란 창문이다.

더블 슬라이더(double slider) 2개의 창문을 옆으로 밀어 열고 닫을 수 있다.

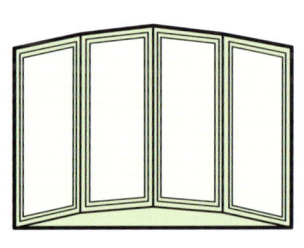

내닫이창 퇴창과 비슷한 모양이지만, 3~5개의 창문을 10도로 연결해 돌출된 형태가 더욱 동그랗다.

정원 문 일반적인 문과 마찬가지로 밖으로 밀어서 연다. 한쪽 문을 고정하거나 양쪽 문을 모두 열 수 있다.

208 창문 격자로 모양내기

창문을 주문할 때 창문 격자의 모양도 함께 정한다. 창문 격자는 집의 외부 인테리어에 큰 영향을 미칠 수 있다. 다음 사항들을 고려해 창문 격자를 골라보자.

크기 방에 비해 창문이 조금 크거나 창문에 포인트를 주고 싶다면 창문 격자를 활용해보자. 기본적으로 창문 격자(때에 따라 창살, 안전망 또는 문살이라고도 부른다.)는 커다란 창을 '라이트'(lite)라고 부르는 작은 단위로 나눈다.

격자 선택하기 얇은 모양에서부터 납작한 모양, 조각 모양, 홈이 있는 모양, 둥근 모양까지 다양한 스타일의 격자 중에서 원하는 것을 골라보자. 창문 제조사마다 다양한 디자인의 격자를 선보이고 있다.

격자의 종류 수직 격자는 창문 유리에 위아래 방향으로 설치한다. 반면 수평 격자는 좌우로 설치한다. 수직과 수평 격자를 모두 설치할 필요는 없다.

모양 통일하기 건물 외관을 일관적이고 깔끔하게 꾸미려면 같은 층 또는 같은 면에 있는 창문 격자의 모양을 통일하는 것이 좋다.

미리 그려보기 공책 한 장을 찢어 반으로 접어보자. 일반적인 창문 격자의 한 단위가 얼마큼인지 가늠할 수 있다. 일반적으로 창문 격자의 라이트는 너비가 약 20cm 높이가 약 15cm 이상이다. 창문이 클수록 격자의 라이트 수 또한 늘어난다. 마스킹 테이프를 창문에 붙여 창문 격자의 모양을 미리 그려보자. 창문 격자가 어떻게 설치될지를 미리 가늠할 수 있어 원하는 부분을 수정할 수 있다.

209 에너지 절약형 창문

새로 설치할 창문으로 에너지 절약형 제품을 선택하면 일 년 내내 따뜻하게 지낼 수 있다. 단일창의 경우 열을 제대로 차단하지 못해 방 안으로 외풍이 들어올 수 있다. 로이 유리로 만든 이중창은 몸에 해롭지 않은 아르곤 또는 크립톤 가스를 사용하므로 전기세를 낮추는 데 효과적이다. 창문 사이의 가스가 보온 기능을 해서 내부 온기가 바깥으로 빠져나가는 것을 막고, 외부의 찬 공기가 안으로 들어오는 것을 막는다. 로이 유리의 코팅은 적외선을 차단해 겨울에는 따뜻하고 여름에는 시원하다. 게다가 로이 유리의 코팅은 자외선을 막아 카펫이나 예술작품, 사진 등이 변색되는 것을 막는 역할도 한다.

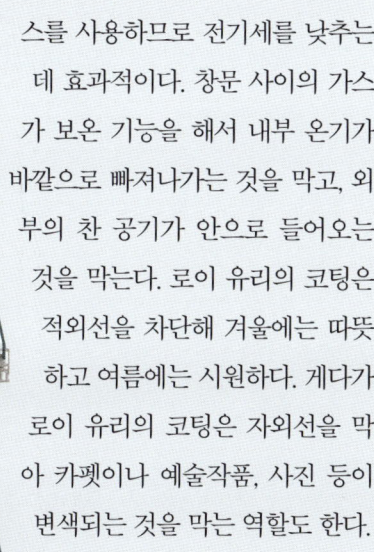

210 창문 자재 고르기

창문은 날씨의 영향을 많이 받는다. 따라서 자재의 종류에 따라 내구성과 기능에 차이가 난다. 나무로 만든 창문은 일반적으로 2~3년에 한 번씩 광택제와 페인트칠을 다시 해야 한다.

알루미늄 창문은 나무 창문처럼 손이 많이 가지 않아 관리하기 쉽다. 하지만 페인트칠을 하면 움푹 팬 자국이 남을 수 있다. 게다가 금속은 보온성이 좋지 않은 편이다. 여름에는 바깥의 열기를, 겨울에는 찬 공기를 실내로 전달한다. 이렇듯 실외의 열기가 집 안으로 유입되면 창문 표면에 물방울이 고이는 등 문제점이 발생하기도 한다. 최근에 나온 알루미늄 창문에는 플라스틱으로 만든 열 차단기가 있어 에너지 효율성을 높이고 물방울이 생기는 현상을 줄일 수 있다.

플라스틱으로 만든 창문은 에너지 효율성이 우수하고 관리하기도 쉬우며 단색이기 때문에 페인트 또는 착색제를 덧칠할 필요가 없다.

211 창문 크기 측정하기

창문을 교체하는 가장 쉬운 방법은 바로 기존 창문과 같은 크기의 창문으로 갈아 끼우는 것이다. 이렇게 하면 창문 주변의 트림을 그대로 유지할 수 있다. 창문 양식에 따라 오래된 내부 트림을 제거하고, 개구부의 크기를 다시 재는 것이 도움이 된다. 제조사가 측정 방법을 구체적으로 제공하는 경우 그에 따라 창문의 치수를 재면 된다.

기존 창문의 폭을 재려면 먼저 세로 기둥에 테이프를 대고 반대편 세로 기둥(세로 기둥에 붙어 있는 나뭇조각인 스톱 몰딩이나 칸막이용 비드가 아님)까지의 거리를 측정한다.(❶) 더블 형 창문의 경우 새로운 제품으로 교체할 때 창문을 나누는 칸막이용 비드를 세로 기둥에서 제거한다.

창문의 위, 중간, 아랫부분의 폭을 모두 잰 다음 가장 작은 치수를 기준으로 새로운 창문을 고른다. 다음으로 창대(창문의 아래쪽에 있는 장식용 밑틀과 혼동하지 않도록 주의한다.)의 꼭대기에 테이프를 대고 창문의 높이를 잰다.(❷)

더블 형 창문의 경우 닫힌 창문이 닿는 나무판이 창대이다. 창대는 대개 물이 집 안으로 흘러들어오지 않도록 기울어진 모양이므로 경사면의 가장 높은 곳에서부터 인방(칸막이용 비드가 아님)까지의 전체 높이를 재는 것이 중요하다. 창문의 오른쪽, 가운데, 왼쪽 높이를 모두 잰 다음 가장 작은 치수를 기준으로 한다.

기존 창문의 치수를 모두 측정한 후에는 최종 수치의 값을 조금씩 줄여야 새로운 창문을 수월하게 설치할 수 있다. 전문가에 따르면 폭은 약 0.6cm, 높이는 약 1.27cm씩 줄여야 새로운 창문이 너무 커 설치하다가 망가뜨리는 일을 예방할 수 있다고 한다. 교체용 창문은 쇠기로 크기를 조절할 수 있으며 남는 공간에는 단열재를 채워 넣으면 된다.

기존 창문의 개구부가 완전히 수평이거나 직각을 이루고 있지 않은 경우도 흔한데, 교체할 창문이 기존 창문과 딱 맞아떨어져야 한다는 점을 반드시 기억하자.

대부분의 제조사가 표준 규격에 맞는 창문을 판매하고 있다. 따라서 창문 개구부를 손볼 계획이 아니라면 측정한 수치와 가장 가까운 크기의 창문을 구입하면 된다.(일부 제조사는 고객의 요청에 따라 표준 규격 제품의 크기를 조금씩 조절해 제작하기도 한다.) 창문이 창문틀보다 살짝 작을 때는 쇠기를 이용해 크기를 맞추면 된다. 하지만 창문이 너무 크면 별도 작업이 필요하다.

212 벽돌집의 금속 창문 교체하기

일반적으로 금속 창문은 벽돌로 만든 벽 안에 테두리를 박아 고정한다. 창문의 폭과 높이를 재려면 앞서 살펴본 방법대로 세 번에 걸쳐 치수를 잰다. 단, 폭을 잴 때는 벽돌의 끝에서 끝까지의 거리를, 높이를 잴 때는 맨 밑에 있는 벽돌에서부터 개구부 꼭대기에 있는 금속 상인방(문틀·창틀의 일부로 문·창문을 가로지르는 가로대)까지의 거리를 잰다. 벽돌 개구부가 창문 개구부보다 큰 경우도 있다. 이럴 때는 항상 작은 치수를 기준으로 교체용 창문을 선택한다.

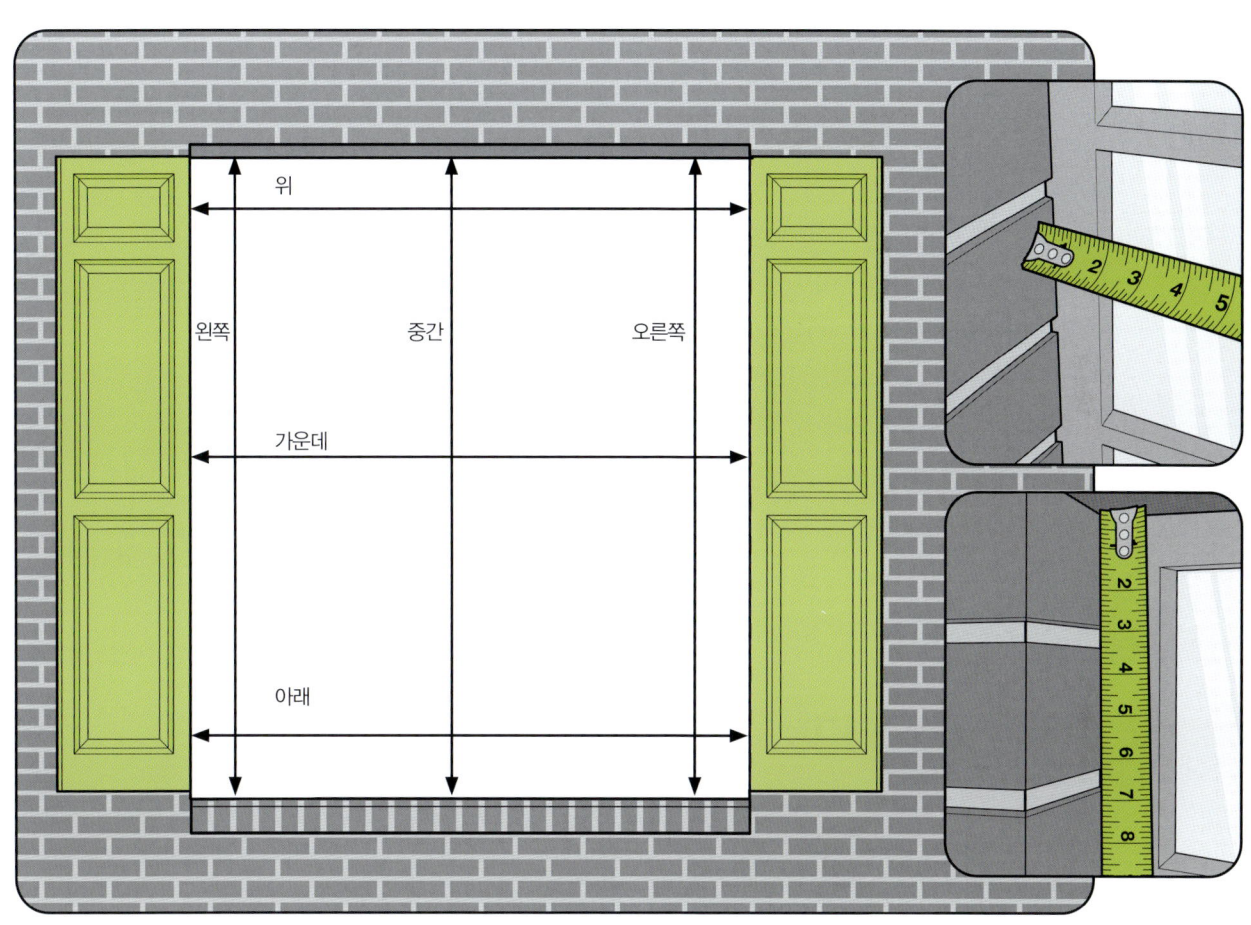

213 창문 교체는 설명서대로

적절한 도구와 충분한 목공 기술이 있는 사람이라면 혼자서도 창문을 교체할 수 있다. 하지만 이제 막 리모델링을 시작한 초보자라면 전문가에게 도움을 요청하는 것이 바람직하다. 창문을 엉터리로 설치하면 수평과 수직이 맞지 않아 더블 형 또는 슬라이더 창문을 제대로 열 수 없거나, 여닫이창의 창문이 창틀에 끌려 제대로 움직이지 않는 등 여러 가지 문제점이 발생할 수 있다. 더블 형 창문의 손잡이가 고장 나서 유리창이 열리지 않거나 틈 마개가 제 기능을 못해 창문을 닫았는데도 공기나 물이 집 안으로 들어올 수도 있다. 제품의 디자인이 저마다 다를 수 있으므로 전문가와 DIY 애호가 모두 제조사가 제공하는 설명서를 따른다.

214 창문에 트림 작업하기

트림을 더해 집 안 인테리어를 한층 더 고급스럽게 연출할 수 있다. 요즘에는 대부분의 건축 자재점에서 창문과 문에 설치할 수 있는 트림과 몰딩을 쉽게 구할 수 있다. 이러한 트림 제품은 크기와 길이가 다양하며 페인트 또는 착색제를 바른 소나무로 만든 것들이 많다. 프라이머 처리가 되어 있어 바로 페인트칠을 할 수 있는 제품 또한 나와 있다.

기본적인 트림 제품은 모서리에 이음 작업이 되어 있어 손쉽게 창문에 설치할 수 있다. 여기에 몇 가지 변형을 더하면 훨씬 더 정교하고 아름다운 장식용 트림을 만들 수 있다. 그림에 보이는 창문은 연장한 세로 기둥과 동그란 모양의 홈이 새겨진 케이싱, 모서리의 로제트 블록, 가운데에 있는 쐐기돌이 인상적이다.

215 세로 기둥 연장하기

세로 기둥을 연장하면 창문의 안쪽 틀이 늘어나 케이싱에 그림자가 진다.(장식으로 활용) 연장한 기둥의 앞쪽 가장자리는 반드시 벽의 전면과 평행을 이루어야 한다. 그래야 케이싱을 못 박아 고정할 수 있는 공간이 생긴다. 연장한 세로 기둥의 뒤쪽 끝이 창문의 움직임에 방해가 되지 않도록 주의한다. 연장한 부분은 창문 개구부의 옆과 위에 가는 못을 박아 고정한다. 연장 기둥을 설치하다 보면 몇 가지 실수를 하기 마련이다. 이럴 때는 나무로 된 쐐기를 이용해 개구부와 창문이 직각을 이루도록 한다.

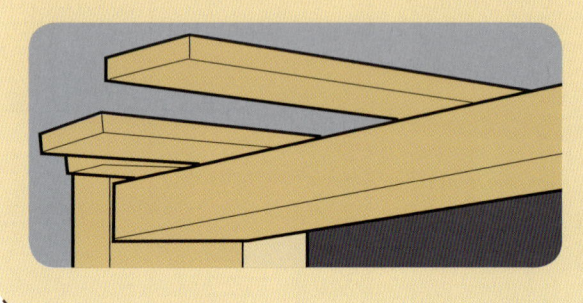

216 에이프런 설치하기

창의 밑틀 아래에 붙이는 트림을 가리켜 에이프런(apron)이라고 부르는데, 대개 페인트를 칠한 납작한 나무판을 이용한다. 아래 그림에 보이는 작업의 경우, 장식이 달린 브릭 몰드(brick-mold)를 활용했다. 에이프런의 양 끝을 연귀 이음해 완성도를 높였는데, 미리 못과 목공용 접착제로 붙인 후 설치했다. 이후 못 구멍을 모두 메우고 이음매를 봉한 후 페인트칠로 마무리했다.

1단계 에이프런의 양 끝을 연귀 이음해 완성도를 높인다.

2단계 에이프런을 밑틀 아래에 놓고 수평이 되도록 못 박는다. 밑틀이 에이프런보다 길어야 한다.

3단계 나사와 못 구멍을 막은 후 이음매를 코크로 봉한다. 필요한 부분에 프라이머와 페인트를 칠한다.

217 케이싱 작업하기

케이싱 장식으로 모서리에 약 8.9cm짜리 로제트 블록이 달린 나무 트림(측면에 세로로 홈을 냈다.)을 추천한다. 설치하기 전에 먼저 치수를 꼼꼼히 잰 후 부재가 실제로 잘 맞는지 대본다. 수평과 수직이 잘 맞는지 확인한 다음 세로 기둥에 케이싱을 고정한다. 모서리와 꼭대기 부분도 차례대로 못 박는다. 모든 케이싱과 모서리 부분에 가는 못을 박아 고정한다. 케이싱을 설치할 때는 (연장된) 세로 기둥을 완전히 가리는 대신 가장자리에 살짝 걸치도록 작업한다. 자를 활용해 리빌을 일정하게 유지한다.

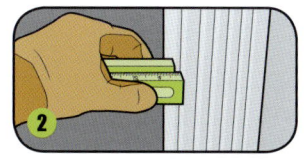

1단계 길이에 맞춰 케이싱을 자른 후 세로 기둥 위에 못질한다.

2단계 케이싱과 세로 기둥이 만나는 부분의 리빌을 일정하게 유지한다.

3단계 케이싱 위에 설치하는 로제트 블록의 중심을 맞춘 후 못으로 고정한다.

4단계 상단에 설치하는 케이싱이 블록과 수평을 이루도록 고정한다.

218 밑틀 위에 창문 올리기

밑틀을 만들려면 먼저 창문의 폭을 잰 다음 케이싱의 폭을 두 배로 곱한 값(창문의 양쪽에 케이싱이 들어가므로)을 더한다. 그런 다음 창문 양옆에 장식용 돌출 부분을 더할 수 있도록 측정한 치수에 약 5cm의 여유를 두고 절단한다. 케이싱이 돌출되지 않고 밑틀 위에 올라갈 수 있도록 밑틀이 창문 케이싱의 전면보다 살짝 튀어나와야 한다. 두께 1인치짜리 포플러 나무가 자르기 쉽고 구멍을 새기기도 좋으며, 가격도 저렴해 트림 작업에 적합하다.

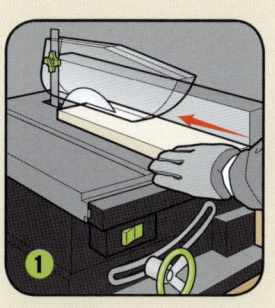

1단계 밑틀을 폭에 맞게 세로로 자른다.

2단계 밑틀의 옆과 앞부분에 장식 모양을 새긴다.

3단계 창틀과 벽에 잘 맞도록 치수를 잰 다음 실톱으로 가장자리 모서리를 정사각형 모양으로 자른다.

4단계 납작한 나무못과 목공용 접착제로 창턱에 밑틀을 설치한다. 수평을 이루는지 확인하고 바닥과 평행을 이룰 때까지 나무 쇄기로 조절한 다음 단단하게 고정한다. 밑틀과 창문 걸쇠 사이에 공간이 충분해야 한다.

219 현관문의 구조

현관문 또는 바깥문은 나무나 섬유 유리 또는 강철로 만든다. 대부분의 현대식 입구는 단열 처리가 되어 있으며 문설주가 달려서 바로 설치가 가능하거나, 문틀이 없는 슬래브 형태로 판매된다. 가장 흔히 볼 수 있는 스타일로는 패널 도어, 창문이 달린 문, 목각 나무 등이 있으며, 셀 수 없이 다양한 방법으로 장식할 수 있다. 현관문에는 대개 팬라이트(문 위에 있는 창문) 또는 사이드라이트(양옆에 있는 창문)가 달려 있다.

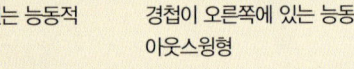

경첩이 왼쪽에 있는 능동적 아웃스윙형

경첩이 오른쪽에 있는 능동적 아웃스윙형

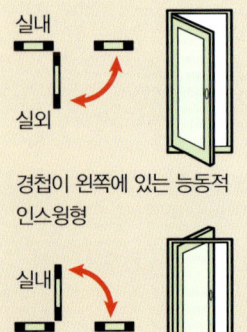

경첩이 왼쪽에 있는 능동적 인스윙형

경첩이 오른쪽에 있는 능동적 인스윙형

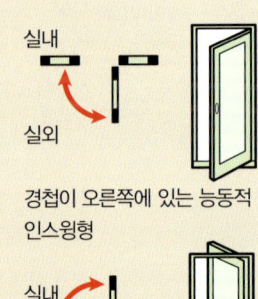
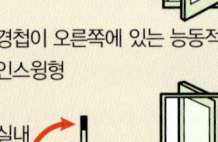

220 앵커 활용하기

실내에 설치한 문은 속이 텅 비어 있어 나사를 박아 물건을 걸면 무게를 견디지 못한다. 그래서 문에 사진이나 거울, 고리 등을 걸기 어렵다. 속이 텅 빈 문에 물건을 걸려면 특수한 중공용 앵커가 필요하다.(❶) 문에 뚫은 예비 구멍 안에 플라스틱 앵커가 들어가는 형태다.(❷) 앵커를 집어넣고 나면 작은 열쇠 같은 도구를 이용해 구멍 안에서 앵커 받침대가 펼쳐지게 한다.(❸) 이때 토글 볼트처럼 받침대가 앵커를 문에 고정한다. 그런 다음 나사를 앵커 안에 넣고 조인다.(❹❺)

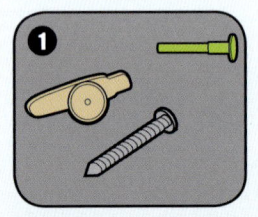
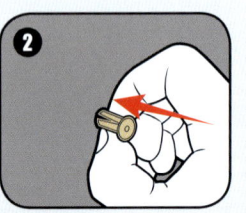

221 실내 문의 종류

실내에 설치하는 문은 대개 속이 텅 비어 있어 가볍고 가격이 싸며, 단열 처리를 할 필요가 없다. 슬래브 또는 바로 설치가 가능한 형태로 판매되며, 모양이 다양해 취향에 따라 고를 수 있다. 플러시 도어와 패널 도어가 가장 인기 있으며, 경첩을 달아 열고 닫는 기본적인 방법 외에도 다양한 방식으로 문을 열 수 있다. 포켓 도어(쪽 미닫이문)는 열었을 때 한쪽 문이 다른 쪽 문 안으로 들어가 보이지 않는다. 농장 스타일의 문은 위쪽에 바퀴를 달아 문이 굴러가는 형태다. 이중문은 대개 옷장이나 방을 분할하는 용도로 쓰이는데, 가운데가 접히는 바이폴드 도어(접이문), 한쪽 문을 다른 쪽 문 앞으로 밀어서 여는 바이패스 도어(미닫이문), 또는 창문 라이트를 끼워 넣은 프레시 도어 등이 있다.

패널 도어

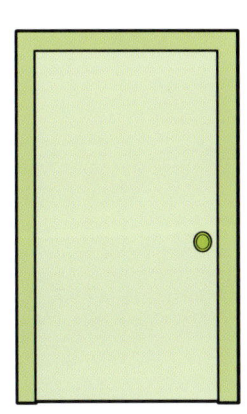
플러시 도어

프레시 도어

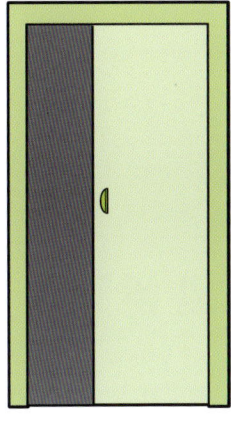
포켓 도어

바이패스 도어

바이폴드 도어

222 새로운 문 설치하기

드라이버만 있으면 손쉽게 덧문이나 스크린 도어를 금속 틀에 설치해 별도의 외부 문으로 활용할 수 있다. 현관문을 열면 덧문이나 스크린 도어를 통해 공기와 빛이 집 안으로 들어온다.

223 알맞은 문 고르기

하루에 몇 개의 문을 지나는지 생각해본다면 문이 얼마나 중요한지 금방 알 수 있다. 시중에는 표준 규격에 맞춘 문이 나와 있다. 하지만 원하는 크기대로 문을 제작하는 것 역시 가능하다. 문을 고를 때는 문이 열리는 방향에 특히 주목해야 한다. 문을 타고 들어오는 공기 흐름에 큰 영향을 끼치기 때문이다.

224 스톱 몰딩

창문에는 표준 규격이 있지만, 교체할 창문을 고르고 난 후에는 기존 창문을 떼어내기 전에 치수가 맞는지 한 번 더 확인하는 것이 현명하다.

대부분의 창문은 양옆에 붙어 있는 스톱 몰딩을 활용해 제자리에 고정한다. 오래된 창문을 떼어내려면 가장 먼저 스톱 몰딩을 제거한다. 실외용 스톱 몰딩은 바깥에서, 실내용 스톱 몰딩은 안에서 제거한다. 망치와 퍼티 나이프, 쇠지레를 이용해 오래된 스톱 몰딩을 제거한다. 스톱 몰딩을 떼어낸 후 낡은 창문을 창틀에서 조심스럽게 밀면 쉽게 빠진다.

225 새로운 창문 끼워 넣기

오래된 창문을 떼어내고 나면 창틀을 깨끗이 청소한다. 창문 케이싱과 창틀받침, 창틀의 목재 부분이 썩지 않았는지 살펴보고 수리한다. 그런 다음 제조사의 설명서를 잘 읽어보고 창문 설치 방법을 익힌다. 창문이 개구부에 잘 맞도록 도와주는 연장 문틀 등 여러 가지 자재가 포함되어 있다면 먼저 조립한 후 창문을 설치한다.

경사진 문틀 위에 창문을 설치해야 할 때는 문틀 위에 나무로 된 블록을 함께 설치해야 창문을 지탱하고 수평을 유지할 수 있다. 유리창을 닫고 잠근 상태에서 교체할 창문을 살짝 기울여 개구부 안으로 집어넣는다. 그 후 문틀(또는 나무 블록)에 창문 아래쪽을 끼워 넣는다.

226 창문의 수직과 수평

교체할 창문의 수직과 수평이 맞지 않으면 제대로 열거나 닫을 수 없을뿐더러 가장자리에서 물이나 공기가 들어올 수도 있다. 양옆이 수직을 이루는지 확인한다.(❶) 또한 아랫부분이 수평을 이루는지도 살펴본다.(❷) 직각을 이루는지 점검하려면 양쪽 대각선을 잰 다음 길이가 일치하는지 확인한다.(❸) 모든 고정점과 조정이 필요한 부분에는 쐐기를 활용해 창문을 제자리에 고정한다.(❹)

창문이 수평, 수직, 직각을 이루었다면 (창문과 함께 들어 있는) 설치용 나사를 세로 기둥에 미리 만들어놓은 구멍 안으로 박는다.(❺) 너무 세게 조이면 창문이 휘어져 제대로 움직이지 않을 수 있으니 조심한다. 나사를 박은 후에는 유리창이 잘 열리고 닫히는지 확인한다.

창문과 창틀 사이에 약 0.3cm 이상의 틈새가 있다면 안쪽에 단열재를 채워 넣는다. 창문과 문에 쓸 수 있게 나온 스프레이 형태의 발포 고무라면 유리창의 움직임을 방해하지 않으니 사용해도 좋다. 새로운 스톱 몰딩을 설치한 후 취향에 따라 코크와 페인트 작업을 한다.(❻)

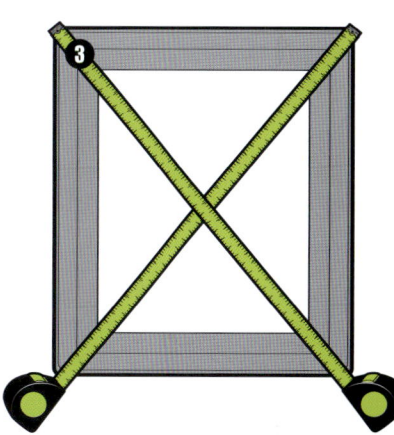
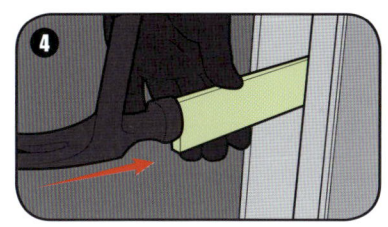

227 벽돌집의 창문 설치

벽돌을 쌓은 벽에 금속 창문이 설치되어 있는 경우, 벽돌 뒤에 못을 박을 수 있는 테두리가 있다. 따라서 유리창을 떼어내고 코크를 모두 잘라 테두리를 꺼내야 한다. 창문 크기를 유지하는 경우 벽돌은 그대로 두어야 한다. 먼저 노출된 나무틀에 비를 막아주는 테이프를 붙인 후 새로운 창문을 설치한다.

228 조립식 문 설치하기

처음으로 집을 방문하는 손님에게 좋은 인상을 심어주고 싶다면 집의 첫인상인 현관문을 새로 바꿔보자.

1단계 오래된 문의 경첩을 풀고 문틀에서 문설주를 고정하고 있던 긴 경첩 나사를 푼다. 문턱에 있는 나사와 스트라이크의 볼트를 푼다. 날카로운 칼로 문설주 주변의 (코크로 마무리한) 이음매를 모두 자른다. 안쪽에서 케이싱을 꺼내거나 바깥에서 벽돌 몰딩을 제거해 문설주를 떼어낸다. 문틀이 빡빡할 경우 양면 톱의 긴 톱날을 문설주와 문틀 사이에 끼우고 남아 있는 파스너를 자른다. 이제 고정된 곳이 없는 문을 살짝 기울여 개구부에서 문을 꺼낸다.

2단계 개구부에서 문설주를 떼어낸다.

3단계 개구부의 모서리가 직각을 이루고 있는지 확인한다. 양쪽 대각선의 길이를 비교해 다시 한번 확인한다. 개구부의 높이는 문틀보다 약 1.27cm 높아야 하며, 너비는 문틀보다 약 1.27~2cm 넓어야 한다. 수평기로 문틀과 벽이 수평을 이루고 있는지 확인한다.(앞에서 뒤로, 왼쪽에서 오른쪽으로) 수리가 필요한 부분은 쇄기용 판자를 끼워 넣거나 스터드를 조절해 문제를 해결한다. 바닥 아래에 있는 속 바닥도 수평을 이루고 있는지 또 단단한지 확인한다. 구멍이 난 부분은 상황에 따라 긁어내거나 사포로 문지르고 메꾸어 마무리한다.

4단계 가로대를 설치해야 할 때는 먼저 문을 평평한 곳에 눕힌다.(문이 긁히지 않도록 바닥에 담요 등을 깐다.) 문 맨 윗부분과 가로대의 밑면에 실외용 가요성 실런트를 듬뿍 바른다.

5단계 문 위에 가로대를 얹은 후 문설주와 잘 맞는지 확인한다. 클램프를 사용하거나 조수에게 부탁해 이음매를 고정한 상태에서 금속 못 박이판에 못을 박아 가로대와 문설주를 고정한다. 더욱 단단하게 연결하려면 짧은 암수 나사로 문설주에 못을 박고, 금속판의 모든 구멍을 메운다.

6단계 속 바닥에 실런트를 넉넉하게 바른다.(벽돌 몰딩의 뒷면이 조립되어 있지 않다면 코크로 고정한다.) 습기를 한층 더 완벽하게 차단하려면 개구부에 문지방을 설치한다.

7단계 문턱 위에 실런트를 바르고 개구부 안으로 문을 집어넣는다. 양쪽 문설주의 가운데에 나사를 박아 일시적으로 고정한다. 약 8cm짜리 나사를 사용하되 완전히 돌리지 말고 대충 못 박는다.

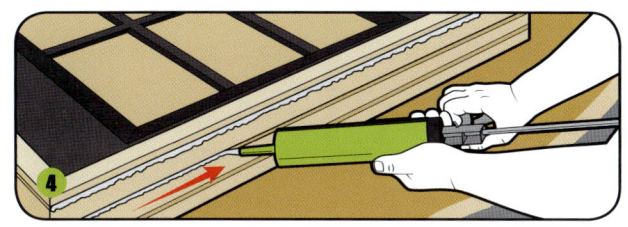

229 쐐기 활용하기

나무로 된 쐐기 한 쌍을 움직이거나 지탱하고자 하는 곳 사이에 끼워 넣으면 손쉽게 작업을 완료할 수 있다. 예를 들어 문을 설치할 때 쐐기를 활용하려면 문설주 양쪽에 쐐기를 넣어 가운데서 만나도록 한다. 틈새 깊숙이 쐐기를 끼워 넣으면 표면이 저절로 밖으로 튀어나온다. 평평한 작업 표면을 확보할 때도 쐐기를 활용할 수 있는데, 세모 모양의 쐐기 하나를 한쪽에 끼워 넣으면 마치 시소처럼 표면을 들어 올릴 수 있다.

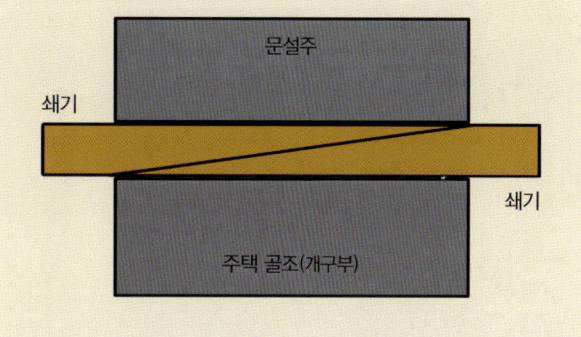

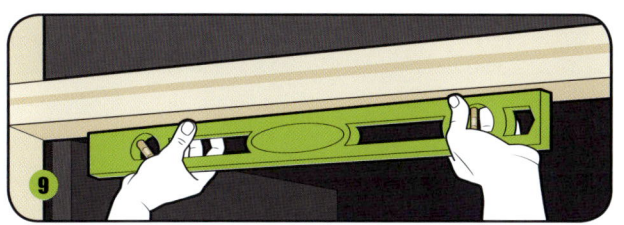

8단계 먼저 문이 제대로 열리고 닫히도록 경첩이 달린 문설주의 수평(양방향 모두)을 맞춘다. 수평기를 이용해 수평을 확인하고 필요에 따라 조절한다. 각 경첩이 있을 자리에 나사를 설치한다. 경첩 뒤와 나사 위에 쐐기를 박아 넣는다.(수평을 조절하는 동안 쐐기가 떨어지는 것을 나사가 막는다.) 세모 모양의 쐐기를 문설주 안으로 집어넣거나 바깥으로 빼내면서 경첩이 달린 부분이 수평과 일직선을 이룰 때까지 간격을 조절한다. 나사를 세게 조여 마무리한다.(가운데 나사를 먼저 조인 다음 위아래에 있는 나사를 조인다.)

9단계 틈 마개가 문에 제대로 달려 있는지 확인한다. 필요하다면 문틀을 조절해서 문의 위아래와 중간 부분이 틈 마개와 잘 맞닿게 한다.

230 이중문 설치하기

이중문을 설치하려면 다른 사람의 도움을 받아 문설주를 문틀 한가운데에 설치한다. 가는 못 또는 약 8cm짜리 나사로 문설주의 경첩과 문틀 기둥을 고정한다. 못이나 나사로 문을 고정한 상태에서 문설주가 수평과 수직을 이루고 있는지 확인한다. 필요한 경우 쐐기를 사용한다. 문설주와 문틀 기둥 사이의 경첩 위치를 비롯해 개구부가 직각을 이루는 데 필요한 곳에 쐐기를 사용한다. 문설주의 양쪽 대각선을 ×자 모양(모서리에서 모서리까지)으로 측정해 길이가 일치하는지 확인한다. 문짝 역시 위아래가 일치하는지 살펴보고 문짝 사이의 리빌이 일정한지도 점검한다.

231 문손잡이 달기

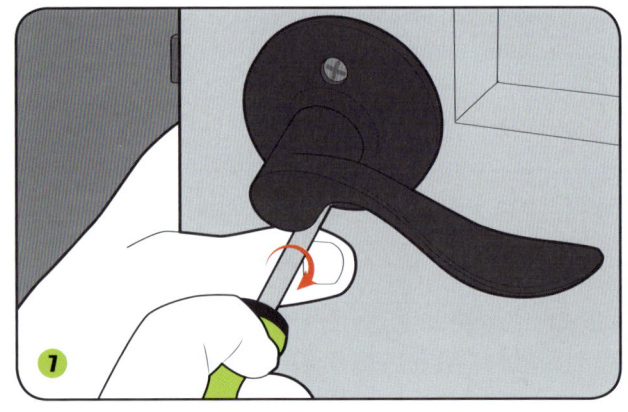

사람들이 별로 중요하게 생각하지 않는 요소지만, 사실 손잡이는 문의 전체적인 모양새에 큰 영향을 끼친다. 단순한 디자인 또는 오래된 손잡이를 모던한 스타일의 손잡이로 바꾸면 현관 분위기를 산뜻하게 꾸밀 수 있다.

열쇠 구멍이 미리 뚫려 있는 제품이라면 수월하게 설치할 수 있다. 하지만 미리 뚫어놓은 열쇠 구멍의 위치가 너무 낮아 걸쇠를 걸기가 불편한 경우도 종종 있다. 따라서 구멍의 높이와 손잡이에 동봉된 제품 설명서에 나온 높이를 비교한다. 손잡이 교체 작업은 다음을 참고한다.

1단계 오래된 문손잡이의 나사를 풀어 떼어낸다. 기존 구멍에 새로운 손잡이가 잘 맞는지 확인한다.

2단계 종이로 된 견본이 들어 있어 손잡이의 위치와 데드볼트(문틀에 걸리도록 도드라져 나와 있는 금속 부분. 손잡이나 열쇠를 돌리지 않는 한 움직이지 않는다.) 구멍을 쉽게 정렬하고 표시할 수 있는 제품도 있다. 견본이 없을 경우 제품 설명서에 따라 치수를 잰다.

3단계 손잡이나 데드볼트를 설치할 구멍이 없을 때는 원통 톱으로 구멍을 뚫는다. 제품 설명서를 잘 읽어보고 적절한 지름 치수를 확인한다. 약 2.54cm짜리 스페이드 비트로 구멍을 뚫는다.

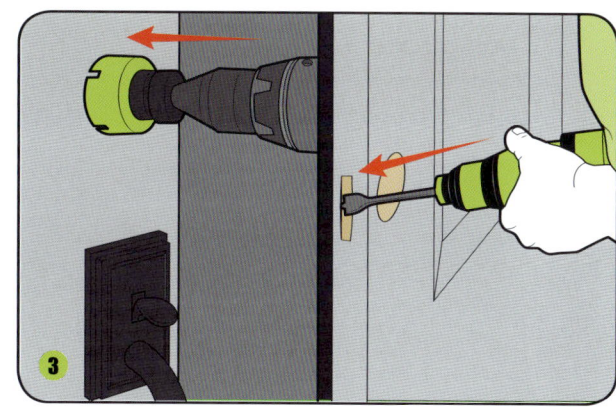
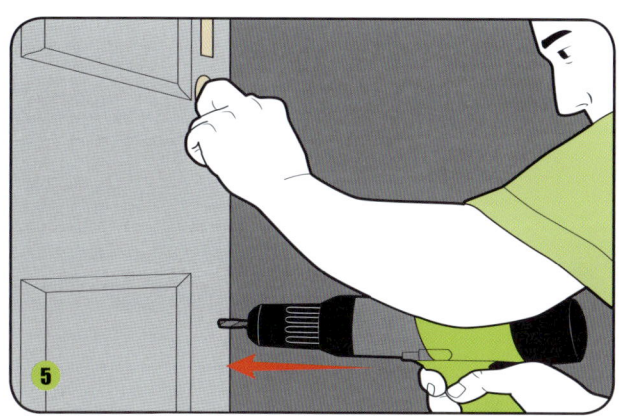
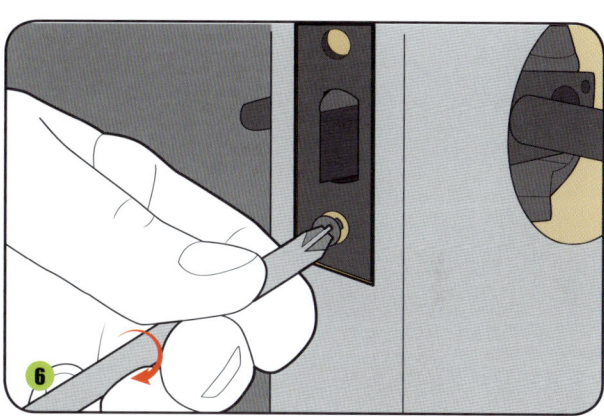
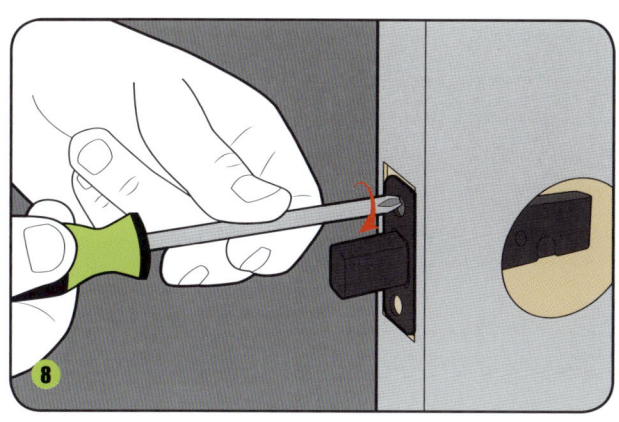
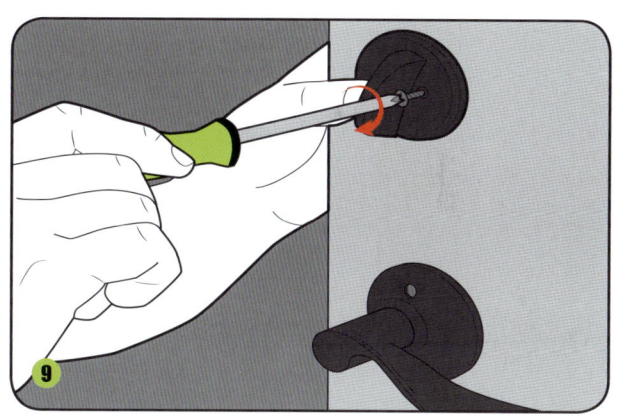

4단계 전 단계에서 새로운 손잡이 구멍을 뚫어야 한다면 걸쇠의 보호판을 걸 수 있는 장붓구멍이나 데드볼트를 끼워 넣을 구멍 또한 만들어야 한다. 연필로 보호판의 크기를 본뜬 후 목공용 끌과 망치로 불필요한 부분을 깎아 보호판이 들어갈 자리를 만든다.

5단계 손잡이 세트에 손잡이의 밑면과 문을 고정하는 관통볼트가 들어 있다면, 나선형 또는 브래드 포인트 비트로 장착 구멍을 뚫는다. 나무로 만든 문이라면 양쪽에서 구멍을 뚫어야 한다.

6단계 손잡이 장치를 문구멍 안쪽에 설치한 후, 축과 걸쇠가 일직선이 되도록 정렬한다. 나사 한 쌍으로 보호판을 4단계에서 만든 장붓구멍에 고정해 문 가장자리와 같은 높이가 되도록 맞춘다.

7단계 실내외 손잡이 2개를 서로 연결한다. 나사 2개만 있으면 대부분의 손잡이를 연결할 수 있다.

8단계 데드볼트와 받이판을 장착한다. 받이판(데드볼트와 연결한다.)과 함께 들어 있는 약 8cm짜리 나사 2개는 문설주와 주택 골조에 고정할 때 사용한다. 이 나사 덕분에 데드볼트의 고정력이 한층 더 높아진다.

9단계 볼트 2개만 있으면 데드볼트 위로 반으로 나뉜 부품을 연결할 수 있어 매우 편리하다. 아래쪽의 관통볼트(볼트가 손잡이 세트에 들어 있는 경우)를 설치하고, 안쪽 볼트 머리가 보이지 않도록 가리개를 씌워 손잡이 설치 작업을 마무리한다.

232 문에 트림 설치하기

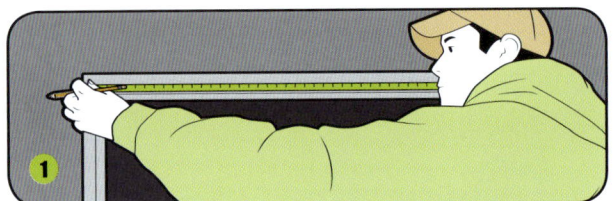

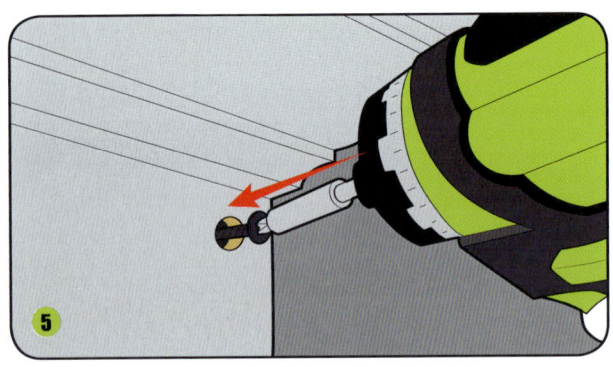

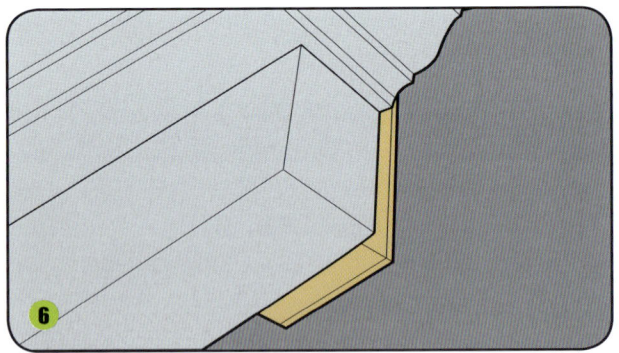

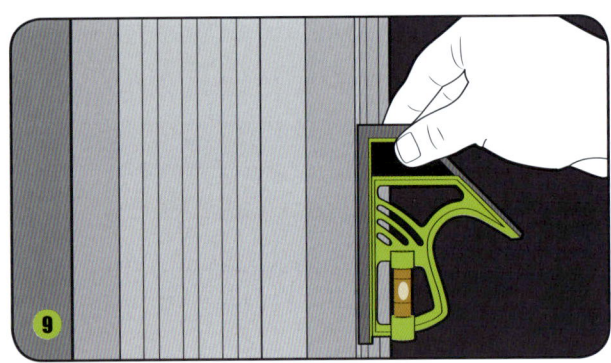

정교한 디자인의 트림 세트를 활용하면 쉽고 간단하게 현관문에 극적인 변화를 줄 수 있다. 트림을 하나씩 만드는 것도 좋지만, 미리 조립된 트림 세트를 사용하는 편이 훨씬 수월하다. 그림에 나온 4조각짜리 세트에는 홈이 파여 있는 우레탄 붙임 기둥과 크로스헤드(문 위에 부착하는 장식용 몰딩)가 들어 있다. 뒷받침 트림, 홈 장식이 있는 케이싱, 크라운 몰딩, 플린스 블록(창문 또는 출입문에 있는 문틀의 밑동을 잘라내고 벽의 굽도리로 대신한 부분) 등이 한 세트에 이미 준비되어 있는 것이다. 따라서 작업에 필요한 시간과 노력을 줄일 수 있다. 게다가 나무와는 달리 우레탄 소재는 가볍고 썩지 않는다는 장점이 있다.

1단계 트림을 구입하기 전에 먼저 현관문의 크기를 측정한다. 크로스헤드의 너비가 창문이나 문 또는 사이드 트림과 딱 맞아떨어질 때 가장 보기가 좋다. 문이 너무 좁다면 크로스헤드의 가운데를 자른 후 2등분한 부분을 접착제로 다시 붙여야 할지도 모른다. 반면 문이 너무 넓은 경우 크로스헤드 2개를 함께 사용한다.

2단계 트림 세트는 공장에서 프라이머 과정을 거친 후 판매된다. 설치하기 전에 미리 밑칠을 해두는 것이 좋다.

3단계 크로스헤드의 중간 지점을 표시해 정렬한다. 문설주 역시 같은 방법으로 표시한 후 크로스헤드와 문설주에 표시한 부분이 일치하도록 위치를 조절한다. 크로스헤드를 정렬할 때는 새로운 트림 부재와 기존 문의 문설주, 케이싱 사이의 리빌을 일정하게 유지한다. 위치를 잡은 후에는 파스너 구멍을 미리 뚫는다. 알맞은 파스너로 트림을 장착한다.

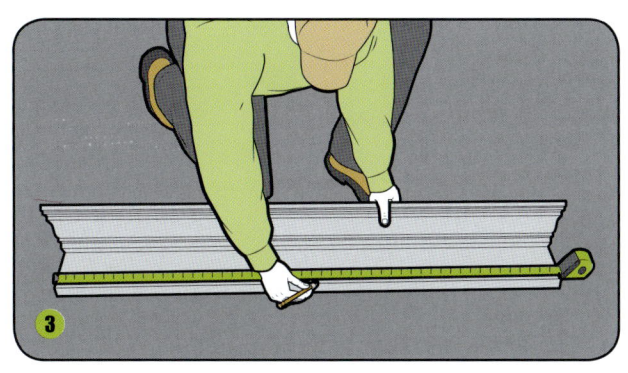
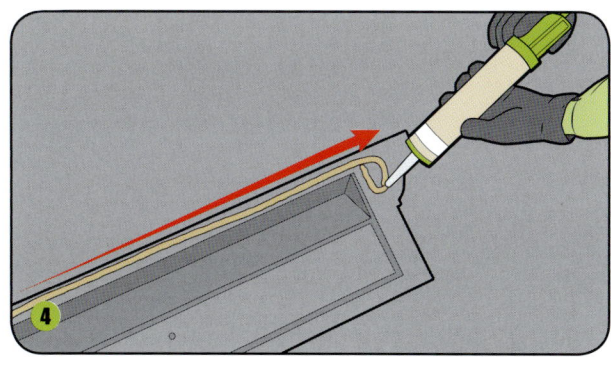
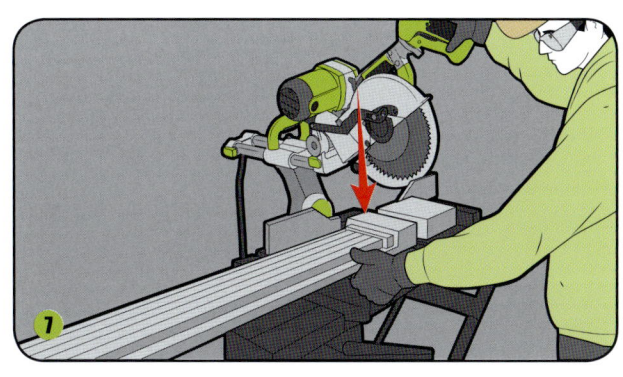
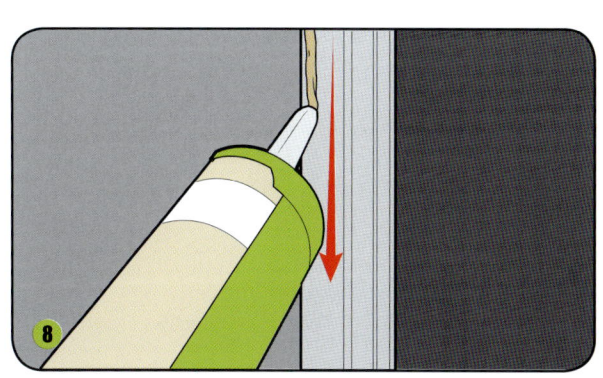

4단계 예비 구멍을 뚫은 후에는 크로스헤드를 뒤집고 벽이나 기존의 문설주와 만나는 가장자리에 폴리우레탄 접착제를 바른다.

5단계 크로스헤드를 다시 문 위 제자리에 놓은 후 가운데와 리빌을 정렬한다. 그런 다음 벽에 나사로 고정한다.

6단계 필요한 경우 크로스헤드의 뒤쪽에 있는 나사 위치에 쐐기를 끼워 넣어 평평하고 단단하게 고정한다.

7단계 크로스헤드의 한쪽 끝과 땅 사이의 거리를 잰 후 그에 맞춰 2개의 붙임 기둥을 자른다. 각 붙임 기둥은 바닥에 플린스 블록이 달려 있어 문 높이에 따라 자를 수 있다.

8단계 크로스헤드와 마찬가지로 폴리우레탄 접착제와 나사를 이용해 붙임 기둥을 설치한다.

9단계 트림의 리빌 부분이 일정하도록 신경 쓰면서 최대한 깔끔하고 균일하게 설치한다.

10단계 붙임 기둥의 안쪽 가장자리에 바른 접착제가 마르는 동안 마감못으로 고정한다.

11단계 트림 세트에는 대개 중앙에 놓는 쐐기돌이 들어 있다. 쐐기돌은 2개의 크로스헤드를 연결해야 할 때 이음새 부분을 가릴 수 있는 장식용 부재다. 문 위쪽 공간이 부족할 경우 쐐기돌을 제외해도 좋다. 주변 환경에 따라 트림 세트에 들어 있는 부재를 응용해서 사용해보자.

12단계 같은 색의 플라스틱 목재용 필러로 파스너 구멍을 모두 막는다. 필요하면 사포로 문지르고 이음매는 모두 페인트를 칠할 수 있는 실외용 실런트로 봉한다. 수정용 페인트를 덧칠해 작업을 마무리한다.

233 수도꼭지 교체하기

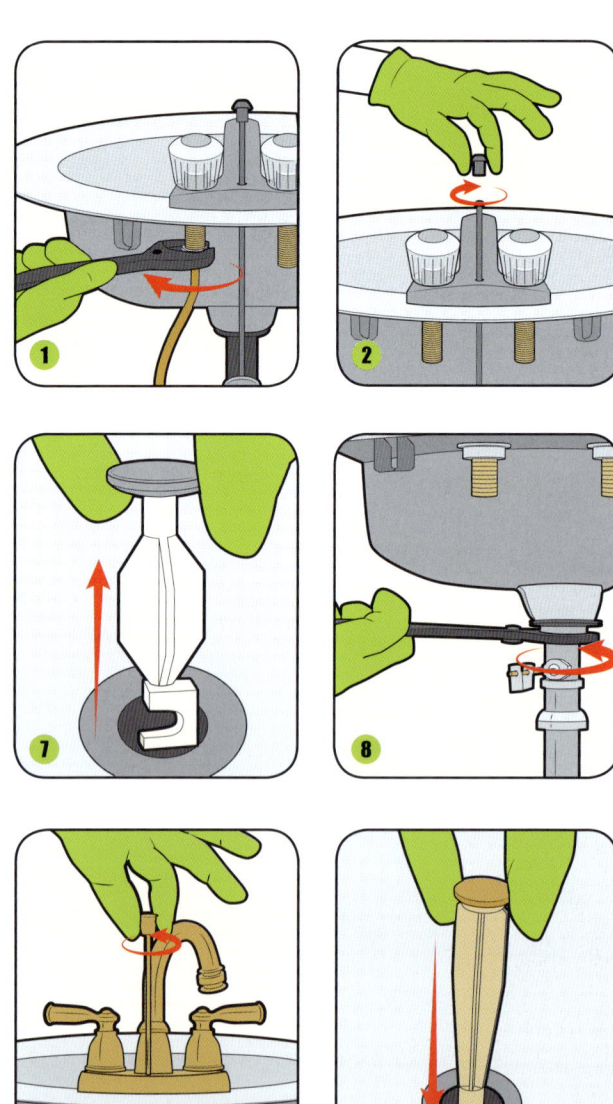

새 수도꼭지로 인테리어에 변화를 주고 물을 절약할 수도 있다. 크롬이나 오일을 바른 듯한 황동, 담백한 분위기의 니켈 등 다양한 종류의 수도꼭지 중에서 고를 수 있어 모던한 분위기와 클래식한 인테리어를 연출하는 데 유용하다. 수도꼭지 설치 작업은 비교적 쉽고 간단하다. 하지만 좁고 잘 보이지 않는 세면대(개수대) 아래에서 작업하기 때문에 처음 도전하는 사람에게는 어려울 수 있다. 다음에 소개하는 수도꼭지 설치 방법을 참고하면 도움이 된다.

1단계 수도를 잠근 후 렌치로 수도꼭지 레버 아래에 있는 수도관과 윙너트의 나사를 푼다.

2단계 배수관 리프트 로드의 윗부분에 있는 나사를 푼다.

3단계 수도꼭지를 뺀다. 살짝 잡아당기면 쉽게 빠지는데, 먼저 오래된 코크를 떼어내야 하는 경우도 있다.

4단계 남아 있는 오래된 실런트 또는 퍼티를 기름 제거제로 닦는다.

5단계 수도꼭지와 구멍 사이에 들어가는 플라스틱 개스킷의 가장자리를 따라 배관용 퍼티를 바른다. 개스킷을 구멍에 고정한다.

6단계 수도꼭지 몸통을 구멍에 끼우고 새로운 윙너트로 고정한다.

7단계 오래된 팝업식 배수 커버를 배수관 안에 있는 리프트 레버에서 푼 뒤 잡아당겨 빼낸다.

8단계 렌치나 펜치를 이용해 고정 너트를 풀어 배수관을 분리한다.

9단계 새로운 배수캡의 가장자리 아래에 배관용 퍼티를 바른 후 배수

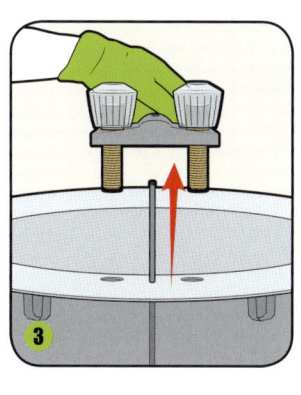

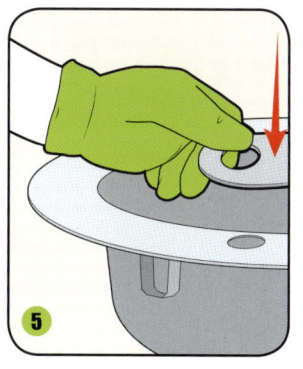
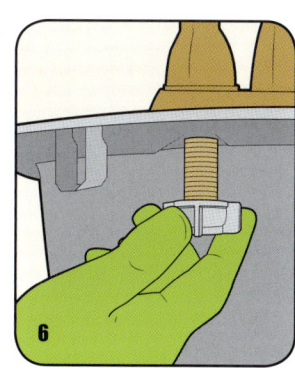

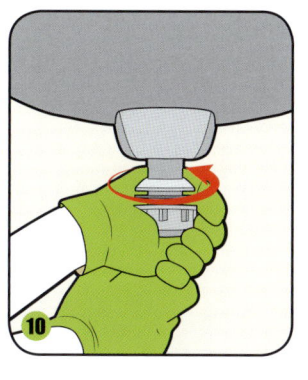
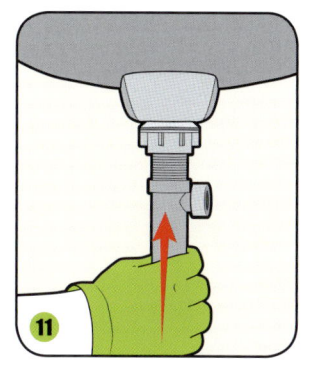
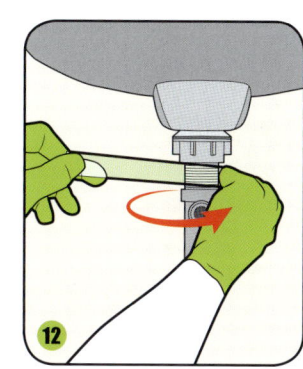
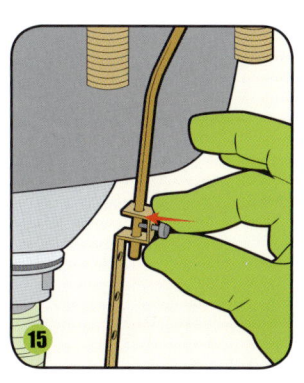
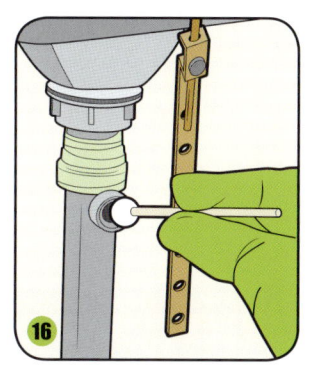

구 안에 끼워 넣는다.

10단계 고무 개스킷이 있는 배수구 아래에서 배관 시스템의 암수 부품을 조립한다. 조립 전에 배관용 실런트를 먼저 바른다.

11단계 새로운 고정 너트를 사용해 배수관과 개스킷을 밑에서부터 배수캡에 연결한다.

12단계 배수관을 리프트 레버 구멍에 맞춘다. 배수관을 테플론 테이프 또는 셀프 퓨징 테이프로 고정한다.

13단계 리프트 로드를 새로운 수도꼭지 윗부분에 설치한다.

14단계 새로운 배수 커버를 안으로 집어넣는다.

15단계 엄지 나사로 리프트 로드에 연장 암(extension arm)을 조립

한다.

16단계 수도꼭지의 리프트 레버를 배수관 안에 조립한다. 레버의 짧은 쪽(볼 가까이에 있음)을 새로운 배수캡의 고리 사이로 통과시킨다. 볼은 너트를 이용해 배수관 안에 고정한다.

17단계 레버의 긴 쪽을 배수 시스템에 가장 쉽게 연결할 수 있는 연장 암의 구멍 안으로 넣는다. 커플링 너트로 배수관을 P-트랩에 다시 연결한 다음 수도를 튼다. 이제 새로운 수도꼭지를 마음껏 사용할 차례다.

234 샤워 수도꼭지 고치기

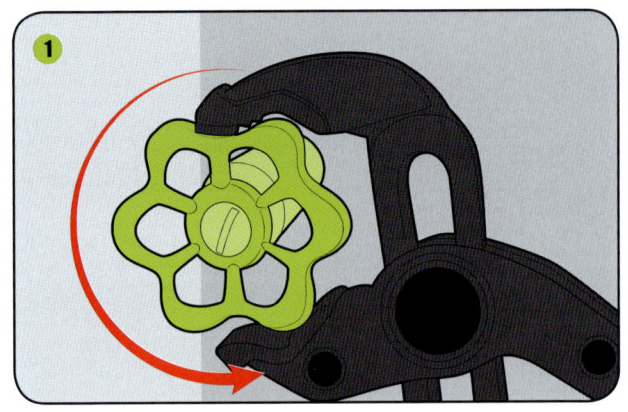

욕조 또는 샤워 꼭지에 물이 샌다면 손잡이에 문제가 있는 경우가 많다. 손잡이는 물의 흐름을 관리하는 밸브를 잠갔다가 여는 역할을 한다. 이러한 밸브는 최대한 빨리 고치는 것이 좋은데, 물이 똑똑 떨어지는 소리가 신경 쓰일 뿐만 아니라 매일 물을 낭비하는 셈이기 때문이다. 수리 작업은 비교적 간단하지만, 특수한 딥 소켓 렌치가 필요하다.

1단계 손잡이를 분리하기 전에 수도꼭지로 흐르는 물을 잠근다.

2단계 요즘 나오는 수도꼭지에는 대개 물을 밀봉하는 고무로 된 와셔가 달려 있다. 하지만 시간이 지나면 와셔가 느슨해져 물이 샐 수 있다. 이러한 문제점을 해결하려면 먼저 손잡이의 장식용 캡을 분리한다.(캡이 붙어 있는 경우도 있다.)

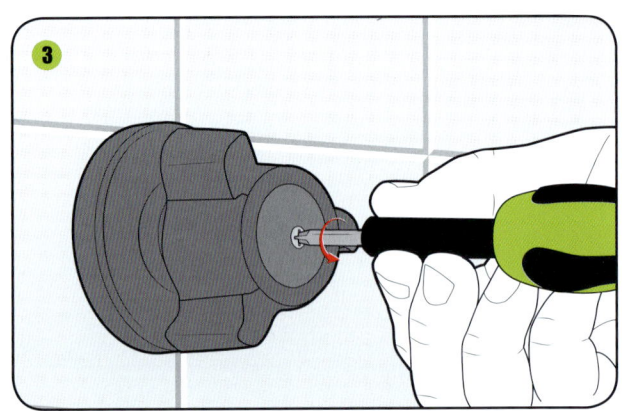

3단계 손잡이의 고정 너트를 제거하고 밸브 스템에서 손잡이를 잡아당겨 떼어낸다.

4단계 고정 너트로 고정한 장식 쇠를 떼어낸다. 밸브 스템에 붙어 있는 경우도 있는데, 장식 쇠 전체를 한꺼번에 떼어내면 된다. 벽에 붙어 있는 코크를 모두 잘라 제거한다. 꽉 조여져 있는 장식 쇠는 스트랩 렌치로 돌려서 푼다.

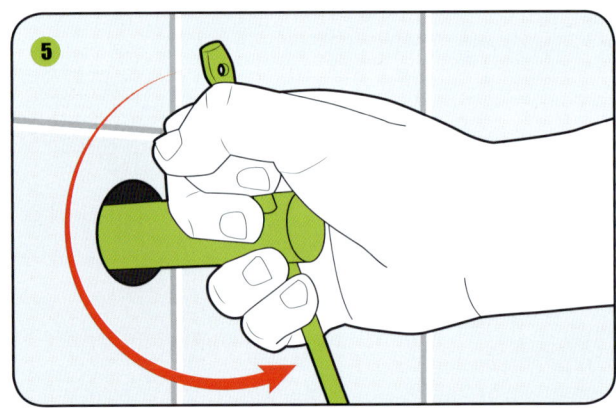

5단계 벽 뒤에서 밸브 스템을 고정하는 보닛 너트를 풀려면 특수한 렌치가 필요하다. 딥 소켓 샤워 밸브 렌치로 보닛 너트를 잡고 돌려 제거한다.

6단계 벽에서 밸브 스템을 꺼내 시트 와셔와 고정 나사를 밖으로 뺀다. 나사와 오래된 시트 와셔를 제거한다. 열에 강한 수도꼭지용 그리스를 칠한 새 부품으로 교체한다. 올바른 크기와 모양의 시트 와셔를 밸브 스템에 넣는다. 밸브 스템이 잘 조립되었다면 샤워 손잡이를 틀어 물이 잘 나오는지 확인한다.

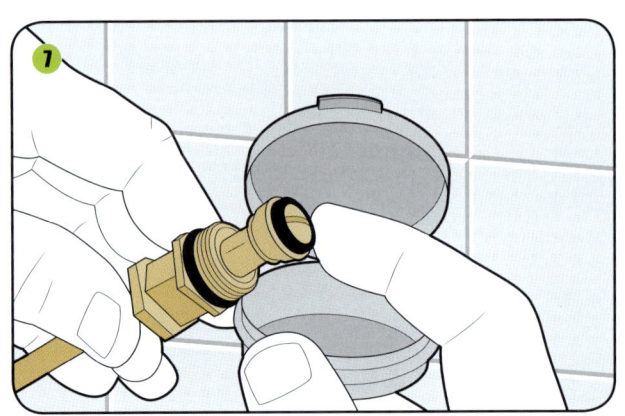

7단계 금속으로 된 밸브 스템이 닳거나 낡으면 새것으로 교체한다. 밸브 스템을 구입할 때는 뜨거운 물과 차가운 물을 뜻하는 H 또는 C로 시작하는 모델 번호를 잘 확인한다. 모델 번호에 따라 손잡이를 돌리는 방향이 달라진다. 하나씩 구입하며 조립하는 동안 섞이지 않도록 주의한다. 고무로 된 시트 와셔에 내열성 수도꼭지 그리스를 칠한 후 밸브 스템에 조립한다. 샤워 헤드의 연결 부위와 배관 입구에서 물이 샌다면 테플론 테이프를 감아 누수를 막는다.

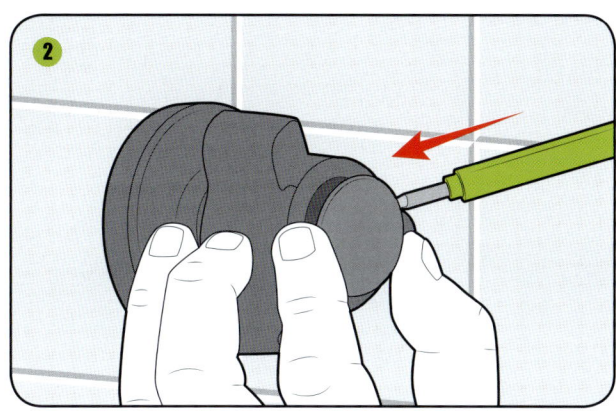

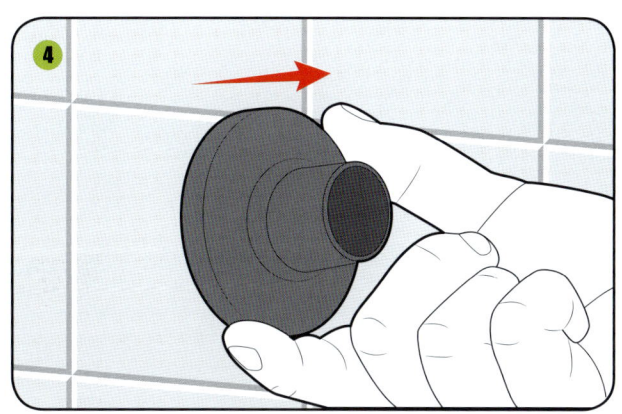

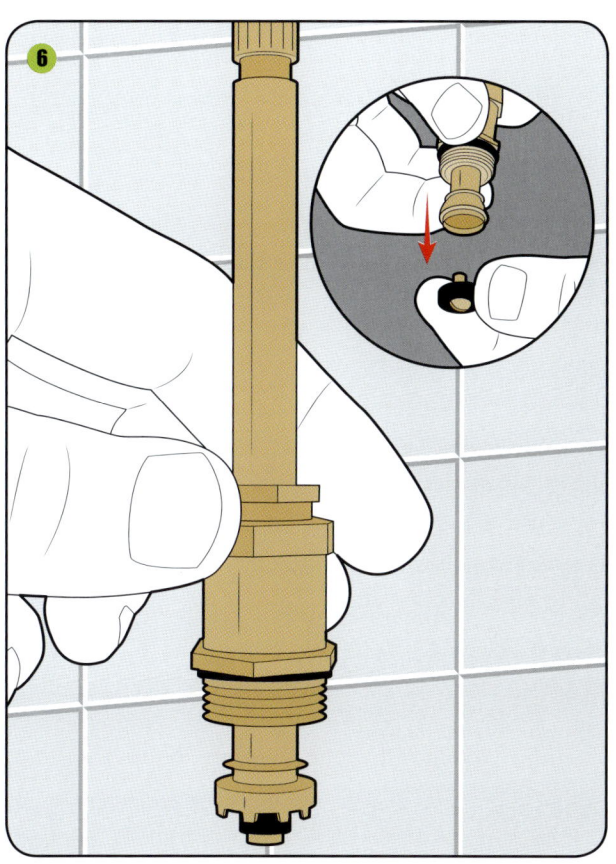

전문가의 팁

손잡이가 하나인 욕조와 샤워 꼭지 수리하기

앞서 살펴본 방법과 매우 비슷한 순서로 손잡이가 하나 달린 수도꼭지를 수리할 수 있다. 먼저 손잡이와 스테인리스강 슬리브 또는 장식 쇠를 분리한다. 밸브 카트리지는 일반적으로 U자 모양의 클립으로 고정되어 있는데, 니들 노즈 펜치로 천천히 꺼낸다. 오래된 밸브 카트리지를 꺼낸 후 같은 부품으로 교체한다. 클립을 다시 끼워 넣은 후 슬리브와 손잡이를 교체한다.

235 밸브 세트 구입하기

샤워 밸브 세트에는 욕조나 샤워 밸브를 분리할 때 필요한 슈퍼 딥 렌치가 들어 있다. 양면을 모두 사용할 수 있는 렌치로 기본 배관용 파스너 10가지를 다룰 수 있어 가정용 샤워기와 욕실 밸브를 고치는 데 매우 유용하다. 철물점에서 렌치 세트를 구입할 수 있다.

236 변기 설치하기

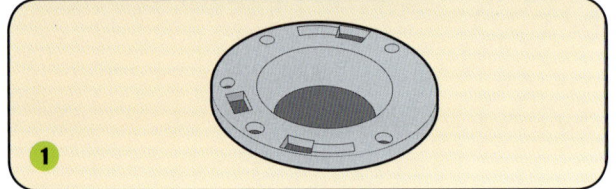
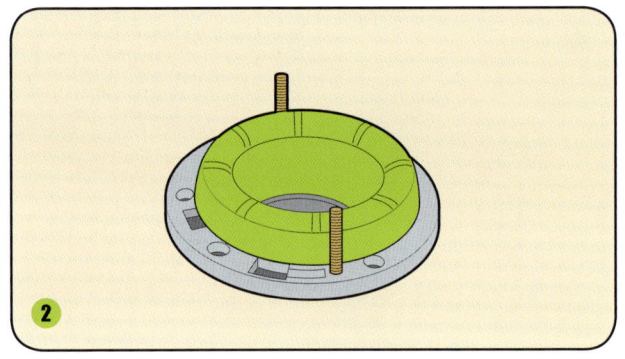
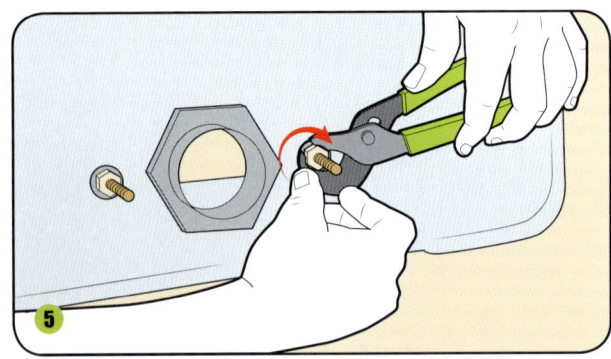
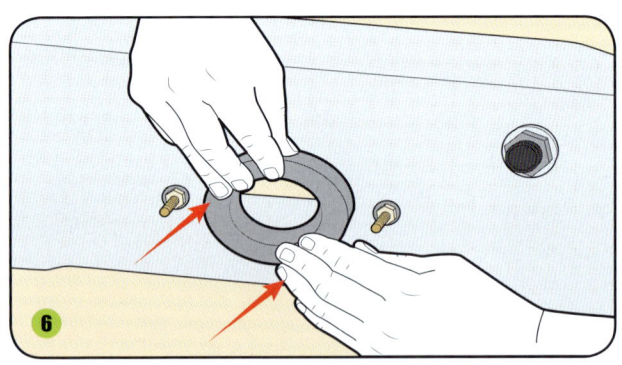
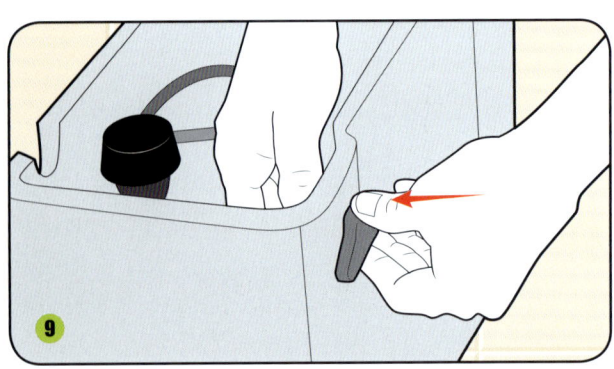
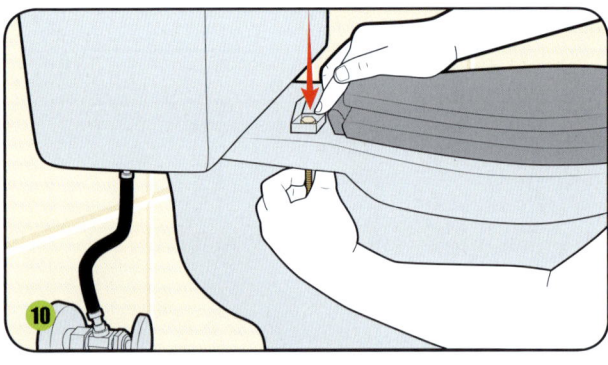

집에 있는 변기가 오래되어 수리가 필요하다면 아예 새 변기로 교체하는 편이 더 저렴할 수 있는데, 특히 직접 변기를 교체하는 경우가 그렇다. 변기 교체 작업은 비교적 간단하고 쉬워 몇 가지 단계만 거치면 금방 완료할 수 있다. 새로운 변기를 설치할 때 새로운 개스킷과 약 0.79cm짜리 볼트 2개를 준비해야 바닥 플랜지에 변기를 장착할 수 있다. 필요한 부품 대부분은 새로운 변기를 구입하면 함께 들어 있다.

1단계 물을 잠근 후 변기 물을 내린다. 양동이나 천을 이용해 수조와 변기 안에 남아 있는 물을 모두 뺀다. 펜치 또는 작은 파이프 렌치 2개로 배수관과 수조의 왼쪽 아래에 있는 볼 코크 밸브를 연결하는 너트를 푼다. 멍키 렌치로 변기를 바닥 플랜지와 연결하는 너트 2개를 푼다. 너트를 풀고 나면 오래된 변기를 들어 올린다. 낡은 개스킷 자재를 긁어내면 배수 플랜지가 보인다.(새 변기를 장착할 받침이 된다.) 오래된 볼트는 버린다.

2단계 새로운 볼트 2개를 밖으로 드러난 플랜지 옆에 있는 구멍 안에 넣는다. 볼트의 머리가 플랜지 안쪽으로 향하도록 한다. 볼트 2개가 마주 보도록 똑바로 놓는다. 그런 다음 새로운 변기 개스킷(왁스 링)을 플랜지 위에 놓는다. 납작한 부분이 위를 향하도록 한다.

3단계 변기를 개스킷 위에 똑바로 내려놓는다. 변기 양옆에 있는 구멍 사이로 볼트가 나와 있는지 확인한다. 변기를 눌러서 개스킷과 플랜지 사이에 왁스가 잘 붙도록 한다.

4단계 와셔와 너트를 튀어나온 볼트에 끼운 후 조인다. 변기에 금이 가지 않도록 주의한다.

5단계 설치용 볼트를 수조 아래에 있는 작은 구멍 사이로 집어넣는

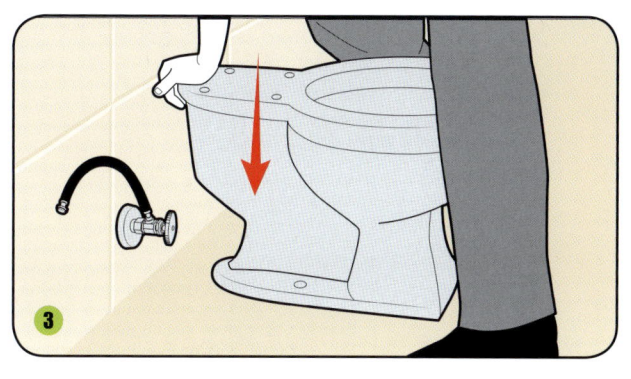
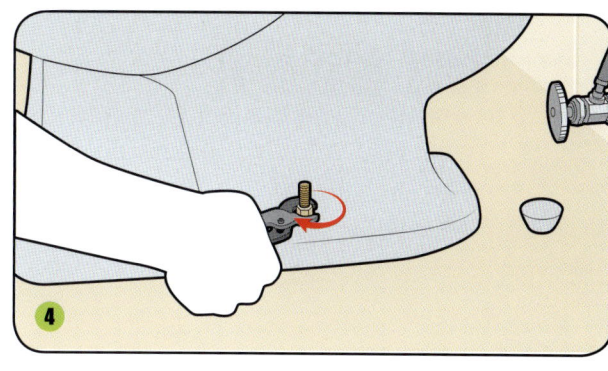

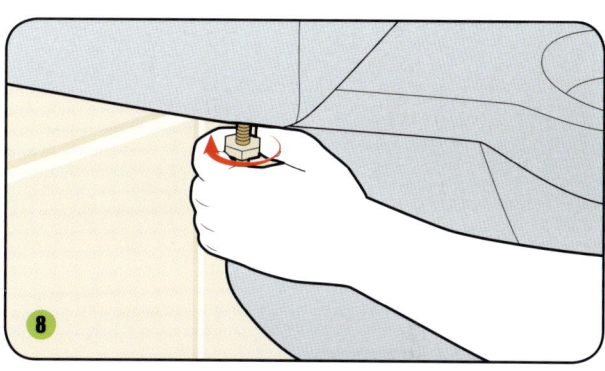
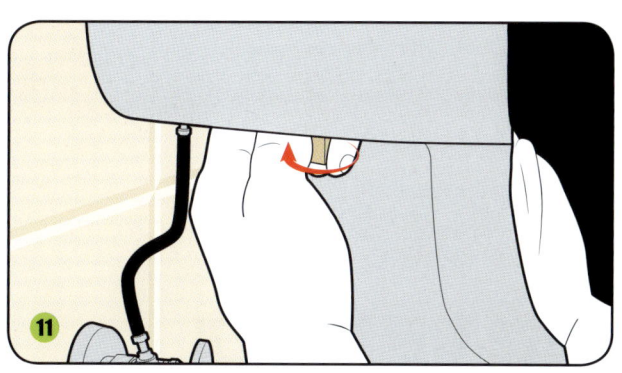
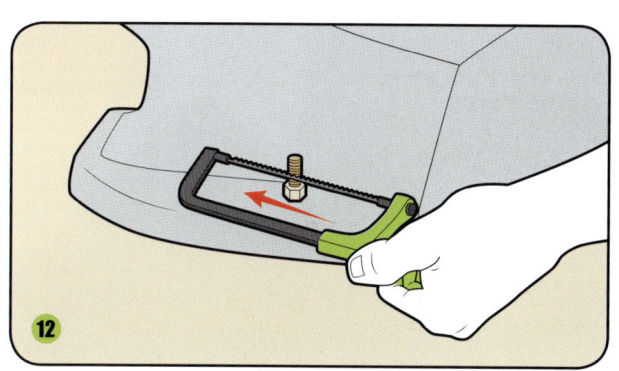

다. 고무 와셔를 볼트 머리 바로 아래에 끼워 물이 새지 않도록 한다. 수조 아래에 있는 볼트에 너트와 와셔를 끼운 후 단단히 조인다.

6단계 변기 위로 올릴 수조 주변에 있는 배출관 위로 스펀지-고무 개스킷을 조립한다.

7단계 변기 위에 수조를 올린 후 변기의 볼트 구멍 안에 볼트를 끼워 넣어 개스킷이 수조와 변기 사이에 오도록 한다.

8단계 금속 와셔와 너트를 수조 바닥에 있는 볼트에 끼운다. 수조가 수평이 되도록 잡은 다음 조인다. 멍키 렌치로 너트를 잡은 상태에서 각 볼트가 움직이지 않도록 드라이버로 고정한다.(너무 세게 조이면 수조가 깨질 수 있으니 주의한다.)

9단계 수조 구멍에 나사를 끼워 변기 손잡이를 리프트 암에 고정한다. 리프트 암과 수조의 플러싱 볼 또는 플래퍼의 사슬을 연결한다.

10단계 새 변기 뚜껑을 변기에 볼트로 고정한다.

11단계 벽이나 바닥 설비에서 수조 아래에 있는 급수 밸브로 물이 흐르도록 연결한다. 물을 틀어 새는 곳이 없는지 확인하고 여러 번 물을 내린다. 물이 내려가지 않으면 변기와 바닥을 연결하는 볼트를 조인다. 수조와 변기 또는 변기와 바닥 사이의 간격이 적절하지 않거나 흔들거리면 고무 쇄기를 활용해보자.

12단계 조립이 끝나면 설치용 볼트의 끝을 잘라 플라스틱 캡을 씌운다. 변기 바닥에 코크를 발라 물이 스며들지 않도록 봉하면 바닥을 보호하고 안정감을 더할 수 있다. 수조 뚜껑을 교체하면 변기 교체 작업이 끝난다.

237 합판 활용하기

디자인과 색상이 다양한 플라스틱 합판은 가격이 저렴해 부엌의 조리대와 화장실 세면대 등에 많이 쓰인다. 상상할 수 있는 모든 무늬를 구할 수 있을 정도로 디자인이 다양하다. 요즘 유행하는 스타일에서부터 오랫동안 사랑받는 대리석 무늬까지 나와 있어 취향에 따라 선택할 수 있다. 합판은 내구성이 좋고 가격이 합리적이며 설치가 쉬워 혼자서도 작업할 수 있다.

238 합판 설치 장소 정리하기

합판을 설치하기 전에 수도꼭지 같은 장애물을 떼어낸다. 새로운 합판을 덧대는 경우라면 오래된 합판을 사포로 꼼꼼히 문지르고 닦아내 잔여물과 오염 물질을 제거한다. 사포질로 윤이 나는 광택 코팅을 벗겨내고 표면을 거칠게 만들면 접착제의 흡착력을 높일 수 있다.

합판을 설치하기 전에 치수가 잘 맞는지 대보는 것이 중요하다. 합판의 뒷면에 마커로 (합판을 설치할) 조리대나 세면대의 모양을 본떠 그릴 수도 있다. 본떠 그린 선보다 조금 크게 자르는 것이 좋다.

대개 합판 가장자리는 직선이다. 그러므로 가능하다면 합판 가장자리를 서랍장 뒷면과 정렬해 벽과 만나도록 하는 것이 좋다. 실제 조리대(또는 세면대)의 모양대로 자르되 합판이 살짝 크도록 사면에 여유를 둔다. 남는 부분은 나중에 라우터로 정리하면 된다.

239 합판 절단하기

만능 칼로 쓸 수 있는 특수 블레이드나 회전 톱, 실톱 또는 톱날이 아주 자잘한 테이블 톱으로 합판을 자른다. 자르는 선에 마스킹 테이프를 붙이면 실수 없이 깔끔하게 절단할 수 있다. 전기 톱이나 실톱을 사용하는 경우에는 뒷면부터 잘라야 깨지지 않는다.

테이블 톱을 사용할 때는 이빨이 촘촘한 톱날을 거꾸로 다는 것이 효과적이다. 테이블 톱의 측면 가이드를 활용하면 직선을 쉽게 자를 수 있고, 톱날로 절단면과 비슷한 너비로 자재를 깎을 수 있으며 완벽하게 부드러운 절단선을 완성할 수 있다. 가로세로가 약 1.2m와 2.4m인 커다란 합판을 자르려면 합판을 놓을 보조 작업대가 필요하다.

240 합판 접착하기

  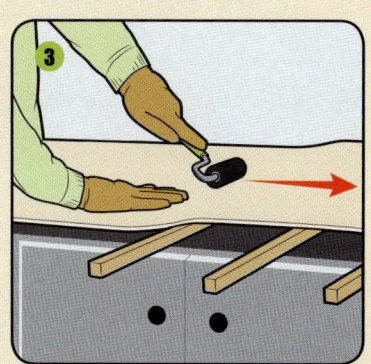

합판을 조리대 또는 세면대 위에 올바르게 접착하는 것이 중요하다. 다음 방법을 살펴보자.

1단계 플라스틱 합판은 대개 합성 접착제로 붙인다. 오래된 조리대 표면에 합성 접착제를 붓으로 균일하게 펴 바른다. 조리대에 맞춰 자른 합판의 뒷면에도 합성 접착제를 얇게 바른다. 접착제가 진득진득해질 때까지 말린다. 대개 5~10분 정도 걸리는데, 합성 접착제의 사용 설명서를 참고해 건조 시간을 확인하는 것이 좋다.

2단계 나무 막대기 또는 장부촉을 조리대 위에 대략 30cm 간격으로 올려놓는다. 조리대에 달라붙지 않으므로 합판과 조리대 사이의 임시 차단막으로 활용할 수 있다. 조리대 가장자리보다 길어야 나중에 빼내기 쉽다. 다음으로 새로운 합판을 앞면이 위를 보도록 나무 막대기 위에 올려놓는다. 접착제를 바른 표면이 달라붙기 쉬우므로 서로 닿지 않도록 주의한다. 합판을 정확한 위치에 접착하려면 합판 가장자리를 벽과 맞닿게 한다.

3단계 합판의 한쪽 끝부터 붙이기 시작한다. 나무 막대기 또는 장부촉을 뺀 후 J-롤러를 이용해 새 합판을 조리대 위에서 눌러 붙인다. 롤러를 아래로 눌러 접착제가 기포 없이 잘 붙도록 한다.

4단계 반대편으로 움직이며 작업을 계속한다. 나무 막대기를 한 번에 하나씩 뺀 후 합판 전체를 꼼꼼하게 롤러로 밀어 밀착시킨다.

5단계 조리대의 반대편 끝에 다다랐을 때 합판의 표면 전체가 조리대에 밀착되어 있어야 한다. 플러시 트림 비트를 끼운 라우터로 합판을 조리대 가장자리에 맞춰 자른다. 라우터를 급하게 움직이지 않도록 주의한다. 천천히 도구가 제 할 일을 하도록 두는 것이 바람직하다.

6단계 수도꼭지 같은 장애물에 부딪힐 때는 그 부분을 잘라내야 한다. 톱날의 이빨이 촘촘한 실톱이나 라우터 또는 나선형 톱으로 필요한 부분을 자른다.

241 커다란 조리대에 합판 붙이기

조리대의 길이가 너무 길 때는 합판 두 장을 연결해서 붙인다. 그런 다음 합판을 앞서 살펴본 방법으로 붙인다.

1단계 폭을 좁게 자른 왁스 종이를 커다란 합판 가장자리 아래에 넣는다. 두 번째 합판이 조리대 표면에 닿지 않도록 사이에 나무 막대기를 끼운다.

2단계 이음매를 따라 두 번째 합판을 왁스 종이 위에 첫 번째 합판과 나란히 놓는다. 두 번째 합판에 테이프를 붙여 고정한다. 평소와 같은 방법으로 두 번째 합판을 롤러로 민다. 나무 막대기를 하나씩 빼면서 이음매 방향으로 작업을 진행한다.

3단계 두 번째 합판이 완전히 붙고 나면 왁스 종이 위에 있는 가장자리를 들어 올린다. 종이를 뺀 후 J-롤러를 두 번째 합판의 가운데에서부터 이음매 방향으로 밀며 이음새를 완벽하게 붙인다.

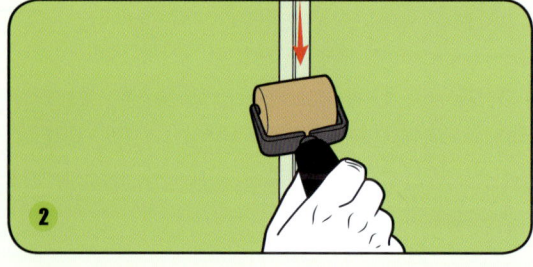
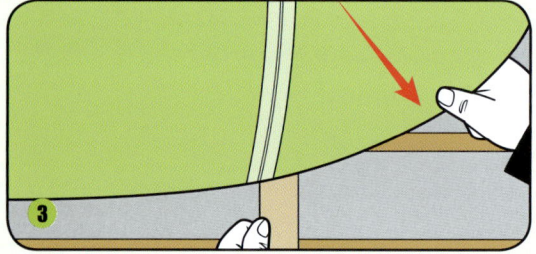

242 조리대 덧칠하기

오래된 조리대에 합판을 새로 까는 대신 페인트를 덧칠해 새로운 느낌으로 마무리하면 전체 분위기를 바꿀 수 있다. 러스트-올럼의 카운터톱 트랜스포메이션(Countertop Transformation) 세트 제품은 기존 조리대의 표면을 인조 화강암 또는 대리석으로 변화시켜 색다른 인테리어를 연출할 수 있다. 가장 좋은 효과를 내려면 제품 설명서를 그대로 따른다.

1단계 합판과 맞닿은 벽과 가구에 테이프를 꼼꼼히 붙인다.

2단계 기존에 있던 합판 표면을 사포로 문질러 거칠게 만든다. 페인트를 바를 표면 전부를 거칠게 만들어야 고르게 덧칠할 수 있다.

3단계 접착제를 롤러로 밑칠하듯 바른다. 접착제는 금방 마르므로 조리대 여러 개에 작업하는 경우 하나씩 순서대로 접착제를 바르고 장식용 조각을 뿌린다.

4단계 씨앗 뿌리는 기계로 접착제 위에 장식용 조각을 뿌려 화강암과 비슷한 모양새를 완성한다. 접착제가 완전히 마르면 표면을 사포로 문지른 후 투명한 마감 페인트를 바른다.

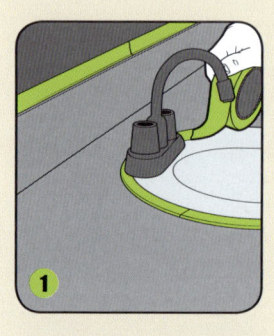

243 조리대 가장자리 교체하기

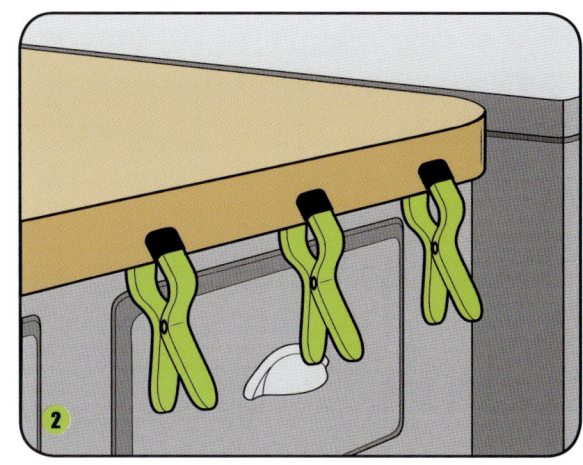

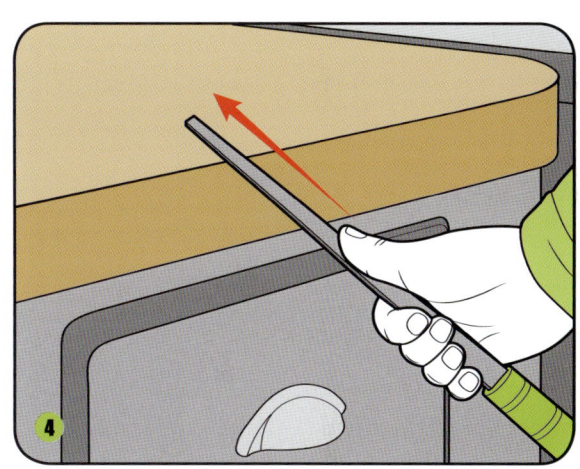

조리대의 가장자리를 교체하는 작업은 비교적 쉽고 간단하지만 매우 중요하다. 다음 방법으로 가장자리를 교체해보자.

1단계 크기에 맞춰 조리대 가장자리를 덮을 판을 자른다. 준비 작업을 마친 판의 뒷면과 오래된 조리대 위에 붓으로 합성 접착제를 바른다. 접착제가 진득진득해질 때까지 기다린 후 가장자리에 판을 붙이고 J-롤러로 민다.

2단계 건조되는 동안 클램프로 가장자리를 덮은 판을 단단하게 고정한다.

3단계 곡선 부분에서 판이 부서지지 않도록 주의한다. 판의 길이가 조리대 가장자리를 모두 가릴 만큼 길지 않을 때는 판 2개를 연결해서 사용한다. 모서리에 맞춰 판을 자른 후 다른 판을 이어 붙이는 것이 가장 이상적이다. 커다란 곡선에 작업할 때는 둥그런 부분 말고 길고 납작한 곳에서 판을 잘라야 한다. 가장자리를 덮은 판은 시간이 지나면 일직선으로 펴지는 성질이 있기 때문에 곡선을 따라 밀착되도록 유지하는 것이 거의 불가능하다.

4단계 가장자리를 덮은 판이 고정되면 클램프를 뺀다. 라우터와 플러시 트림 비트로 가장자리 주변을 정리한다. 비트가 합판 가장자리를 자르도록 안내 바퀴가 달린 비트로 안내선을 따라 조심스럽게 작업한다. 반원 모양의 줄로 조리대와 가장자리 사이의 경계선을 살짝 비스듬하게 만들어 가장자리를 정교하게 다듬는다. 자국이나 긁힌 곳, 그 외 자잘하게 부서진 곳은 합판용 필러로 보이지 않게 정리한다.

244 부엌 찬장 손질하기

시간이 지남에 따라 페인트가 벗겨지고 이곳저곳 긁히거나 움푹 패기도 하며, 마감이 더러워지거나 칙칙해지면서 부엌 찬장의 모양새가 망가진다. 이때 페인트를 새로 덧칠하는 것만으로도 새것 같은 느낌을 줄 수 있다. 찬장을 완전히 교체하는 것에 비해 페인트 덧칠 작업은 비용도 훨씬 적게 든다.

찬장을 구석구석 청소하고 사포(표면을 거칠게 만들 수 있는 220그릿 사포)로 가볍게 문지르는 것만으로도 본연의 색을 되살릴 수 있다. 비교적 간단하고 쉬운 작업으로, 철제 부품과 문을 떼어낸 후 문을 칠하고 말릴 공간(먼지가 날리지 않는 곳)을 확보한다. 찬장 본체는 제자리에서 페인트칠을 할 수 있다.

손질하고 싶은 찬장이 있다면, 먼저 사포로 문지르고 페인트칠과 망가진 부분을 벗겨서 찬장의 본체(나무)가 드러나도록 한다. 그래야 페인트를 더욱 깔끔하게 덧칠할 수 있다.

245 찬장 분리하기

찬장을 손질하려면 먼저 분리 작업을 진행한다. 모든 경첩과 손잡이의 나사를 풀고 찬장의 문과 서랍을 뺀다. 기존 철물을 그대로 사용할 계획이라면 페인트를 칠하는 동안 분리한 부재와 파스너를 안전한 곳에 보관한다. 문에 페인트용 테이프로 만든 라벨을 붙여 보관 장소를 표시한다.

나무가 긁히거나 움푹 들어간 곳을 수축하지 않는 퍼티로 채운다. 기존과 다른 파스너 위치에 새 부재를 조립할 예정이라면 오래된 나사 구멍을 퍼티로 막고, 말린 후 사포로 문질러 매끄럽게 만든다.

표면이 평평하고 커다란 작업대 위에 문을 올린다. 나무 먼지 또는 페인트에 노출되면 안 되는 곳은 깔개천을 깔아 보호한다.(일부 페인트 제거액의 경우 환기가 잘되는 공간에서 작업한다.)

246 페인트칠 벗겨내기

찬장을 분리한 후에는 기존 페인트칠을 벗겨낸다. 다음 방법으로 제거할 수 있다.

제거제 사용하기 올바른 제거제를 선택한다. 제품 설명서에 따라 제거제를 붓으로 바르면 페인트가 녹으면서 표면의 색이 금방 변한다. 퍼티 나이프나 가구 긁개로 긁어낸 후 비닐봉지에 담아 버린다. 쉽게 지저분해지는 작업이므로 깔개천과 고무장갑을 활용하는 것이 바람직하다. 헝겊을 충분히 준비하면 청소할 때 유용하게 쓰인다.

사포로 문지르기 작업대 위에 문을 클램프로 고정하고 샌더기로 나무 표면이 드러날 때까지 문지른다. 연마 원판을 충분히 준비하는 것이 좋다. 주변이 쉽게 지저분해지므로 야외에서 작업하거나 집진 처리를 한 공간에서 작업한다.

병행해서 사용하기 젤처럼 농도가 짙은 제거제는 세로로 길게 뻗은 찬장 표면에 잘 달라붙는다. 하지만 샌더기는 찬장을 똑바로 세운 상태에서 사용하기 어렵다. 작업대 위에 문을 올려놓고 샌딩 작업을 하면 좀 더 수월하다.

마무리하기 사포로 마무리 작업을 한다. 150그릿 사포를 사용한 후 180그릿 사포를 사용한다. 해진 옷으로 먼지를 털어낸다. 물은 사용하지 않는다.

248 찬장 조립하기

페인트를 덧칠하는 작업이 끝나면 찬장을 다시 조립할 차례다. 오래된 철물을 교체하거나 아예 새 부재를 설치해보자. 나무가 쪼개지지 않도록 손잡이는 문 가장자리에서 적어도 약 2.5cm 정도 떨어진 부분에 조립한다. 일반적으로 찬장 높이의 3분의 1 지점에 손잡이를 조립한다.

1단계 자를 이용해 각 문에 조립할 손잡이와 경첩, 그 외 철물의 위치를 일정하게 유지한다.

2단계 나사를 박을 예비 구멍을 뚫은 후 철물을 단단히 고정한다.

3단계 문은 수직과 수평을 이루도록 조립한다. 문이 찬장 안쪽을 일정하게 가리는지 확인한다. 문이 오른쪽 또는 왼쪽으로 치우쳐 있으면 쉽게 눈에 띌 뿐만 아니라 바로 옆에 달릴 문을 조립하는 데 방해가 될 수 있다.

4단계 모든 문을 제자리에 조립하고 나면 저렴한 비용으로 마치 새것 같은 찬장을 완성할 수 있다.

247 페인트로 찬장 칠하기

라텍스 페인트를 사용할 경우 내구성을 생각하면 아크릴로만 구성된 페인트를 고르는 것이 현명하다. 스프레이처럼 뿌려서 마무리하면 페인트를 칠한 표면이 매우 부드럽고 곱다. 집 안에서 스프레이 페인트를 사용하는 것은 피한다. 찬장의 본체는 붓으로 페인트를 칠하고, 문만 실외로 가져가 HVLP(고용적 저압력) 스프레이로 칠한다. 부드러운 폼 롤러로 문에 페인트를 칠해도 좋다.

1단계 먼저 유성 프라이머를 바른다. 페인트가 잘 밀착되도록 표면 전체에 꼼꼼하게 바른다.

2단계 프라이머가 마르고 나면 180그릿 사포를 가볍게 문질러 울퉁불퉁한 부분을 없앤 후 페인트를 덧칠한다. 사포 작업이 끝나면 해진 옷이나 천으로 닦아 잔여물을 제거한다.

3단계 문과 서랍장, 본체에 페인트를 두 번 칠한다. 먼저 칠한 페인트를 하룻밤 정도 말린 후 두 번째 덧칠을 하는 것이 좋다.

249 목재 관리하기

야외에 쓰이는 목재를 외부 요소와 계절로부터 안전하게 보호하려면 착색시켜 밀봉하는 방법이 가장 효과적이다.

야외용 목재 코팅제로 외부용 침투 착색제를 가장 많이 쓴다. 방수 기능이 있는 이 방부제에는 곰팡이 억제제가 들어 있으며 자외선을 흡수해 햇빛으로부터 목재를 보호하는 제품도 있다. 유성과 수성 제품으로 나뉘어 판매되고 있다. 수지는 나무 구멍 사이로 스며들어 물을 들이고 계절 변화에 따른 손상을 최소화하는 역할을 한다. 그래서 본연의 나뭇결과 질감을 가장 잘 유지할 수 있다.

페인트나 셸락처럼 나무 표면에 밀착되어 막을 형성하는 실런트 역시 목재를 보호하는 역할을 한다. 목재가 가지고 있는 본연의 나뭇결을 강조하는 동시에 광택이 뛰어나 가구에 윤기를 더할 수 있다. 유성과 수성 제품으로 나뉘며 아름답고 오래가는 광택을 만들어준다. 하지만 막을 형성하는 실런트를 한 번 더 덧칠해야만 특유의 아름다움을 유지할 수 있다. 목재의 색을 바꾸고 자외선으로부터 보호하기 위해 색소를 더한다. 막을 형성하는 실런트는 사람이 많이 지나다니는 곳에 사용하지 않는 것이 좋다. 지나친 마찰로 인해 코팅막이 벗겨질 수 있기 때문이다.

외부용 목재 코팅은 대개 물 또는 기름으로 만든다. 대부분의 수성 착색제/실런트에는 아주 작은 입자의 색소와 수지가 들어 있는데, 건조 과정에서 마치 조각보처럼 서로 강력하게 밀착된다. 유성 제품은 작은 입자들이 화학 반응을 일으켜 커다란 종이 같은 물질로 바뀐다. 이 때문에 딱딱한 질감이 들고 호박색을 띨 가능성이 적다. 이 같은 '황화' 현상이 없는 제품을 고르는 것이 좋다.

수성 제품은 특히 사용법이 쉽다는 장점이 있다. 유성 제품과 비교했을 때 청소하기도 수월하고 냄새도 적으며 가격도 싸다. 다만 여러 번 발라야 원하는 결과를 얻을 수 있으며, 유성 제품보다 빨리 벗겨진다.

250 새 목재에 약품 바르기

방부 처리를 한 새 목재가 완전히 마를 때까지 기다린 다음 착색제와 밀폐제를 바르는 것이 좋다. 나무에 수인성 방부제 처리를 하면 수분이 나뭇결 속에 그대로 유지된다. PT 목재가 대부분 젖은 상태로 집으로 배송되는 이유다. 수분은 나무에 착색제와 밀폐제가 밀착되는 과정을 방해할 수 있다. 따라서 페인트와 착색제의 효과를 높이려면 방부 처리를 한 목재를 2~4주 동안 건조한 다음 작업한다. 하지만 다양한 요소가 영향을 미치므로 목재가 완전히 마르려면 정확히 며칠이 걸리는지는 예상하기 어렵다.

웨스턴 레드시더와 사이프러스 등 천연 방부제를 함유하고 있는 목재는 건조 시간이 짧다. 방부제로 약품 처리를 하지 않기 때문이다. 새 목재 역시 '밀 스케일'(압축된 나뭇결)을 제거한다. 나무 표면에 불순물이 있으면 착색제가 흡수되지 않는다. 산소 표백제로 깨끗이 닦는다.

251 비바람에 노출된 목재 보수하기

손상을 입은 나무 표면을 직접 보수하는 방법은 사포로 문지르거나 고압 세척기로 씻는 것이다. 하지만 사포 작업은 까다롭고 시간도 많이 걸린다. 고압 세척기 역시 회색으로 변한 부분을 제거하는 데는 효과적이지만 나뭇결이 쪼개지거나 거스러미가 일어날 수 있어 데크에는 적합하지 않다. 세척기를 쓸 때는 압축 강도가 1,000~1,200PSI를 넘지 않도록 한다. 일부 나무판만 유독 날씨 변화에 손상되는 경우가 있다. 손상된 나무판을 완전히 제거한 후 기존 나무판들을 깨끗이 청소한다. 그런 다음 나무판 전체에 착색제를 입혀 색깔을 통일한다.

252 목재에 착색제 바르기

목재에 바른 착색제가 오랫동안 유지되도록 하려면 다음 요령을 참고하자. 항상 착색제를 완전히 섞어 단단한 제형의 내용물을 부드럽게 만들어야 표면 전체에 일정하고 고른 색을 입힐 수 있다. 붓으로 착색제를 바르는 방법이 가장 좋은데, 나뭇결 사이로 제품을 균일하게 바를 수 있어서 흡수가 잘되기 때문이다.

스프레이 또는 롤러를 사용하면 작업을 더욱 빨리 진행할 수 있다. 하지만 이때 착색제가 나무 표면에만 밀착될 수 있다. 따라서 붓으로 마무리 칠을 하는 게 좋다.

254 오래된 착색제 제거하기

일반적으로 착색제를 새로 바르기 전에 오래된 착색제를 완전히 제거하는 것이 바람직하다. 특히 새로운 제품을 사용하거나 색깔을 바꿀 때는 더욱 그렇다. 오래된 착색제는 그 위에 새롭게 덧칠해도 완전히 가릴 수 없는 경우가 많다. 그래서 착색제를 바른 표면이 얼룩덜룩해진다. 나뭇결 사이로 흡수되는 착색제를 바르기 전에 예전에 발랐던 착색제를 완전히 제거한다. 예전과 똑같은 색깔과 유형의 착색제를 사용할 계획이라면(그리고 데크의 상태가 나쁘지 않다면), 표면을 깨끗이 닦은 후에 덧칠해도 좋다. 다른 작업과 마찬가지로 제품 설명서에 나온 방법을 따라야 가장 큰 효과를 얻을 수 있다.

오래된 착색제가 데크에 축적되었을 때는 산소 표백제보다 더욱 강력한 도구가 필요하다. 부식성이 강한 착색 제거제는 날씨 때문에 생긴 대부분의 얼룩을 한 번에 제거한다. 그런 다음 데크가 마르고 나면 사포로 작지만 잘 없어지지 않는 얼룩을 문질러 지운다.

253 목재용 광택제 사용하기

착색 작업을 할 때 목재용 광택제를 건너뛰는 경우가 많다. 목재용 광택제는 착색제가 더욱 잘 흡수되게 하고, 날씨 변화에 의해 손상된 나무 표면을 마치 새것처럼 만들어준다. 사용 방법 또한 간편한데, 목재 표면에 제품을 뿌린 후 제 기능을 다하도록 몇 분 정도 기다린 다음 물로 헹구면 끝이다. 그런 다음 목재가 완전히 마르면 착색제(밀폐제)를 바른다.

255 홈통과 수직 낙수 홈통 설치하기

홈통과 수직 낙수 홈통은 물이 집 안으로 흘러들어오지 않도록 한다. 지붕에서 흘러내린 물을 모아 건물 외벽을 따라 밖으로 보내면 목재가 썩거나 곰팡이가 생기는 것을 예방한다. 금속으로 된 홈통을 전문가 수준으로 설치하려면 특수 장비로 금속판을 잘라 이음매가 없는 홈통을 현장에서 만들 수 있어야 한다. 하지만 사다리 작업을 개의치 않는 DIY 애호가라면 건축 자재점에서 판매하는 조립식 제품을 이용해 훨씬 적은 비용으로 홈통을 설치할 수 있다.

먼저 종이에 홈통의 전체 모습을 그려 필요한 자재의 개수를 파악한다. 지붕 윤곽과 벽의 높이를 측정해 약 3m 단위로 파는 홈통과 수직 낙수 홈통이 몇 개가 필요한지 계산한다. 엔드 캡과 밀봉 부품, 안쪽과 바깥쪽 모서리 부품들, 수직 낙수 홈통의 L자 관과 물받이 통 역시 준비한다. 또한 이음매를 연결할 실런트 또는 유향수지, 파이프를 외벽에 고정할 수직 낙수 홈통 밴드, 수직 낙수 홈통의 각 부분을 연결할 판금 나사가 필요하다.

256 홈통의 경사 표시하기

홈통을 설치하기 전에 먼저 물이 제대로 흘러내릴 수 있는지 확인한다. 안전장치를 설치한 사다리를 이용해 처맛널과 홈통에 접근한다. 지붕 한쪽 모서리에서 홈통의 위쪽 단면이 끝나는 위치에 초크라인으로 선을 긋는다. 처맛널의 반대편으로 옮겨가 먼저 초크라인 끈의 수평을 맞춘다. 그런 다음 가로로 약 12m마다 약 2.54cm씩 끈을 내려 선을 긋는다. 수직 낙수 홈통을 따라 물이 잘 흘러내려 갈 수 있도록 경사를 표시하는 작업이다.

257 홈통 부품 절단하기

홈통과 수직 낙수 홈통을 조립할 때 일부 부품을 크기에 맞게 절단해야 하는 경우가 많다. 클램프로 작업대에 자재를 단단하게 고정한 후 쇠톱으로 자르는 방법이 가장 간단하다. 잘 드는 금속용 가위 한 쌍으로도 절단 작업을 할 수 있다. 슬라이딩 마이터 톱에 이빨이 가는 톱날을 거꾸로 끼워 사용하면 큰 노력을 들이지 않고도 간단하고 깔끔하게 자재를 자를 수 있다. 마이터 톱으로 홈통 자재를 자를 때는 자르는 부분을 위아래로 뒤집어야 톱날을 연약한 위쪽 단면 대신 더욱 튼튼한 아랫면에 대고 절단할 수 있다.

258 홈통 미리 조립하기

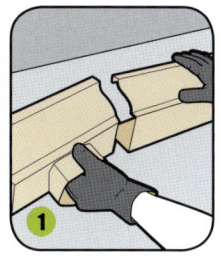 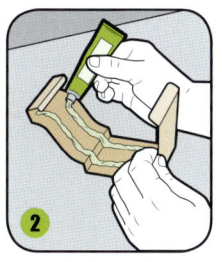 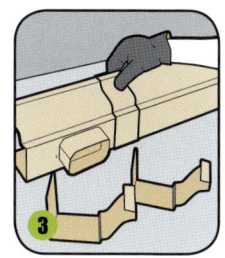 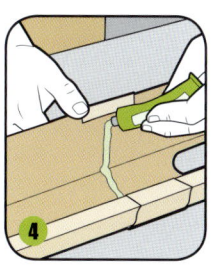 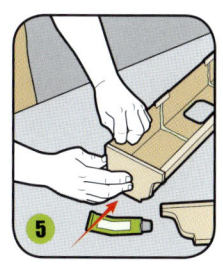

홈통 설치 작업을 성공적으로 끝내려면 작업대에서 최대한 많은 부재를 미리 조립하는 것이 좋다.

1단계 여러 개의 홈통을 연결하려면 소재와 측면 모양이 홈통과 동일하고 너비가 약 8cm인 밀봉 부품이 필요하다. 먼저 밀봉 부품의 윗면에 홈통용 실런트 또는 유향수지를 바른다.

2단계 홈통 2개를 맞대고 밀봉 부품으로 감싼다. 밀봉 부품의 앞면이 홈통의 앞 단면에 걸린다. 반면 뒷면은 홈통 뒤로 튀어나오는데, 이 부분을 홈통 가장자리에 맞춰 접는다. 펜치로 밀봉 부품의 앞면과 뒷면이 홈통과 정확하게 맞물리도록 단단하게 접는다. 이음매에 실런트를 발라 가린다.

3단계 홈통 부분과 물받이 통 역시 같은 방법으로 연결한다. 물받이 통은 수직 낙수 홈통 배관의 가장 끝에 있는 짧은 부분으로, 벽의 맨 끝에 위치하도록 조립한다.

4단계 전체 홈통의 길이가 지붕 윤곽을 모두 감쌀 수 있도록 홈통과 물받이 통을 잘라 접합한다. 홈통 끝에 실런트로 엔드 캡을 고정해 물이 수직 낙수 홈통을 따라 바깥으로 배출되도록 한다.

5단계 실런트가 다 마르고 연결 부위가 단단해질 때까지 몇 시간 정도 기다린 후 홈통 전체를 외벽에 설치한다.

259 홈통 달기

홈통은 매우 가볍지만 혼자 힘으로 사다리 위로 들고 올라가 설치하려면 다소 어려울 수 있다. 가능하다면 다른 사람의 도움을 받는 게 좋다.

1단계 홈통을 연결할 지붕의 중간 지점에 사다리를 세운다. 홈통의 끝이 지붕보다 약 2.5cm 정도 튀어나오도록 잡고, 살짝 기울여 홈통의 위쪽 단면이 초크라인으로 표시한 경사와 일치하도록 맞춘다. 가운데 파스너에 나사를 박는다.

2단계 한 줄 나사는 다른 홈통 부분을 설치하는 동안 홈통을 고정하는 역할을 한다.

3단계 다른 홈통 역시 같은 방법으로 설치한다. 다만 땅 위가 아닌 지붕에 올라 홈통을 연결해야 한다는 점에 주의한다.

260 수직 낙수 홈통 달기

홈통을 설치하고 난 후에 수직 낙수 홈통을 마저 달아 작업을 마무리한다.

1단계 나사와 실런트로 플랜지 배출구를 물받이 통 안에 고정한다.

2단계 덕트 테이프로 L자 관을 각 플랜지 배출구에 연결한다. 직선자를 이용해 두 번째 L자 관의 위치를 확인한다. 외벽에 두 번째 L자 관을 덕트 테이프로 고정한다. 2개의 L자 관 사이에 설치할 수직 낙하 홈통의 길이를 잰다. 모든 수직 낙하 홈통과 L자 관의 한쪽 끝에 주름이 잡혀 있는데, 커다란 부분 안으로 작은 부분을 집어넣는 방식으로 연결한다. 따라서 길이를 잴 때 겹쳐지는 이음매 부분을 고려해야 한다. 수직 낙하 홈통의 끝부분이 약 2.54cm씩 겹쳐진다고 생각하면 된다.

3단계 땅에서 수직 낙하 홈통을 조립한다. 이음매마다 프라이머를 바른 알루미늄 나사를 예비 구멍 안에 박는다. 위쪽에 달 L자 관 또는 수직 낙하 홈통을 아래쪽 홈통 안으로 밀어 넣어 물이 새지 않도록 한다.

4단계 수직 낙하 홈통 밴드를 약 3m에 하나씩 설치하고 수직 낙하 홈통이 벽과 밀착하도록 못 박는다. 나사를 조이는 동안 덕트 테이프로 홈통을 고정한다.

5단계 L자 관을 수직 낙하 홈통 아래쪽에 설치한다.

6단계 마지막으로 연장 배수관 또는 홈통받이를 이용해 물이 건물의 지반 쪽으로 흐르지 않도록 한다.

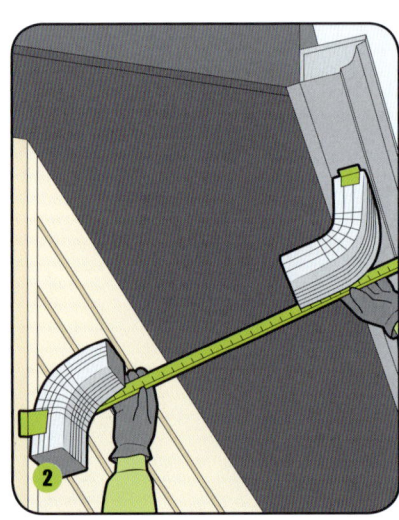

261 홈통 잠금장치

시중에 다양한 스타일과 모양의 홈통 잠금장치가 나와 있어 필요에 따라 고를 수 있다. 나사와 덮개, 처맛널 브래킷, 끈이 달린 지붕 고리, 히든 행거(hidden hanger, 그림 참고) 등이 달린 제품도 있다. 히든 행거는 홈통 안에 집어넣어 조립한다. 약 0.6cm짜리 6각형 나사가 함께 들어 있어 홈통을 처맛널에 달 수 있다. 땅 위에서 히든 행거를 먼저 조립한다. 홈통 전체에 약 60cm마다 하나씩 건다. 히든 행거는 되도록 홈통 끝 가까이에 고정해야 이음매 부분의 부담을 덜 수 있다.

전문가의 팁

덮개 활용하기 홈통에 덮개를 달아 보호하면 사다리 위로 올라가 홈통에 끼인 잔여물을 걷어내는 수고를 줄일 수 있다. 나뭇잎이나 다른 쓰레기들이 홈통 안으로 들어와 막히면 물 흐름에 방해가 되고, 얼음이 생기는 곳도 있다. 따라서 이러한 잔여물을 아예 막는 것이 중요하다. 경첩이 달린 뚜껑, 발포 고무 형태의 충전재, 대형 파이프 클리너와 비슷하게 생긴 제품 등 다양한 홈통 덮개가 나와 있다.

262 콘크리트 슬래브

콘크리트 슬래브는 전 세계에서 가장 많이 쓰이는 구조 부재다. 건물의 지반, 인도, 파티오, 외부 계단의 발판 등에 다양하게 활용할 수 있으며 기본적인 공사 방법은 비슷하다.

1단계 막대기와 끈으로 슬래브를 만들 위치를 표시한다.

2단계 콘크리트층과 자갈층을 포함해 완성한 슬래브의 총 깊이를 계산한다. 콘크리트는 일반적으로 최소 5cm의 두께로 작업하지만, 내구성을 높이기 위해 두께를 최소 10cm로 늘리는 것이 좋다. 콘크리트에 섞을 골재는 입자가 가는 것과 굵은 것 모두 필요하다. 필자는 근처에 있는 건축 자재점에서 바로 혼합해 사용할 수 있는 콘크리트 제품을 구입해 사용했다.

3단계 슬래브의 크기에 맞춰 땅을 파낸다. 형틀을 넣을 여유 공간 역시 고려한다.

4단계 먼저 자갈을 약 12cm의 두께로 깐다. 삽으로 자갈을 정리하고 휴대용 다지기(hand tamper)로 두께가 약 10cm가 되도록 꾹 누른다. 자갈층(다지고 나면 두께가 총 10cm 정도이다.)과 콘크리트층(역시 약 10cm 정도이다.)을 고려해 충분한 깊이의 구멍을 파는 것이 중요하다.

5단계 2×4 방부 목재로 네모난 모양의 콘크리트 형틀을 만든다. 전문가들은 대개 듀플렉스 나사를 이용해 형틀을 만드는데, 슬래브가 굳고 나면 꺼내기 쉽다는 장점이 있다. 하지만 간단한 형태의 형틀이라면 헤비 듀티 나사(heavy-duty screw)가 훨씬 빨리 작업할 수 있어 편리하다. 막대기와 끈으로 표시한 경계선과 일치하도록 형틀을 세운다. 작업 방식에 따라 형틀이 수평을 이루지 않아도 되는 경우가 있다. 단, 구조물을 기준으로 살짝 아래로 경사지게 만들어야 물을 흘려보낼 수 있다.

6단계 형틀 바깥쪽의 지면에 막대기를 꽂아 형틀을 지탱한다.(30~45cm 간격으로 꽂는다.) 무거운 콘크리트를 부었을 때 형틀이 무너지거나 쓰러지는 것을 방지하는 역할을 한다. 막대기를 꽂은 후에는 형틀과 높이를 맞춰 자른다. 그러면 콘크리트를 부은 후에 규준대를 사용할 수 있다.

7단계 와이어 브래킷 위에 철근을 깔아 콘크리트층을 더욱 견고하게 만든다. 와이어 브래킷은 철근이 콘크리트층의 중간 높이에 떠 있게 도와준다. 철근이 교차하는 지점에 철사를 감는다. 그라인더 또는 금속 절단기로 철근을 자른다.

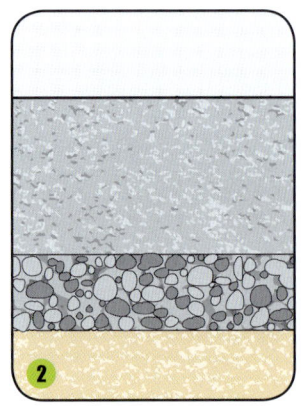

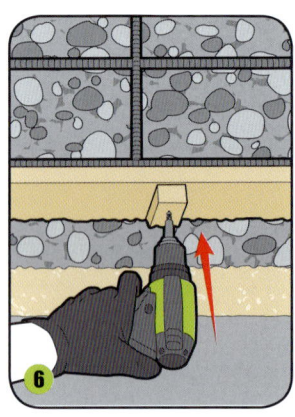

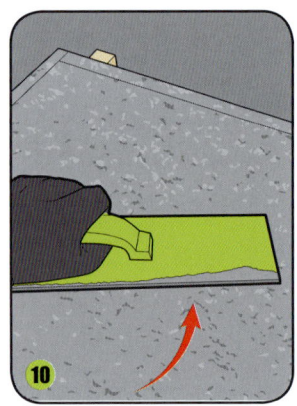

8단계 속건성 콘크리트를 섞은 다음 형틀을 채운다. 한 번에 양동이 하나씩 붓는다. 또는 콘크리트 믹서를 아예 빌리는 것도 좋은 방법이다. 콘크리트를 부으면서 형틀과 자갈층에 물을 뿌린다. 콘크리트를 붓는 동안 전체 작업 현장을 축축하게 유지해야 콘크리트가 굳기 전에 수분이 날아가지 않는다.

9단계 콘크리트 혼합물이 형틀을 가득 채우면 일자로 곧게 뻗은 2×4 목재 규준대로 형틀 위를 밀어 여분의 콘크리트를 덜어낸다. 규준대의 가장자리를 형틀의 윗면에 맞춰 좌우로 움직이며 표면을 평평하게 만든다.

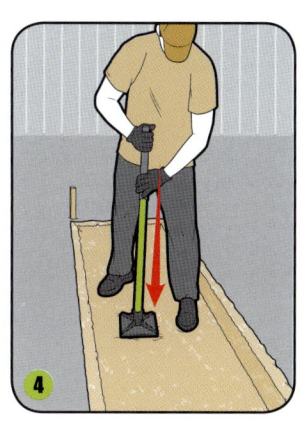
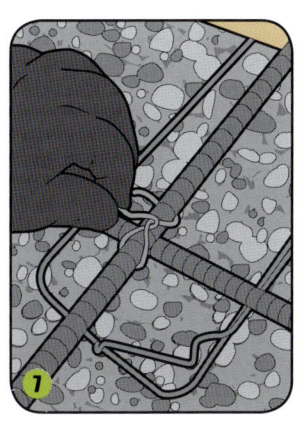

263 줄눈 만들기

인도나 자동차 진입로와 같이 면적이 넓은 콘크리트 슬래브의 경우, 팽창 줄눈을 만들어야 콘크리트가 깨지는 것을 막을 수 있다. 줄눈흙손을 이용하면 슬래브 표면에 깔끔한 일직선 홈을 만들 수 있다. 수축 줄눈 사이의 간격은 약 3m 이상 떨어지지 않는 것이 좋으며, 깊이는 적어도 슬래브 총 높이의 4분의 1이 되어야 한다. 면적이 넓은 콘크리트 슬래브가 다 굳은 후에 회전 톱의 벽돌 칼날을 이용해 조절 줄눈을 만드는 것도 가능하다.

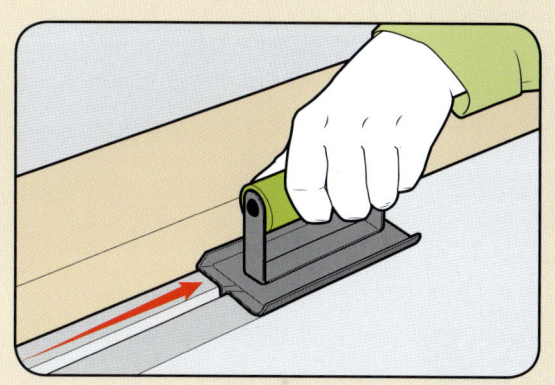

10단계 무거운 골재가 콘크리트 표면 아래로 내려가고 크림처럼 부드러운 부분이 위로 올라오도록 양고대(흙손)로 원을 그리듯 돌린다. 슬래브 윗면의 마찰력을 높이려면 콘크리트가 마르는 동안 빗자루를 이용해 표면을 거칠게 만든다.

11단계 콘크리트가 다 마를 때까지 며칠 정도 기다린 후에 콘크리트 위를 걸어 다니거나 구조물을 설치한다. 콘크리트가 천천히 굳는 동안 수분이 날아가지 않도록 비닐을 씌우는 것이 좋다.

264 콘크리트 굳히기

콘크리트가 굳는 과정은 일반적인 건조 과정과는 조금 다르다. 한 전문가는 "막 부은 시멘트 혼합물이 굳는 동안 수분과 온도를 일정하게 유지해야 시멘트가 전체적으로 골고루 수화한다."라고 설명한다. 따라서 콘크리트에 수분을 뿌리거나 시멘트 위를 젖은 마대로 덮어야 한다.

콘크리트 표면의 수분이 급하게 날아가면 슬래브의 윗면이 바닥보다 더 빨리 굳는다. 특히 기온이 높거나 바람이 많이 불 때 이와 같은 현상이 발생한다. 콘크리트가 각기 다른 속도로 굳으면 슬래브에 금이 갈 가능성이 높다.

대규모
집수리
작업

BIG
PROJECTS

초보자의 벽을 뛰어넘어라

—

이제 당신은 건축 장인의 세계로 걸음을 내디뎠다. 건축 업계에서 일하는 전문가들은 오랫동안 경험을 통해 얻은 소중한 통찰력을 바탕으로 매일 다양한 작업을 진행한다. 하지만 DIY 애호가인 당신은 안타깝게도 풍부한 경험이 아직 부족하다.

당신의 기분이 어떨지 충분히 이해한다. 나 역시도 대규모 작업에 겁 없이 도전했다가 후회한 경험이 있다. 지붕널을 달기도 했고, 데크를 만들기도 했으며, 울타리를 세우거나 바닥 시공을 하고 벽을 허물기도 했다. 이렇듯 규모가 큰 작업 중에는 다시는 하고 싶지 않은 것들도 있다. 이런저런 경험을 통해 나는 내 실력과 한계를 파악하게 되었다. 물론 도중에 포기하거나 항복한 적은 없지만, 작업이 끝날 때까지 일분일초를 견디기 힘들어하며 툴툴거렸다. 실수를 통해 교훈을 얻기도 했다.

큰 규모의 집수리 작업을 하려는 사람들에게 나는 단계별 과정을 천천히 진행하고 미리 작업과 관련된 정보를 수집하고 조사하라고 조언하고 싶다. 수많은 장애물이 기다리고 있으니 마음을 단단히 먹어야 한다. 다음 장에서 당신에게 도움이 될 만한 요령들을 설명한다. 하지만 제품의 종류가 다양하고 자재가 나날이 발전하고 있으며, 앞으로 다룰 주제를 더욱 심도 있게 다루는 책들이 많다는 점을 참고하자.

앞으로 당신은 예상했던 것보다 훨씬 더 많은 걸림돌을 만나게 될 것이다. 생각했던 것보다 훨씬 더 큰 비용이 발생하기도 하고, 작업 기간이 적어도 두 배 이상 길어지기도 한다.

개인적으로 이와 같은 견해가 부정적이라고 생각하지 않는다. 사실이 그렇기 때문이다. 경험을 비추어봐도 맞는 말이다. 큰 규모의 작업을 하다 보면 예상 밖의 일들이 끊임없이 일어난다. 유비무환이라는 말이 있듯이, 미리 알고 준비해야 작업을 진행하는 동안 일상생활에 지장이 가지 않는다.

최악을 생각하고 준비하면 최고의 결과를 얻을 수 있다. 주의해야 할 점들을 미리 알고 계획하면 작업이 끝나고 남는 시간 동안 내 손으로 직접 완성한 결과물을 감상하며 뿌듯함을 만끽할 수 있을 것이다.

265 타일 활용하기

타일로 셀 수 없이 많은 디자인과 패턴을 만들 수 있다. 주로 도자기나 돌로 만드는 타일은 매우 튼튼해 바닥이나 벽, 조리대 등에 적합하다. 색과 패턴, 모양, 크기가 다양해 선택의 폭이 넓다. 내구성이 좋은 타일은 사람들이 많이 지나다니는 곳에도 활용할 수 있으며 타일을 지탱하는 벽이나 기둥이 망가질 때까지 쓸 수 있다.

필요한 도구 분필, 앵글 그라인더, 다이아몬드 블레이드 웨트 톱(wet saw), 줄눈흙손, 기고대, 목수용 수평기, 깨끗한 스펀지, 벽돌용 비트, 반원형 줄, 장부촉, 코킹건, 빗자루, 타일 스페이서(없어도 상관없다.) 등을 준비한다.

자재 준비하기 첫 번째로 타일을 준비한다. 신 세트(thin-set) 모르타르 또는 타일 접착제, 그라우트, 코크, 타일/그라우트 실런트 역시 필요하다.

266 타일 공사 계획하기

평면도를 그려 필요한 타일의 개수를 파악한다. 모서리용 특수 타일이나 장식용 패턴이 들어간 타일을 모두 포함한다. 이음매의 두꺼운 그라우트선 역시 바닥에 놓을 수 있는 타일의 개수에 영향을 끼친다.

공사를 시작하기 전에 먼저 기존의 바닥 마감재와 굽도리널 트림을 제거한다. 느슨해져 끽하는 소리를 내는 판자가 있다면 나사를 조이는 등 필요한 부분을 수리한다. 타일은 일반적으로 단단한 밑 깔개 위에 설치한다. 나무는 수축과 팽창을 반복하기 때문에 타일이 망가지는 원인이 된다. 밑 깔개는 나무로부터 타일을 보호한다. 구조적으로 단단하고 잘 마른 시멘트 바닥 위에 타일을 까는 것도 가능하다.

나무로 만든 속 바닥의 두께가 최소한 3cm가 되어야 한다. 기존의 2cm짜리 합판을 속 바닥으로 설치한 새집의 경우, 1.2cm 또는 1.5cm짜리 시멘트판을 더해 타일 바닥을 단단하게 만들어야 한다. 속 바닥에 추가 자재를 깔고 중심에서부터 약 20cm 간격으로 못을 박는다.

267 타일 공사 사전작업

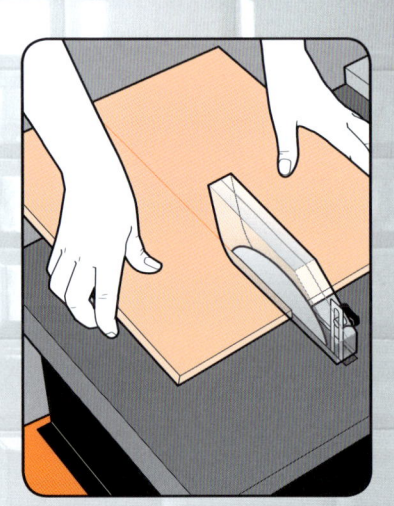

천연 암석과 같이 두께가 제각각인 타일도 있다. 따라서 바닥에 타일을 깔기 전에 두께에 따라 정리한다. 가장 두꺼운 타일부터 깔고, 모르타르나 접착제로 얇은 타일의 두께를 맞춘다. 타일의 표면이 망가지지 않았는지 확인한다. 깨진 타일은 가장자리를 작업할 때 잘라서 쓸 수 있으므로 따로 챙겨둔다. 타일의 색 또한 제각각이므로 원하는 패턴에 따라 타일을 정리한 후 작업 공간 곳곳에 쌓아두고 시공하는 동안 쉽게 가져와 사용한다.

초크라인으로 사면을 맞추고 가장자리를 제외한 바닥 전체에 타일이 깔릴 때까지 타일을 배치한다. 전체 레이아웃이 직각과 대칭을 이루는지 확인한다. 회반죽으로 타일을 고정하기 전에 필요한 부분을 고치거나 수정한다. 방 가장자리에 맞춰 타일을 자른다. 벽과 만나는 그라우트 이음매의 두께는 적어도 0.3cm가 되어야 한다.

268 타일 레이아웃

방 전체를 4등분해 순서대로 작업하는 쿼터 방식이 가장 기본이다. 먼저 각 벽의 중간 지점을 표시한다. 초크라인이 방의 중심점을 지나며 교차하도록 십자가 모양을 그린다. 선이 만나는 지점이 직각을 이루는지 확인한다. 4개의 선을 따라 타일이 십자가 모양을 만들도록 선과 벽이 만나는 지점까지 타일을 깐다. 중심점에서부터 시작해 벽 쪽으로 움직이며 타일을 놓는다. 그라우트 이음새를 일정하게 유지하는 데 타일 스페이서를 활용한다. 타일 사이에 스페이서가 작은 손잡이처럼 서 있도록 끼운다. 스페이서가 없으면 타일 간격을 넓혀 작업한다. 대개 타일을 미리 깔아보면 벽과 만나는 부분에서 타일 크기가 맞지 않는다. 이럴 때는 초크라인을 수정해 반대편 벽의 가장자리 타일과 크기를 똑같이 맞춘다. 초크라인을 모두 수정한 후 다시 한 번 타일을 깔아 균형이 맞는지 확인한다. 벽면과 만나는 가장자리의 타일은 모두 크기가 똑같아야 한다.

대각선을 중심으로 타일을 배치하려면 쿼터 방식으로 잡은 중심선을 기준으로 2개의 대각선을 그린다. 십자가 위에 ×자가 놓인 모양이다. 쿼터 방식을 이용해 ×자 선을 따라 타일을 깐다. 선이 정확한 직각을 이루고 있는지와 가장자리 타일의 너비가 똑같은지를 확인한다.

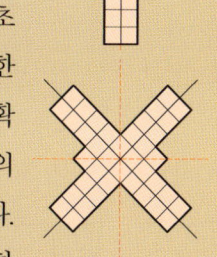

269 타일 깔기

다음은 바닥에 타일을 까는 순서다. 대부분의 타일 작업 역시 같은 방법으로 진행한다.

1단계 문에서 가장 멀리 떨어진 모서리에 있는 타일 약 9개를 들어 올린다. 이빨의 높이가 약 0.6cm인 흙손으로 가로세로가 약 60cm, 91cm인 면적에 신 세트 모르타르를 얇게 펴 바른다. 그런 다음, 안쪽에서부터 타일을 다시 붙인다. 필요한 경우 스페이서를 다시 끼운다.

2단계 각 타일을 세게 누르거나 고무망치로 두드린다. 타일을 하나씩 붙이면서 목수용 수평기로 타일 표면이 수평을 이루고 있는지와 주변 타일과 높이가 같은지를 확인한다. 필요하다면 타일 아래에 모르타르를 발라 높이를 맞춘다. 타일 표면에 모르타르가 묻으면 바로 젖은 스펀지로 닦아낸다. 벽에서부터 방 중심을 향해 움직이며 타일을 붙인다.

3단계 타일이 자리를 잡도록 24시간 기다린다. 스페이서를 빼고 그라우트로 이음매를 메꾼 후에 사포질한다.(대리석이나 광을 낸 돌처럼 연약한 타일의 경우 사포질을 하지 않는다. 그래야 표면이 긁히지 않는다.) 밑부분에 무거운 고무 패드가 달린 스펀지 기고대로 이음매 안에 그라우트를 넣는다. 기고대를 45도 기울이고 그라우트를 이음매 안으로 완전히 집어넣는다. 양동이에 깨끗한 물을 담아 스펀지를 적신

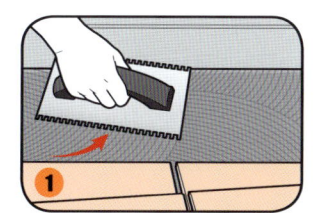
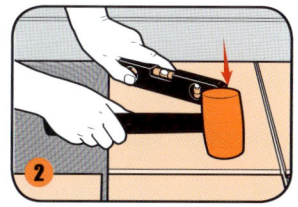
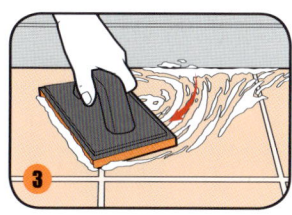
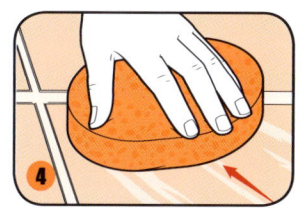

후 자주 닦아서 남아 있는 그라우트를 제거한다. 그라우트 작업이 끝나면 장부촉이나 그라우팅 도구를 그라우트선 위로 훑듯이 움직여 이음매의 모양을 잡는다. 바닥 타일의 이음매에 먼지가 끼지 않도록 그라우트를 최대한 많이 채우는 것이 좋다.

4단계 그라우트가 굳을 수 있도록 하룻밤 정도 기다린다. 다음날 물에 적신 딱딱한 스펀지로 그라우트 잔여물을 닦아 없앤다. 3일 동안 그라우트 제거 작업을 반복한다. 그라우트 흔적이 없어지지 않을 때는 식초와 미지근한 물을 섞어 닦으면 깨끗하게 지워진다. 일주일 정도 그라우트를 굳힌 후에 실런트 작업을 계속한다.

270 실런트 작업

대부분의 도자기 타일은 공장에서 이미 광택 과정을 거친 후에 판매된다. 하지만 천연 운석이나 테라코타 같은 타일은 따로 광택 처리가 되어 있지 않아 시공 후에 보호용 실런트를 발라야 한다.

타일의 종류와 관계없이 항상 그라우트에 실런트를 발라 먼지나 때가 끼지 않도록 한다. 실런트를 바르면 그라우트에 얼룩이 생기는 것을 막을 수 있고, 주기적인 청소 또한 훨씬 수월해진다. 작은 붓으로 모든 그라우트선 위에 실런트를 바른다. 남은 실런트를 닦은 후 최소 4시간 동안 말린 후 타일을 사용한다.

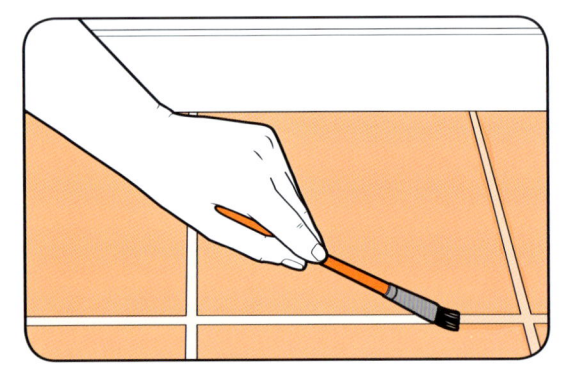

271 일자로 타일 절단하기

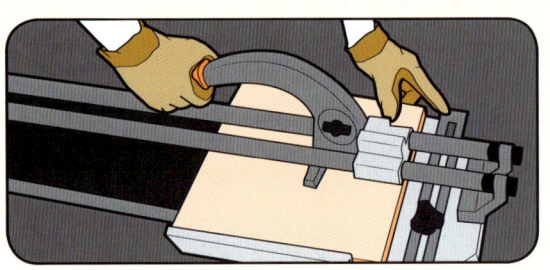

작은 휴대용 유리 절단기로 광택 처리를 한 타일을 일자로 자를 수 있다. 장부촉 위에 타일을 올려놓고 타일의 양쪽을 누르며 선을 따라 자른다.

작업 규모가 클 때는 타일 절단기로 작업 속도를 올릴 수 있다. 먼저 타일 위에 자르는 선을 표시한다. 절단기의 받침판 위에 타일을 올려놓고 가이드바와 자르는 선을 맞춘다. 그런 다음 초경 팁 절단기를 선에 맞춰 내린다. 초경 휠이나 칼날로 타일 표면을 그어 선을 만든다. 그런 다음 손잡이를 눌러 선을 따라 타일을 절단한다. 이러한 도구는 타일 전체를 일자로 자르는 목적으로만 사용한다.

272 니퍼로 타일의 모양 만들기

타일이 파이프와 같은 주변 설비에 맞도록 니퍼로 타일 가장자리의 일부만 작게 자른다. 타일용 니퍼는 플라이어 한 쌍과 비슷한 모양이지만, 타일을 훨씬 더 작게 자를 수 있다. 니퍼의 크기가 작을수록 더 쉽게 타일을 자를 수 있고, 니퍼 때문에 타일이 부서지거나 금이 갈 가능성이 적다. 먼저 못 쓰는 타일로 자르는 연습을 한 다음, 본격적인 타일 자르기에 도전해보자. 니퍼로 자른 단면에 울퉁불퉁한 자국이 남지만 단면을 가릴 예정이라면 크게 문제가 되지 않는다. 타일 단면이 그대로 드러나는 부분은 먼저 줄로 타일의 거친 가장자리를 다듬어 사용한다.

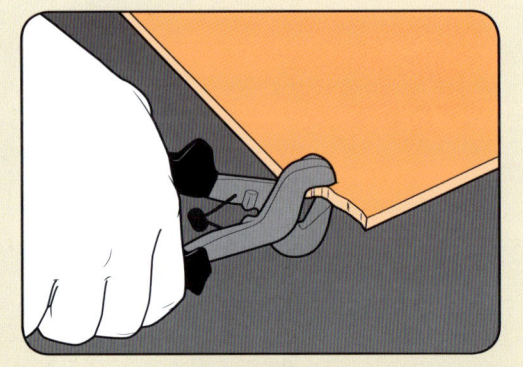

273 웨트 톱 사용하기

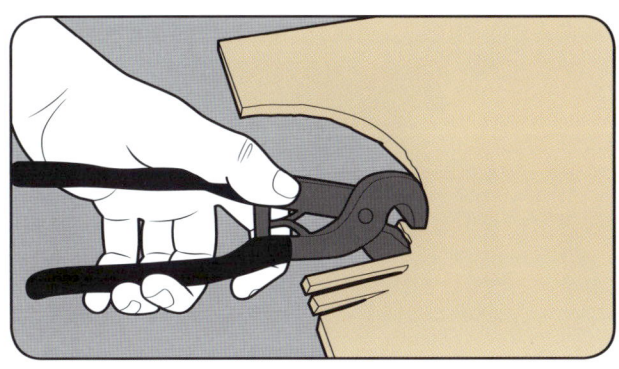

전문가는 타일을 절단할 때 주로 웨트 톱을 사용한다. 웨트 톱의 전동 톱날에는 절단 작업 중에 발생하는 열을 식힐 수 있도록 물탱크가 연결되어 있다.(대개 전기 펌프도 함께 달려 있다.) 웨트 톱에는 테이블 톱 형태(테이블 아래에서 튀어나온 톱날 위로 타일을 밀어 넣는다.), 브릿지 또는 슬레드 형태(도구 위에 톱날을 장착하며 타일을 위에서부터 자른다.), 손바닥 크기의 휴대용 제품 등이 있다. 웨트 톱에서 뿜어져 나오는 물 때문에 주변이 쉽게 더러워지므로 주로 야외에서 많이 사용한다.

웨트 톱은 일반적으로 다이아몬드 팁 절삭 바퀴와 함께 사용한다. 도자기와 돌 소재의 자재를 정확하게 자를 수 있으며 최소한의 열만 발생한다. 연귀 게이지를 장착해 사용하면 다양한 각도에서 정밀한 절단 작업을 할 수 있다.

웨트 톱의 회전 톱날은 직선 절단만 가능하지만, 이를 이용해 불규칙한 모양도 자를 수 있다. 타일을 기둥이나 몰딩에 맞춰 자를 때, 그 측면 모양을 타일에 본떠 그린 후 그 모양에 최대한 가깝도록 자른다. 그런 다음 니퍼를 이용해 절단면 사이의 얇은 부분을 제거한다.

274 타일과 유리에 구멍 내기

타일에 파스너를 장착해야 할 때, 잘 부러지는 자재를 효과적으로 뚫을 수 있도록 화살표 모양의 팁이 달린 유리 및 타일용 비트를 사용해보자. 느린 속도로 예비 구멍을 뚫은 후 스프레이 통에 물을 뿌려 절단면을 식힌다. 구멍을 깔끔하고 정교하게 뚫을 수 있을 뿐만 아니라 비트의 수명을 연장할 수 있다. 필요에 따라 천천히 속도와 압력을 올린다.

커다란 구멍을 뚫어야 할 때는 초경 팁이 달린 벽돌용 비트 또는 다이아몬드 팁이 달린 홀커터가 효과적이다. 초경 비트에 물을 뿌려 열을 식힌다. 다이아몬드 팁이 달린 홀커터는 빠른 속도로 구멍을 뚫을 수 있으며, 마른 상태에서도 절단 작업이 가능하다. 타일 한가운데에 파이프나 케이블이 지나갈 수 있을 정도로 커다란 구멍을 뚫을 수 있다.

275 모자이크 타일 깔기

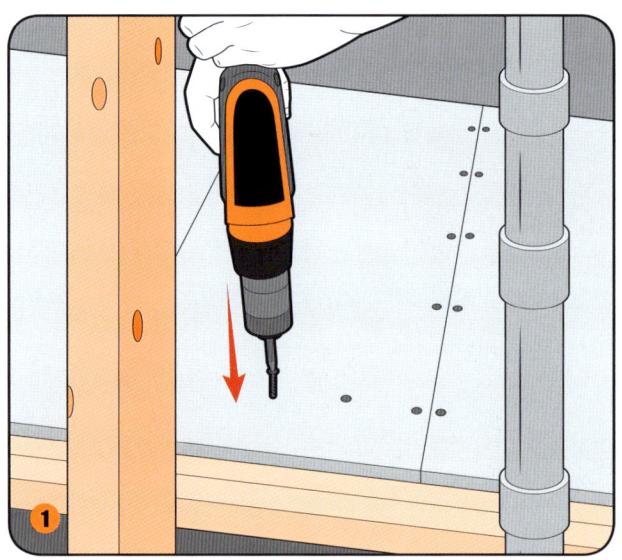

모자이크 타일은 '테세라'라고 부르는 작은 타일을 조합하는 기법으로 만들 수 있다. 모자이크 타일을 한 가지 색깔로 통일해 깔면 무난한 레이아웃을 연출할 수 있다. 잘 어울리는 색들을 조합해 사용하는 방법이 인기가 많으며, 다양한 색깔의 모자이크 타일로 복잡한 패턴을 만들 수 있다. 크기가 작은 모자이크 타일 하나하나가 모여 그림의 물감이 된다고 생각하면 이해하기 쉽다. 모자이크 타일을 하나씩 조립하는 대신 뒤판에 테세라를 붙인 커다란 타일을 사용해도 좋다. 뒤판을 원하는 크기대로 자르면 손쉽게 바닥에 타일을 붙일 수 있다.

1단계 합판 밑에 있는 속 바닥 위에 시멘트판을 깔고 나사로 단단하게 고정한다.

2단계 마포로 된 뒷면 위에 타일을 까는 경우 방 크기에 맞춰 자른다.

3단계 시멘트판 위에 타일을 배열한다.

4단계 레이아웃을 완성하고 나면 시멘트판 위에 줄눈흙손으로 타일 접착제를 펴 바른다. 플라스틱 타일 스페이서를 활용하면 그라우트 이음매를 더욱 일정하게 유지할 수 있다.

5단계 모자이크 타일을 깔 때는 모래가 섞이지 않은 폴리머 그라우트를 사용한다.

6단계 타일 이음매에 고무 기고대로 그라우트를 바른다. 그런 다음 기존의 타일 시공 방법으로 마무리한다.

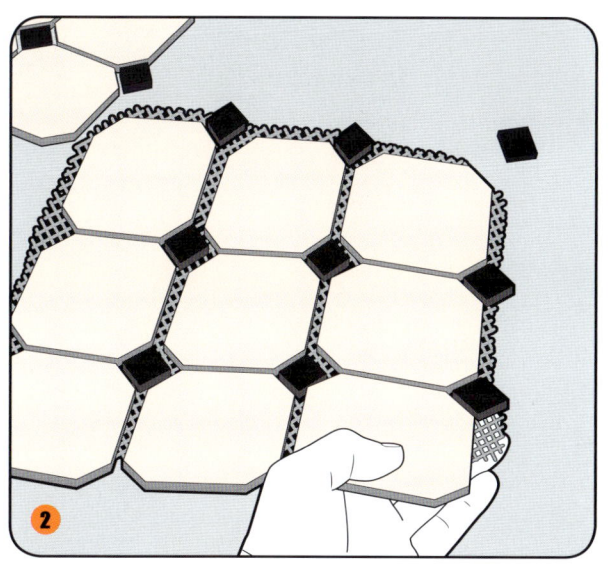

276 바닥재 공사

바닥을 교체하는 작업은 우리가 생활하는 공간에 큰 영향을 주므로 대규모 공사라고 할 수 있다. 바닥재 공사를 하면 집 안 분위기에 변화를 줄 수 있고, 건물 가치를 높일 수 있다. 바닥재 공사 중 일부는 비교적 수월하지만, 대부분은 주택 개조 경험이 많은 DIY 애호가에게 알맞다.

돌로 된 자재 튼튼한 타일과 돌을 시공한 바닥은 물에 닿아도 쉽게 망가지지 않아 부엌이나 화장실, 야외 파티오 공사에 주로 사용된다. 도자기와 돌로 된 타일은 색상과 크기, 스타일이 그야말로 무궁무진해 디자인을 마음껏 표현할 수 있다.

탄성이 있는 자재 비닐과 리놀륨, 고무 등의 소재로 만들어진 바닥재는 신축성과 탄성이 뛰어나며 색깔과 스타일, 패턴이 다양하다. 개별 타일은 다루기 쉬운 반면 시트 바닥은 시공이 까다로운 편이다. 하지만 이음매 없이 시공할 수 있어 방수력이 우수하다는 장점이 있다.

카펫 온기와 편안함으로는 카펫을 따라올 바닥재가 없다. 색깔과 패턴, 털 종류가 다양해 선택의 폭이 매우 넓다. 카펫은 항상 깨끗하게 유지하는 것이 좋다. 카펫이 더러우면 냄새나 얼룩이 스며들기 쉽다. 카펫은 혼자서 작업하기 조금 어려울 수 있다. 시공에 필요한 몇몇 특수 장비는 대여가 가능하다. 대부분 카펫의 가격에 시공비가 포함되어 있다. 특수 장비의 대여료까지 고려한다면 전문가에게 시공을 맡기는 것과 가격 면에서 큰 차이가 없다. 반면 카펫 타일은 쉽게 설치할 수 있으며 집 안의 일부 공간에 적합한 바닥재다.

강화 마루 DIY 작업에 자주 쓰이는 자재 중 하나다. 고밀도 섬유판 위에 장식용 시트와 투명 플라스틱 보호막을 씌운 것으로 체리나무와 호두나무, 너도밤나무, 오크나무 등 다양한 나뭇결 중에서 선택할 수 있다. 표면 위에 진짜 나무 같은 질감을 더한 강화 마루를 비롯해 고광택 마감을 한 제품과 타일 패턴의 제품 등이 판매되고 있다. 이러한 강화 마루는 대개 바닥재의 가장자리를 홈에 끼워 연결하는 은촉이음 방식으로 시공한다. 바닥재와 속 마루를 고정하는 데 접착제 또는 나사를 쓰지 않는다. 대신 직소퍼즐처럼 잘 맞물린 바닥은 자재 자체의 무게와 마찰 덕분에 고정된다.

엔지니어 마루 엔지니어 마루는 두께가 대략 0.3cm인 원목을 겹겹이 쌓아 섬유판 코어에 고정한 것으로 강화 마루와 비슷하다. 진짜 원목의 독특한 나뭇결을 그대로 느낄 수 있으며, 사포로 문지르거나 재손질 작업(대개 한 번만 작업한다.)을 거쳐 사용한다. 시공 방법 역시 강화 마루와 같다. 하지만 일반적으로 가격이 더 비싸다.

원목 마루 전통적인 분위기를 연출할 수 있는 원목 마루는 자연스러운 나뭇결을 그대로 느낄 수 있다. 나중에 사포 또는 재손질 작업을 하는 것도 가능하다. 원목 마루는 일반적으로 강화 마루보다 비싸다. 게다가 아직 경험이 많지 않은 DIY 초보자라면 나무판에 못을 박고 봉합해 풀칠하는 작업이 다소 어려울 수 있다.

277 바닥 공사 준비하기

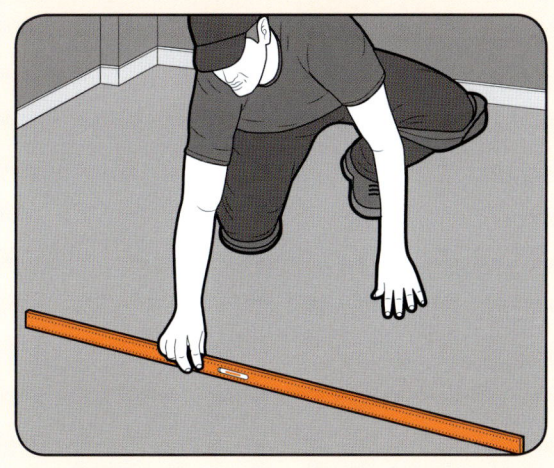

마루를 새로 교체하기 전에 먼저 굽도리널과 슈 몰딩을 전부 제거한다. 트림을 천천히 조심스럽게 떼어내면 간단한 수리를 거쳐 다시 사용할 수 있다. 마감 처리를 한 오래된 바닥재 역시 모두 제거한다.(기존 비닐 바닥의 상태가 괜찮을 경우 습기 차단막 역할을 하기 때문에 그대로 둔다.) 주택의 속 바닥이란 장선 위에 설치하는 바닥 구조물을 가리킨다. 속 바닥은 튼튼해야 하며 완벽한 수평을 이루어야 한다. 아래로 처졌거나 부식된 나무판을 교체하고, 튀어나온 못을 정리한다.

약 2.4m짜리 직선자를 속 바닥 위에 올려놓고 수평을 이루고 있는지와 표면이 평평한지를 확인한다. 대부분의 제조사가 지름이 약 6m인 원 안에 있는 두 점의 높이차가 약 0.47cm를 넘지 않을 것을 권장한다. 표면을 고르게 하는 혼합제를 발라 움푹 팬 곳이나 툭 튀어나온 곳을 평평하게 만든다. 또한 밑바닥이 평평해지도록 두께가 약 0.6~2cm인 합판을 못이나 나사로 고정해 속 바닥을 단단하게 강화하거나 콘크리트 슬래브 준비 작업을 할 수 있다.

바닥의 수평을 맞춘 다음에는 바닥재 제조사의 설명서와 공사 현장의 상황을 참고해 습기 차단막 또는 밑 깔개를 설치한다.(속 바닥을 강화하기 위해 한 층 더 추가했을 경우 합판 아래에 차단막을 깐다.)

전문가의 팁

지하실 바닥 단열 처리하기 지하실을 거실로 꾸미고자 한다면 속 바닥에 단열 처리를 해 방을 좀 더 아늑하고 포근하게 꾸며보자. 지하실 바닥의 습기를 차단할 뿐만 아니라 지층에서 올라오는 차가운 냉기가 바닥을 통해 들어오지 않도록 막아준다. 시중에 나와 있는 은촉이음 방식의 OSB(Oriented Strand Board) 합판에 폐쇄셀 폴리스티렌이 추가된 속 바닥재라면 열 손실이 적다.

278 바닥에 차단막 설치하기

콘크리트 위에 설치한 나무 바닥은 습기가 들어올 수 없는 차단막을 함께 시공한다. 차단막이 없으면 나무가 휘거나 뒤틀리기 쉽다. 뜬 바닥의 경우 대부분의 제조사가 두께 6mm인 둥글게 말은 플라스틱 덮개를 공사한 부분 위에 깔아 테이프로 가장자리를 겹쳐서 고정할 것을 권장한다. 콘크리트 바닥 위에 차단막을 설치하는 또 다른 방법은 흙손으로 액체 습기 차단재를 바르는 것이다. 나무로 만든 속 바닥의 경우, 플라스틱 덮개 안에 습기가 차 곰팡이가 생길 수 있으므로 플라스틱 덮개를 사용하지 않아야 한다. 대신 6kg 또는 13kg짜리 아스팔트 펠트 지붕 재료를 활용해보자. 바닥 위판은 습기 차단막이 필요 없다는 점을 기억하자. 그래도 바닥재의 사용 설명서를 항상 확인하는 것이 좋다.

밑 깔개는 속 바닥과 마감 처리한 바닥재 사이에 설치한다. 예를 들어 타일 바닥의 경우, 타일과 모르타르로부터 나무로 만든 속 바닥을 분리해 그 사이에 시멘트판 또는 밑 깔개를 끼워 넣으면 나무의 수축과 팽창으로 인해 바닥재에 금이 가는 것을 막을 수 있다. 뜬 바닥 또는 강화 마루 밑에 발포 고무로 만든 밑 깔개를 깔면 바닥에서 끽 또는 삥 하는 소리가 나거나 울리는 것을 예방한다. 밑 깔개의 이음새는 겹치는 것보다 서로 맞물려야 표면을 수평으로 유지할 수 있다.

279 뜬 바닥 설치하기

뜬 바닥은 강화 마루와 엔지니어 마루를 깔 때와 같은 방법으로 설치한다. 가장 먼저 평면도를 배치한다. 종이 위에 방과 치수를 적는다. 필요한 바닥 면적을 계산한 후 특이한 모양을 자르거나 판자가 망가져 교체해야 할 때를 대비에 여유 바닥재를 넉넉하게 주문한다.

서로 다른 바닥재를 사용할 곳이나 현관문과 만나는 지점 또는 방 구조가 서로 다른 공간이 맞닿아 있는 곳을 메모한다. 그런 곳에는 트랜지션 몰딩(T-몰딩. 다른 재질의 두 바닥재를 이어주는 접합부)을 이용한다. 바닥재 판매점에서 트랜지션 몰딩을 쉽게 구할 수 있다.

280 뜬 바닥 설치에 주의할 점

먼저 바닥재를 공사할 방에 적어도 48시간 동안 보관한다. 나무가 실내 온도에 따라 살짝 줄어들거나 부풀어 오른다. 작업을 시작할 준비가 되었다면 먼저 속 바닥의 수평을 맞추고 표면을 평평하게 만든다. 삐걱거리는 소리가 나는 부분이 없어야 한다. 필요하다면 습기 차단재와 밑 깔개를 설치한다. 대개 제조사가 발포 고무로 만든 밑 깔개를 뜬 바닥 밑에 설치해 소음을 줄이고 안락함을 더할 것을 권장한다. 밑 깔개가 마룻널 밑에 붙은 상태로 판매되는 제품도 있다. 새로 설치할 바닥재의 두께가 방과 잘 맞도록 문설주와 케이싱을 모두 제거한다. 남는 바닥재를 가이드로 활용해 잘라야 할 길이를 파악한다. 나무가 팽창할 경우를 대비해 문틀 아래에 약 0.6cm의 여유 공간을 둔다.

281 바닥재 깔기

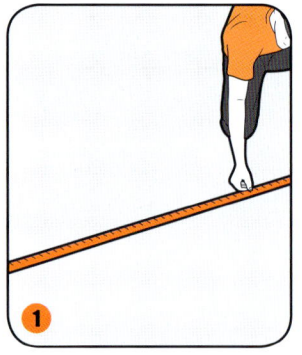

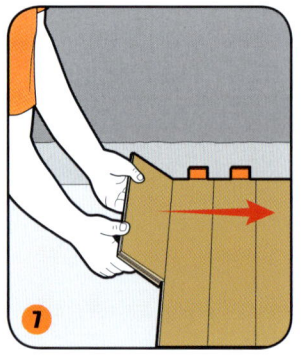

준비 작업이 끝나면 이제 본격적으로 바닥재를 설치할 차례다! 새 바닥재를 설치하는 방법은 다음과 같다.

1단계 방의 너비를 잰다. 마지막 바닥재를 벽에 대고 세로로 놓았을 때 폭이 최소 5cm가 되어야 한다. 방의 너비를 바닥재 전면의 너비로 나눈다. 이렇게 계산해서 구한 나머지가 마지막 줄의 너비가 된다. 바닥재의 마지막 줄이 5cm보다 짧다면 첫 번째 줄의 나무판을 좁게 잘라 마지막 줄의 공간을 확보한다. 테이블 톱과 측면 안내대 또는 가이드가 달린 휴대용 회전 톱을 사용한다.(굽도리널 또는 슈 몰딩이 이음매의 여유 공간을 모두 가리지 못하면, 첫 번째 줄의 이음매 부분을 자른다.)

2단계 바닥재 길이가 일정한 제품도 있지만 길이가 들쑥날쑥한 바닥재도 있다. 길이가 똑같은 바닥재로 작업하는 경우라면 바닥재를 그대로 배열한다. 방의 양쪽 끝 중 한 곳에서 마지막 바닥재를 설치할 공간이 부족하다면 첫 번째 바닥재의 길이를 3분의 1로 잘라 공간을 확보한다.

3단계 은촉이음할 바닥재를 맨 처음에서 세 번째 줄까지만 조립한다. 길이가 긴 가장자리의 은촉이 가장 가까운 벽을 바라보도록 한다. 작업 공간이 넉넉하도록 벽에서 조금 떨어진 자리에서 바닥재를 조립한다.

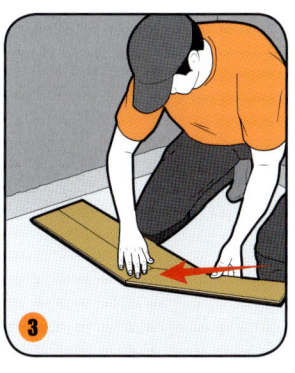  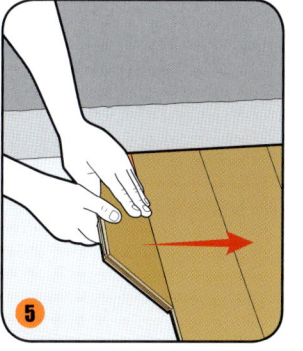 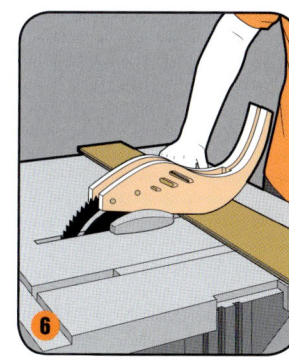

4단계 바닥재의 은촉홈을 비스듬하게 연결한다. 망치와 고무 블록으로 연결 부위를 두드려 제자리에 단단히 고정한다. 도와줄 사람이 없다면 미리 조립한 마룻널을 바닥재가 들어 있는 상자로 고정한 후, 맨 처음에서 세 번째 줄까지 작업을 계속한다. 상자가 마룻널을 바닥에 고정하므로 새로운 마룻널을 제자리에 놓고 망치로 두드리는 동안 떨어지지 않는다.

5단계 가능하다면 긴 이음새를 먼저 연결한 후 짧은 이음새는 나중에 잇는다. 홈이 있는 판을 납작하게 잡은 상태에서 마룻널의 은촉을 비스듬하게 집어넣는 것이 가장 수월하다. 그런 다음 마룻널을 아래로 구부리면 은촉이 은촉홈 안으로 들어간다. 다음 줄에 바닥재를 놓을 때는 최소 12cm 간격으로 스태거드 이음을 한다.

6단계 마지막 마룻널이 벽과 완벽하게 맞물리지 않을 때는 길이에 맞춰 자른다. 남은 마룻널은 다음 줄을 시작할 때 사용한다.

7단계 맨 처음에서 세 번째 줄까지 모두 조립한 후에는 나무가 팽창할 때를 대비해 약 0.6cm짜리 스페이서를 벽에 대고 끼운다. 그런 다음 조립한 마룻널을 모두 벽을 향해 민다.

8단계 먼저 조립한 마룻널을 제자리에 고정하면 마룻널의 무게와 단단함 때문에 나머지 마룻널을 따로 누르지 않아도 조립할 수 있다. 마룻널을 한 번에 하나씩 줄을 따라 계속해서 조립한다. 벽과 바닥이 만나는 부분에는 스페이서를 벽에 대고 끼운다.

9단계 실톱으로 마룻널을 작게 잘라야 하는 경우도 있다. 예를 들어 바닥 레지스터 주변의 마룻널은 네모난 모양으로 잘라야 딱 들어맞는다. 파이프 모양을 따라 마룻널을 작고 둥글게 자를 때는 원통 톱이 달린 드릴을 활용해보자.

10단계 시작한 지점을 기준으로 반대편에 있는 벽에 다다르면, 대개 마지막 줄을 밀어 넣거나 망치로 두드려 고정할 만한 공간이 충분하지 않다. S자 풀 바(pull bar)를 이용해 마룻널 끝 면을 벽에 건 다음, 망치로 풀 바의 고정용 쇠붙이를 두드려 마룻널을 천천히 끼워 넣고 은촉이음을 마무리한다. 바닥재를 모두 조립한 후에는 벽에 끼웠던 스페이서를 꺼내고 슈 몰딩과 베이스 몰딩을 다시 설치한다.

11단계 새로 설치한 바닥재가 기존의 바닥재와 만나는 경계, 즉 문 아래에 같은 모양의 마룻널을 못 박는다. 길이에 맞춰 자른 후 두 바닥 사이가 매끄럽게 연결되도록 못으로 고정한다.

282 나무 바닥 고정하기

딱딱한 은촉이음 마루는 가장 흔히 쓰이는 바닥재다. 견목과 연목 종류로 나뉘며 마무리 작업을 한 제품과 하지 않은 제품 모두 구할 수 있다. 마무리 작업을 하지 않은 은촉이음 마루는 설치 후에 보호용 실런트로 마무리 칠을 한다.

마무리 작업에는 돈과 시간, 노력이 든다. 하지만 마무리 작업을 한 바닥재에는 장점들이 많다. 먼저, 마무리 작업을 한 딱딱한 나무 바닥재의 설치 비용이 아무런 처리를 하지 않은 경목의 설치 비용과 비슷하다. 제품 자체는 더 비싸지만, 마무리 과정을 거쳤기 때문에 매우 튼튼하다.

283 마루 작업 전 준비

마룻널을 방에 적어도 48시간 동안 보관해 방 안 온도에 적응할 시간을 준다. 새로운 마룻널의 크기와 디자인에 따라 다양한 길이로 미리 잘라 놓는다. 스태거드 이음(staggered joints. 조적의 길이쌓기처럼 자재의 이음매를 서로 엇갈리게 배치한다.)을 할 때 도움이 된다. 굽도리널과 슈 몰딩을 제거하고 속 바닥이 평평하고 물기가 없으며 수평을 이루고 있는지 확인한다. 자잘한 결함은 방수지로 가린다. 움푹 팬 곳은 바닥용 레벨러(floor leveler)로 메꾸고, 툭 튀어나온 부분은 벨트식 사포 연삭기로 평평하게 만든다.

일 층 바닥이라면 속 바닥 위에 습기 차단재를 설치한다. 롤러로 속 바닥이나 슬래브에 액체 방수막을 바른 후 제조사의 사용 설명서에 따라 건조한다. 못이나 스테이플이 통과할 수 있는 플라스틱 시트는 추천하지 않는다. 콘크리트 위에서 작업할 때는 공사용 접착제로 2cm짜리 선박용 합판을 방수막 위에 붙인다. 필요하다면 문설주를 새로운 바닥 높이에 맞춰 다듬는다.

284 마룻널 깔기

필요한 공구와 자재, 작업 환경을 준비했다면 이제 새로운 마룻널을 깔 차례다.

1단계 방 너비를 잰 다음, 마룻널의 전면 너비로 방 너비를 나눈다. 마지막 줄에 마룻널을 배치할 공간이 마룻널 한 개의 절반 너비보다 작다면, 첫 번째 줄의 마룻널을 잘라 공간을 확보하자.

2단계 방에서 가장 길고 일직선인 벽을 따라 초크라인으로 표시한다. 마룻널의 홈이 있는 쪽이 벽을 바라보도록 한 다음 벽 가장자리에 예비 구멍을 뚫고, 초크라인을 따라 약 15cm마다 못을 박아 바닥에 고정한다. 공압식 피니시 네일러를 사용한다면 예비 구멍을 뚫지 않아도 된다. 나무가 팽창할 때를 대비해 방 전체에 있는 벽과 바닥재 사이에 약 1.3cm의 여유 공간을 유지한다.

3단계 은촉이음 방식일 경우, 두 번째 마룻널을 첫 번째 마룻널에 끼워 넣는다. 그 외의 방식으로 마룻널을 연결할 때는 다음 마룻널에 갖

다 댄 후 벽을 따라 못을 박아 고정한다. 벽을 향해 작업한 후 마지막 마룻널은 크기에 맞춰 가로로 자른다. 벽과 마룻널 사이에 약 1.3cm의 여유 공간을 남겨둔다. 그런 다음 마지막 마룻널을 자르고, 남은 부분을 다음 줄로 가져가 조립을 시작한다.

4단계 첫 번째 줄의 은촉과 속 바닥에 45도로 못을 박아 고정한다.(숨은 못 박기라고 한다.) 망치로 못을 내리쳐야 할 때는 예비 구멍을 뚫는다. 네일 세트(nail set. 못 박기 보조 도구)로 튀어나온 파스너의 머리 부분을 정리한다. 두 번째 마룻널 줄의 홈이 있는 쪽을 첫 번째 줄의 은촉에 끼워 넣는다. 망치와 고무 블록으로 은촉 이음매를 단단히 고정한다.

5단계 두 번째 줄을 계속해서 조립한다. 은촉에 약 15cm마다 못을 박아 고정한다. 각 줄의 마룻널을 스태거드 이음으로 배치해야 단단하게 조립할 수 있다. 바닥 전체에 걸쳐 은촉과 속 바닥에 못을 박아 고정한다. 충분한 개수의 마룻널을 배치한 덕분에 넉넉한 작업 공간을 확보했다면, 바닥용 네일러 또는 스테이플러로 작업 속도를 올린다. 모서리를 따라 마룻널을 붙이거나, 환기용 레지스터에 맞춰 마룻널을 잘라야 할 때는 실톱이 가장 효과적이다. 반면 파이프나 케이블이 지나갈 구멍을 뚫으려면 전기 드릴을 사용하는 것이 좋다.

6단계 마지막 줄을 조립하려면 테이블 톱(또는 립 게이지가 달린 원형톱)으로 홈의 (낮은) 가장자리를 잘라내야 마지막 마룻널을 앞서 조립한 마룻널의 은촉 위로 손쉽게 놓을 수 있다. 망치와 풀 바(또는 램 해머)로 마지막 줄에 있는 마룻널의 이음매를 연결한다. 못과 접착제로 마지막 줄을 고정한다.

7단계 간격(여유 공간)을 확보하기 위해 끼워두었던 블록(스페이서)을 제거하고, 바닥재의 작은 틈새를 같은 색깔의 목재용 필러로 채운다. 마르고 나면 사포로 문지르고 취향에 따라 마감 작업을 한다. 그런 다음 굽도리널과 몰딩을 다시 설치한다.

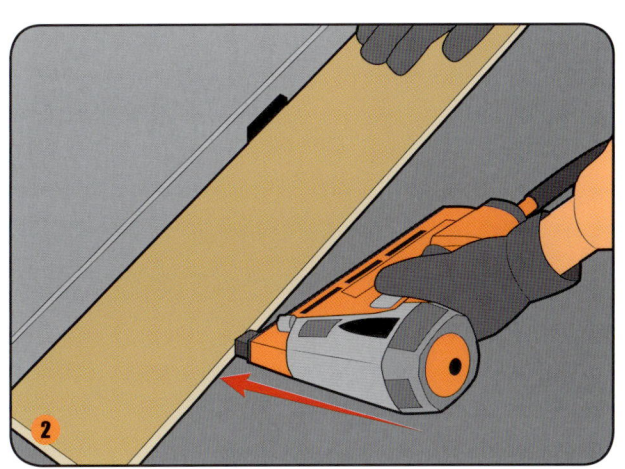
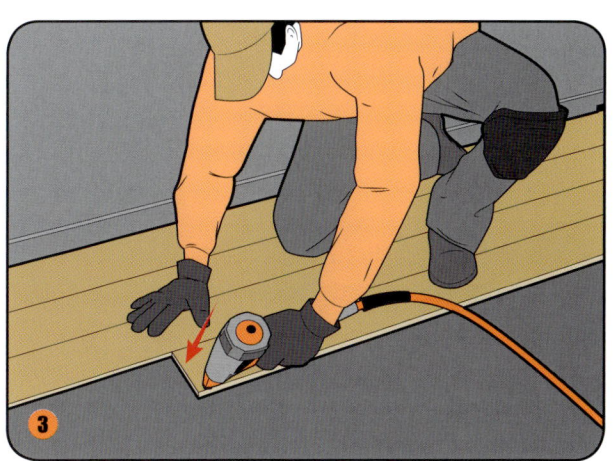
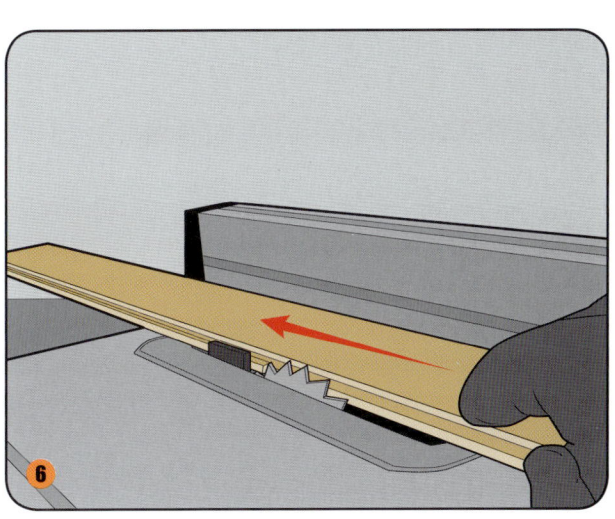

285 탄성이 있는 바닥재

비닐 타일은 탄성이 있는 바닥재 중 DIY 애호가가 가장 쉽게 설치할 수 있다. 색과 질감, 패턴과 모양이 매우 다양하며 아주 적은 비용으로 고급스러운 느낌을 재현할 수 있다.

비닐 바닥재는 스크래치에 강하고 다루기 쉬우며 뾰족한 만능 칼로 손쉽게 다듬을 수 있지만, 단점 또한 있다. 강화 마루만큼 튼튼하지 않아서 표면이 쉽게 망가질 수 있다. 접착제를 바른 비닐 판자와 타일은 오래전부터 사용되어 왔지만, 저렴한 제품 중에는 설치한 후에 접착 부분이 떨어지거나 발로 밟으면 분리되어 이음새가 보기 흉하게 벌어지는 문제 때문에 악명이 높은 것들도 있다. 그래서 판매자에게 문의하거나 최대한 많은 정보를 조사해 믿을 수 있는 회사가 만든 제품을 구입하는 것이 현명하다.

286 비닐 바닥재 준비

비닐 바닥재를 깔기 위한 준비 작업은 다른 바닥재를 시공할 때와 비슷하다. 먼저 바닥을 깨끗하게 청소한다. 비닐 타일은 매우 얇으므로 타일 안에 아주 조그마한 찌꺼기가 들어가도 표시가 날 수 있다. 나무 바닥재와 마찬가지로 자재를 시공할 방 안에 놓고 상온에서 보관한다. 속바닥이 나무라면 약 0.6cm짜리 선박용 합판을 이용해 수평을 맞춘다. 콘크리트 슬래브라면 바닥용 레벨러로 표면을 평평하게 만든다. 비닐 바닥재의 종류에 따라 설치 방법이 달라진다. 타일을 이어 붙인 다음 접착제로 속 바닥에 고정하는 제품이 있고, 속 바닥에 접착제로 고정하되 타일 스페이서로 타일을 하나씩 배치해 그라우트 이음새를 일정하게 유지하는 제품도 있다.

287 비닐 바닥재 설치하기

 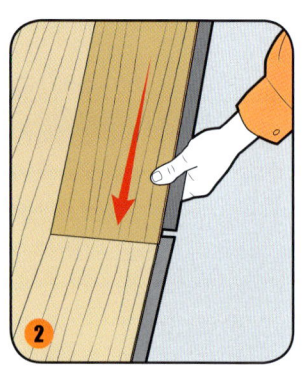
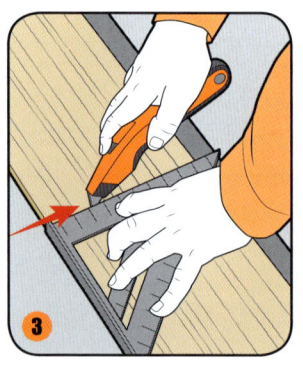 

나무 바닥재와 비슷한 모양의 비닐 바닥재라면, 나무 바닥재를 설치할 때와 마찬가지로 방에서 가장 곧은 벽에 초크 라인으로 표시한 후 그 선을 따라 바닥재를 설치한다.

1단계 비닐 바닥재 중에서는 뜬 바닥 구조로 설치하는 제품도 있다. 바닥재를 설치하는 동안 첫 번째 줄이 움직이지 않도록 가장자리에 양면 아크릴 테이프를 붙여 고정한다.

2단계 바닥재 뒷면에 있는 접착테이프의 종이를 벗겨내고, 바닥재 사이에 정렬한 후 세게 눌러 이음매를 막는다.

3단계 얇은 비닐 바닥재는 만능 칼로도 쉽게 자를 수 있다. 항공 가위는 트림 주변을 자르는 데 효과적이다. 몇몇 전문가는 연결할 이음매에 붙어 있는 접착테이프에 헤어드라이어로 열을 가해 접착력을 더욱 높이는 방법을 추천한다. 이 방법으로 바닥재를 더욱 견고하게 고정할 수 있고, 비닐 타일을 휘거나 자르기도 한층 더 수월하다.

4단계 대여 업체에서 빌릴 수 있는 비닐 바닥재 롤러로 표면을 밀어 마무리한다. 이음매 부분을 눌러 접착력을 높이는 동시에 연결 부위를 납작하게 만든다.

288 스틱 타일 붙이기

스틱 타일은 원석 느낌을 재현하는 데 효과적이다. 미리 꼼꼼하게 계획하고 이음매 부분에 그라우트 작업을 하면 클래식한 느낌의 새 비닐 바닥재를 신 세트 모르타르와 도자기 또는 돌 타일을 사용할 때보다 더욱 쉽고 빠르게 설치할 수 있다.

1단계 기존 바닥재 위에 비닐 타일을 설치할 수 있다. 하지만 아무것도 없는 속 바닥 위에 설치하는 것이 가장 좋다. 먼저 표면이 완벽하게 매끄러운지 확인한다. 바닥을 여러 번 쓸고 젖은 천으로 닦아 떨어져 나온 가루를 모두 제거한다. 접착력을 한층 더 높이려면 손잡이가 긴 페인트 롤러로 다용도 바닥용 프라이머를 속 바닥에 바른다. 제품 설명서의 권고에 따라 프라이머를 건조한다.

2단계 초크라인으로 교차하는 정사각형 모양을 표시한 다음, 도자기 타일을 설치할 때와 같은 방법으로 바닥에 타일을 깐다. 가장자리에 타일이 남지 않도록 전체 레이아웃을 조절한다. 천연 석재 느낌이 나는 타일이라면 같은 패턴이 반복되지 않도록 타일을 회전시킨다. 방의 출입구 주변에 타일을 까는 것도 고려해보자. 사람들은 가능하다면 출입구 한가운데에 타일을 설치하는 것을 선호한다.

3단계 타일 뒤에 붙어 있는 종이를 벗겨내고 하나씩 제자리에 붙인다. 접착제가 붙어 있는 면을 속 바닥을 향해 세게 누른다. 설치한 타일을 체중을 실어 아래로 누르거나 롤러로 밀어 견고하게 접착한다. 십자가 모양으로 방을 4등분한 다음, 한 번에 한 구역씩 작업한다. 플라스틱 타일 스페이서로 이음매 크기를 일정하게 유지한다. 약 0.3cm짜리 이음새라면 그라우트의 면적이 작아 먼지와 때가 덜 쌓인다.

4단계 가장 끝에 있는 타일은 크기에 맞게 잘라서 써야 한다. 다듬어야 할 타일을 마지막으로 붙일 타일 옆에 놓고 사면의 높이를 맞춘다. 그런 다음 벽에 또 다른 타일을 세운 후 타일이 겹치는 부분에 자르는 선을 표시한다. 도자기나 돌과는 달리 전기 도구가 없어도 비닐 타일을 자를 수 있다. 뾰족한 만능 칼과 직선자만 있으면 타일을 원하는 크기대로 절단할 수 있다. 장애물(바닥에 설치한 환풍구, 벽 모서리 등) 주변과 잘 맞물리게 하려면 종이나 판지 위에 패턴을 그린 후 타일에 옮겨 모양대로 자른다.

5단계 다른 바닥재를 설치할 때와 마찬가지로 이음매에 그라우트 작업을 한다. 바로 쓸 수 있도록 미리 섞은 비닐 타일용 샌드 아크릴 그라우트를 사용한다. 그라우트를 대각선으로 펴 바른 후 끝이 날카로운 고무 흙손을 이음매에 대고 45도 각도로 잡는다. 세게 눌러 이음매를 완전히 채운다. 흙손의 가장자리로 삐져나온 그라우트를 닦는다. 흙손으로 이음매에 채워 넣은 그라우트가 나오는 것을 막는다.

6단계 물에 적신 스펀지로 그라우트 얼룩을 지운다. 타일이 마르는 24시간 동안 밟지 않도록 주의한다. 그런 다음 스펀지와 물로 남아 있는 그라우트 얼룩을 마지막으로 닦는다. 72시간이 지나면 이음매를 더욱 손쉽게 청소하기 위해 그라우트를 밀봉한다.

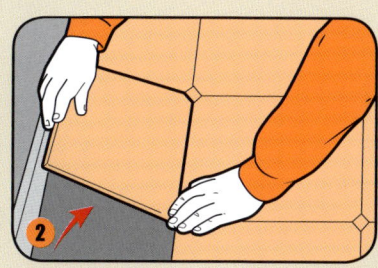
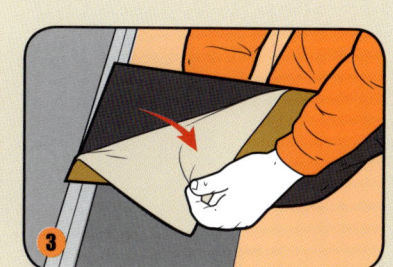
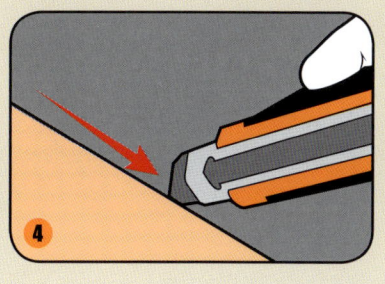

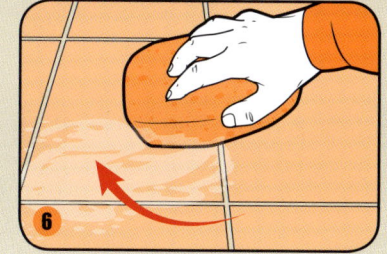

289 데크 만들기

DIY 애호가에게 데크 만들기는 인기가 높다. 사용 목적과 장소, 주변 환경을 고려해 데크를 신중하게 디자인한다. 건축 법규 역시 따라야 한다. 제대로 계획하고 준비한다면 몇 년이 지나도 망가지지 않는 튼튼한 데크를 완성할 수 있다.

290 데크 설계

데크를 만드는 방법은 시간이 지나면서 바뀌었는데, 데크를 설계할 때 이 점에 유의한다. 국제 건축 규약이 바뀌어 이제는 건물의 무게를 지탱하는 기둥을 하나 또는 여러 개 세우고, 그 위에 장선을 올려야 한다.

데크 구조물은 어떤 것도 지탱할 수 있을 만큼 튼튼하게 지어야 한다. 그래서 욕조와 같이 무거운 물건을 지탱하는 데크는 추가적인 보강 틀을 설계한다. 지자체의 건축물 담당자에게 여러 사항을 문의해보자.

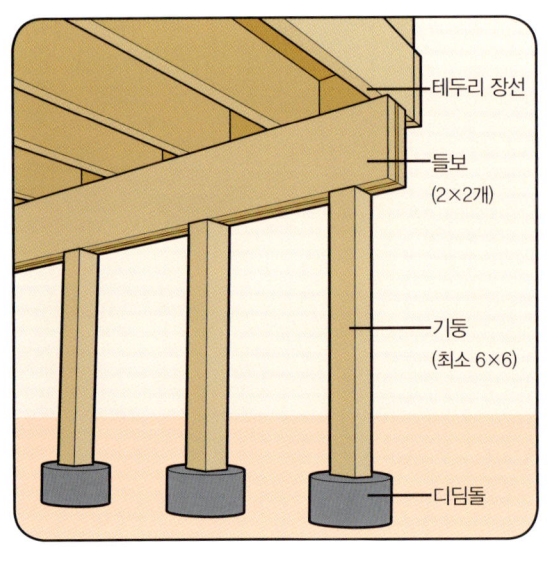

291 데크 가로장 설치하기

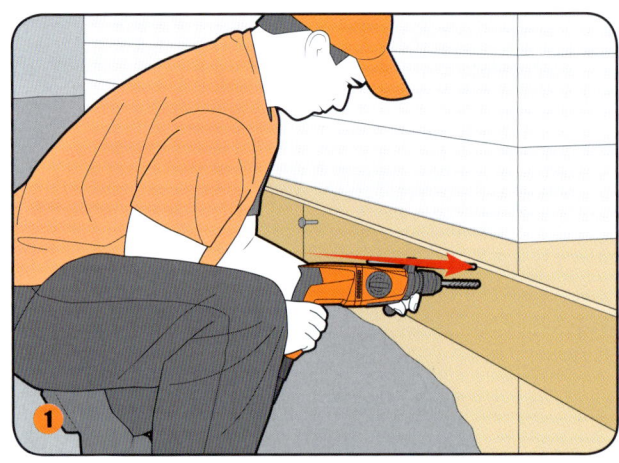

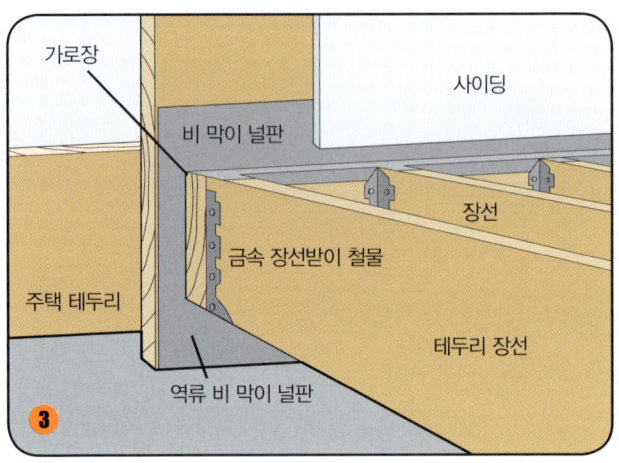

데크 설계가 끝났다면 본격적으로 데크를 지을 차례다.

1단계 데크 공사는 대개 데크를 집에 단단히 고정하는 가로장부터 시작한다. 가로장은 데크의 길이와 높이를 결정한다.(따라서 건축 자재의 두께를 고려해 작업한다.) 가로장과 장선, 기둥은 데크의 무게를 지탱하는 역할을 하므로, 만들고자 하는 데크의 크기에 따라 2×8 또는 2×10 목재를 사용한다.

2단계 가로장이 수평을 이루는지 확인한 후 굵은 나사못 또는 다용도 구조 나사(와셔가 달린 나사)를 이용해 테두리 장선(사이딩 일부를 제거하는 경우도 있다.)에 고정한다. 가로장을 콘크리트 지반에 고정할 경우 팽창 볼트를 사용한다.

3단계 가로장에는 비 막이 널판을 설치한다. 물이 집 안으로 침투하는 것을 막기 위함이다. 비 막이 널판은 외부 사이딩 뒤편에 있는 건물 외벽을 감싸도록 설치한다.

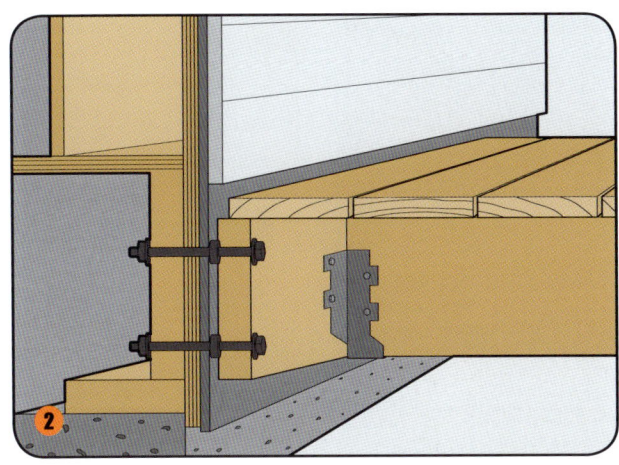

4단계 주택 건축물로 데크를 지지하는 경우, 가로 하중을 견딜 수 있도록 데크를 '포지티브'(positive) 방식으로 주택 틀에 연결한다. 자신이 살고 있는 지역의 건축 법규를 살펴보고 관련된 요구 사항을 파악해보자. 데크를 주택 건물에 연결할 때 사용하는 텐션 타이(tension-tie)인 심슨 스트롱 타이(Simpson Strong-Tie)는 최신 건축 법규를 반영하고 있어 미국에서는 별도의 확인 절차가 필요 없다. DTT1Z 데크 텐션 타이는 건물 밖에서 고정하므로 (미국) 법규가 요구하는 약 340kg짜리 가로 커넥터를 건물 안에 있는 구조물 프레임 부재에 연결할 수 있다. 이러한 타이는 단일 장선(2×)의 좁거나 넓은 면에 나사로 고정한다. 나중에 와셔가 내장되어 있는 긴 육각 나사로 텐션 타이를 지지물에 최소 8cm 정도 깊이로 박아 넣는다.

292 데크 레이아웃

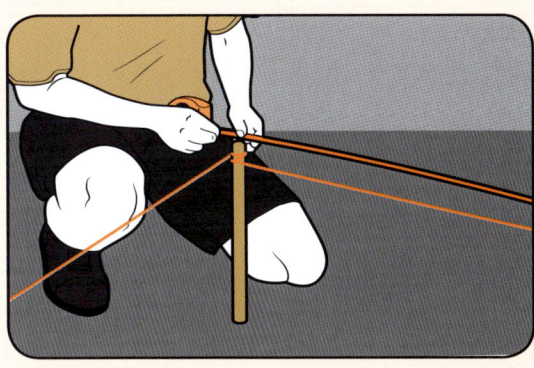

끈과 나무 막대기로 레이아웃을 만들어 콘크리트 지지대와 기둥의 위치를 정한다.

1단계 주택을 기준으로 들보의 위치보다 대략 0.6m 떨어진 곳을 모서리로 잡고, 각 모서리에 막대기(또는 기준틀)를 꽂는다. 각 막대기에 끈을 연결하고 반대편 끝을 가로장에 연결한다. 3-4-5 방식(각 변의 비율이 3 : 4 : 5인 직각삼각형을 만드는 법)을 사용해 끈과 가로장이 직각을 이루도록 한다.

2단계 들보의 위치를 잡으려면 끈의 바깥쪽으로 대략 0.6m 떨어진 곳에 막대기 2개를 꽂는다. 새로 꽂은 막대기 2개 사이에 세 번째 끈을 연결하고, 가로장과 평행을 맞춘다. 끈이 교차하는 지점에서 가로장의 반대편 모서리까지의 대각선 길이를 재고, 직각을 이루고 있는지 확인한다. 나머지 대각선도 길이를 잰다. 대각선의 길이가 모두 같아야 한다. 삼각형이 완벽하게 직각을 이룰 때까지 막대기의 위치를 조절한다.

3단계 들보 레이아웃 끈 위에 다림추로 데크 기둥의 중간 지점을 표시한다. 들보가 기둥보다 최대 0.3m까지 튀어나와도 된다. 기둥 간격은 관련 건축 법규와 장선 크기, 들보 크기, 나무의 종류에 의해 결정된다. 예컨대 데크 장선의 크기가 2×6이고 2×6 들보(2개)를 설치하는 경우, 최대 기둥 간격은 대개 1.8m이다. (목재가 서던 파인 또는 헴퍼인 경우) 2×8 장선과 2×10 들보 2개로 만든 데크는 최대 기둥 간격이 2.4m이다. 목재상 또는 관련 기술자에게 설계에 대한 조언을 구해보자. 잘 모르겠다면 항상 필요 이상으로 많이 설치하는 편이 낫다.

293 디딤돌 공사하기

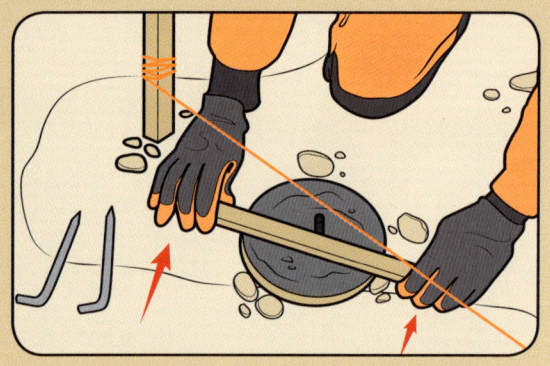

콘크리트로 기둥 디딤돌을 만들어 데크 기둥을 안전하게 지탱한다. 디딤돌 구멍의 깊이는 주택 위치와 지하 동결선에 따라 결정된다.

1단계 먼저 지하 동결선의 깊이를 확인한다. 지하 동결선의 깊이만큼 폭이 약 36~61cm인 구멍을 판다.

2단계 콘크리트를 혼합한 후 디딤돌 구멍에 붓는다. 튜브 형태의 판지 디딤돌 틀을 이용하면 콘크리트의 원형을 유지할 수 있다.

3단계 약 20cm짜리 J-볼트를 마르지 않은 콘크리트 디딤돌의 가운데에 고정한다. 나사골이 밖으로 보이도록 남겨두어야 금속 기둥 브래킷을 걸 수 있다. 콘크리트가 마르고 나면 와셔와 너트로 브래킷을 볼트에 건다.

4단계 기둥 크기는 적어도 6×6이 되어야 한다. 또한 방부 처리를 한 접지용 목재를 사용한다. 기둥을 브래킷 안에 놓고 수평과 수직을 맞춘다. 그런 다음 도금한 못으로 고정한다.

294 데크 바닥의 뼈대 설치하기

 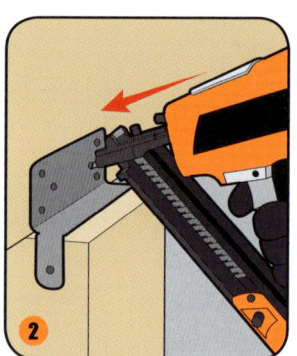

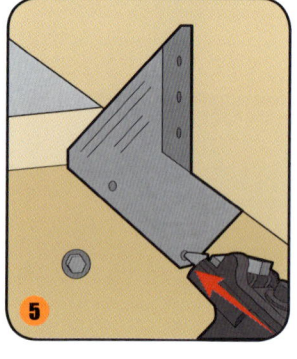 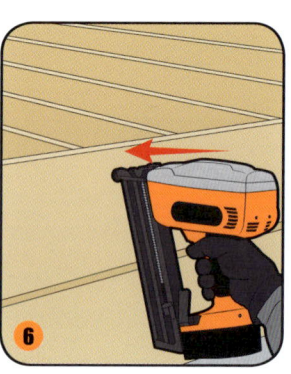

기둥을 세우고 난 후에는 데크 바닥을 설치할 뼈대를 조립한다.

1단계 데크 표면의 예상 높이를 계산한 다음, 아래쪽을 잰다. 이때 데크 자재의 두께와 장선과 들보의 높이를 제한다. 측정한 치수를 바탕으로 기둥을 잘라야 할지 또는 그대로 쓸지 결정한다. 수준사(수평선을 표시하는 실)를 이용하면 긴 거리를 쉽게 측정할 수 있다. 데크의 표면이 집에서부터 살짝 기울어지도록 경사지게 설치해야 하는 경우도 있는데, 특히 수분을 잘 흡수하는 자재를 쓸 때 이와 같은 방법을 고려한다.

2단계 기둥을 자른 후에 금속 기둥 브래킷으로 지지대 기둥에 들보를 조립해(가로장과 평행을 이루도록 한다.) 구조물이 위 또는 가로로 이동하는 것을 방지한다. 들보가 기둥보다 최대 0.3m까지 튀어나와도 된다. 철물과 파스너는 용융 도금 또는 스테인리스강 제품을 사용한다.

3단계 방부 처리를 한 목재(2×)로 만든 데크 가로대는 도금 나사 또는 나무못을 엇갈리게 박아 고정한다. 나무판을 이어 붙여 들보를 만들어야 하는 경우에는 연결 부위를 겹친 후 들보 위에 장선을 설치한다.

4단계 금속 장선받이 철물로 측면 장선을 가로장에 설치한다. 장선과 가로장의 직각을 맞춘 후 금속 철물로 들보에 장착한다. 장선은 제한 범위에 따라 들보 또는 외팔보(한쪽 끝만 고정된 보)보다 약 60cm 정도 더 긴 지점에서 자른다.

5단계 들보에 나머지 장선의 위치를 표시하고, 금속 철물을 설치해 구조물이 위 또는 가로로 이동하는 것을 방지한다. 장선은 일반적으로 중간에서 약 40cm 간격을 두고 설치한다.(일부 데크의 경우 장선 간격을 더 줄여야 한다.)

6단계 장선의 길이가 제각각이라면 끝부분에 초크라인으로 선을 긋고 같은 길이로 자른다. 끝부분에 테두리 장선을 고정하고 금속 장선 받이 철물로 윗면과 높이를 맞춘다. 더욱 단단하고 안정적인 데크를 만들려면 테두리 장선을 두 겹으로 설치한다.

7단계 장선 밑에 2×4 버팀대를 대각선으로 길게 설치하면 데크 구조물이 더욱 안정된다. 또는 장선 사이에 블록을 수직으로 설치한 후 데크 장선과 같은 크기로 자른다. 2×4 대각선 버팀대를 지지대 기둥과 옆에 붙어 있는 프레임 부재에 고정하는 방법 역시 효과적이다.

8단계 데크를 설치하기 전에 먼저 난간과 계단을 만든다. 난간 기둥의 프레임 부재를 볼트로 고정한다.

295 데크용 자재

데크는 가압식 방부 목재나 PVC, 목재 플라스틱 복합체 또는 시더, 사이프레스, 이페와 같은 이국적인 목재 등 다양한 자재로 만들 수 있다. 알루미늄으로 만든 데크도 있다. 자재마다 장점이 다르다. 원목은 다른 자재에서는 느낄 수 없는 자연 그대로의 나뭇결을 자랑한다. 반면 보이지 않는 곳에 파스너를 고정한 제품이나 조립형 외관이 장점인 제품도 있다. 일부 자재는 최소한의 관리로도 오랫동안 쓸 수 있다. 자재에 대해 꼼꼼하게 조사하고 자재마다 어떤 관리가 필요한지 살펴보자. 제품의 가격(자재에 따라 천차만별이다.) 또한 잘 비교하고 선택한다.

데크를 설치할 때는 반드시 데크판을 일직선으로 고정한다. 데크판을 기준으로 데크의 다른 부분을 조립하기 때문이다. 제조사에서 권장하는 파스너를 이용해 데크판을 설치한다. 장선 가운데에 이음새를 올리거나 2× 블로킹을 더해 양쪽 끝을 단단하게 고정한다. 나무가 수축하고 팽창할 수 있도록 데크판 사이에 대략 0.15~0.3cm의 간격을 두는 것이 좋다. 작업 시 데크판이 바깥쪽 장선보다 튀어나오도록 내버려둔다. 모든 데크판을 조립한 후 가장자리에 초크라인으로 선을 그어 회전 톱으로 한 번에 길이를 다듬는다.

296 난간 설치하기

높이가 약 0.7m 이상인 데크에는 난간을 설치한다. 난간 설치 방법은 관련 법규에 따라야 하므로, 미리 자세한 내용을 알아보는 것이 좋다. 일반적으로 크기가 최소 4×4인 기둥을 데크 장선과 테두리 장선에 단단하게 고정해 설치한다. 윗부분을 볼트로 연결할 때는 약 1.27cm짜리 관통볼트 한 쌍과 텐션 타이를 활용한다. 기둥은 최대 1.8m 간격으로 설치한다. 난간의 높이는 91~106cm인데, 건축 법규를 확인한다.

데크는 취향에 따라 변형해 조립할 수 있는데, 난간 역시 외관 장식을 강조하는 목적으로 활용할 수 있다. 난간의 디자인과 자재는 매우 다양하다. 방부 처리를 한 4×4 목재로 만드는 기둥은 대개 안정감을 준다. 착색과 밀봉 작업을 거친 후에 그대로 둬도 좋고, PVC 슬리브로 감아 매끄러운 난간을 완성할 수도 있다. 난간과 난간동자는 주로 나무로 만든다. 기둥 사이에 금속제 난간동자나 쇠줄 또는 유리판을 설치할 수 있다.

297 계단 시스템

미국에서는 계단과 옆판, 가드레일을 설치할 때 반드시 지정된 디자인과 안전 기준을 따른다. 디딤판 높이와 틈과 간격 역시 마찬가지다. 계단의 디딤판은 일정한 깊이를 유지해야 하며 높이가 약 19cm를 넘지 않아야 한다.(규정에 따라 0.95cm까지는 차이가 나도 되지만 되도록 기준에 맞도록 설치한다.)

계단 사이가 뚫려 있는 경우 지름이 약 10cm인 공이 지나갈 수 없어야 한다. 어린아이가 계단 사이에 끼거나 넘어지는 사고를 방지하기 위함이다. 계단참은 최소한 계단의 너비와 같아야 하며 깊이는 최소 91cm가 되어야 한다. 주로 블록이나 콘크리트로 만드는 계단참은 반드시 안전한 계단의 출구 역할을 해야 하며, 경사가 30cm당 0.6cm 이상이 되면 안 된다. 계단을 배치하는 것이 첫 번째 순서다. 계단참까지 도착하는 데 필요한 가로세로 길이에 발을 디뎠을 때 편안한 높이와 건축 규정을 고려해 계단의 전체 높이를 정한다.

계단의 전체 길이를 정하는 또 다른 요소는 바로 난간 시스템이다. 원하는 경사로 난간을 직접 만드는 것도 가능하지만, 시중에서 구입한 난간 시스템은 대개

미리 정해진 각도(30도 또는 35도)에 맞춰 설치한다. 계단 레이아웃을 설계할 때 이러한 사항들을 모두 고려한다.

DIY 작업자라면 계단옆판의 치수를 재고 설계하는 과정에서 애를 먹기도 한다. 대개 건축 자재점에서 미리 절단된 계단옆판을 구입할 수 있다. 금속 커넥터로 계단옆판을 데크 프레임에 고정해보자.

298 다양한 난간 시스템 소재

나무 외에 다른 소재로 난간을 만드는 것도 얼마든지 가능하다. 시중에 금속이나 복합재, PVC 소재의 난간 시스템이 나와 있다. 소재에 따라 설치 방법이 다르므로, 꼼꼼하게 자료를 조사해 비교한 후 최종 자재를 선택한다.

슬리브 4×4 기둥(가압식 방부 목재) 위에 PVC 슬리브를 씌운다. PVC는 외부 날씨로부터 기둥을 보호하고, 플라스틱으로 된 난간동자와 난간과 조화를 이룬다.

금속 금속으로 된 엄지기둥을 텅 빈 PVC 기둥 슬리브 안에 끼워 넣은 후, 콘크리트를 채우는 방식의 난간 시스템도 있다.

유리 유리로 된 난간동자는 고급스러운 분위기를 연출할 뿐만 아니라 가시성을 극대화할 수 있다.

스테인리스강 밤에 불을 켤 수 있는 난간 시스템을 원한다면 LED 포인트 조명이 달린 스테인리스강 케이블 시스템을 고려해보자.

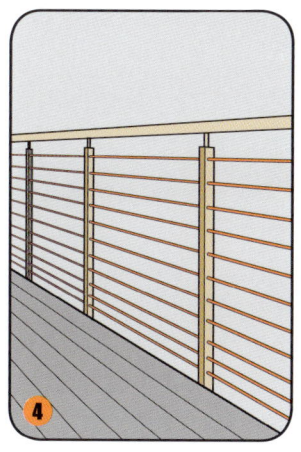

299 간단하게 계단 조립하기

미리 절단된 홈이 있는 계단옆판을 사용하는 대신 L자 금속 계단 브래킷을 나사로 고정해 계단을 지탱하면, 기존 설치 방법보다 훨씬 쉽고 간편하게 작업을 끝낼 수 있다. 특히 DIY 작업자에게 유용한 방법이다. 계단옆판 전면에 고정해 사용하는 브래킷 계단 홈을 만들 필요가 없고, 치수를 재고 표시하는 수고를 덜어준다.

1단계 L자 계단 브래킷을 옆판에 고정한다.
2단계 계단옆판을 데크와 층계참 위에 장착한다.
3단계 디딤판을 계단 브래킷 위에 조립한다.

300 울타리 만들기

울타리는 다양한 모양과 자재로 만들 수 있다. 자재의 종류만 해도 셀 수 없이 많다. 나무판이 미리 조립되어 있는 제품을 고르면 쉽게 설치할 수 있을 뿐만 아니라 작업 시간을 대폭 줄일 수 있다.

마당에 경사가 있다면 나무판과 기둥이 만나는 부분의 높이를 들쑥날쑥하게 만들어야 나무판 윗면의 수평을 맞출 수 있다. 경사가 심하다면 이와 같이 일정하지 않은 나무판 때문에 울타리 밑에 틈이 생긴다.

방부 처리를 한 나무는 주로 골조용 목재로 사용된다. 기둥은 약 2.4m짜리 4×4 목재로, 울타리 가로대는 약 2.4m짜리 2×4 목재로 만들 수 있다. 방부 처리를 거쳤으므로 지면에 바로 설치해도 된다.

울타리 판자는 방부 처리를 한 목재 또는 시다나 레드우드처럼 해충이나 부패, 화학적 부식에 강한 나무를 사용한다.

바로 혼합해 사용할 수 있도록 봉지 형태로 판매되는 고속 경화 콘크리트로 기둥을 고정한다. 봉지에 담긴 혼합물을 그대로 기둥 구멍에 부으면 되므로 매우 간단하다. 기둥을 파묻고 나면 혼합물 위에 콘크리트 22kg당 3L의 물을 부어 30분 정도 굳힌다. 기둥마다 콘크리트 1.5봉지를 사용하는 것이 적절하다.

자루에 링이 부착된 용융 도금 나사로 모든 이음매를 조인다. 파스너가 방부 처리를 한 목재에 사용할 수 있는 실외용인지 꼭 확인한다.

전문가의 팁

스토리 폴(story pole) 스토리 폴을 활용하면 치수를 반복해서 재지 않아도 되므로 편리하다. 남는 나뭇조각에 각 가로대의 높이를 마스킹 테이프로 표시해 스토리 폴을 만든 다음 각 기둥 옆에 놓는다. 테이프로 각 가로대의 위치를 파악한 후 연필로 표시한다.

301 울타리 레이아웃

울타리를 만들기 전에 먼저 지자체의 건축물 책임자에게 문의해서 지켜야 할 건축 규정과 필요한 허가증에 대해 알아본다. 울타리의 위치가 이웃 소유의 땅 위에 있는지도 다시 한번 확인한다. 땅을 파기 전에 먼저 통신사와 전력회사에 전화를 걸어 땅 밑에 있는 송전선과 케이블, 파이프의 위치를 파악하는 것이 좋다.

건축 규정만 잘 따른다면 울타리의 높이, 모양새 등은 마음대로 정할 수 있다. 단, 나무나 덤불처럼 마당 안에 있는 장애물을 고려해 울타리의 세부 사항을 결정한다.

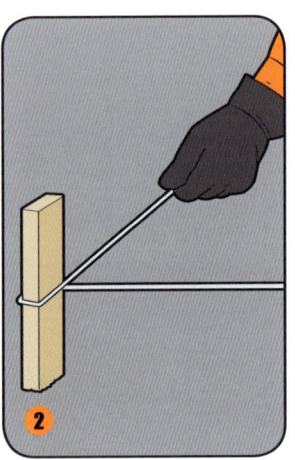

302 울타리 기둥 구멍 파기

일반적으로 울타리 기둥을 세울 구멍의 깊이는 기둥 총 길이의 3분의 1이 되어야 한다.(또는 최소 60cm) 기둥 구멍이 지하 동결선보다 더 깊어야 땅이 얼었을 때 기둥이 위로 밀려 올라오는 것을 막을 수 있다. 자갈층의 경우 물이 잘 빠질 수 있도록 적절한 깊이보다 약 10~15cm 더 깊게 구멍을 파는 것이 좋다.

울타리 기둥을 설치하려면 구멍을 많이 파야 한다. 뚜껑이 달린 수동형 채굴기와 삽으로 구멍을 파는 전통적인 방법을 따라도 되지만, 도와줄 사람이

1단계 막대기와 노끈을 이용해 울타리 레이아웃을 표시한다.

2단계 막대기 사이에 있는 끈을 세게 잡아당긴 후, 울타리를 세울 장소의 둘레에 중간중간 막대기를 꽂아 끈을 팽팽하고 곧게 유지한다.

3단계 줄자를 들고 한 바퀴 돌면서 기둥을 세울 곳에 스프레이 페인트로 ×자를 크게 그린다. 기둥 간격은 대개 중심에서부터 약 1.8~2.4m다. 울타리 기둥의 간격이 좁을수록 더욱 튼튼한 울타리를 만들 수 있다. 울타리 자재를 잘 준비하기 위해서라도 정확한 치수를 재는 것이 중요하다. 판매되는 목재의 크기는 대개 표준 규격을 따른다. 실수로 기둥 간격을 약간 길게 잡으면 울타리 판자가 너무 짧아 설치할 수 없는 경우가 생긴다. 어쩔 수 없이 좀 더 큰 나무를 구입해서 사용해야 하는데, 자재를 아깝게 낭비하는 셈이다.

전문가의 팁

물에 적시기 구멍을 파는 동안 기둥의 밑부분을 워터 실러로 적신다. 기둥 4개를 똑바로 세워 큰 양동이에 한꺼번에 넣는다. 기둥의 무게 때문에 양동이 안에 들어 있는 실러의 수면이 높아지므로 기둥 밑부분을 적실 수 있다. 한 시간 정도 적신 후 뺀다. 모든 기둥을 적실 때까지 돌아가며 한 번에 4개씩 물에 적신다.

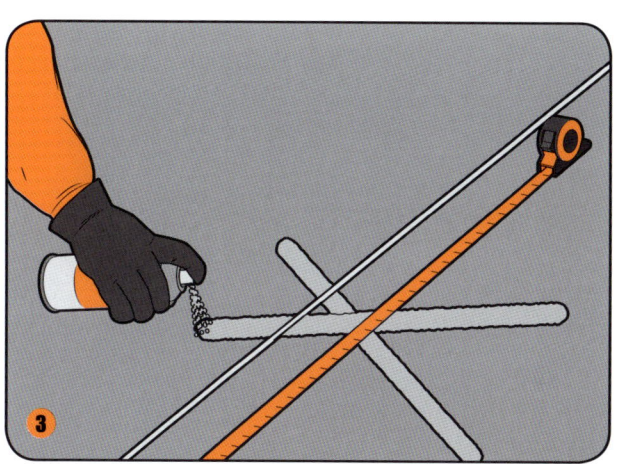

있다면 작업을 빨리 진행할 수 있다. 오거(auger. 흙 속에 비교적 간단하게 구멍을 뚫는 도구)를 대여해 두 사람이 함께 구멍을 파보자.

303 울타리 기둥 세우기

기둥은 울타리의 척추라고 할 수 있다. 따라서 튼튼한 울타리를 만들려면 기둥을 올바르게 세워야 한다.

2단계 앞뒤와 좌우로 수직을 맞춘 다음 기둥을 제자리에 끼워 넣는다. 조수와 함께 작업하는 경우, 기둥 구멍에 콘크리트를 붓는 동안 조수가 기둥을 잡는다. 또는 남는 나무판을 기둥과 지면 사이에 못 박아 버팀대로 활용하는 것도 좋다. 나사못으로 버팀대를 조절한다. 기둥의 수직과 수평을 맞추고, 버팀대를 조절해 단단히 고정한 후 콘크리트를 붓는다. 콘크리트를 붓고 난 후에는 슬레지 해머로 기둥을 내리쳐 땅에 박는다. 기둥이 수직으로 박혔는지 확인한 다음, 필요에 따라 움직여 위치를 조절한다. 콘크리트가 굳는 동안 버팀대를 그대로 둔다.

3단계 모서리 기둥을 설치한 후에는 기둥 사이에 끈을 묶어 나머지 기둥 위치를 표시하는 가이드로 활용한다. 끈이 기둥 바깥면으로 오도록 해 단단히 고정한다. 나머지 기둥을 같은 방법으로 고정한다. 기둥 바깥면이 수직인 상태에서 끈과 딱 맞아떨어지도록 배치한다.

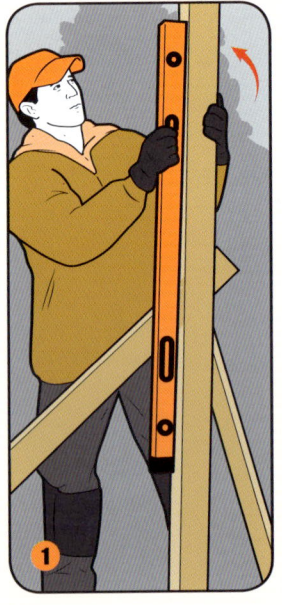 

1단계 먼저 모서리 기둥을 세운다. 조수에게 기둥을 똑바로 들게 한 다음 수평기로 기둥이 자갈층과 수직을 이루는지 확인한다. 포스트 수평기를 사용하면 편리한데, 서로 맞닿아 있는 두 면 사이에 수평기를 놓은 상태에서 기둥에 매달 수 있기 때문에 양손이 자유롭다.

4단계 고속 경화 콘크리트 혼합물을 기둥 구멍에 붓는다. 따로 섞을 필요 없이 물을 부으면 된다. 미리 섞어서 사용해야 하는 기존 콘크리트로 작업하는 경우라면 손수레와 삽(또는 괭이)을 이용해 소량의 콘크리트에 제품 설명서에서 적시한 만큼의 물을 섞어 사용한다. 기둥이 제자리에 고정될 때까지 기다린다. 콘크리트가 완전히 굳고 나면 자갈로 덮은 후 물이 흐를 수 있도록 비스듬하게 정리한다.

304 가로대 설치하기

기둥을 제자리에 설치한 후에는 가로대를 조립한다.

1단계 높이가 약 1.8m인 기본 울타리의 경우, 맨 아래 가로대를 땅에서부터 약 25cm 떨어진 곳에 놓고 나머지 가로대 2개를 일정한 간격으로 띄운다. 울타리 높이에 따라 가로대 위치를 변경한다.

2단계 장부이음, 빗못치기 등 다양한 방법으로 가로대를 조립할 수 있다. 섀도박스 모양의 울타리는 가로대를 기둥 사이에 빗못치기한다. 옆면에는 최소 못 2개를, 가로대 윗면과 기둥 사이에는 못 한 개를 박아 넣는다.

3단계 경사진 기둥 사이에 가로대를 빗못치기할 때는 가로대를 마이터 톱으로 잘라 수직 기둥과 높이를 맞춘다. 먼저, 자르지 않은 가로대의 직각 모서리를 왼쪽 기둥에 연필로 표시한 부분에 갖다 댄다. 가로대를 세게 밀어 고정한 상태에서 다른 쪽 끝과 오른쪽 기둥에 연필로 표시한 부분을 맞춘다. 기둥을 가이드삼아 가로대의 위치를 표시한 후, 가로대를 절단 작업대로 가져간다. 각도 측정기로 가로대의 왼쪽 끝에도 같은 각도를 표시한다. 연귀를 만들기 전에 기둥 사이의 거리를 다시 측정해서 가로대의 길이가 너무 짧지는 않은지 확인한다. 회전 톱의 날 두께가 약 0.3cm이므로 이를 고려해서 길이를 잰다.

4단계 못을 많이 박아야 하므로 적절한 공구와 못을 준비한다. 네일러(공압식 또는 무선)가 있으면 많은 도움이 된다. 자루에 링이 달린 8cm짜리 용융 나사로 프레임 부재를 고정한다.

5단계 가로대를 제자리에 조립한 후 기둥의 윗면을 왕복 톱으로 잘라 길이를 일정하게 맞춘다. 기둥 윗면에 물이 고이면 썩기 쉬우므로 고인 물이 아래로 흐르도록 기둥을 자르는 것이 좋다. 피라미드 모양으로 자른 후 기둥 캡을 씌우거나 비스듬하게 잘라보자.

305 울타리 판자 설치하기

첫 번째 판자를 모서리 기둥 옆에 세운 후 120cm짜리 수평기로 수직을 맞춘다. 가로대 한쪽마다 못 2개를 끝까지 박아 고정한다. 블록(간격 띄우기용)을 첫 번째 판자 옆에 놓고(❶) 바로 옆에 두 번째 판자를 놓는다. 맨 위에 있는 가로대에 못 한 개를 박는다. 박아 넣은 못을 중심으로 수직을 맞춘 다음, 끝까지 박아 고정한다. 같은 방법으로 나머지 판자를 가로대에 고정한다.

섀도박스 모양의 울타리를 설치할 때는(❷) 다음 기둥으로 넘어가기 전에 가로대 반대편에 있는 첫 번째 기둥으로 다시 돌아온다. 블록 바로 맞은편 중심에 판자를 박아 판자가 서로 교차하도록 한다. 같은 방법으로 간격을 띄우고 수직을 맞춘 후 못을 박아 나머지 판자를 모두 조립한다.

판자 높이를 일정하게 맞추려면 먼저 울타리를 따라 한 바퀴 걸으며 지대가 높은 곳과 낮은 곳을 파악한다. 지대의 높낮이에 따라 판자 높이를 조절한 뒤, 판자를 고정한다.(가능하면 기둥에 못을 박는다.) 판자 윗면부터 못을 박은 후 판자 사이에 끈을 매달면 더욱 수월하게 높이를 맞출 수 있다.

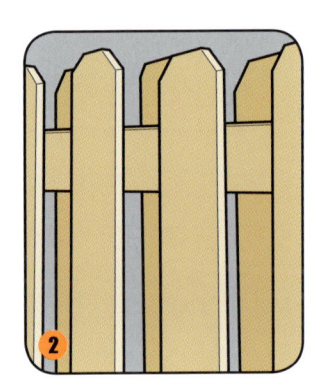

306 울타리 마무리 손질하기

울타리에 방수용 실러를 발라 보호하는 것이 중요하다. 보통 시간이 모자라거나 날씨가 좋지 않아 불가능한 경우가 많지만, 울타리를 조립하기 전에 각 부품에 마감재를 미리 바르는 것이 가장 이상적이다. 울타리 판자에 미리 마감재를 바르면 모든 면에 골고루 작업할 수 있는 반면, 설치 후에는 기둥과 가로대가 만나는 부분에 마감재를 바르기가 매우 어렵다. 믿을 수 있는 제조사의 착색제/실러 제품을 사용하면 울타리를 부식과 침수, 자외선으로부터 안전하고 튼튼하게 보호할 수 있다.

307 울타리 문 설치하기

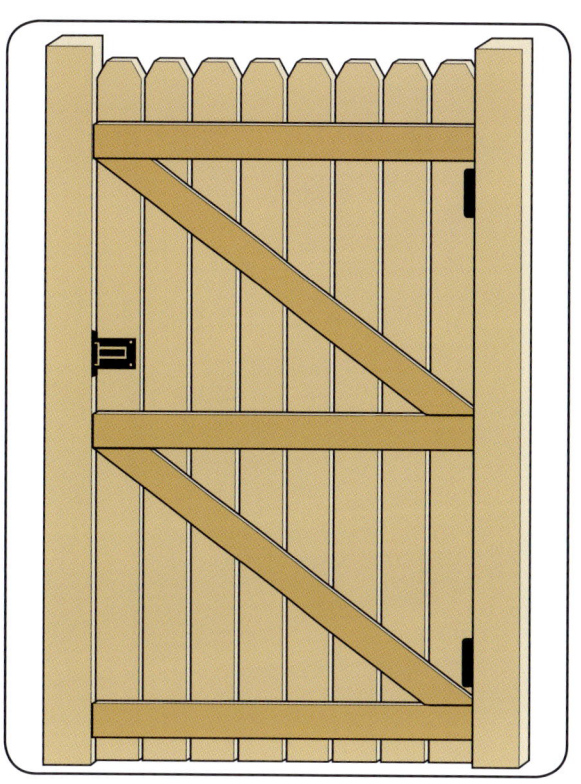

그림에 보이는 울타리에는 외짝문과 픽업트럭이 지나다닐 수 있는 이중문 등이 달려 있다.

문짝용 경첩은 쉽게 망가지는 것으로 유명하다. 철물점에서 가장 튼튼한 경첩을 고른다. 제품 설명서에 나온 방법대로 경첩을 설치한다. 문을 설치하기 전에 먼저 가로대 바깥에 있는 말뚝을 모두 고정해야 문짝용 경첩을 달 수 있다.

울타리에 문을 달 때는 버팀대가 많이 필요하다. 커다란 문의 경우, 일반적으로 많이 쓰이는 'Z 모양의 버팀대'보다는 이중 Z형 버팀대가 더욱 효과적이다. 울타리와 직각을 이루는 2×4 가로대 3개를 대각선 버팀대 2개와 연결한 후 버팀대가 지나는 널빤지에 모두 못을 박아 문을 만든다.

지지대 기둥을 제대로 만드는 것 역시 중요하다. 4×4보다는 6×6 기둥이 훨씬 안정적이다. 각 기둥 밑에 콘크리트를 부어 고정한다. 기둥의 3분의 1이 땅 아래로 들어가도록 파묻는다. 문의 무게 때문에 기둥의 아

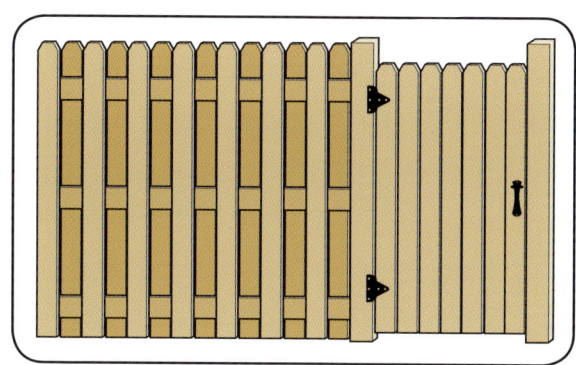

랫부분이 흔들리지 않도록 세로 기둥의 수평을 맞춰 조립하거나, 콘크리트를 부어 양쪽 기둥의 아랫부분을 더욱 단단하게 고정한다.

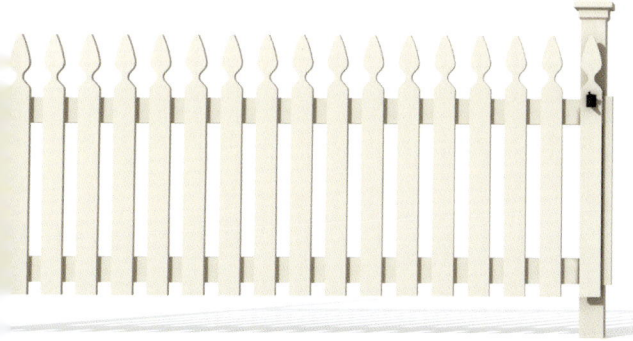

308 붙박이 선반 설계하기

붙박이 선반을 설치하려면 먼저 벽을 튼 다음, 안쪽 공간에 기본 선반을 달아야 한다. 벽기둥을 없애기 전에 먼저 건물의 무게를 지탱하는 내력벽이 아닌지 확인한다. 외부 내력벽은 선반을 설치하기에 적절하지 않다. 벽을 제거하면 단열 기능이 함께 없어지기 때문이다.(뿐만 아니라 주택 무게를 지탱할 헤더를 따로 만들어야 한다.) 내력벽에 선반을 설치하고자 할 때는 벽기둥 위에 가구와 같은 케이스(case)를 설치한다. 작업 도중 참고할 수 있도록 선반 모양을 스케치하거나 컴퓨터를 활용해 도면을 그려보자.

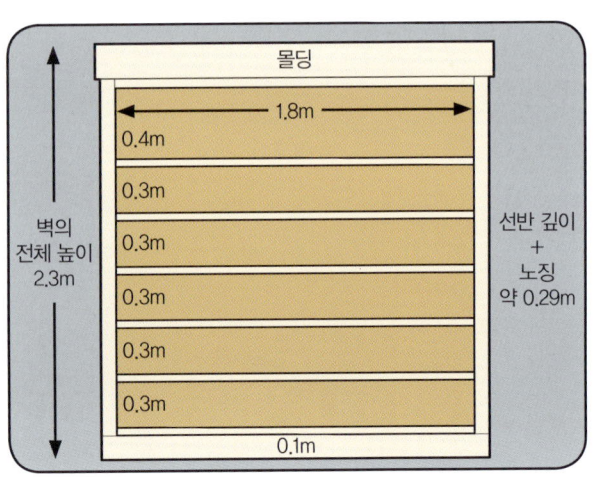

309 벽 허물기

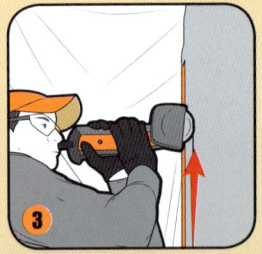 
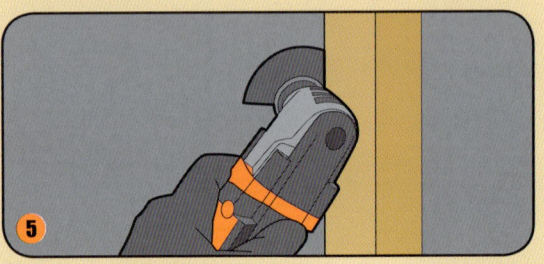

벽 안에 전선이 있을지 모르니 벽을 허물기 전에 먼저 전기를 차단한다.

1단계 페인트용 테이프와 T자, 연필로 선반의 윤곽을 벽에 표시한다.

2단계 커다란 비닐 시트로 작업 장소와 주변을 덮어 먼지가 일어나는 것을 막는다.

3단계 벽기둥에 접근할 수 있도록 벽판을 자른다. 플랫바(flat bar)로 벽판을 벽기둥에서 떼어낸다.

4단계 벽판은 되도록 큰 조각으로 떼어내야 먼지와 잔해가 최소한으로 일어난다.

5단계 플러시 절단용 칼날이 달린 멀티툴로 샛기둥을 벽판에 고정하고 있는 나사를 자른다. 그런 다음 선반을 설치하고자 하는 부분의 샛기둥을 제거한다.

310 선반틀 만들기

벽을 트는 작업을 끝냈다면 선반틀을 만들 차례다.

1단계 오래된 기둥을 잘라 새로 설치할 선반의 프레임이 될 샛기둥을 만든다. 기둥이 완벽하게 수직을 이루는지 확인한다.

2단계 드러난 석고판 위에 합판 받침대를 설치한다. 리퀴드 네일(Liquid Nail) 공사용 접착제와 석고판용 나사로 고정한다. (석고판의 한쪽에 마감 처리가 되어 있다면 나사가 석고판을 뚫지 않도록 주의한다.)

3단계 최대한 나사를 적게 박아야 목재용 퍼티로 수정하는 작업을 줄일 수 있다. 가장자리에 2×4 받침대를 못 박아 접착제가 마르는 동안 클램프로 합판을 고정한다.

4단계 선반 기초(일명 토킥 박스)를 만들려면 2×4 기둥 자재를 네모난 상자 모양으로 못 박은 후, 나뭇조각으로 상자 내부를 메꿔서 튼튼하게 만든다. 이처럼 맨 아래 선반을 바닥에서 몇 센티 더 높이면 장식용 베이스 몰딩을 더할 수 있다. 선반 기초가 되는 상자를 나사로 고정한다.

5단계 선반 기초 위에 합판을 설치한다. 이때 합판보다 선반 기초가 약 3cm 정도 튀어나와야 한다.

6단계 옆판을 설치한다. 약 8cm짜리 나사못으로 샛기둥에 박는다. 옆판은 뒷면과 완벽하게 수평과 수직을 이루어야 한다. 약 2cm짜리 원목 또는 합판으로 옆판을 만들 수 있다.

7단계 모든 파스너 구멍에 퍼티와 사포 작업을 한다. 선반을 설치하기 전에 먼저 선반틀에 착색제 또는 프라이머/페인트를 바른다. 페인트를 폼 롤러로 칠해야 솔 자국이나 롤러 냅의 자국 없이 균일하고 깔끔하게 마무리할 수 있다.

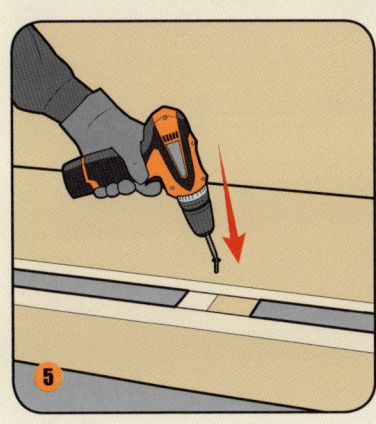

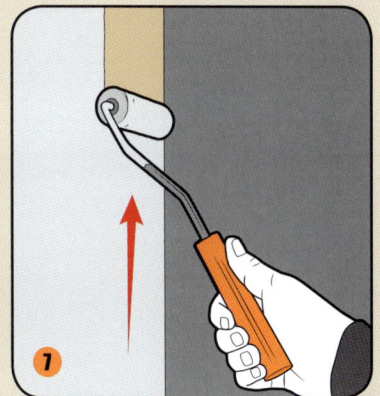

311 선반 직접 만들기

선반은 주로 착색 가능한 합판이나 원목으로 만든다. 합판 선반의 가장자리에 노징(nosing)이나 테두리를 더하면 마치 원목 같은 느낌을 낼 수 있다.

1단계 측면 안내대가 있는 테이블 톱 또는 원형 톱으로 길이와 폭에 맞춰 선반을 자른다. 약 2cm 높이의 노징을 더하려면 선반을 선반틀의 옆면보다 약 2cm 더 좁게 잘라야 필요한 공간을 확보할 수 있다. 약 2cm 높이의 원목 노징(이 경우에는 폭이 약 3.8cm)을 선반의 길이에 맞춰 자른다. 포켓 홀(사선으로 못이나 파스너를 박기 위한 드릴 구멍)을 이용해 선반을 선반틀 뒷면에 고정한 다음, 아래쪽에 받침대를 설치해 선반과 선반틀을 각각 지탱한다. 양 끝을 못으로 고정하면 옆면을 더욱 튼튼하게 만들 수 있다.

2단계 선반의 위쪽과 아래쪽 중에서 포켓 홀의 적당한 위치를 정한다. 위쪽에 포켓 홀을 낼 경우 나사를 가리기 위한 우드 플러그가 필요하다. 반대로 아래쪽에 포켓 홀을 낸다면 나사 머리가 아래를 향하기 때문에 선반의 힘이 약해진다.(하지만 받침대로 문제를 해결할 수 있다). 포켓 홀 지그(jig)를 가이드삼아 계단 모양의 드릴 비트로 옆면과 뒷면에 약 30~45cm 간격으로 포켓 홀을 만든다.

3단계 선반을 나뭇결 방향대로 사포로 문질러 마무리한다. 나중에는 최소 220그릿의 입자가 가는 사포로 교체해 작업한다. 해진 천으로 먼지를 닦은 후 목재용 착색제와 폴리우레탄 실러를 바른다.

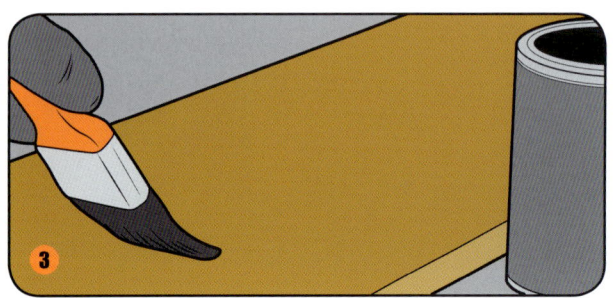

312 선반 설치하기

선반을 만들었으니 이제 설치할 차례다.

1단계 바닥부터 작업한다. 첫 번째 선반을 설치한다. 포켓 나사 대신 카운터싱크 트림 헤드 나사로 고정한다. 나사 머리가 작아 목재용 필러로 쉽게 가릴 수 있다.

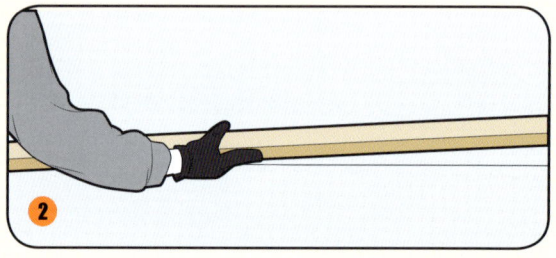

2단계 선반틀 뒤에 있는 합판 사이의 이음새를 가리도록 두 번째 선반의 위치를 잡는다. 두 번째 선반은 장착 후에 나머지 선반 사이의 거리를 일정하게 유지하는 기준점이 되므로 매우 중요하다.(대개 맨 위 선반에는 여유 공간이 있으므로 크기가 큰 물건을 보관할 수 있다.)

3단계 선반을 설치할 때 선반이 전체적으로 수평을 이루는지 확인한다. 조수의 도움을 받으면 쉽게 할 수 있다. 조수가 없다면 설치 작업을 하는 동안 클램프와 캐비닛 잭을 이용해 선반을 고정한다.

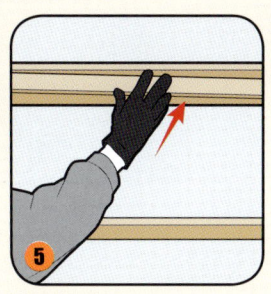

4단계 포켓 나사와 포켓 드라이버 비트로 선반의 가장자리를 단단하게 고정한다. 선반의 위치를 잡을 때 노징이 선반보다 높으면 완성된 선반의 수직 중앙점이 노징이 없는 다른 선반의 중앙점과 일치하지 않는다는 점을 기억하자. 레이아웃 작업 시에 이를 고려하지 않으면 치수를 올바르게 잴 수 없다.

5단계 모든 선반을 장착하고 난 후에는 노징(선반과 같도록 착색과 광택 처리를 한다.)을 설치한다. 노징의 윗면 높이가 선반 표면과 같아야 한다.

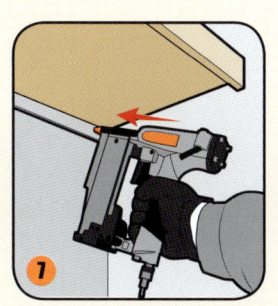

6단계 목재용 접착제와 마감못으로 노징을 고정한다.

7단계 선반 아래쪽에서 포켓 나사를 박았을 경우, 선반과 길이가 같은 1×0.375인치(약 0.95cm)짜리 세로 지지대 또는 받침대를 설치해 각 선반을 더욱 튼튼하게 지탱한다. 원목을 잘라 지지대를 만든 다음, 목재용 접착제와 핀못을 함께 사용해 선반 아래쪽에서 고정한다.

313 선반 트림 작업하기

선반을 감싸는 트림은 취향에 따라 간결하게 만들거나 화려하고 정교하게 디자인할 수 있다.

1단계 아래 그림에 나와 있는 선반틀의 경우 약 5cm 폭으로 자른 세로 전면 프레임(face-frame)이 옆판의 가장자리를 가린다. 이와 같은 전면 프레임은 바깥쪽 단면이 옆면과 일치하도록 선반틀 옆면과 선반의 노징에 못으로 고정되어 있다. 전면 프레임은 선반틀의 완성도를 높이고 더욱 견고하게 보이도록 한다.

2단계 바닥과 선반틀 사이에서 선반틀을 떠받치고 있는 상자(토킥 박스)는 굽도리널 몰딩으로 감아 바깥쪽 모서리와 연결한다. 새로운 트림은 기존 굽도리널의 옆면과 모양을 맞춘 후 직각으로 연결한다.

3단계 선반틀의 맨 위에서 합판으로 천장을 가린다. 선반틀의 맨 위에 1×6 목재를 두른 후 모서리에서 이어 붙여 선반틀의 처맛널을 만든다. 윗면을 장식하고 그림자 선을 더하기 위해 추가적인 몰딩을 설치한다.

4단계 미리 프라이머 처리를 한 코브 몰딩을 선반틀 옆면에 설치해 벽의 이음매를 가리고 완성도를 높인다.

5단계 트림을 모두 설치하고 난 후에는 퍼티로 구멍을 막고, 모든 이음매에 코크 작업을 한다. 수리할 부분을 먼저 사포질한 후에 페인트를 칠해 작업을 마무리한다.

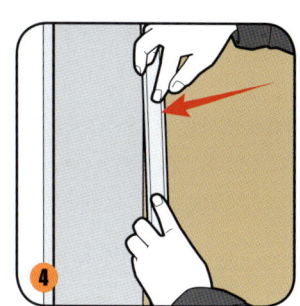

314 카펫 시공하기

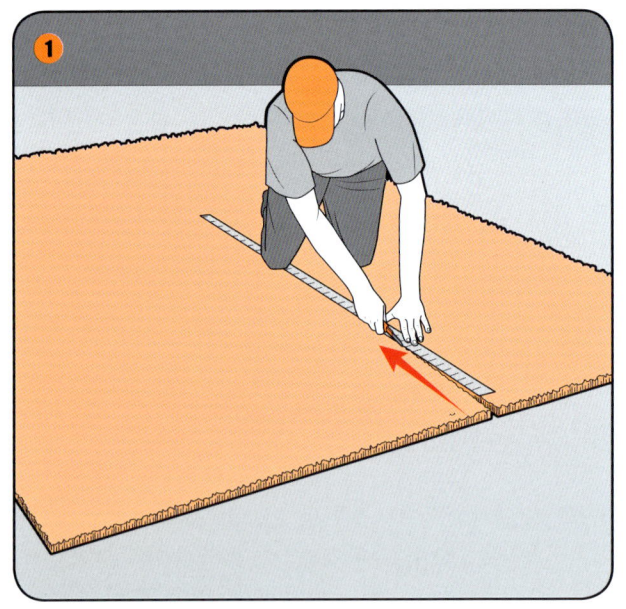

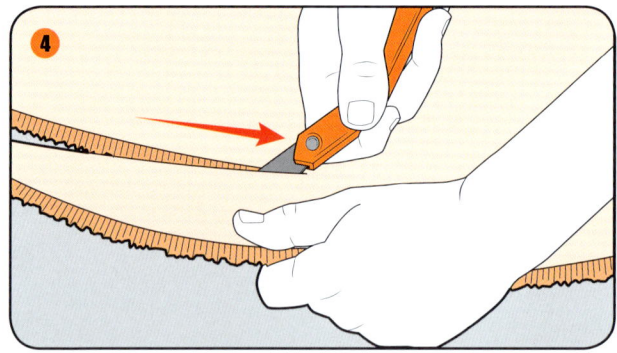
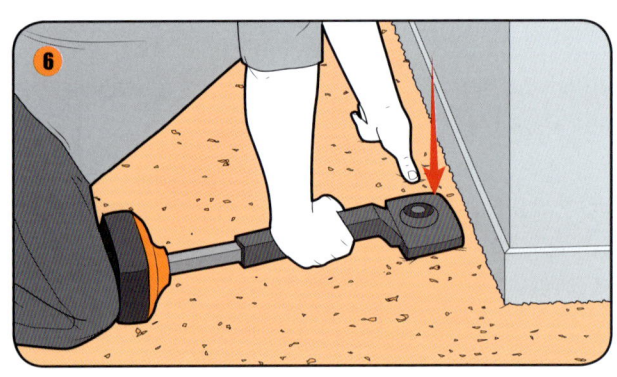
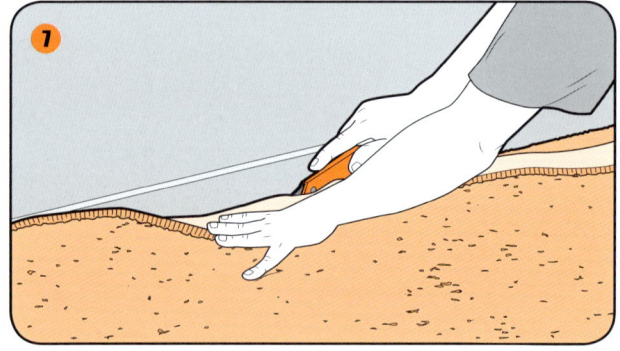

혼자서 카펫을 시공하려면 카펫 스트레처(카펫을 잡아당겨 주는 도구)가 필요 없는 작은 방이 가장 적합하다. 이음매 작업이 필요 없다면 더욱 좋다. 카펫 도구는 대여 가능하지만 대여 비용을 고려한다면 전문가에게 시공을 맡기는 편이 현명하다. 하지만 크기가 작은 방이라면 비싼 장비를 대여하지 않아도 되고, 니 키커(knee-kicker)와 카펫용 칼, 카펫용 터커(carpet tucker. 브로드 칼이라고도 한다.)만 있으면 카펫을 시공할 수 있다.

1단계 카펫을 방으로 가져가기 전에 먼저 작업하기 수월한 크기로 대충 자른다. 불필요한 카펫을 들어 옮기느라 진을 빼지 않아도 되고, 작업 현장에 쓰고 남은 카펫이 쌓이지 않는다.

2단계 카펫이 매우 무거우므로 도움을 요청해 방으로 옮긴다.

3단계 방 둘레에 맞춰 고정용 스트립(가늘고 긴 나뭇조각으로 카펫을 고정하는 역할을 한다.)을 설치한다. 고정용 스트립과 벽 사이에 카펫 두께만큼의 여유 공간을 둔다. 스트립을 바닥에 못 박는다. 바닥 위에 카펫 패드를 깔고 이음매를 붙인 뒤 테이프로 고정한다. 패드에 30cm 간격으로 스테이플을 박는다. 고정용 스트립을 향해 작업하면서 패드와 스트립의 가장자리를 고정한다.

4단계 카펫용 칼과 직선자로 카펫의 가로세로 길이가 방의 길이보다 약 15cm씩 길도록 카펫을 자른다.(방이 너무 넓어 카펫 한 장으로 가릴 수 없다면 이음매 테이프와 열 접합 다리미, 카펫 이음매 롤러로 카펫을 이어 붙여야 한다.)

5단계 카펫의 여분이 벽 위로 겹쳐지도록 바닥 위에 깐다. 모서리에 딱 맞도록 자르면 카펫의 표면이 평평해진다.

6단계 첫 번째 구석에 카펫을 고정한 후에는 바로 이어지는 구석으로

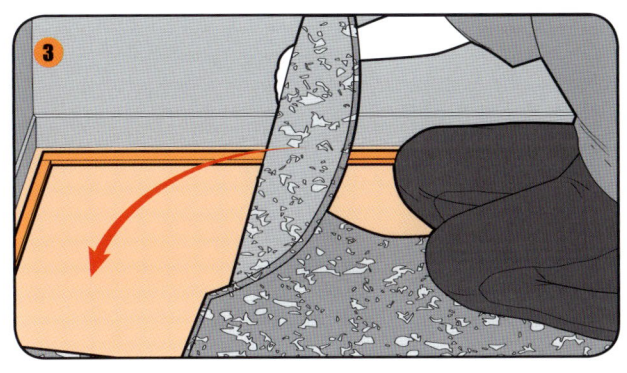

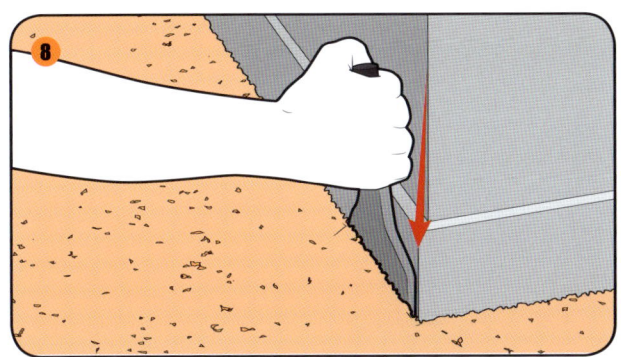

옮겨가 같은 방법으로 구석 양쪽을 고정한다. 방이 넓다면 카펫 스트레처로 카펫을 한쪽 벽에서 반대편 구석으로 세게 잡아당긴다. 두 번째 구석에 카펫을 고정하고 나면 설치를 끝낸 구석 사이의 벽을 따라 카펫을 무릎으로 누르면서 다듬는다. 길이가 짧은 벽면을 같은 방법으로 작업한다. 그런 다음 두 번째로 긴 벽면을 작업한 후 마지막으로 남은 벽면을 마저 작업한다.

7단계 벽면을 따라 작업하면서 불필요한 카펫을 카펫용 칼로 자른다.

8단계 브로드 칼로 카펫을 벽이나 바닥 트림의 가장자리 안으로 밀어 넣는다.

전문가의 팁

니 키커 사용하기 카펫 시공에 쓰는 특수 장비인 '니 키커'는 규모가 작은 DIY 작업에서도 유용하게 쓰인다. 한쪽 모서리에서 긴 벽을 마주 본 채로 니 키커의 이빨이 있는 쪽을 벽에서 약 8cm 정도 떨어진 카펫에 댄다. 패드가 달린 끝부분을 무릎으로 눌러 카펫을 고정용 스트립 위로 단단히 붙인다. 카펫용 터커를 이용해 카펫을 스트립 위로 밀어 넣는다. 벽을 따라 약 1m 정도 작업한 후 바로 옆에 있는 짧은 벽으로 옮겨 같은 방법으로 카펫을 고정한다.

315 카펫 이어 붙이기

카펫을 이어 붙여야 할 때는 이음매가 방 안의 잘 사용하지 않는 곳으로 가도록 배치한다. 카펫의 표면이 평평하고 일렬로 놓여 있는지 확인한 후, 카펫의 가장자리를 서로 붙인다. 이음매 아래에 열 접착 테이프(hot-glue seaming tape)를 놓는다. 달궈진 다리미로 카펫 아래에 있는 열 접착 테이프를 녹인다. 이음매를 따라 다리미를 움직이면서 카펫을 서로 이어 붙인다. 무거운 물체 또는 롤러로 카펫과 열 접착 테이프를 단단히 접착한다.

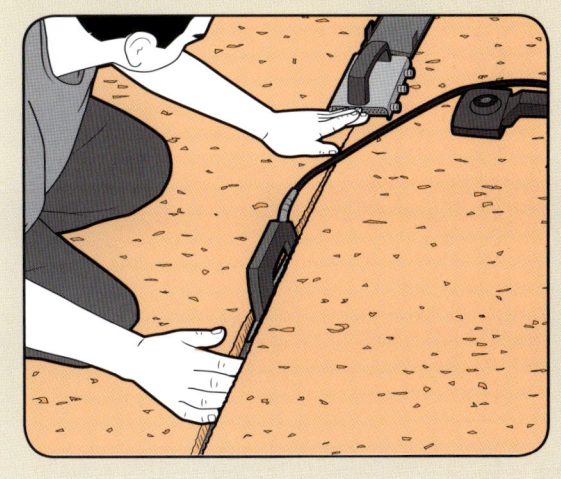

316 카펫 늘이기

카펫 스트레처를 사용하려면 먼저 스트레처의 아랫부분을 길이가 짧은 벽의 한쪽에 댄다. 카펫 스트레처를 사용하는 벽이 단단한지도 살펴봐야 한다. 잘못하면 실수로 벽판에 구멍을 낼 수 있다. 스트레처를 반대편 구석으로 15도 정도 기울인다. 카펫 스트레처는 모듈식 도구로 방 길이에 맞도록 튜브의 길이를 조절할 수 있다. 이빨이 있는 부분을 벽에서부터 대략 15cm 떨어진 곳에 놓고 손잡이를 눌러 카펫을 늘인다. 카펫을 늘인 후에는 니 키커를 이용해 제자리에 단단히 고정한다.

317 카펫 가장자리 정리하기

카펫과 벽 둘레가 만나는 가장자리는 베이스 몰딩 또는 볼록형 쇠시리로 가릴 수 있다. 카펫과 다른 바닥재가 만나는 부분에는 문지방이나 카펫 바, Z-바 바인딩 스트립 등 트랜지션 몰딩을 설치해 완성도를 높인다. 털이 촘촘하지 않은 카펫은 아래로 접어 납작하게 만든 후, 스테이플로 고정해 간단하게 작업을 끝내는 경우도 있다. 또는 나무로 된 문지방을 설치하거나, 두께가 똑같은 카펫이라면 두 카펫이 만나는 부분에 열을 가해 이어 붙인다.

318 모듈식 타일

모듈식 타일은 혼자서도 쉽게 시공할 수 있는 훌륭한 DIY 자재다. 가로세로가 50cm인 타일은 색깔과 스타일이 매우 다양하다. 벽에서 벽까지 이어지는 카펫이나 바닥 일부를 장식할 때 활용할 수 있다. 또한 휴대도 가능하다. 타일을 다른 방이나 새집으로 옮기려면 네모난 타일을 들어 올린 후 새 공간에 깔기만 하면 된다. 얼룩이 생기거나 색깔이 변하면 카펫 전체를 교체하는 대신 손상된 타일만 바꾸면 되므로 간편하다.

1단계 바닥의 크기를 재서 타일이 몇 개 필요한지 계산한다. 독특한 패턴을 만들거나 포인트 색을 응용해보자. 테두리 타일로 독특한 인테리어를 완성할 수 있다.

2단계 타일의 가장자리가 서로 딱 맞도록 붙여서 깐다. 초크라인을 활용하면 타일이 벽과 직각을 이루는지 쉽게 확인할 수 있다.

3단계 제품에 함께 들어 있는 접착판으로 타일을 서로 고정한다. 접착판의 뒷면을 떼어낸 후 접착면이 위로 오도록 한다. 타일 네 개가 만나는 부분에 붙이면 타일을 단단히 고정할 수 있다.

4단계 타일을 잘라야 하는 경우에는 금속제 직선자를 대고 날카로운 카펫용 칼로 타일을 자른다. 타일의 뒷면에 칼집을 여러 번 내면 깔끔하고 매끄럽게 자를 수 있다.

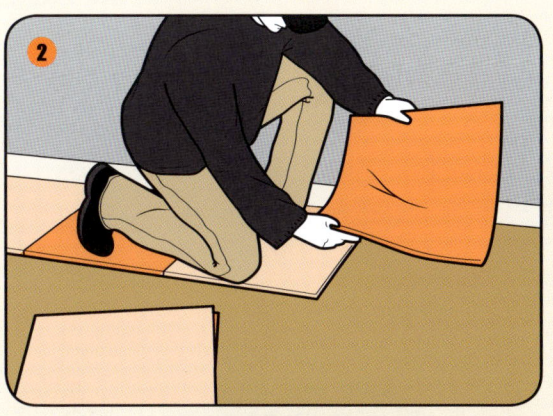
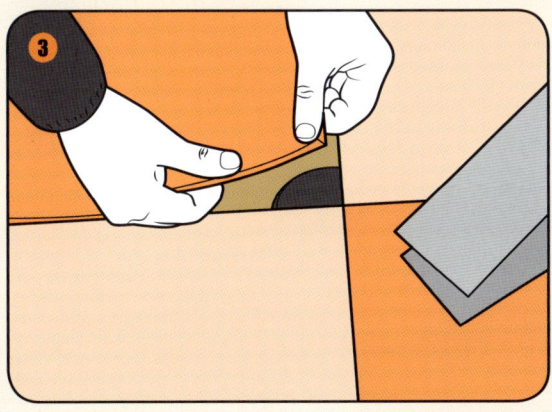

319 원목 마루 복원하기

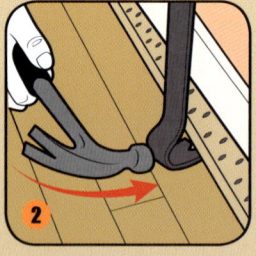 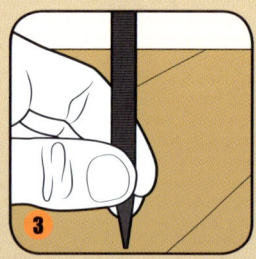

가끔 카펫 아래에 예전 집주인이 설치한 원목 마루가 숨어 있는 경우가 있다. 주로 카펫이 끝나는 지점인 옷장 안에서 원목 마루의 흔적을 가장 먼저 발견할 수 있다. 카펫 아래에 깔린 원목 마루를 확인하려면 플라이어 한 쌍으로 카펫을 잡고 들어 올린다. 복원 작업을 해도 좋을 만한 훌륭한 원목 마루를 발견할지도 모른다.

1단계 원목 마루를 손보기 위해 카펫을 완전히 뜯어내려면 플라이어로 카펫 끝을 잡고 만능 칼이 아래에 있는 원목 마루에 닿을 수 없을 때까지 위로 잡아당긴다. 가장자리를 따라 카펫을 자른 후 접는다. 카펫과 패드를 돌돌 말아 방 한가운데에 두었다가 버린다.

2단계 고정용 스트립과 카펫 패드를 연결했던 스테이플을 쇠지레와 망치, 긁개, 자루가 긴 빗자루로 제거한다.

3단계 스테이플이 부러지면, 네일 세트를 이용해 나무 안으로 집어넣는다.

320 망가진 바닥 수리하기

나무 마루는 일상생활을 하다 보면 어느 정도 마모되기 마련이다. 가구에 표면이 긁히거나 물에 닿아 찌그러지거나 갈라지고 썩기도 한다. 따라서 가끔 바닥의 마감재를 다시 손보거나 망가진 마룻널을 교체해야 하며, 두 작업을 한꺼번에 진행하는 경우도 있다. 바닥재를 교체할 때 가장 힘든 점은 새로운 부분과 오래된 부분을 티가 나지 않게 마무리하는 것이다. 손상된 면적이 굉장히 넓다면, 부분 수리를 하는 것보다 바닥 전체를 교체하는 편이 낫다.

1단계 손상된 바닥 부분을 떼어내려면 가장자리에서 약간의 여유를 두고 바닥재(널빤지)를 자른다. 칼날이 속 바닥까지 닿지 않고 바닥만 통과해 절단하도록 주의한다. 보호용 안경을 끼고 톱을 꽉 잡은 상태에서 바닥재를 자른다. '숨은 못 박기'로 바닥 작업을 했다면 톱날이 못에 닿기 전에는 못이 있다는 사실을 알 수 없다.

2단계 멀쩡한 바닥을 최대한 건드리지 않으면서 바닥재를 잘라 뜯어낸다. 자른 바닥재는 모두 제거한다. 은촉이음으로 바닥재를 연결했기 때문에 바닥재를 뜯어내서 생긴 빈 곳으로 바닥재를 밀어서 움직여야 한다. 약 2cm짜리 스페이드 비트를 45도로 기울여 포켓 홀을 만든다.

3단계 쇠지레 또는 커다란 펀치의 끝을 포켓 홀 안에 넣는다. 마룻널 끝을 망치로 두드릴 수 있을 때까지 쇠지레를 내려쳐 마룻널을 빈 곳으로 보낸다. 옆에 이어져 있는 마룻널이 망가지지 않도록 주의한다. 손상된 마룻널을 속 바닥이 보일 때까지 모두 제거한다. 잔해를 깨끗이 청소한다.

4단계 새로운 원목 마룻널을 한 줄씩 설치한다. 첫 번째 조각이 기존 마루와 딱 맞도록 모양을 맞춘다. 다양한 길이의 마룻널로 작업하기 때문에 마룻널의 끝이 서로 맞지 않을 수도 있다. 줄마다 벽과 만나는 맨 마지막 마룻널의 끝부분만 자른다.

5단계 은촉과 마룻널 가장자리가 만나는 곳은 '숨은 못 박기'로 못을 박는다. 네일건을 은촉에 맞춰 기울일 수 없는 벽 바로 옆에 있는 마룻널이라면 피니시 네일러로 전면에 못을 박는다. 느슨해진 마룻널이 없는지 확인하고 못을 박아 고정한다.

6단계 모든 마룻널을 교체하고 못 박은 후에는 바닥 전체를 진공청소기로 청소한다. 나사 구멍과 이음새, 틈새의 먼지와 잔해를 깨끗이 제거한다.

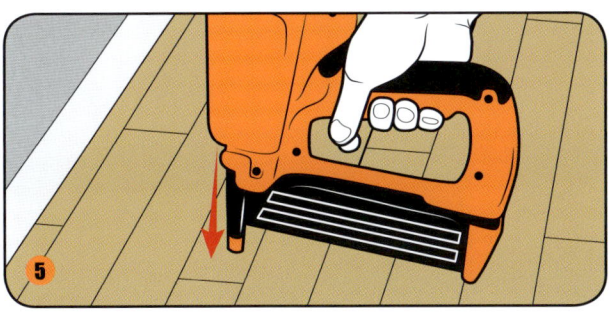

321 샌더로 바닥 마감하기

손상된 바닥을 교체한 후에는 마감재를 다듬고, 사포와 실링 작업을 한다.

채워 넣기 바닥 표면 전체에 품질 좋은 라텍스 퍼티를 바르는 것이 좋다. 석고판 테이핑 칼은 라텍스 퍼티를 바르기에 매우 적합한 도구다. 퍼티가 틈과 나사 구멍 안으로 들어가도록 충분히 힘을 주어 누른다. 넘치는 퍼티는 긁어낸다.

사포로 문지르기 작업 전에 먼저 먼지가 들어가면 안 되는 곳에 플라스틱 시트를 깔고 테이프를 붙인다. 그런 다음 드럼 샌더를 이용해 바닥의 주요 부분을 사포질한다. 오래된 바닥 마감재를 벗겨내거나 가공하지 않은 새로운 목재를 다듬을 때, 입자가 거친 사포로 작업을 시작해야 더 큰 효과를 얻을 수 있다.

드럼 샌더를 대여할 때 에지 샌더도 함께 대여하는 것이 좋다. 바닥에 토킥 박스를 설치한 서랍장이 있다면, 샌딩 디스크의 옆면이 가장 낮은 샌더를 골라야 서랍장 아랫부분을 작업할 수 있다.

드럼 샌더와 에지 샌더로 사포 작업을 하는 방법을 알고 있어야 한다. 오래된 바닥 마감재를 작업하면서 사포가 닳고 무뎌지면 갈아야 한다. 뿐만 아니라 입자가 더 가는 사포로 교체해야 하는 경우도 있다.

샌더를 빌려주는 곳에서는 대개 사포도 함께 제공한다. 작업에 적합한 사포가 어떤 것인지 가게에서 추천받을 수도 있다. 필요한 것보다 더 많은 양의 사포를 구입한 탓에 사포가 남았다면 환불하는 것이 현명하다.

실러 사용하기 바닥에서 사포 작업을 끝내고 청소기로 정리한 후에는 샌딩 실러를 바를 차례다. 먼저 스펀지 브러시로 가장자리에 실러를 바른다. 그런 다음 실러를 바닥 한가운데에 붓고 넓게 펴 바른다. 너무 많은 양을 사용하지 않도록 주의한다. 얇게 바르고 말리는 과정을 반복한다. 이때 사용 설명서에서 권장하는 횟수만큼 반복한다.

감사의 말

먼저 아버지이자 DIY 스승님인 톰 웨버에게 감사의 말을 전하고자 한다. 그가 가르쳐준 노동의 가치와 자립심, 그 외 수많은 교훈들은 지금까지도 큰 도움을 주고 있다. 또한 몬티 버치, 마크 클레멘트, 롭 로비라드, 클린트 C. 토마스, 래리 왈튼을 비롯해 〈Extreme How-To〉 잡지의 많은 재능 있는 작가들에게도 고맙다는 말을 하고 싶다. 마지막으로 〈Extreme How-To〉의 출판 담당자이자 '라티튜드 3 미디어 그룹' 소속인 트렌트 부저, 채드 길리킨, 제러미 홀링스워스에게 감사의 말을 전한다.

찾아보기

숫자, A~Z

90도 사다리 43
ABS 52
CPVC 52, 83, 85
D자형 실톱 25
GFCI 90, 91, 95, 98
Low-E 73
PEX 52
PVC 52, 61, 83, 207~209
P트랩 53
R값 66
S트랩 53
T자 20, 216
USB 90, 93
WD-40 40, 71

가

가로대 39, 63, 120, 122, 153, 160, 205, 206, 210, 213~215
가로장 103, 122, 204~207
가압식 방부 목재 120, 207, 209
강제 공기 시스템 65, 72
개구부 148, 149, 152~154, 158, 160, 161
건식 벽체 테이프 32
건조 윤활제 41
게이지 26, 50, 99, 193, 201
격자 151
경질 발포 고무 67
경첩 34, 41, 104, 150, 157, 160, 161, 176, 183, 215
계단 12, 38, 43, 56, 119, 122, 184, 207~209

계단옆판 208, 209
계단참 208
고광택 129, 142
고무 흙손 203
고무장갑 46, 57, 76, 100, 176
고압 세척기 41, 115, 123, 134, 178
고정형 라우터 27
곰팡이 54, 61, 62, 65, 72, 74, 75, 100~102, 114~116, 120, 123, 130, 134, 136, 178, 180, 197
공구 벨트 19, 45
광유 37
구리 50, 52, 85, 104
구멍 메우기 130
굴뚝 63, 74, 102
굽도리널 56, 68, 129, 138, 140, 197, 198, 200, 201, 219
귀마개 47
규준대 184
그라우트 26, 27, 110, 190~192, 194, 202, 203
그릿 20, 176, 177, 218
금속 창문 153, 159
기고대 190, 191, 194
기둥 18, 21, 34, 63, 67, 107, 110, 114, 120~122, 130, 138, 148, 149, 164, 165, 190, 193, 205, 206, 208~212
기둥 탐지기 21, 107, 142
길이쌓기 200
깔개천 36, 56, 108, 176

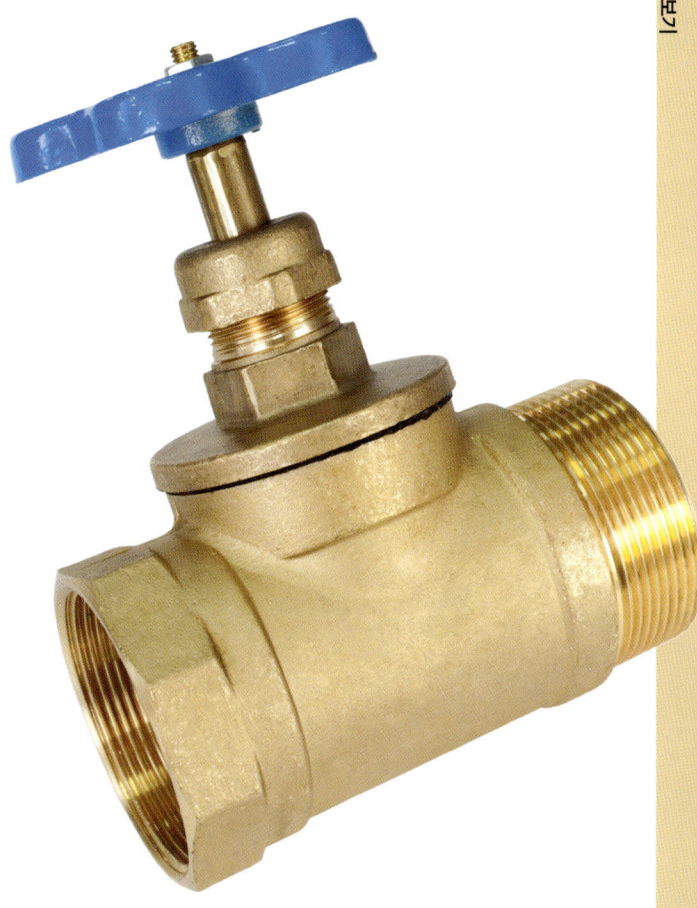

누전 차단기 90~93
니 키커 220~222
니퍼 192, 193

나

나사 18~23, 31, 32, 39, 41, 42, 50, 51, 71, 76, 79, 89, 93, 110, 112, 122, 156
나사못 112, 122, 204, 212, 217
난간 122, 207~209
난간동자 208, 209
납땜 80~82, 85, 99
내닫이창 150
내력벽 12, 149, 216
내화 코크 54
너트 19, 21, 84, 166~168, 170, 171, 206
널빤지 131
녹 제거제 40
누전 90

다

다목적 드라이버 20
단극 차단기 94, 95
단열재 32, 66~68, 74, 103, 149, 159
더블 슬라이더 150
더블 헝 150
덕트 테이프 32
데드볼트 162, 163
데크 63, 75, 103, 114, 122, 123, 178, 179, 204~207
덴틸 몰딩 144
도자기 23, 104, 190, 192, 193, 196, 203
돌출창 150
동결선 206, 210

드라이버 18, 20, 22, 65, 70, 89, 94, 104, 112, 116, 131, 171
드레멜 26
드릴 드라이버 22, 96, 131, 141
드릴 비트 23, 26, 218
들보 204~207
디딤돌 206
뜬 바닥 197, 198, 202
띠톱 24

리브 조인트 플라이어 19
립 컷 25, 35, 47
리빌 145, 155, 161, 164, 165
리폼 119

라

라돈 가스 49
라우터 27, 47, 172, 173, 175
래칫 드라이버 21
레드우드 121, 135, 210
레이저 거리 측정기 21, 144
렌치 19, 28, 28, 77, 84, 166, 168~171
로킹 플라이어 19, 84
로토집 26
로프 사다리 41~44
롤러 31, 33, 36, 37, 109, 111, 133, 137, 173~175, 179, 200, 202, 203
리모델링 11, 12, 17, 18, 21, 23, 24, 28, 30, 37, 48, 57, 61, 109

마

마감못 138, 142, 143, 165, 219
마감재 86, 87, 104, 105, 110, 178, 190, 214, 224, 225
마루 18, 46, 67, 110, 196~198, 200~202, 224
마룻널 110, 198, 199, 200, 201, 224
마이터 톱 24, 38, 83, 142, 143, 145, 180
마호가니 121
만능 칼 55, 67, 83, 131, 172, 202, 203, 224
망치 18, 96, 110, 118, 119, 142, 158, 163, 191, 199, 201
맞춤 선반 106
멀티툴 27, 117, 216
메달리온 138, 141
모듈식 타일 223
모르타르 190, 191, 197
모자이크 타일 194
목공용 끌 19, 163
목재 39, 65, 66, 116, 120, 121, 135
목재용 필러 113, 117, 141, 142, 165, 201, 218
무릎 보호대 46

무선 드라이버 21
무선 스위치 90
미네랄 스피릿 37, 55, 57, 129, 134
미니 드라이버 20
밀봉 펀치 54
밑깔도리 148, 149
밑틀 152, 154, 155

바

바 클램프 31
바닥용 레벨러 200
바닥재 196~203, 224
바이패스 도어 157
바이폴드 도어 157
반 광택 129, 142
반사형 단열재 67
반스터드 148, 149
받침대 106, 218
발전기 29, 41
발판 사다리 43
방독면 46, 49
방수막 200
배관 32, 33, 52, 53, 61, 68, 72, 74, 76, 80, 84, 85, 97, 101, 166, 167~169
배선 23, 68, 88, 89, 98
배수 23, 30, 46, 48, 52, 53, 62, 65, 76, 103, 114
배수관 53, 64, 76, 77, 83, 85, 86, 166, 167
배수캡 166, 167
밸브 스템 82, 168

베니어판 31, 63
베이스 몰딩 144, 199, 217
벤치 바이스 31
벤치 클램프 31
벽 수리 131
벽기둥 106, 107, 130, 138, 143, 145, 146, 149, 216
벽돌 22, 23, 37, 57, 63, 65, 74, 102, 115, 118, 128, 129, 134, 153, 159
벽지 108, 109
변기 78, 79
보안경 46, 81
보온 151
볼핀 해머 119
부엌 찬장 176, 177
부츠 46
분무기 28, 101, 128
붙박이 선반 216
브래드 포인트 22, 23, 163
브래킷 39, 107, 206, 209
브러시 40, 75, 80, 101, 113, 115, 118, 135, 225
비 막이 널판 63, 74, 102, 103, 114, 122, 204
비내력벽 149

비닐 바닥재 202, 203
비트 20, 21, 23

사

사이딩 63, 68, 102, 115, 129, 134, 135
사이프러스 121, 178
사포 20, 21, 26, 27, 36, 40, 83, 85, 115, 116, 130, 131, 134, 135, 160, 165, 172, 174, 176~179, 191, 196, 217~219, 225
살충제 48
삼각자 18
샌더 28, 176, 225
샛기둥 148, 216, 217
샤워 꼭지 168, 169
서랍장 39, 86, 87, 104, 129, 132, 172, 177, 225
석고판 20, 26, 130~132, 217
석면 49
선반 216~219
선반틀 217
선풍기 56, 75, 101, 108
세제 40, 75, 100, 101, 114, 115, 134
셀프 퓨징 테이프 32, 85
소켓 렌치 세트 19
손잡이 105
손톱 25
솔질 115, 132
쇄기 110, 152, 154, 155, 159, 161, 165, 171
쇠톱 71, 83, 180
수납장 39
수도꼭지 65, 74, 82, 166~169
수성 라텍스 페인트 37
수조 78, 79, 82, 170, 171
수직 낙수 홈통 62, 63, 102, 103, 114, 180~182
수평기 18, 20, 34
숨은 못 박기 201, 224
슈 몰딩 198~200
스태거드 이음 199~201
스테인리스강 104, 169, 206, 209
스토리 폴 210
스톱 몰딩 152, 158, 159
스트랩 클램프 31
스틱 타일 203

스팀 제거기 108, 109
스파우트 커터 54
스페이드 23, 162, 224
스페이서 73, 149, 190, 191, 194, 199, 201~203
스프레이 발포 고무 67
스프링 클램프 31
스피드 스퀘어 18, 35
슬레지 해머 119, 212
습기 40, 41, 63~65, 73, 75, 86, 101~103, 117, 120, 134, 135, 160, 197, 198, 200
실내 가습기 73
실내 난방기 72
실런트 54, 55, 63, 68, 99, 102, 103, 160, 165~167, 178, 181, 182, 191, 192, 200
실링 박스 89
실톱 24, 25, 139, 155, 172, 173, 199, 201
싱글 슬라이더 150
싱글 헝 150
싱크대 21, 76, 77, 87, 90, 103

아

아르곤 73, 151
아크 회로 차단기 95
아크릴 코크 54
안전 고글 18, 119
안전대 47
안전모 47
압축기 28, 76
앵글 네일러 29
앵글 클램프 31
앵커 96, 156
약품 처리 178
양고대 185
양극 차단기 95
얼룩 103, 114, 115, 123, 129, 132, 179, 192, 196, 203, 223
에나멜 페인트 129
에너지 66~68, 73, 97, 151
에어 네일러 106
에이프런 154
에폭시 30, 84, 117
여닫이창 117, 150, 153

연귀 이음 25, 139, 140, 145, 154
연마재 36, 40
열선 50, 88, 92, 93
염산 57, 135
예비 구멍 22, 23, 110, 143, 156, 165, 177, 182, 193, 200, 201
오거 211
온도 조절기 73, 96, 97
와셔 82, 110, 168, 170, 171, 204~206
와이어 너트 50, 51, 89, 99
왕복 톱 25, 83, 213
외벽 44, 62, 63, 65, 66, 180~182, 204
욕실 밸브 169
울타리 210~215
원터치 피팅 85
원형 톱 18, 24, 26, 47, 201, 218
웨스턴 레드시더 120, 178
웨인스코팅 146
웨트 톱 193
윗깔도리 148, 149

유리섬유 66, 67
유성 페인트 37, 57, 129, 133, 135
유연제 37
육각 렌치 19
윤활유 40, 41, 84
은촉이음 196~200, 224
이중문 157, 161, 215
이페 121, 207
임팩트 드라이버 22, 47
입도 20

자

작업용 장갑 46
잠금장치 38, 42, 114, 183
장붓구멍 20, 163
장선 67, 68, 74, 103, 110, 120~122, 197, 204~208
전구 88, 89
전기용 테이프 32, 89, 99
전망창 150
전선 규격 50
전압계 48, 51, 89, 94, 95
접지선 50, 51, 88, 89, 90, 92, 93
접착제 30, 31, 68, 79, 82, 83, 108, 109, 111, 117, 130, 135, 140, 141, 143, 145~147, 154, 155, 164, 165, 172~175, 190, 194, 196, 200~203, 217, 219
접착테이프 32, 202
조리대 174, 175
조립식 문 160
주방 조명 87
줄눈 74, 185
줄자 18, 19, 70, 144, 211
중성선 50, 88, 92, 93
지붕 63, 114
지지대 22, 120~122, 131, 148, 205~207, 215, 219
지하실 64, 65, 68, 74, 77, 101, 103, 197
직각 이음 138, 139, 142
직각자 20
직선자 67, 182, 197, 203, 220, 223
질감 128, 136, 137
징두리판벽 146, 147

차

차단막 197
착색제 179, 151, 154, 178, 214, 217, 218
창문 32, 148, 150~153
창틀 117, 149, 153, 155, 158, 159
창틀받침 148, 149
철망 130
철물 19, 104, 122, 176, 204, 206, 207
청소 37, 56, 75, 77, 100, 115
체어 레일 138, 146, 147
체인 윤활제 41
초크라인 18, 180, 181, 190, 200, 203, 207

카

카운터싱크 23, 218
카펫 111, 220~222
카펫 스트레처 220, 222
캐비닛 48, 104, 105
커터 칼 18
케이싱 63, 116, 138, 144, 154, 155, 160, 164, 198
코킹건 54, 69, 119
콘센트 92, 93
콘크리트 23, 37, 57, 115, 118, 119, 135, 185, 200, 204~206
콘크리트 슬래브 184, 185, 202
콤비네이션 스퀘어 20
크라운 몰딩 25, 43, 138, 140, 142, 143~145, 164
크라운 몰딩 행거 144
크로스 컷 24, 25, 35
크로스헤드 138, 164, 165
크립톤 가스 151

타

타일 190~194, 203
터커 220, 221
테이블 톱 24, 38, 47, 172, 193, 198, 201, 218
테플론 테이프 32, 33, 167, 168
텐션 타이 205, 208
통풍구 32, 33, 68, 103

퇴창 150
트랜지션 몰딩 198, 222
트리머 스터드 148, 149
트리소듐포스페이트 57
트림 27, 36, 37, 63, 69, 129, 132, 135, 137, 138, 140, 142, 146, 152, 154, 164, 165, 197, 219
트위스트 23
티 스퀘어 20

파

파스너 21, 22, 23, 57, 122, 160, 164, 165, 169, 176, 181, 193, 201, 206, 207, 210, 217, 218
파이프 32~34, 52, 53, 64, 83, 84
파이프 클램프 31
패널 도어 156, 157
퍼티 113, 116, 117, 166, 176, 217, 219, 225
퍼티 나이프 105, 114, 130, 133, 134, 158, 176
페그보드 39
페인트 긁개 19, 36, 37, 55
페인트 롤러 33, 36, 37, 109, 203
페인트 붓 36, 37, 132
페인트 테이프 32, 33, 36, 68
페인트 트레이 36, 37, 133
페인트칠 37, 105, 108, 133~135, 138, 151, 176

펠트 팁 마커 113
포스트너 22, 23
포켓 도어 157
포켓 홀 218, 224
포피니시 137
폴리에틸렌 52, 85, 103
표백제 75, 76, 100, 101, 114, 115, 123, 134
프라이머 83, 101, 108, 116, 117, 129, 130, 132~136, 138, 154, 177, 182, 203, 217, 219
프레시 도어 157
프레이밍 스퀘어 20
플라이어 19, 50, 111, 224
플랜지 107, 170, 182
플랫 페인트 129
플러그 51, 92, 95, 99
플러시 도어 157
플런저형 코킹건 54
플런지 라우터 27
플레이트 콤팩터 29
플로팅 선반 107
피니시 네일러 29, 200, 224
필터 41, 46, 73, 75

하

하수구 101
하이브리드 코크 54
합판 63, 65, 149, 172~175, 190, 200, 217~219
항공 가위 202
헤더 148, 149, 216
현관문 156, 157, 160, 164
호일 테이프 32, 33
홀소 23
홈통 180~183
화이트 리튬 그리스 41
화장실 64, 76, 90, 92, 100, 101, 103, 129, 196
화장실 조명 86
화학 클리너 57
황동 밸브 82
회로 차단기 48, 50, 51, 89, 92, 94, 95
흙손 119, 130, 131, 136, 185, 191, 197

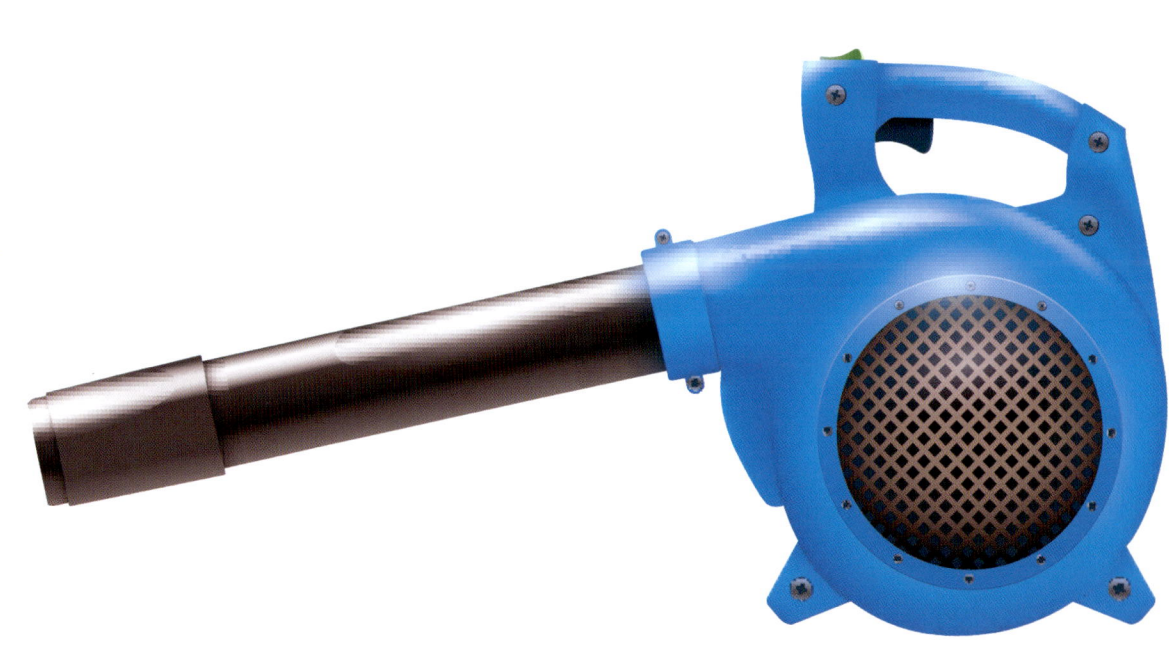

사진 출처

All photographs courtesy of Extreme How-To except as follows.

C. A. Technologies : 169 (2); **CM** : 051; **Cen-Tech** : 049; **Craftsman** : 013; **Cuprinol** : 148; **Daptex** : 077, **Defy** : 151; **Dewalt** : 004; **Durham's** : 156; **Osmo** : 148; **Powerhorse** : 018; **Quick-rete** : 159; **Roto-Rooter** : 092; **Sashco** : 160; **Shutterstock** : title page, all introduction images, contents, 001, 030, 031, 032, 036, 037, 039, 040, 045, 046, 048, 056, 063, 068, 078, 081, 083, 084, 088, 089, 091, 093, 098, 099, 106, 118, 127, 128, 132, 133, 134, 137, 151, 178, 192, 198, 225, 247, 254, 261, **Wagner** : 139, 169 (1 & 3); **West Marine** : 158

일러스트 출처

Conor Buckley : 09, 10, 14, 45, 178–180, 189, 202–204, 215, 224, 226, 229, 242, 303–307, 311
Hayden Foell : 76, 104, 113, 136, 145, 146, 193, 200, 201, 220, 243, 259, 298, 299
Vic Kulihin : 06, 15, 24, 27, 33, 107, 156, 176, 199, 211, 212, 216–218, 252, 263, 267–269, 270–272, 277, 313
Liberum Donum : 69, 73, 87, 109, 110, 129, 167
Christine Meighan : 25, 41, 47, 55, 56, 60, 65, 80, 81, 101, 119, 120, 123, 125, 140–142, 159, 173, 175, 186, 187, 190, 192, 194, 196, 198, 228, 231–234, 236, 240, 258, 260, 262, 275, 281, 284, 287, 288, 291, 294, 295, 309, 310, 312, 314, 315
Robert L. Prince : 35
Lauren Towner : 02–05, 08, 42, 44, 62, 64, 96, 100, 111, 116, 117, 157, 162, 195, 197, 207, 219, 221, 241, 261, 273, 274, 280, 290, 292, 293, 297, 301, 302, 316, 318, 319, 321

옮긴이 김은지

미국에서 고등학교 졸업 후 워싱턴 대학교 경영학과를 졸업했다. 현재 번역에이전시 엔터스코리아에서 출판 기획 및 전문 번역가로 활동하고 있다.
주요 역서로는 《레고 어드벤처 북 : 시간 여행자의 모험》《레고 어드벤처 북 리턴즈 : 우주 악당의 부활》《애견 놀이훈련 101 : 누구나 쉽게 가르치는 긍정교육 바이블》《레고로 만드는 놀라운 자동차》《닥터수스 과학탐험대 시리즈 15권》《세계를 읽다: 호주》《시티스케치 in 파리 : 자유로운 여행자를 위한 스케치북》 등 다수가 있다.

집수리 셀프 교과서
수리공도 탐내는 320가지 아이디어와 작업 기술

1판 1쇄 펴낸 날 2018년 3월 30일
1판 5쇄 펴낸 날 2023년 2월 20일

지은이 | 맷 웨버
옮긴이 | 김은지

펴낸이 | 박윤태
펴낸곳 | 보누스
등　록 | 2001년 8월 17일 제313-2002-179호
주　소 | 서울시 마포구 동교로12안길 31 보누스 4층
전　화 | 02-333-3114
팩　스 | 02-3143-3254
이메일 | bonus@bonusbook.co.kr

ISBN 978-89-6494-337-3　13590

• 책값은 뒤표지에 있습니다.

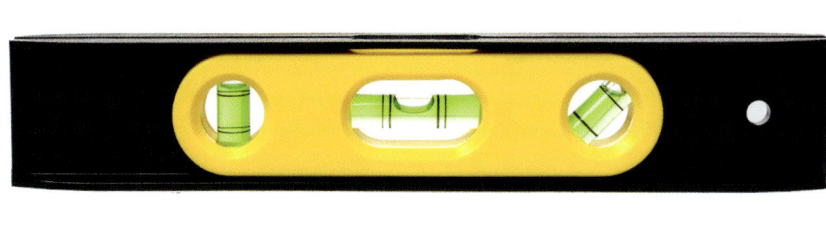

SELF 자급자족 시리즈
자연과 사람을 위한 지식

낚시 매듭 교과서
다자와 아키라 지음 | 128면

농촌생활 교과서
성미당출판 지음 | 272면

매듭 교과서 베스트
니혼분게이샤 지음 | 224면

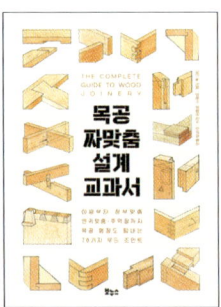
목공 짜맞춤 설계 교과서
테리 놀 지음 | 224면

무비료 텃밭농사 교과서
오카모토 요리타카 지음 | 264면

부시크래프트 캠핑 교과서
가와구치 타쿠 지음 | 264면

산속생활 교과서 베스트
오우치 마사노부 지음 | 224면

전원생활자를 위한 자급자족 도구 교과서
크리스 피터슨 외 지음 | 236면

집수리 셀프 교과서
맷 웨버 지음 | 240면

태양광 메이커 교과서
정해원 지음 | 192면